나는 왜
이런
성격일까?

나는 왜 이런 성격일까?

ⓒ 정유진·임소연·추교진, 2024

정유진·임소연·추교진이 지은 것을 정신세계사 김우종이 2024년 5월 24일 처음 펴내다.
이현율과 배민경이 다듬고, 변영옥이 꾸미고, 한서지업사에서 종이를, 영신사에서 인쇄와
제본을, 하지혜가 책의 관리를 맡다. 정신세계사의 등록일자는 1978년 4월 25일(제2021-
000333호), 주소는 03965 서울시 마포구 성산로4길 6 2층, 전화는 02-733-3134, 팩스는 02-
733-3144이다.

2024년 12월 10일 펴낸 책(초판 제2쇄)

ISBN 978-89-357-0469-9 03180

- 홈페이지 mindbook.co.kr   • 인터넷 카페 cafe.naver.com/mindbooky
- 유튜브 youtube.com/innerworld   • 인스타그램 instagram.com/inner_world_publisher

나는 왜
이런
성격일까?

에니어그램이 알려주는
온전한 나로 사는 길

정유진 · 임소연 · 추교진 지음

정신세계사

에니어그램으로 당신을 초대합니다

두려움 탐색법으로 내 성격의 뿌리 찾기

이 책을 펼쳐 든 당신은 평소 자신이 어떤 사람인지 궁금해하는 사람이거나 별생각 없었더라도 무의식적인 끌림이 있었을 겁니다. 이 책은 '에니어그램'이라는 지혜로 나 자신을 더욱 깊게 이해하고 사랑할 수 있도록 도와줄 겁니다.

에니어그램은 **가장 두려워하는 것이 성격의 뿌리**라고 이야기합니다. 이 세상을 살면서 두려움을 느끼지 않으려고 정교하게 만들어낸 심리적 체계가 성격이라는 것입니다. 자신이 누구인지 알려면 가장 두려워하는 것이 무엇인지 알라는 것이 에니어그램이 전하는 첫 번째 지혜입니다.

본격적으로 책을 읽기 전에 먼저 간단한 테스트를 해보시지 않겠어요?

'두려움 탐색법'은 제시된 문구를 읽거나 들으면서 몸의 느낌과 감정 그리고 생각을 살펴 가장 두렵고 견딜 수 없는 것을 찾아내는 방법입니다. 지금의 자신을 생각해도 되고 20대 초중반의 자신을 생각해도 됩니다. 반드시 그런 것은 아니시만 20내 초중반 시기는 부모에게서 독립하고 직장생활이나 결혼 생활을 오래 하지 않아서 자신의 기본성격이 가장 잘 드러나는 시기일 확률이 높습니다.

그럼, 시작합니다.

두려움 탐색 문구

(화난 표정을 지으며 강압적인 목소리로)

A 아, 됐고! 넌 그냥 내가 시키는 대로 해! 약해 빠져가지고! 지금 당장 하라고!

B 너 때문에 사람들이 싸우고 있는 거 안 보여? 네가 해결해! 지금 당장!!

C 비겁하게 편법 쓰지 마! 게으르고 자기 욕망대로 사는 나쁜 사람 같으니라고! 넌 틀렸어!

(차가운 표정을 지으며 무시하는 목소리로)

D 넌 너무 이기적이야. 그러니까 사람들이 다 싫어하지…, 쯧쯧.

E 풉~ 뭐야? 왜 이렇게 일을 못해? 비효율적이고 타고난 재능은 1도 없잖아. 네가 제일 못해!

F 훗, 평범하고 흔한 스타일이네. 누군가를 따라 하면서 사는 게 무슨 의미가 있니….

(걱정스러운 표정과 다급한 목소리로)

G 넌 왜 이렇게 무식해? 낡고 얕은 지식밖에 없네. 너만 이해를 못 해. 그리고 생각 좀 하면서 살아!

H 너는 믿을 수가 없어. 너 때문에 위험한 일들이 생기잖아. 우리 모임에서 나가서 네가 알아서 해!

I 너 완전 재미없어. 너무 지루해. 그리고 앞으로 재미있는 것 금지! 지금부터 철저하게 관리할 거야.

가장 강한 반응이 느껴진 문구는 무엇인가요?

몸에서는 어떤 반응이 올라왔고, 어떤 반응이 느껴졌나요?

아래 표를 보면 알파벳 아래에 차례대로 감정과 몸의 느낌, 그리고 번호가 매겨져 있습니다. 강한 반응을 일으킨 문구의 번호가 당신의 캐릭터, 즉 기본성격일 가능성이 큽니다.

A	B	C	D	E	F	G	H	I
	분노 몸에 힘이 들어가고 긴장됨			수치심 얼굴이 화끈거리고 가슴이 미어짐			불안과 당황 머릿속이 생각으로 가득 차 혼란스러움	
8	9	1	2	3	4	5	6	7

각 기본성격은 평소 자신을 이렇게 인식하고 있을 수 있습니다.

8유형 지도자, 나는 강하고 영향력 있는 사람이다.

9유형 평화주의자, 나는 평화로운 사람이다.

1유형 개혁가, 나는 올바른 사람이다.

2유형 조력가, 나는 기쁨을 주는 사랑스러운 사람이다.

3유형 성취자, 나는 효율적이고 유능한 사람이다.

4유형 예술가, 나는 남들과 다른 특별함이 있는 사람이다.

5유형 사색가, 나는 많은 것을 알고 있는 현명한 사람이다.

6유형 헌신가, 나는 믿을 수 있는 충실한 사람이다.

7유형 낙천가, 나는 행복한 사람이다.

지금 찾은 기본성격이 '나'라고 여겼던 자신의 모습과 비슷한가요? 아니면 많이 다른가요? 이런 자신에 대한 인식이 어떻게 형성되었는지를 살피면서 자기 자신을 알아가는 게 우리가 이 책에서 함께 탐구해볼 내용입니다.

두려움 탐색법으로 몸과 마음의 문을 가볍게 두드렸으니, 이제 본격적으로 에니어그램의 세계로 여행을 떠나보겠습니다.

차례

에니어그램으로 당신을 초대합니다
두려움 탐색법으로 내 성격의 뿌리 찾기

에니어그램 여행자를 위한 안내문

살면서 우리는 많은 여행을 떠납니다. 여행하면서 세상을 보고 듣고 느끼고 사람들을 만나 위로받으며 회복되기도 하고 새로운 통찰을 얻으며 성장하기도 합니다. 살면서 가봐야 할 여행지도 많고 만나야 할 사람도 많지만 꼭 떠나야 할 여행, 꼭 만나야 할 사람이 있습니다. 바로 **나에게로 떠나는 여행, 나를 만나는 여행입니다.**

지도와 나침반이 있으면 어느 곳이라도 찾아갈 수 있습니다(요즘에는 구글맵이나 내비게이션도 있지요?). 하지만 나에게로 떠나는 여행은 대체 어디로, 어떻게 떠날 수 있을까요?

에니어그램: 내면 여행의 지도이자 나침반

여기에 꽤 좋은 지도와 나침반이 있습니다. 인간의 내면을 깊이 탐험했던 여행자들이 발견하고 다듬어온 오랜 지도인 에니어그램

11

입니다. 자신을 이해하는 데 도움이 되는 성격유형론과 심리학 지식들은 많지만 에니어그램은 다른 성격유형론들과 구별되는 독특한 점이 있습니다. 바로 성격은 두려움에서 시작된다는 점, 이 두려움을 알아차리고 받아들이고 선택하여 내면의 아홉 가지 빛을 통합하는 길로 이끈다는 것입니다.

에니어그램의 지혜를 소개하는 책은 많습니다. 하지만 심오한 내용을 담고 있는 에니어그램의 특징상 어렵게 느껴지거나 단순히 유형 파악에만 집중하는 책들이 많아 에니어그램에 입문하는 사람들에게 추천하기에는 아쉬운 측면이 있었습니다. 그래서 이해하기 쉽고 사람들에게 친근하게 다가갈 수 있는 에니어그램 책을 쓰고 싶었습니다.

우리 여행의 나침반이 항상 가리키고 있는 것이 있습니다. 그것은 **'알아차리고 받아들이고 선택하기'**입니다. 우리는 여행을 하면서 자신을 더 깊게 알아차리고(지혜), 있는 그대로 받아들이며(사랑) 삶의 중요한 순간에 성격대로 반응하는 것이 아니라 선택하며(용기) 살아가게 될 것입니다. 어떤가요? 이 여행이 더욱 기대되지 않나요?

우리는 에니어그램 전문강사로 오랫동안 많은 사람에게 에니어그램을 안내해왔습니다. 에니어그램은 내면을 깊이 살펴야 하기 때문에 어렵게 느껴질 수 있습니다. 읽을 때는 알 것 같아도 금세 다시 길을 잃기도 합니다. 자신의 내면 깊은 곳의 두려움과 성격의 역동을 만나는 일은 그리 쉽지 않습니다. 그래서 여러분이 쉽고 체계적으로 내면 깊은 곳에 접근할 수 있도록 책을 구성했습니다. 이 책과 함께 진정한 자신을 만날 수 있기를 바랍니다.

우리의 여행은 여섯 단계로 이루어질 것입니다.

1단계: 에니어그램이란 무엇인가?

1단계에서는 에니어그램이 무엇이고, 우리가 에니어그램을 배우는 목적이 무엇인지 확인합니다. 이 과정에서 에니어그램이 매우 독특하면서도 깊이 있고 유용한 지혜임을 알게 될 거예요. 우리 여행에도 더욱 흥미가 생길 것입니다.

2단계: 성격이란 무엇인가?

2단계는 우리의 마음, 그중에서도 성격을 깊이 들여다봅니다. 빙산처럼 깊은 바닷속에 잠겨 있는 성격의 밑바닥부터 한 단계씩 차근차근 수면으로 올라오며 성격의 뿌리와 구조, 그리고 성격이 형성되는 과정을 탐구해볼 것입니다.

3단계: 성격유형 찾기

3단계에서는 다양한 성격 탐색 방법을 통해 자신의 성격을 찾아봅니다. 앞서 우리는 성격 탐색 방법 중 하나인 두려움 탐색법, 즉 '느끼기'를 해보았습니다. 느끼기는 두려움을 건드리는 아홉 가지 말 중에서 가장 강하게 반응하는 것을 찾아서 자신의 성격 뿌리를 찾는 과정입니다. 이외에도 성격을 탐색하는 방법은 다양합니다. 3단계에서는 다른 몇 가지 방법을 통해 더욱 입체적으로 자신의 성격유형을 파악할 수 있도록 도울 것입니다.

4단계: 성격 심층 탐색

4단계에서는 아홉 가지 성격유형들의 성격 심층구조를 따라가면서 자신을 만나볼 것입니다. 에니어그램은 모든 인간에게는 아홉 가지 신성이 있다는 고대의 지혜에 바탕을 두고 있습니다. 따라서 우리 안에는 아홉 가지 성격(특징)이 모두 존재합니다. 그중 가장 강렬한 두려움이 기본성격(핵심성격)을 만들어내고 나머지 여덟 가지 성격은 부속 성격으로 함께 존재합니다. 앞에서 자신의 기본성격을 찾았다면 먼저 그 부분을 읽고 나머지를 읽으셔도 좋고, 처음부터 하나씩 읽으면서 자신의 내면을 성찰하셔도 좋습니다.

그리고 하위유형에 대해서도 살펴볼 겁니다. 하위유형은 아홉 가지 성격유형을 각각 세 가지 방식으로 세분화한 것을 말합니다. 총 27가지로 구성된 하위유형을 살펴보면 좀더 깊게 자신을 이해할 수 있을 것입니다.

5단계: 성격 역동

5단계에서는 성격 역동에 대해 자세히 알아봅니다. 두려움에 뿌리를 두고 성격이 어떻게 형성되는지 살펴보는 단계가 4단계라면, 5단계에서는 성격에 영향을 미치는 다양한 요소들을 살펴봅니다. 인간의 성격이 형성되는 과정은 그리 간단하지 않습니다. 인간은 깊고 복잡하며, 세상은 다양하고 거칠기도 하니까요. 세상에 적응하기 위해 '사회적 자아'를 만들어내기도 하고 욕망이 충족되거나 좌절할 때 반응하는 방식, 사람들 사이에 벌어지는 갈등을 해결하는 방식 등 복잡하고 다양한 역동이 일어납니다. 이를 하나하나 살펴보면서 성격에 관해 통합적으로 살펴볼 것입니다.

6단계: 성격 변형

인간은 삶의 다양한 과정을 겪으면서 계속 변화합니다. 두려움에 사로잡혔을 땐 성격이 경직되고 부정적인 면이 많이 드러납니다. 또 용기를 내어 두려움을 받아들였을 땐 성격이 유연해지고 긍정적인 면이 많이 나타나기도 하죠. 이런 과정을 통해 기본성격 말고도 다양한 성격 특징들이 자연스럽게 드러나며 통합적인 성격을 가진 사람으로 나아가기도 합니다. 6단계 '성격 변형'에서는 이 과정을 자세히 살펴보면서 진정한 나로 성장할 수 있는 길을 확인할 수 있을 것입니다.

이 과정에서 우리는 몰랐던 나를 만나는 즐거움도 느끼지만, 보고 싶지 않은 나를 만나야 하는 두려움도 느낄 것입니다. 걱정하지 마세요. 우리 내면 여행 안내자들이 함께하니까요.

오리무중, 판단하기, 합리화하기

그 전에 마지막으로 하나만 더 안내하겠습니다. 여행을 하다가 자칫 함정에 빠질 수 있습니다. 이 함정을 무사히 지나가기 위해 주의해야 할 점 세 가지를 알려드립니다.

오리무중: 이것도 나고, 저것도 난데?

우리 안에는 아홉 가지 성격 특징이 모두 다 있다고 말씀드렸습니다. 그러다 보니 자신의 성격유형을 한 번에 찾기가 어려울 수 있습니다. 성격은 타고난 기본성격 말고도 부모님의 양육방식, 가정과 사회에서 한 경험을 통해 유연하고 풍성해지기도 하지만, 고착되고 퇴보할 수도 있습니다. 기본성격이 뭔지 잘 모르겠다면 머리로 생각하고 분석하려 하지 말고 몸과 마음에서 오는 신호에 더욱 주의를 기울여보세요. 더 강렬한 감정과 느낌을 주는 두려움이 당신의 기본성격일 가능성이 큽니다.

판단하기: 너 몇 번이네!

에니어그램을 어느 정도 이해하게 되면 다른 사람들의 얼굴에서 몇 번 유형인지가 보이기 시작합니다. '이 사람은 몇 번'이라고 판단하는 재미를 느끼기도 하고요. 하지만 자신의 성격을 탐색하고 몇 번 유형인지를 결정하는 것은 자기 자신이 해야 합니다. 그리고 다른 이를 판단하는 행위는 인간관계에도 별로 좋은 영향을 미치지 않습니다. 누군가를 '몇 번 유형이구나' 생각한다는 것은 에니어그램 공부를 했다는 증거지만, 에니어그램 번호가 한 사람의 모든 것을 말해줄 수는 없습니다. 다른 사람의 성격유형을 이야기할 때는 동의를 구해야 한다는 것, 그리고 유형을 찾는 것은 자신의 몫임을 명심하세요.

합리화하기: 나 몇 번이라서 그래!

강점이든 약점이든 성격의 특징이 나타나는 건 자연스러운 일입니다. 하지만 약점이 드러날 때 '이런 성격을 타고났으니 어쩔 수 없다'고 자기합리화를 해버리면 결국 자신의 성격에 갇혀버리고 맙니다. 성격유형의 감옥에서 벗어나는 과정에는 노력이 필요합니다. 성격의 특징이 강하게 나타날 때 합리화가 아니라 이를 알아차리고 받아들여야 합니다. 그러면 더 많은 가능성을 선택할 수 있습니다.

　에니어그램을 처음 공부하는 사람은 첫 번째 함정에 빠져서 포기하곤 합니다. 에니어그램을 어느 정도 공부한 사람들도 두 번째와 세 번째 함정에 자주 빠집니다. 함정에 빠지는 건 괜찮습니다. 문제는 함정에 빠진지도 모르고 계속 함정에 갇혀서 사는 것입니다. **함정에 빠진 것을 알아차릴 때**, 함정에서 벗어나 더욱 자유롭고 유능하며 행복하게 살아갈 수 있습니다.
　자, 그럼 나를 찾기 위한 에니어그램 여행을 본격적으로 떠나볼까요?

1부

에니어그램이란
무엇인가?

1장

에니어그램이란 무엇인가?

왜 우리는 자신을 알고 싶어할까?

인간은 누구나 자신이 어떤 사람인지, 무엇을 원하는지, 어떤 삶을 살고 싶은지 알고 싶어합니다. 그래서 '나는 누구인가?'라는 질문은 가장 인간적인 질문입니다. 그리고 삶이란, 이 질문의 답을 찾아가는 과정이라고 할 수 있습니다.

나를 알아가는 과정은 때론 힘들기도 하지만 행복으로 가는 길이기도 합니다. 에니어그램은 세상에 알려진 수많은 성격유형론 가운데 하나입니다. 에니어그램을 공부하는 목적은 나를 더 깊이 알고 사랑하며 행복하게 살기 위해서입니다.

여기 붕어빵과 국화빵 그리고 붕어싸만코가 있습니다. 이 세 가지 중 비슷한 것끼리 묶는다면 무엇과 무엇을 묶을 수 있을까요?

① 붕어빵과 붕어싸만코   ② 붕어빵과 국화빵   ③ 국화빵과 붕어싸만코

어떤 것을 고르셨나요? 만약 ① 붕어빵과 붕어싸만코를 골랐다면 같은 붕어 모양이기 때문일 것입니다. ② 붕어빵과 국화빵을 골랐다면 모양은 다르지만 재료와 만드는 방식이 비슷하기 때문일 것입니다. ③ 국화빵과 붕어싸만코를 비슷하다고 생각하는 사람들은 거의 없습니다. 아마 명확하게 공통점을 찾기 애매해서 그렇겠지요?

에니어그램은 ② 붕어빵과 국화빵을 하나로 보는 것과 같은 관점으로 사람의 성격을 이해하고 분류합니다. 겉으로 드러나는 모습이 비슷한 것이 아니라 그 속에 무엇이 있는가로 분류하는 것입니다.

에니어그램의 핵심 질문은 이것입니다. **"당신이 가장 두려워하는 것은 무엇입니까?"**

당신의 장점이 무엇이고 단점은 무엇인지, 어떤 특징들을 가지고 있는지처럼 겉으로 드러나는 부분이 아니라 밖으로는 거의 드러나지 않고 자신조차도 잘 알지 못하는, 가장 두려워하는 것이 무엇인지를 묻는 것입니다.

살면서 두려움에 대한 질문을 받아본 적 있나요? 아마 거의 없을 것입니다. 가장 두려워하는 것을 경험하고 싶으신가요? 당연히 아닐 겁니다. 인간의 가장 강한 욕망은 바로 이 두려움, 그리고 두려움을 경험하지 않으려는 마음에서 시작됩니다. 에니어그램은 **가장 두려워하는 것과 이를 경험하지 않으려는 욕망을 성격의 뿌리**로 여깁니다.

에니어그램, 원과 아홉 개의 선

에니어그램이란 이름에는 어떤 뜻이 담겨 있을까요? 그리스어로 에니어ennea는 숫자 '9'를 의미하고, 그램gram은 '그림'을 뜻합니다. 그러니까 에니어그램은 '아홉 개의 점과 선이 있는 그림'이라는 뜻입니다.

[그림 1-1] 에니어그램 도형의 구성. 왼쪽부터 원, 삼각형, 헥사드

[그림 1-1]을 보면 바깥에 원이 있고, 원 안에 삼각형과 헥사드hexad가 있습니다. 원은 인간이라는 존재 자체를, 삼각형은 인간의 세 가지 힘을, 헥사드는 변화를 나타냅니다.

삼각형과 헥사드, 원을 하나로 합쳐보면 아홉 개의 접점이 생깁니다. 이는 우리 안에는 아홉 가지의 다른 성격이 존재한다는 것을 나타냅니다. 꼭 기억하세요. **우리 안에는 아홉 가지 성격이 모두 있습니다.** 그중 하나가 기본성격이 되고 나머지 여덟 가지 성격들은 부수적인 성격으로 분류합니다. 에니어그램에서는 각 성격에 번호를 붙여서 1유형, 2유형으로 부릅니다.

그럼 어떤 성격이 기본성격이 되는 걸까요? 앞서 이야기한 가장 두려워하는 것, 이를 경험하지 않으려는 욕망에 의해 만들어지는 심리적 역동이 기본성격이 됩니다. 여기에 나머지 여덟 가지 성격들이 조화를 이루며 한 사람의 성격이 되는 것입니다.

에니어그램 그래프로 어떻게 정보를 파악할 수 있을까?

에니어그램 그래프는 기본성격뿐만 아니라 다양한 정보를 담고 있습니다. 예시로 에니어그램 그래프 하나를 같이 보면서 전체적인 리딩을 해보겠습니다.

에니어그램 그래프 원 밖에는 1부터 9까지 번호가 적혀 있습니다. 에니어그램의 아홉 가지 유형 번호를 표기해둔 거예요. 유형 검사를 하면 자신이 각 유형의 성격을 얼마나 발현하며 살고 있는지를 알 수 있는데요. 원 안에 굵은 선으로 표시된 도형이 바로 한 사람의 성격의 발현 정도를 나타냅니다.

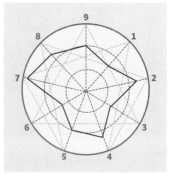

[그림 1-2] 에니어그램 그래프 예시

[그림 1-2]를 보면, 원 안에 있는 도형의 꼭짓점이 7번 쪽으로 가장 가깝게 뻗어 있지요? 이것으로 이 사람의 기본 성격유형은 7번인 것을 알 수 있습니다. 7번의 양옆에 있는 6번과 8번을 날개(wing)라고 부르며 더 높은 것을 '우세 날개'라고 합니다. 6번보다 8번의 꼭짓점이 번호 쪽으로 가깝게 뻗어 있으니 이 사람은 8번 날개를 쓰는 7번 유형, 7w8이라고 부릅니다. (6부 3장 '날개'에서 더 자세히 설명할 것입니다.)

또, 이 사람은 기본성격인 7번 외에도 2번과 4번의 점수가 높은 편이므로 2번과 4번의 성격 특징도 많이 사용하고 있다고 볼 수 있습니다. 반면 1번, 3번, 6번의 성격 특징을 별로 사용하지 않고 있죠. 정리하면, 이 사람은 낙천적이고(7) 강인하며(8) 따뜻하고(2) 감성적인(4) 사람이지만 신뢰성(1), 효율성(3), 원칙성(6)은 부족하다고 할 수 있습니다. 이렇게 에니어그램 그래프를 통해 자신이 어떤 성향의 사람인지 한눈에 파악할 수 있습니다.

[그림 1-2]로 알 수 있는 정보는 또 있습니다. 바로 성격이 어떤 방향으로 변화하고, 그 모습은 어떻게 나타나는지 파악할 수 있다는 건데요. 원 안에 붉은색으로 표시된 삼각형과 헥사드를 살펴보면 됩니다. 삼각형과 헥사드는 각 성격유형을 연결해주고 있습니다. 기본성격을 건강하게 사용할 때는 통합 방향에 해당하는 성격의 장점을 사용하게 되고, 불건강해지면 분열 방향에 해당하는 성격의 단점을 사용하게 됩니다. 7번 유형의 통합 방향은 5번, 분열 방향은 1번입니다. 그래프에서 1번보다 5번이 더 높게 나타나 있죠? 따라서 이 사람의 경우, 즐거움을 추구하고 열정적인 7번 유형의 통합 방향인 5번의 관찰력과 차분함 그리고 지적인 깊이를 갖게

됩니다. 만약 7번의 분열 방향인 1번이 통합 방향인 5번보다 더 높다면 즐거움과 열정을 조절하지 못해서 1번의 부정적 특징인 자기비판이 심해질 수 있습니다.

　조금 복잡하게 느껴질 수 있지만 지금은 에니어그램이 무엇인지 전체적으로 스케치하는 과정이라 생각하시기 바랍니다. 뒤에서 좀 더 명확하게 배우게 될 테니까요. (자세한 설명은 6부 4장 '분열과 통합의 길'에 나와 있습니다.)

2장

에니어그램의 역사

에니어그램은 언제, 어디에서, 누가 만들었을까요? 에니어그램의 기원을 밝히는 것은 매우 어렵습니다. 한 사람의 통찰에 의해서 만들어진 것이 아니라 많은 사람이 오랜 시간 신과 인간을 탐구해 온 지혜를 통합하여 현대에 이르렀기 때문입니다. 그래서 에니어그램을 '신과 인간에 대한 고대의 통찰과 현대 심리학을 통합한 시스템'이라고 부릅니다. 기원을 명확하게 알 수는 없지만 현대 에니어그램에 이르기까지 중요한 흐름이 있습니다. 이 흐름을 간단하게 살펴보겠습니다.

고대 에니어그램: 신을 탐구하다

에니어그램을 다룬 여러 책에서 에니어그램은 서기전 2,500년경 중동에서 시작되었다고 이야기합니다만 확실한 기원이라고 할 수 없습니다. 우리가 지금 접하고 있는 에니어그램에는 고대 바빌론에서부터 그리스 피타고라스학파와 신플라톤주의자 그리고 유대 신비론, 카발리스트^{kabbalist}, 이슬람교 신비주의(수피즘) 등에서 탐구했던 신과 인간에 대한 이해가 담겨 있습니다.

피타고라스^{Pythagoras}(서기전 569~497 추정)

그리스의 수학자이자 신비학자인 피타고라스는 비전학파를 설립해서 천문학, 점성술, 수비학^{數秘學}, 철학, 과학, 음악 등으로 우주의 원리를 가르쳤습니다. 피타고라스는 우주를 '코스모스^{Cosmos}'라고 불렀으며 우주의 중심은 태양이고 지구가 공전하며 자전한다는 것을 이미 알고 있었습니다. 에니어그램의 상징인 원, 삼각형, 헥사드와 에니어그램에서 성격 변형을 설명할 때 7의 원리[*]를 활용하는 수비학적인 고찰은 피타고라스에게 받은 영향이라고 여겨집니다.

에바그리우스 폰티쿠스^{Evagrius Ponticus}(345~399)

튀르키예^{Türkiye} 지역의 폰토스^{Pontos} 이보라^{Ibora**}에서 태어난 에바그리우스 폰티쿠스는 수도원 운동^{***}의 정신적 지주로서, 인간의 영혼은 이성부^{理性部}, 정념부^{情念部}, 욕망부^{慾望部}로 구성되어 있다고 여겼습니다. 그리고 인간에게는 여덟 가지 악한 생각(악령)인 탐

---

* 월화수목금토일, 도레미파솔라시, 주기율표 등 우주는 7의 원리로 순환하고 있다는 의미입니다. 1을 7로 나누면 0.142857로 되풀이되는 순환소수가 되는데, 나열된 소수점 순서는 에니어그램 성격의 분열 순서와 같습니다.

** 현재 튀르키예 토카트^{Tokat} 주에 있는 도시 에르바^{Erbaa}를 말합니다.

*** 10세기 프랑스에서 시작된 종교 개혁 운동. 군주와 결탁한 교회의 세속화와 이에 따른 부패에 반대하며 독립적인 수도원 운영을 통해 그리스도교 본연의 영적 생활로 복귀하고자 했습니다.

[그림 1-3] 라몬 룰의 A 도형

식, 음욕, 탐욕, 슬픔, 분노, 태만, 헛된 영광, 교만이 있으며 이에 맞서 싸우는 방법을 기르쳤습니다. 현대 에니어그램에서 제시하는 세 가지 힘의 중심과 악덕(격정)이 여기에서 영향을 받았다고 볼 수 있습니다.

라몬 룰Ramon Llull(1232~1315)

스페인의 신학자였던 라몬 룰이 1307년에 출판한 《방법론》(Ars)에는 지금의 에니어그램 도형에 큰 영향을 미친 도형이 기록되어 있습니다. 라몬 룰의 A 도형([그림 1-3])은 신이 가지고 있는 아홉 가지 신성과 주제, 미덕과 악을 원과 삼각형과 선으로 이루어진 도형으로 체계화한 것으로, 에니어그램과 관련된 도형으로는 가장 오래된 기록으로 남아 있습니다.

아타나시우스 키르허Athanasius Kircher(1601~1680)

[그림 1-4] 키르허의 천사 에니어그램

독일의 예수회 수사 겸 학자인 키르허는 비교종교학, 지질학, 의학 등 다방면으로 조예가 깊은 인물로, 레오나르도 다빈치에 비교될 정도로 박식가였습니다.

1665년 로마에서 발간된 《앤솔러지》(Anthologia)의 머리말에 키르허가 쓴 에니어그램에 대한 이야기를 볼 수 있는데요. 키르허는 정삼각형 세 개가 겹쳐진 도형인 에니어그램을 통해 신성을 설명한 것으로 보입니다.

고대 에니어그램은 성격 특징을 보여주는 하나의 특정 체계라기
보다는 오랜 기간 여러 사람이 신과 인간에 대해 탐구한 지혜라고
볼 수 있습니다. 현대 에니어그램은 고대의 지혜와 심리학을 접목
하여 인간의 성격유형을 명확하게 보여주고 있습니다.

게오르기 이바노비치 구르지예프^{George Ivanovich Gurdjieff}(1877~1948)

지금 사용되고 있는 원과 삼각형, 헥사드로 이루어진 에니어그램
도형을 세상에 알린 사람은 구르지예프입니다. 아르메니아 출신인
그는 중앙아시아의 신비주의 교단인 사르멍 형제단에서 라몬 룰과
키르허의 에니어그램 도형, 그리고 여기에 담긴 지혜를 전수받았다
고 합니다. 구르지예프는 세 개의 삼각형 중 두 개의 삼각형을 헥사
드로 변형하여 인간과 우주의 에너지 변환을 나타내고자 했습니다.
그리고 1910~1920년경 유럽에서 '인간의 조화로운 발달을 위한 학
교'(The Institute for the Harmonious Development of Man)에서 에니어그
램을 전파하였습니다. 현대 에니어그램처럼 성격유형에 대해 가르
쳤다기보다는 우주의 원리와 '구르지예프 무브먼트'라 부르는 특정
한 춤동작을 수행하면서 에니어그램 도형에 담긴 역동성을 표현하
고 내적으로 알아차리기 위한 수련을 이끌었습니다.

오스카 이카조^{Oscar Ichazo}(1931~2020)

볼리비아의 신비주의자 오스카 이카조는 현대 에니어그램의 아
버지라고 할 수 있습니다. 구르지예프와 마찬가지로 그도 젊은 시

절 잃어버린 고대 지식에 관심이 많았고, 세계를 여행하면서 이를 탐구했습니다. 이카조는 자연의 법칙을 나타내는 구르지예프이 에니어그램 상징체계를 가져와 인간의 아홉 가지 성격유형을 배열하여 현대 에니어그램의 기틀을 만들었습니다. 아홉 가지 신성과 성경의 일곱 가지 죄악에 두려움과 속임수를 더해 아홉 가지 열정(죄악)을 밝혀내고 이를 통해 성격유형의 기초를 마련한 것이죠. 이후 이카조는 칠레에 있는 '아리카 학교(Arica School)'에서 에니어그램을 가르쳤으며, 이때부터 많은 사람들이 성격유형론으로서의 에니어그램을 배우게 됩니다.

클라우디오 나란조 Claudio Naranjo(1932~2019)

칠레 출신 정신과 의사였던 나란조는 1970년대에 에살렌 연구소에서 게슈탈트 치료 프로그램을 개발했던 사람으로, 이카조의 '자아실현으로 이끄는 45일 집중 프로그램'에 참여하며 에니어그램을 배웠습니다. 이카조의 에니어그램 유형에 대한 설명에 기존 심리학 이론들을 연계해 구체화하면서 현대 에니어그램을 더욱 체계화했고, 죄악과 병리학 사이의 관계, 성격과 신경증에 대한 설명을 통해 에니어그램을 발전시켰습니다. 특정 유형으로 분류된 사람들의 집단 인터뷰를 통해 유사성을 발견하고 에니어그램의 유효성을 보여주었습니다. 이로 인해 에니어그램은 내중석으로 널리 알려질 수 있게 되었습니다.

돈 리처드 리소^{Don Richard Riso}와 러스 허드슨^{Russ Hudson}

돈 리처드 리소는 예수회를 통해 이카조와 나란조의 에니어그램을 배웠습니다. 사회심리학을 공부한 그는 인간을 이해하는 데 에니어그램과 현대 심리학을 통합적으로 활용했습니다. 구르지예프의 에니어그램 상징체계, 이카조와 나란조의 에니어그램 성격유형론에 여러 심리학적 접근을 더하고, 각 개인의 성격유형의 발달 수준을 개발하여 현대 에니어그램의 체계를 더욱 확고하게 만든 거지요. 또한, 에니어그램 단계별 워크를 개발하여 일반인들도 에니어그램을 쉽게 접할 수 있도록 했습니다.

러스 허드슨은 영적 전통에 대해 다양한 연구를 하면서 돈 리처드 리소와 함께 에니어그램연구소를 공동으로 설립하여 에니어그램에 대한 다양한 책을 함께 저술했습니다. 리소와 허드슨의 에니어그램 연구와 저서는 에니어그램을 공부하는 사람들에게 큰 영향을 미치고 있으며, 특히 《에니어그램의 지혜》(한문화)는 에니어그램의 바이블로 여겨집니다.

한국의 에니어그램

한국에는 1984년 구르지예프의 저서 《위대한 만남》(《놀라운 사람들과의 만남》으로 복간되었습니다)이 번역 출간되면서 에니어그램이 처음 소개되었고, 천주교 사제들을 중심으로 전해지기 시작했습니다. 1997년 한국에니어그램협회, 1998년 한국에니어그램학회가 만들어져서 대중에게 에니어그램이 널리 알려지기 시작했으며 2007년에는 한국에니어그램협회가 국제 에니어그램협회에 가입하게 됩니다.

그동안 많은 사람이 에니어그램을 배우고 가르치고, 관련 저서를 번역하고 집필하면서 에니어그램에 대한 다양한 접근이 이뤄지고 있습니다. 기독교 계열의 종교인들은 자신을 성찰하고 신성을 탐구하기 위해 에니어그램을 적극적으로 활용하고 있습니다. 그리고 심리상담 분야에서는 종교적인 특징을 최소화하여 심리적 성찰 및 상담을 위한 도구로써, 기업에서는 조직 운영을 위해 에니어그램을 활용하기도 합니다.

2부

성격이란
무엇인가?

1장

에니어그램에서 정의하는 성격

같은 단어, 다른 정의

일반심리학에서 정의하는 성격과 에니어그램에서 정의하는 성격은 비슷하면서도 다릅니다. 먼저 일반심리학에서는 성격을 무엇이라고 정의하는지 살펴보겠습니다.*

① 개인이 환경에 독특하게 적응하도록 결정지어주는 심리·물리적 체계의 역동적 조직(고던 올포트, 1937)
② 환경에 독특하게 적응하도록 하는 한 개인의 성품, 기질, 지성 등의 안정성 있는 조직(한스 에이젠크, 1960)
③ 한 개인을 유일하고 독특하게 하는 특징의 총합(존 L. 홀랜더, 1967)
④ 개인이 접하는 생활 상황에 대해 독특한 적응을 나타내는 사고

---

* 위키백과, 성격의 정의에서 발췌.

와 감정을 포함한 구별되는 행동 패턴(월터 미셸, 1976)

⑤ 다른 사람과 구별되어 독특한 존재로 변별해주는 여러 특성의 총합(로버트 와인버그, 다니엘 굴드, 1995)

⑥ 일관된 행동 패턴 또는 개인의 내부에서 일어나는 내적 정신 과정(제리 버저, 2000)

종합해서 정리해보겠습니다.

"성격이란 한 사람이 이 세상을 살아가기 위한 욕망과 감정, 사고의 심리적 체계다. 성격은 다른 사람과 구별되는 독특성과 일시적이지 않은 일관성 그리고 외부 상황에 반응하는 자동반응성을 지니고 있다."

그럼 에니어그램에서는 성격을 어떻게 정의하고 있을까요? 에니어그램에서 정의하는 성격은 일반적인 성격심리학에서 정의하는 것과 비슷하지만 명확하게 다른 점이 있습니다. 핵심은 앞서 이야기했듯 두려움이 성격의 뿌리라는 것입니다. 에니어그램의 성격을 정의하는 데 도움이 되는 모델 몇 가지를 살펴보겠습니다.

에니어그램의 성격을 이해하는 데 도움이 되는 모델

빙산 모델로 보는 성격

사람들은 타인을 볼 때 겉으로 드러나는 부분을 보면서 어떤 사람인지를 파악하곤 합니다. 하지만 드러나는 부분은 너무나 작은 부분이라 전체를 이해하는 데 충분하지 않습니다. 인간의 마음에는

말, 행동
장점, 단점
살아가는 방식

드러나는 성격

숨어 있는 성격

[그림 2-1] 빙산 모델

드러나는 의식적인 부분과 드러나지 않는 잠재의식(무의식)이 있습니다. 빙산 모델은 우리 안이 드러나지 않은 깊은 곳에 있는 것을 파악하는 데 유용한 성격 모형입니다.

빙산은 10퍼센트만 눈에 보이고 나머지 90퍼센트는 물속에 잠겨 있습니다. 성격도 빙산처럼 일부분만 밖에서 볼 수 있고 더 많은 부분은 마음속에 잠겨 있습니다. 성격이라는 빙산의 가장 깊은 곳에 있는 것이 바로 앞서 강조한 '두려움'입니다. 숨어 있는 성격은 두려움에서 시작된 욕망과 감정, 신념 등으로 구조를 이룹니다. 빙산 모델을 활용하여 성격을 탐색하는 방법은 4부 1장 '성격의 심층구조'에서 자세히 살펴보겠습니다.

조 해리의 창으로 보는 성격

심리학자인 조지프 루프트Joseph Luft와 해리 잉햄Harry Ingham이 고안한 '조 해리의 창'은 다른 사람들과의 관계 속에서 내가 어떤 성향인지, 그리고 대인관계에서 어떤 점을 개선해야 할지 파악할 수 있는 심리학 이론입니다.

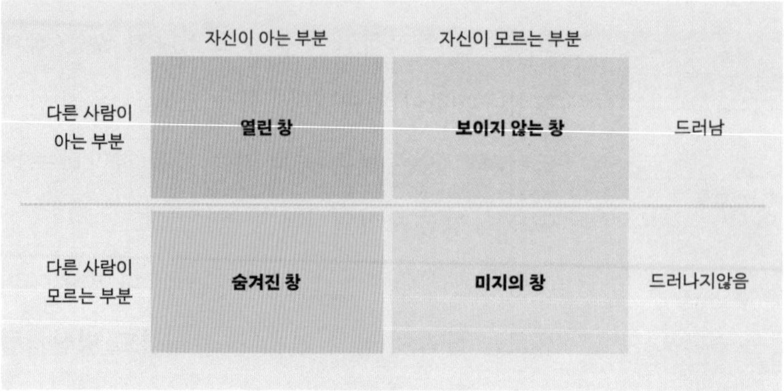

	자신이 아는 부분	자신이 모르는 부분	
다른 사람이 아는 부분	**열린 창**	**보이지 않는 창**	드러남
다른 사람이 모르는 부분	**숨겨진 창**	**미지의 창**	드러나지않음

[그림 2-2] 조 해리의 창

[**그림 2-2**] 상단에 있는 '열린 창'과 '보이지 않는 창'은 빙산 모형에서 빙산 위쪽, 즉 드러나는 성격을 나타냅니다. 자신과 다른 사람들도 아는 모습(열린 창)과 자신은 모르지만 다른 사람들은 알고 있는 모습(보이지 않는 창)으로 구분합니다.

그림 하단에 있는 두 영역은 빙산 아래쪽, 즉 드러나지 않는 성격을 의미합니다. 자신은 알지만 다른 사람들은 모르는 자신의 모습(숨겨진 창)과 자신도 모르고 다른 사람들도 모르는 모습(미지의 창)으로 나뉩니다. 너무나 깊은 곳이어서 다른 사람만이 아니라 자신도 잘 모르는 부분입니다.

에니어그램에서는 무엇을 성격의 근원으로 본다고 했는지 기억나시나요? 그렇습니다. 두려움입니다. 두려움과 이를 경험하지 않으려는 욕망은 빙산의 가장 깊은 곳에 자리 잡고 있습니다. 그리고 조 해리의 창에서는 미지의 영역에 숨어 있으면서 한 사람의 성격을 형성하고, 삶의 방향을 결정하고 있죠. 우리를 움직이는 힘에 대해 잘 모르면 그 힘에 조종당하며 살아가게 됩니다. 그래서 우리에게는 내면 깊은 곳에 있는 미지의 영역까지 살펴볼 수 있는 지혜가 필요합니다.

캐릭터와 퍼스널리티

성격을 설명할 때, 일반심리학에서는 비슷한 뜻으로 사용하지만 에니어그램의 관점으로 보면 좀더 명확하게 구분되는 단어가 있습니다. 바로 캐릭터와 퍼스널리티입니다.

캐릭터 Character

캐릭터라는 단어는 그리스어 'kharakter'에서 유래했습니다. 이 단어에는 '표시하는 도구'라는 뜻이 담겨 있는데요. 금속에 그림이나 문자를 새겨서 불에 달궈 사람이나 동물의 피부에 표식을 새기는 인장을 칭하는 말이었다고 해요. 이렇게 새겨진 표식은 쉽게 변하지 않습니다. 성격도 마찬가지로 쉽게 변하지 않는 어떤 특징을 갖고 있지요. 이를 '기본성격' 또는 캐릭터라고 부릅니다.

퍼스널리티 Personality

고대 그리스 로마 시대에는 연극을 할 때 연기하는 대상을 나타내기 위해 쓰는 가면을 '페르소나persona'라고 불렀습니다. 페르소나의 뜻을 내포하고 있는 단어 퍼스널리티는 세상을 살기 위해 사용하는 성격적 특징을 나타냅니다. 피부에 새겨지는 캐릭터에 비해 바꿔 쓸 수 있는 가면처럼 상황에 맞게 성격 특징을 다르게 사용할 수 있습니다.

우리의 성격은 변하지 않는 타고난 기본성격인 캐릭터와 상황에 따라 다양하게 사용할 수 있는 퍼스널리티로 구성되어 있습니다. 퍼스널리티를 잘 활용한다는 것은 상황에 따라 유연하게 성격을 쓸 수 있다는 점에서 장점이 될 수 있지만, 기본성격인 캐릭터가 명확하지 않으면 상황에 휩쓸리며 중심을 잡지 못하는 문제로 나타나기도 합니다. 반면 캐릭터가 너무 강하면 퍼스널리티를 제대로 사용하지 못해서 어떤 상황에서는 적용하기가 힘들 수 있습니다. 그래서 **먼저 기본성격인 캐릭터를 찾는 것이 중요합니다.** 이후에 다양한 퍼스널리티를 함께 확인하면 자신을 더욱 깊이 이해할 수 있습니다.

에니어그램에서 정의하는 성격이란?

지금까지 살펴본 내용을 토대로 성격에 대해 정리해보겠습니다. 성격은 인간이 세상을 살아가기 위해 사용하는 욕망, 감정, 신념의 심리적 체계입니다. 성격에는 다음과 같은 특징이 있습니다.

① **고유성:** 모든 사람은 다 다른 자신만의 특징을 가지고 있다.
② **일관성:** 한 사람의 성격은 대체로 일관적으로 유지된다.
③ **자동반응성:** 외부에 대해 의식적으로 반응하는 것만이 아니라 무의식적으로 자동반응한다.
④ **경향성:** 모든 사람은 고유한 성격을 가지지만 비슷한 경향성도 있기 때문에 그룹별로 분류할 수 있다.

자신을 알기 위해서는 드러나는 부분과 드러나지 않는 부분을 모두 아는 것이 중요합니다. 특히 드러나지 않는 부분을 아는 것이 더욱더 중요합니다. 내가 알지 못했던 나의 모습을 알아야 자신에 대해 깊고 통합적인 성찰을 할 수 있으니까요.

에니어그램에서 말하는 성격은 바로 이 '드러나지 않는 부분'을 강조합니다. 에니어그램에서는 인간의 가장 근원적인 두려움, 즉 죽음에 대한 두려움이 성격 형성의 시작이라고 봅니다. 두려움에서 시작된 욕망, 감정, 신념이 체계를 이뤄서 한 사람의 성격이 되는 것입니다. 우리가 성격의 뿌리가 되는 이 근원의 두려움을 바라보기로 마음을 먹는다면, **우리는 두려움에 사로잡힌 성격으로 살아가는 것이 아니라 그 두려움을 알아차리고 받아들여서 존재 그 자체로 기쁨을 누리는 삶을 살아갈 수 있습니다.** 에니어그램은 우리를 이 길로 이끌어줍니다.

2장

세 가지 힘의 중심

세 가지 두려움

죽음에 대한 인간의 두려움은 크게 세 가지로 나뉩니다. 무력(통제)에 대한 두려움, 무가치(거절)에 대한 두려움, 무지(혼란)에 대한 두려움이 그것인데요. 인간은 이런 두려움에서 벗어나고자 하는 강한 욕망을 갖게 되고, 이 욕망은 힘에 대한 욕망, 사랑과 인정에 대한 욕망, 앎에 대한 욕망으로 나타납니다. 우리는 이것을 '에니어그램의 세 가지 힘의 중심'이라고 부릅니다. 에니어그램에서 제시하는 아홉 가지 성격유형은 이 세 가지 힘의 중심에서 다시 세분화된 것들입니다. 따라서 먼저 세 가지 힘의 중심을 이해하는 것이 중요합니다.

신경학자 폴 맥린Paul MacLean의 삼중뇌 이론과 심리학자 클레이턴 앨더퍼Clayton Alderfer의 ERG 욕구이론을 함께 살펴보면 세 가지 힘의 중심에 관해 더욱 쉽게 이해할 수 있습니다. 맥린은 인간의 뇌

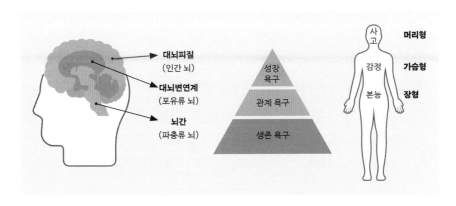

[그림 2-3] 맥린의 삼중뇌 이론, 앨더퍼의 ERG 욕구이론, 에니어그램의 세 가지 힘의 중심

를 생존과 관련된 뇌간(파충류 뇌), 감정과 관련된 대뇌변연계(포유류 뇌), 사고와 관련된 대뇌피질(인간 뇌)로 구분했습니다. 그리고 앨더퍼는 인간의 기본욕구를 생존 욕구(Existence needs), 관계 욕구(Relatedness needs), 성장 욕구(Growth needs)로 나누었습니다.

인간에 대한 의학적인 관점이나 심리학의 욕구 분류는 에니어그램의 세 가지 힘의 중심과 깊은 관련이 있습니다. 인간의 욕망이 생존, 관계, 성장으로 나뉘는 것은 인간의 뇌 자체가 생존 뇌, 감정 뇌, 사고 뇌로 구성되어 있기 때문일 것입니다. 이는 각각의 두려움으로 나뉩니다. 힘이 부족해서 생존하기 힘들 것이라는 두려움(무력), 사람들에게 사랑받지 못할 것이라는 두려움(무가치), 알지 못하면 위험하다는 두려움(무지)으로 나뉘는 것이지요. 인간이라는 존재는 아무것도 하지 않고 가만히 있으면 죽을 수밖에 없습니다. 생존을 위해 힘을 쓰고 감정을 느끼고 생각하는 것입니다. [그림 2-3]을 보면 에니어그램의 세 가지 힘의 중심은 복부, 가슴, 머리와 연관되어 있음을 알 수 있습니다. 이 힘의 중심을 각각 장형, 가슴형, 머리형이라고 부르기도 하고, 본능형, 감정형, 사고형이라고 부르기도 합니다.

이 정도의 이해를 품고, 지금부터 힘의 중심에 관해 살펴보겠습니다.

장형(본능형)

장형은 스스로 힘이 없다는(무력) 두려움을 가지고 있습니다. 따라서 힘에 대한 욕망을 가지고 많은 힘을 쓰면서 살아갑니다. 외부의 힘에 의해 통제를 당하거나, 자신을 조절하지 못하거나, 힘의 충돌이 일어나면 장형은 두려움을 느낍니다. 그래서 자신을 보호하기 위해 강한 힘으로 외부를 통제하려 하거나(8), 내면의 욕망과 충동을 조절하려 하거나(1), 내면의 힘과 외부의 힘이 충돌하는 것을 피하려고(9) 합니다. 모두 힘과 관련된 문제인 걸 바로 알아채셨지요?

장형이 느끼는 핵심감정은 분노입니다. 분노는 자신의 존재가 침해될 때 느끼는 강렬한 부정적 감정으로, 강한 '힘'을 동반합니다. 분노를 느낄 때는 몸이 긴장되고 아랫배에서 뜨거운 것이 '욱' 하고 치솟는 느낌을 받습니다. 이를 악물게 되고 눈에는 힘이 들어가죠. 장형은 이 분노를 밖으로 표출하거나(8), 억압하거나(1), 망각하려고(9) 합니다.

생리적 특징

두려움을 느낄 때 장형은 뇌간(생존 뇌)이 작용하고 소화기관이 민감하게 반응합니다. 그래서 장형은 스트레스를 많이 받으면 소화가 안 되고 장이 아픈 경향이 있으며, 움직이거나 먹거나 쉬면서 힘을 재충전할 때 스트레스가 풀립니다.

의사소통 특징

장형은 원리원칙에 따라 간단히 말하는 것을 좋아합니다. 그래서 다른 사람이 듣기에는 판단하는 말, 지시하는 것 같은 느낌을 줄 수 있습니다.

관심 시제

장형은 과거나 미래보다는 실제로 힘을 사용할 수 있는 **현재**를 중요하게 여깁니다. 그래서 과거의 감정적인 일들을 구체적으로 잘 기억하지 못하고 미래에 대해 구체적으로 생각하기보다는 지금 해야 할 일들에 집중하는 경향이 있습니다.

세분화된 두려움과 분노를 다루는 방식

장형의 기본 두려움인 '무력에 대한 두려움'은 세 가지로 나뉩니다. 내가 약해서 외부의 강한 사람이나 상황에 의해 통제를 당하거나 침해를 입을 거라는 두려움(8유형), 내면의 강한 충동에 의해 자기조절력을 잃고 악해질 거라는 두려움(1유형), 내면의 욕망을 표현했을 때 외부에서 사람들과 힘의 충돌, 갈등이 일어날 거라는 두려움(9유형)이 그것입니다.

이 두려움에 대항하여 힘을 쓰는 방향도 세 가지로 나눌 수 있습니다. 어떤 사람은 힘을 외부로 강하게 쓰고(Fight, 강한 사람, 8유형), 또 다른 사람은 외부보다 자신의 내면을 더 강하게 조절하고(Flee, 올바른 사람, 1유형), 자기 내면의 욕구를 잊고 외부와 평화를 유지하려고 힘을 제대로 쓰지 못하는 사람(Freeze, 평화로운 사람, 9유형)도 있어요.

이 힘의 방향은 장형의 핵심 감정인 분노를 다루는 방식에서 그대로 드러납니다. 외부를 강하게 통제하려는 사람(8유형)은 분노를 표출하고, 내면을 강하게 조절하려는 사람(1유형)은 분노를 억압합니다. 그리고 외부와 내면의 힘의 충돌을 피하려는 사람(9유형)은 내면의 욕구를 억압하고 외부의 영향을 받지 않으려 하다 분노를 망각해버립니다.

가슴형(감정형)

가슴형은 자신은 사랑스럽지 않은 사람(무가치)이라는 두려움을 가지고 있습니다. 그래서 사랑과 인정에 대해 강한 욕망을 가지고 감정을 쓰면서 살아갑니다. 있는 그대로의 자신을 사랑할 수 없기 때문에 사랑받을 만한 사람에 대한 자아상을 만들어 그런 사람이 되기 위해 노력합니다. 그런 노력을 했음에도 사랑과 인정을 받지 못할 때 서운하고 슬프고 수치심을 느끼게 됩니다. 장형이나 머리형에 견줘 서운함, 슬픔, 우울 등 다양한 감정을 깊고 강렬하게 느끼지만, 핵심 감정은 수치심입니다. '자신은 사랑스러운 존재가 아니라는 두려움'에서 비롯되는 감정이지요. 이런 수치심을 느끼지 않기 위해 다른 사람을 도와주며 좋은 사람이 되거나(2유형), 깊은 감성으로 삶의 의미를 찾는 독특한 사람이 되거나(4유형), 탁월한 능력으로 성취하는 유능한 사람이 되어(3유형) 인정과 사랑을 받으려고 합니다.

수치심을 느낄 때는 심장이 있는 가슴 부위가 조여지고 얼굴이 화끈거리며 눈살을 찌푸립니다. 스스로가 부끄럽고 타인에게는 서운하고 미운 마음이 들기도 합니다. 자신의 존재가 거부될 때 '자신이 무가치한 존재'라는 두려움에서 느껴지는 감정이 수치심이기 때문입니다.

생리적 특징

대뇌변연계(감정 뇌)의 작용과 순환기(혈관계, 림프계)가 민감하게 반응합니다. 그래서 감정적인 상황에서 스트레스를 많이 받으며, 가슴이 답답하고 숨쉬기 어렵거나 얼굴이 화끈거리는 경향이 있습니다. 반대로 다른 사람들에게 자신의 감정을 말하거나 사랑과 인정을 받을 때 스트레스가 풀립니다.

의사소통 특징

감정적인 표현을 많이 하며, 관계된 사람이 누구인가에 따라 의사결정을 합니다.

관심 시제

가슴형은 미래에 대한 걱정이나 현재 해야 할 일보다는 강렬한 감정을 느꼈던 **과거**에 많은 영향을 받고, 그때의 감정을 생생하게 다시 느끼는 경향이 있습니다. 장형이나 머리형이 잘 기억하지 못하는 강한 감정을 느꼈던 사건들을 잘 기억하고, 그 감정에 지속적으로 영향을 받습니다.

가슴형의 기본 두려움인 무가치에 대한 두려움도 세 가지로 나눌 수 있습니다.

외부의 다른 사람을 도와주고 기쁨을 주는 좋은 사람이 아니라면 사랑받지 못할 것이라는 두려움(2유형), 내면에서 다른 사람들과 다른 독특한 정체성과 삶의 의미가 없다면 사랑받지 못할 것이라는 두려움(4유형), 내적으로 타고난 능력이 없다고 여기며, 외부에 자신의 유능함을 증명하지 못하면 사랑받지 못할 것이라는 두려움(3유형)을 마음속 깊이 느끼고 있지요.

이 사랑받지 못한다는 두려움을 느끼지 않기 위해 감정을 쓰는 방향도 다른데요. 감정이 외부로 향하는 사람(Fight, 필요한 사람, 2유형), 내면으로 향하는 사람(Flee, 특별한 사람, 4유형), 내면과 외부에 감정이 갇혀 있는 사람(Freeze, 유능한 사람, 3유형)으로 구분할 수 있습니다.

가슴형에게 두려움을 피한다는 건 수치심을 느끼지 않으려는 것과 같습니다. 수치심에서 벗어나려는 방식도 감정을 쓰는 방향에 따라 달라지는데요. 외부로 시선을 돌려 다른 사람에게 도움을 주려는 2유형 조력가는 감정을 전환합니다. 내부로 깊이 파고들어 삶의 의미와 정체성을 찾으려는 4유형 예술가는 감정에 몰입하죠. 그리고 내외를 효율적으로 관리하여 성공적인 결과를 만들려는 3유형 성취자는 감정을 차단하는 방식으로 수치심에서 벗어나려 합니다.

머리형은 알지 못하면(무지) 문제가 생길 것이라는 두려움을 가지고 있습니다. 그래서 지혜에 대한 욕망을 가지고 많은 생각을 하면서 살아갑니다.

머리형의 핵심 감정은 불안입니다. 불안은 안정감을 느끼지 못하기 때문에 자신을 보호하기 위해 엄청나게 많은 '생각'을 불러일으키는 감정입니다. 알 수 없는 일들이 일어나거나 부정적 감정을 느낄 때 이들은 불안해집니다. 이런 불안에서 벗어나기 위해 머리형은 외부 세계의 지식을 객관적으로 습득하려 하거나, 긍정적으로 생각하며 외부에서 즐거운 경험을 하려 하거나, 문제 상황을 예측하고 대책을 세우려고 합니다.

불안을 느낄 때는 얼굴과 머리 위쪽으로 에너지가 강렬하게 느껴지면서 눈동자가 위와 좌우로 빠르게 움직이며 생각이 많아지고, 심장 박동수가 빨라지면서 더욱더 불안해집니다. 불안해지면 머리형은 너무 깊게 생각하거나(5유형), 너무 다양하고 긍정적인 생각을 하거나(7유형), 너무 부정적으로 생각하는(6유형) 경향이 있습니다.

생리적 특징

대뇌신피질(사고 뇌)의 작용으로 머리가 민감하게 반응합니다. 그래서 알 수 없는 일들로 인한 문제가 생기면 생각이 많아지고 머리가 아픈 경향이 있습니다. 상황을 이해하거나 불안이 해소될 때 스트레스가 풀립니다.

의사소통 특징

머리형은 사실에 근거해서 논리적으로 이야기하는 것을 좋아합니다. 따라서 설명이 많아지거나 차가운 느낌을 줄 수 있습니다.

관심 시제

머리형에게 과거와 현재는 이미 일어난 일이거나 알고 있는 것이지만, 미래는 알 수 없는 영역입니다. 그래서 늘 미래에 관심을 가지면서 불안해합니다. 개념이나 정확한 사실들은 잘 기억하지만 과거에 겪었던 감정적인 일을 잘 기억하지 못하고, 현재에도 **미래**에 대해 생각하는 경향이 있습니다.

세분화된 두려움과 불안을 대하는 방식

머리형의 기본 두려움인 무지에 대한 두려움은 세 가지로 나뉩니다.

외부 세상은 너무 크고 자신은 세상을 너무 모른다는 두려움(5유형), 내면의 부정적 감정이나 지루함, 책임과 같은 내면의 문제를 견디는 것에 대한 두려움(7유형), 내적으로 자신이 믿을 만한 사람이 아니고, 외부 세상에는 위험이 가득하다는 두려움(6유형)입니다.

이 세 가지 두려움을 살펴보면, 두려움이 일으킨 불안에서 벗어나기 위해 생각의 방향을 어디로 돌리는지 알 수 있습니다. 생각이 외부로 향하는 사람(Fight, 생각하는 사람, 5유형)은 외부 세계를 관찰하면서 불안으로부터 자신을 분리하려고 합니다. 내면의 불안에 반응하는 사람(Flee, 즐거운 사람, 7유형)은 외부에서 즐거움을 추구하며 불안을 긍정적인 경험으로 전환하려고 하고, 내면과 외부 모두를 믿지 못하고 두려움에 갇힌 사람(Freeze, 준비하는 사람, 6유형)은 불안에 몰입하는 방식을 취하게 됩니다.

지금까지 세 가지 힘의 중심에 대해 살펴보았는데요. 자신은 장형, 가슴형, 머리형 중 무엇에 좀더 가깝다고 느껴지나요? 잘 모르겠다면 분노, 수치심, 불안 중 더 자주, 더 강렬하게 느끼는 감정이 무엇인지 살펴보세요. 힘의 중심을 찾는 데 도움이 될 것입니다.

3장

힘의 중심과 방향, 아홉 가지 성격

　우리는 앞서 인간은 생존을 위해 두려움에서 벗어나려고 한다는 사실을 살펴보았습니다. 그럼 어떤 방식으로 두려움을 물리치려 할까요? 인간은 두려움을 느낄 때 맞서 싸우거나(Fight), 물러나거나(Flee), 얼어버리는(Freeze) 반응을 보입니다. 이를 가리켜 '3F 반응'이라고 합니다. 이 책에서는 이 세 가지 반응을 투쟁 반응, 도주 반응, 경직 반응이라고 부르겠습니다.

　에니어그램의 각 성격유형은 이 반응들과 밀접한 관련이 있습니다. 무력, 무가치, 무지라는 세 가지 두려움에서 벗어나기 위해 어떤 방향으로 에너지를 사용하느냐에 따라 아홉 가지 성격유형으로 나뉘는데요. 각 유형이 힘의 방향을 어디로 쓰는지를 이해하면 각 유형의 성격의 뿌리를 좀더 분명하게 알 수 있습니다.

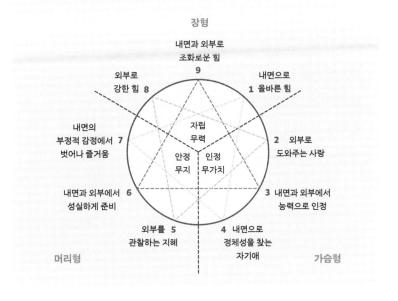

[그림 2-4] 에니어그램 유형별로 힘을 사용하는 방향

외부에 대한 두려움에 맞서 에너지를 외부로 쓰는 사람들이 있습니다. 에니어그램에서 분류하는 성격유형에서는 8유형, 2유형, 5유형이 여기 해당합니다([그림 2-4] 분홍색 삼각형).

- 장형 중 8유형은 자립을 위해 외부로 강한 **힘**을 써서 세상과 사람들을 통제하는 강한 사람이 되려고 합니다. 그래서 지도자라는 별명을 갖게 됩니다.
- 가슴형 중 2유형은 사랑과 인정을 위해 외부로 **감정**을 쓰며 타인을 도와줌으로써 필요한 사람이 되려고 합니다. 그래서 조력

가라는 별명을 갖게 됩니다.

- 사고형 중 5유형은 안정을 위해 외부를 **사고**하는 방식을 취합니다. 세상을 관찰하고 이해함으로써 지혜로운 사람이 되려고 하는 것이죠. 그래서 사색가라는 별명을 갖게 됩니다.

이처럼 자신의 힘을 외부로 강하게 쓰는 8-2-5유형은 각각의 힘의 중심의 특징을 가장 명확하게 보여줍니다.

도주 반응(내면으로 물러나는 반응, Flee)

도주 반응은 내면에 대한 두려움에서 벗어나고자 힘의 방향을 내면으로 쓰는 것을 말합니다. 1유형, 4유형, 7유형이 여기에 해당합니다([그림 2-4] 하늘색 삼각형).

- 장형 중 1유형은 자립을 위해 내면으로 올바른 **힘**을 써서 자신의 충동을 통제하고 노력해서 더 완벽한 사람이 되려 하고, 세상도 더 이상적으로 만들려고 합니다. 그래서 개혁가라는 별명을 갖게 됩니다.
- 가슴형 중 4유형은 사랑과 인정을 받기 위해 내면의 깊고 강렬한 **감정**과 성찰을 통해 정체성을 찾고 삶의 의미를 찾는 특별한 사람이 되려고 합니다. 그래서 예술가라는 별명을 갖게 됩니다.
- 사고형 중 7유형은 안정을 위해 긍정적인 **생각**과 외부에서 하는 재미있는 경험을 통해 내면에서 올라오는 부정적인 감정을 달래며 즐겁고 열정적인 사람이 되려고 합니다. 그래서 낙천가라는

별명을 갖게 됩니다.

이처럼 자신의 힘을 내면으로 강하게 쓰는 1-4-7유형은 힘의 중심의 일반적 특징과는 다른 모습을 보여줍니다. 1유형은 장형이지만 합리적이고 명확한 사고를 하고, 4유형은 가슴형이지만 자신에 대한 사색을 많이 하며, 7유형은 사고형이지만 긍정적인 감정을 느끼려 하고, 재미있는 경험을 많이 하려고 합니다. 그래서 자신의 유형을 파악하는 데 조금 헷갈릴 수 있습니다만 각 힘의 중심의 특징을 다른 방식으로 사용하고 있다고 이해하시면 됩니다.

경직 반응(내외로 움직이지 못하고 굳어버리는 반응, Freeze)

경직 반응은 내면과 외부에 대한 두려움에 힘(9), 감정(3), 사고(6)를 가둬둡니다. 경직 반응은 내면에 대한 두려움으로 에너지가 내부와 외부의 중간에 머물게 됩니다. 힘과 감정, 사고를 가둬두는 거죠. 9유형, 3유형, 6유형이 여기에 해당합니다([그림 2-4] 보라색 삼각형).

- 장형 중 9유형은 자립을 위해 내면의 욕망을 망각하고 외부의 힘의 충돌과 갈등을 피하며 평화로운 사람이 되려고 합니다. 그래서 평화주의자라는 별명을 갖게 됩니다.
- 가슴형 중 3유형은 사랑과 인정을 위해 내면의 감정을 누르고 외부 사람들의 감정을 차단하여 효율적으로 성취하는 사람이 되려고 합니다. 그래서 성취자라는 별명을 갖게 됩니다.

• 사고형 중 6유형은 안정을 위해 내적으로는 많이 고민하고, 외적으로는 미래를 준비하며 공동체에 헌신하는 사람이 되려고 합니다. 그래서 헌신가라는 별명을 갖게 됩니다.

이처럼 자신의 힘이 내면과 외부에 갇히는 9-3-6유형도 힘의 중심의 일반적 특징과 다른 모습을 보여줍니다. 9유형은 장형이지만 힘을 쓰기보다는 타인과 관계를 잘 맺고 공감도 잘하며, 3유형은 가슴형이지만 감정을 느끼고 표현하기보다는 효율적으로 생각하고 행동해서 성취하며, 6유형은 사고형이지만 명확한 사고를 하기보다는 생각이 너무 복잡하고 끊이지 않으며, 안정을 위해 타인을 배려하거나 해야 할 일을 하고 있습니다.

[표 2-1]은 지금까지 설명한 내용을 한눈에 볼 수 있게 표로 정리한 것입니다. 표 아래부터 위로 올라가면서 읽으시면 됩니다.

[표 2-1] 아홉 가지 성격유형과 힘의 중심

	유형	8유형 지도자	9유형 중재자	1유형 개혁가	2유형 조력가	3유형 성취자	4유형 예술가	5유형 사색가	6유형 헌신가	7유형 낙천가
아홉 가지 성격유형	분화된 감정	분노 표현	분노 망각	분노 억제	긍정 감정 표현	감정 차단	깊은 감정 몰입	불안 분리	불안 몰입	불안 전환
	분화된 욕망	강한 힘	조화로운 힘	올바른 힘	필요한 사람	능력 있는 사람	특별한 사람	앎 객관적 사고	안전 부정적 사고	즐거움 긍정적 사고
	분화된 두려움	외부의 힘에 통제되는 것	내외의 힘이 충돌하는 것	내면의 충동에 사로잡히는 것	필요로 하지 않음	능력이 없음	정체성과 의미가 없음	알 수 없는 세상	자신과 세상을 불신	내면의 부정적 감정
	방향	외부	내외	내면	외부	내외	내면	외부	내외	내면
힘의 중심	의사 소통	원리원칙 지시적			감정적 관계지향적			논리적 사실과 논리		
	스트레스 해소	힘의 문제 휴식과 힘의 회복			관계와 감정 문제 공감과 인정			알 수 없는 상황의 문제 상황 파악과 대책		
	생리	뇌간(생존 뇌) 배가 아픔			변연계(감정 뇌) 가슴이 아픔			대뇌피질(사고 뇌) 머리 아픔		
	에너지	자기 영역에서 힘을 쓴다.			관계에서 감정을 쓴다.			상황 파악을 위해 생각한다.		
	감정	강한 힘을 일으키는 분노			나는 가치가 없다는 수치심			안정되지 않는 불안		
	욕망	힘이 있어야 한다(자립).			사랑받아야 한다(인정).			알아야 한다(안정).		
	두려움	내가 힘이 없다면 (무력에 대한 두려움)			내가 사랑받지 못하면 (무가치에 대한 두려움)			내가 알지 못하면 (무지에 대한 두려움)		

죽음에 대한 두려움

3부

나의
성격유형 찾기

지금부터 본격적으로 나의 성격유형 찾기를 시작해보겠습니다.

당신은 책 앞부분에 있는 '두려움 탐색법'으로 이미 자신의 성격유형을 찾았을 수도 있고, 책 1부와 2부를 읽으면서 찾았을 수도 있습니다. 하지만 내가 찾은 성격유형이 정확하다고 단정하긴 어렵습니다. 우리는 다양한 퍼스널리티, 즉 가면 같은 성격을 쓰면서 살아가기 때문입니다. 평소 자신이 많이 쓰는 퍼스널리티를 자신의 성격이라 여기고 있다면 다른 성격유형을 자신의 것으로 오인할 수 있습니다. 가장 중요한 것은 기본성격, 즉 캐릭터를 아는 것입니다. **퍼스널리티는 성장 과정에 따라, 상황에 따라 다르게 사용할 수 있지만 캐릭터는 처음부터 타고나는 것입니다.** 그러니 우선 캐릭터를 알아야 다른 퍼스널리티도 잘 사용할 수 있습니다.

이 책은 처음부터 끝까지 '성격 탐색 4단계'를 거쳐 자신의 성격을 찾을 수 있도록 구성되어 있습니다.

1단계: 느낌

두려움을 자극하는 문구를 읽고 자신의 감정과 몸의 상태를 느끼면서 스스로 찾아보는 단계입니다. 책 면지에 있는 '두려움 탐색법'을 다시 한번 읽어보시면 도움이 될 것입니다.

2단계: 이해

책 2부에 나와 있는 성격유형별 정보를 읽으면서 자신의 기본성격이 무엇인지 유추해봅니다.

3단계: 검사지 작성

3부에 수록된 성격유형 검사를 통해 자신의 성격유형을 찾아봅니다.

4단계: 성찰

4부에 나와 있는 각 성격유형의 특징을 살펴보면서 1, 2, 3단계를 통해 파악한 나의 성격유형이 어떻게 형성되어 있는지를 탐구합니다. 성격의 뿌리인 두려움부터 그 두려움에서 벗어나기 위해 만들어진 감정과 생각, 행동 패턴을 알 수 있도록 정리했습니다. 이 과정은 자신의 모습을 깊이 성찰할 수 있는 좋은 기회가 될 것입니다.

사람들은 처음부터 검사지를 사용하면 좀더 쉽게 자신의 성격유형을 찾을 수 있다고 생각합니다. 하지만 여기에는 한 가지 맹점이 있습니다. 검사 문항을 읽고 해당하는 정도를 판단할 때는 인지 능력을 많이 쓰게 됩니다. 하지만 에니어그램에서 말하는 성격은 두려움을 경험하지 않기 위해 정교하게 만들어진 심리적 체계를 의미합니다.

그렇다면 성격을 알려면 무엇을 경험해야 할까요? 그렇습니다. 두려움을 경험해야 합니다. 두려움과 욕망, 그리고 여기서 파생된 감정을 몸으로 경험하지 않는다면 머리, 즉 생각으로만 성격유형을 찾기 쉽습니다. 이럴 때 앞서 이야기한 것처럼 캐릭터를 찾지 못하고 지금 많이 사용하고 있는 퍼스널리티를 사신의 기본성격이라 여길 수 있습니다. 그래서 1단계, 즉 느낌으로 성격유형을 찾는 과정이 매우 중요합니다. 1단계로 캐릭터를 찾아본 다음, 2~4단계를 거치면서 자신의 성격유형을 좀더 명확하게 확인하는 것이 일반적인 과정입니다. 만약 1단계에서 찾은 기본성격이 2, 3, 4단계에서도 일치한다면 자신의 기본성격일 가능성이 큽니다. 그런데 각 단계마다 다르게 나온다면 지금 자신의 성격이 형성되는 데 영향을 미친 사람이나 사건을 찾아보아야 합니다. 이 내용은 6부 '성격 변형'에서 자세히 살펴보겠습니다.

1단계: 느낌

우리는 앞에서 '두려움 탐색법'으로 간단한 테스트를 해보았습니다. 처음에 했을 때 별 느낌이 없었다면 한 번 더 두려움 탐색 문구를 읽고 유난히 몸과 감정에 동요가 있었던 문구를 몇 가지 체크한 뒤, 몸과 마음에서 어떤 느낌과 감정이 일었는지 메모해두시는 것도 좋습니다.

네 가지 반응

아홉 가지 문구를 읽으면서 어떤 감정이 올라오는지, 몸에서는 어떤 느낌이 느껴지는지 살펴보세요. 머리가 아니라 감정과 몸의 느낌을 민감하게 확인해야 함을 명심하세요.

문구에 대한 반응은 크게 네 가지로 구분할 수 있습니다.

반응 1 아무렇지 않은데?

반응 2 기분이 조금 나쁘네.

반응 3 아악, 안 돼! *(강한 감정과 몸의 반응이 나타납니다.)*

① 분노: 아랫배에서부터 뜨거운 느낌이 강하게 올라오고, 몸에 힘이 들어가며 화가 납니다.

② 수치심: 가슴이 조이고, 얼굴이 빨개지며 일그러지고, 서운하고 슬픈 감정과 함께 자신이 가치 없게 느껴집니다.

③ 불안: 당황스러운 느낌이 얼굴에서 머리로 확 올라가며 눈동자가 바삐 움직이고 이런저런 생각이 마구 들어서 혼란스러워집니다.

반응 4 아니야! 나는 절대로 그렇지 않아! 그럴 리가 없어! 내가 어떻게 살았는데? *(강한 자기방어)*

제시된 문장에 1과 2처럼 반응했다면 기본성격이 아닐 가능성이 크고, 3과 4처럼 반응했다면 자신의 기본성격일 가능성이 큽니다. 앞서 이야기했듯 머리로 생각하기보다는 몸의 느낌과 감정을 느껴보세요. 가장 격렬한 반응이 있을 것입니다.

먼저 듣기 싫은 소리를 들을 몸과 마음의 준비를 해볼까요? 숨을 깊게 마시고 길게 내쉬면서 몸과 마음의 긴장을 풉니다. 만약 우리가 당신 앞에 있었다면 두려움 탐색 문구를 실감 나게 말해줬을 거예요. 하지만 지금은 당신 혼자 책의 문구를 읽어야 합니다. 따라서 감정의 강도가 약해질 수밖에 없습니다. 그러니 **진짜로 누군가가 나에게 이런 말을 한다고 상상하면서 문구를 읽어보세요.** 그래야 자신의 두려움을 만나고 자신의 기본성격을 찾을 수 있습니다.

자, 이제 시작합니다.

A 아, 됐고! 넌 그냥 내가 시키는 대로 해! 약해 빠져가지고! 지금 당장 하라고!

B 너 때문에 사람들이 싸우고 있는 거 안 보여? 네가 해결해! 지금 당장!!

C 비겁하게 편법 쓰지 마! 게으르고 자기 욕망대로 사는 나쁜 사람 같으니라고! 넌 틀렸어!

(차가운 표정을 지으며 무시하는 목소리로)

D 넌 너무 이기적이야. 그러니까 사람들이 다 싫어하지…, 쯧쯧.

E 풉~ 뭐야? 왜 이렇게 일을 못해? 비효율적이고 타고난 재능은 1도 없잖아. 네가 제일 못해!

F 훗, 평범하고 흔한 스타일이네. 누군가를 따라 하면서 사는 게 무슨 의미가 있니….

(걱정스러운 표정과 다급한 목소리로)

G 넌 왜 이렇게 무식해? 낡고 얕은 지식밖에 없네. 너만 이해를 못해. 그리고 생각 좀 하면서 살아!

H 너는 믿을 수가 없어. 너 때문에 위험한 일들이 생기잖아. 우리 모임에서 나가서 네가 알아서 해!

I 너 완전 재미없어. 너무 지루해. 그리고 앞으로 재미있는 것 금지! 지금부터 철저하게 관리할 거야.

듣기 싫은 소리를 하나도 아니고 아홉 개나 한 번에 들어야 해서 힘드셨죠? 잠시 숨을 고르고 아래 질문에 답해보세요.

가장 강렬한 반응이 느껴진 문구는 A부터 I 중 무엇인가요?

_____

신체적·감정적 반응은 어땠나요?

_____

_____

_____

가장 강렬한 반응을 일으킨 문장이 바로 당신이 가장 두려워하는 것을 보여주며, 이것이 당신 성격의 핵심 두려움입니다. 어떤 문구에 반응했는가도 중요하지만, 그 문구에 어떤 반응을 했는지도 중요합니다. 아래 표를 보시면 강하게 반응한 문구에 해당하는 문구의 알파벳에 에니어그램 유형 번호를 표기해두었습니다. 그 번호가 당신의 기본성격일 가능성이 큽니다.

[표 3-1] 감정과 몸의 반응에 따른 에니어그램 유형 번호

A	B	C	D	E	F	G	H	I
분노 몸에 힘이 들어가고 긴장됨			수치심 얼굴이 화끈거리고 가슴이 미어짐			불안과 당황 머릿속이 생각으로 가득 차 혼란스러움		
8	9	1	2	3	4	5	6	7

잘 모르겠다고요?

하나가 아닌 몇 개의 문구에 강한 반응이 올라온다면, 그중 가장 강렬한 느낌을 받은 문구 두 개만 골라서 이어서 읽어보세요. 그런 다음 몸의 느낌과 감정을 세심하게 느껴보세요. 성격의 뿌리는 마치 용의 역린과 같아서 건드리면 반응하게 됩니다. 바로 드러나고 느껴지는 반응만이 아니라 그 **반응을 차단하고 억압하려는 반응**도 있으니 더욱 주의를 기울여 느껴보세요.

어떤 문구에도 별 반응이 느껴지지 않을 수도 있습니다. 아무것도 느껴지지 않는다는 것은 반응 1과 달리, 감정을 느끼는 것 자체를 회피하고 있는 상태일 수 있습니다. 그럴 땐 4부 '성격 심층 탐색'을 자세히 읽어보며 가장 자신과 비슷한 유형을 찾아보거나 에니어그램 전문가를 만나 상담을 해보길 권합니다.

2단계: 이해

1단계 두려움 탐색법으로 캐릭터를 찾았다면, 2단계 '이해'는 책 1부와 2부에 나와 있는 에니어그램에 대한 설명을 읽으면서 자신이 어떤 유형일지 생각하며 이해해가는 과정입니다. 앞서 이야기한 것처럼 인간은 살면서 다양한 상황에서 다양한 성격 특징을 사용하며 살아갑니다. 자신에게 여러 성격이 있는 것은 자연스러운 일입니다. 그럼에도 가장 중심이 되는 기본성격, 캐릭터를 찾는 것이 중요합니다. 1부와 2부를 읽으면서 자신의 기본성격에 대해 이해한 것을 정리해봅시다.

지금까지 탐색한 것에 따르면 자신의 기본성격은 몇 번이라고 생각하나요?

그렇게 생각하는 이유는 무엇인가요?

_____

_____

_____

_____

_____

헷갈리는 유형이 있다면 그것은 무엇과 무엇인가요?

_____

그 유형들이 헷갈리는 이유는 무엇인가요?

_____

_____

_____

_____

_____

3단계: 검사

우리는 1단계에서 두려움을 자극하는 질문을 보면서 신체적인 느낌과 감정으로 자신을 탐색했고, 2단계에서는 성격에 대한 기본 정보를 읽으면서 인지적으로 자신을 탐색했습니다.

1단계에서 찾은 것이 자신의 기본성격일 가능성이 큽니다. 하지만 다른 문구들에도 어느 정도 반응이 있었을 것입니다. 그것은 기본성격은 아니지만 자주 사용하는 성격들일 가능성이 큽니다. 우리는 아홉 가지 성격을 모두 갖고 있기 때문입니다. 이 나머지 성격의 분포를 확인하는 데는 3단계, 검사가 도움이 됩니다.

검사를 시작하기 전, 심호흡을 하며 좋은 것, 나쁜 것을 가리지 않고 질문에 솔직하게 답하겠다는 마음을 가져보세요. 에니어그램으로 나를 찾는 여행은 있는 그대로의 나 자신을 발견하고, 이해하고, 받아들이는 여정이기 때문입니다.

이제, 시작해볼까요?

성격 검사 문항

A

나에게 A 에너지가 얼마나 잠재되어 있는지 알아봅시다.
각각의 문항이 자신에게 얼마나 해당하는지 체크해보세요.
모두 답한 뒤에는 점수 합계를 내어 표에 기입하세요.

**1점: 전혀 아니다. 2점: 대체로 아니다. 3점: 보통이다.
4점: 대체로 그렇다. 5점: 매우 그렇다.**

1	나는 자신감이 있고 다른 사람들을 격려하며 이끄는 능력이 있다.	① ② ③ ④ ⑤
2	나는 의지가 강해 어려움을 잘 이겨내며, 도전을 즐긴다.	① ② ③ ④ ⑤
3	나는 주장이 센 편이며, 목소리가 크다.	① ② ③ ④ ⑤
4	나는 다른 사람의 힘든 감정을 위로해주는 것이 어렵다.	① ② ③ ④ ⑤
5	나는 다른 사람들에게 좋은 영향력을 미치길 원한다.	① ② ③ ④ ⑤
6	나는 다른 사람이 나에게 명령을 내리거나 통제하려 하면 화가 난다.	① ② ③ ④ ⑤
7	나는 내 삶을 스스로 결정하는 독립적인 사람이며, 남에게 의존하는 것을 좋아하지 않는다.	① ② ③ ④ ⑤
8	나는 화가 나면 곧바로 이를 표현하고, 뒤끝이 없다.	① ② ③ ④ ⑤
9	나는 일을 할 때 다른 사람들을 지휘하는 자리에 나서는 것을 선호한다.	① ② ③ ④ ⑤
10	나는 세상을 강하게 살아야 한다고 생각하며, 나약한 모습을 보이지 않기 위해 노력한다.	① ② ③ ④ ⑤
11	나는 어떤 일이든 한번 시작하면 끝까지 하는 편이다.	① ② ③ ④ ⑤
12	나에게도 부드럽고 감성적인 면이 있지만, 아주 소수의 사람에게만 그 모습을 보여준다.	① ② ③ ④ ⑤

합 계

B

나에게 B 에너지가 얼마나 잠재되어 있는지 알아봅시다.
각각의 문항이 자신에게 얼마나 해당하는지 체크해보세요.
모두 답한 뒤에는 점수 합계를 내어 표에 기입하세요.

**1점: 전혀 아니다. 2점: 대체로 아니다. 3점: 보통이다.
4점: 대체로 그렇다. 5점: 매우 그렇다.**

1	나는 이해심이 많고 다른 사람들의 이야기를 잘 들어준다.	① ② ③ ④ ⑤
2	나는 인내심이 강하고 별로 흥분하지 않는다.	① ② ③ ④ ⑤
3	나는 내가 원하는 것을 말하기 어렵고, 원하는 게 뭔지 잘 모르겠다.	① ② ③ ④ ⑤
4	나는 문제가 발생하더라도 그냥 흘러가도록 내버려두는 편이다.	① ② ③ ④ ⑤
5	나는 앞에 나서는 것을 좋아하지 않는다.	① ② ③ ④ ⑤
6	나는 내 삶이 평화롭고 안정된 상태로 쭉 유지되길 원한다.	① ② ③ ④ ⑤
7	나는 내 주변에서 갈등이 일어나면 불편하다.	① ② ③ ④ ⑤
8	나는 살면서 화를 낸 적이 별로 없다.	① ② ③ ④ ⑤
9	나는 평소에는 고집을 부리지 않지만, 일단 마음먹으면 누구의 말도 듣지 않는다.	① ② ③ ④ ⑤
10	나는 "모든 것이 괜찮아"라는 말을 자주 한다.	① ② ③ ④ ⑤
11	나는 무언가를 결정할 때, 나의 우선순위를 가장 뒤에 놓는 편이다.	① ② ③ ④ ⑤
12	나는 스트레스를 받으면 TV를 비롯해서 뭔가에 빠지거나 멍하게 시간을 보낸다.	① ② ③ ④ ⑤

합 계

성격 검사 문항

C

나에게 C 에너지가 얼마나 잠재되어 있는지 알아봅시다.
각각의 문항이 자신에게 얼마나 해당하는지 체크해보세요.
모두 답한 뒤에는 점수 합계를 내어 표에 기입하세요.

1점: 전혀 아니다. 2점: 대체로 아니다. 3점: 보통이다.
4점: 대체로 그렇다. 5점: 매우 그렇다.

1	나는 최선을 다하고 체계적으로 일하기 위해 노력한다.	① ② ③ ④ ⑤
2	나는 공정하고 도덕성이 높은 편이며, 양심에 따라 행동한다.	① ② ③ ④ ⑤
3	나는 나와 다른 사람을 자주 판단하고 비판한다.	① ② ③ ④ ⑤
4	나는 즐거운 일들을 미루고 해야 할 일을 먼저 하는 경향이 있다.	① ② ③ ④ ⑤
5	나는 모든 것이 올바르게 되기를 원하므로, 무슨 일이든 철저하게 한다.	① ② ③ ④ ⑤
6	나는 내 안에 있는 결점이나 나쁜 부분이 드러날까 봐 두렵다.	① ② ③ ④ ⑤
7	나는 의미 있고 가치 있는 삶을 원하며, 이를 위한 원칙과 이상을 가지고 있다.	① ② ③ ④ ⑤
8	나는 원칙에 어긋나는 일을 보면 화가 난다.	① ② ③ ④ ⑤
9	나는 일을 개선하기 위해 다른 사람들에게 간섭이나 조언을 많이 하는 편이다.	① ② ③ ④ ⑤
10	나는 나의 충동적인 욕구와 감정 때문에 실수하는 일이 없도록 늘 감정을 조절한다.	① ② ③ ④ ⑤
11	나는 이 세상에 개선해야 할 것이 매우 많다고 생각하며, 내가 할 수 있는 일들을 고민한다.	① ② ③ ④ ⑤
12	나는 화가 나면 이를 드러내지 않기 위해 최선을 다해 애쓰지만, 뜻대로 잘 되지 않는다.	① ② ③ ④ ⑤

합계

성격 검사 문항

D

나에게 **D** 에너지가 얼마나 잠재되어 있는지 알아봅시다.
각각의 문항이 자신에게 얼마나 해당하는지 체크해보세요.
모두 답한 뒤에는 점수 합계를 내어 표에 기입하세요.

**1점: 전혀 아니다. 2점: 대체로 아니다. 3점: 보통이다.
4점: 대체로 그렇다. 5점: 매우 그렇다.**

1	나는 주변 사람들을 세심하게 챙긴다.	① ② ③ ④ ⑤
2	나는 사람들에게 관심이 많은 편이며, 그들의 상태나 감정 변화 등을 잘 알아챈다.	① ② ③ ④ ⑤
3	나는 사람들의 부탁을 받으면 거절하기가 어렵다.	① ② ③ ④ ⑤
4	나는 남들을 먼저 돕다가 막상 내 일을 미뤄두게 된다.	① ② ③ ④ ⑤
5	나는 누군가 나에게 의지하고, 내 존재를 필요로 할 때 힘이 솟는다.	① ② ③ ④ ⑤
6	나는 친절하고 좋은 사람이라는 평판을 받는 것이 중요하다.	① ② ③ ④ ⑤
7	나는 사람들이 힘들 때 나를 찾아와 위로와 조언을 구하면 좋겠다.	① ② ③ ④ ⑤
8	나는 사람들에게 부정적인 평가를 들으면 내가 가치 없다는 느낌이 들어 괴롭다.	① ② ③ ④ ⑤
9	나는 남보다 나를 먼저 챙기는 것이 이기적이라는 생각이 든다.	① ② ③ ④ ⑤
10	나는 좋은 마음으로 도와줬는데 상대방이 고마워하지 않으면 서운하고 화가 난다. 하지만 그 감정을 겉으로 표현하지는 않는다.	① ② ③ ④ ⑤
11	나는 내 주변 사람들에게 없어서는 안 될 사람이라고 생각한다.	① ② ③ ④ ⑤
12	나는 사람들이 좋아할 만한 칭찬과 격려의 말을 자주 한다.	① ② ③ ④ ⑤

합 계

성격 검사 문항

E

나에게 E 에너지가 얼마나 잠재되어 있는지 알아봅시다.
각각의 문항이 자신에게 얼마나 해당하는지 체크해보세요.
모두 답한 뒤에는 점수 합계를 내어 표에 기입하세요.

1점: 전혀 아니다. 2점: 대체로 아니다. 3점: 보통이다.
4점: 대체로 그렇다. 5점: 매우 그렇다.

1	나는 목표를 명확하게 설정하고, 효율적으로 성취할 자신이 있다.	① ② ③ ④ ⑤
2	나는 순발력 있고 유연하여, 새로운 일이나 상황에 적응을 잘한다.	① ② ③ ④ ⑤
3	나는 실패할 것 같거나 잘할 자신이 없는 일은 시도하고 싶지 않다.	① ② ③ ④ ⑤
4	나는 아무것도 하지 않고 생산성 없이 시간을 보내는 게 견디기 힘들다.	① ② ③ ④ ⑤
5	나는 내가 일하는 분야에서 능력을 인정받는 전문가가 되길 원한다.	① ② ③ ④ ⑤
6	나는 능력이 없거나 일을 잘하지 못하면 도태될 것 같은 불안감을 느낀다.	① ② ③ ④ ⑤
7	나는 자기계발에 많은 시간과 노력을 투자한다.	① ② ③ ④ ⑤
8	나는 주변에서 내 능력과 성과를 인정해주지 않을 때 속상하고 화가 난다.	① ② ③ ④ ⑤
9	나는 사람들에게 성공한 사람의 이미지와 매력적인 인상을 주길 원한다.	① ② ③ ④ ⑤
10	나는 일할 때 방해되는 고통스러운 감정을 적당히 처리하거나 회피한다.	① ② ③ ④ ⑤
11	나는 내가 속한 집단이나 상황에서 가장 적합해 보이는 모습으로 나를 표현할 수 있다.	① ② ③ ④ ⑤
12	내가 하는 일은 나의 가치를 대변하며, 일은 내 삶에서 매우 중요하다.	① ② ③ ④ ⑤

합 계

성격 검사 문항

F

나에게 F 에너지가 얼마나 잠재되어 있는지 알아봅시다.
각각의 문항이 자신에게 얼마나 해당하는지 체크해보세요.
모두 답한 뒤에는 점수 합계를 내어 표에 기입하세요.

**1점: 전혀 아니다. 2점: 대체로 아니다. 3점: 보통이다.
4점: 대체로 그렇다. 5점: 매우 그렇다.**

1	나는 감수성이 풍부하고 섬세한 편이다.	① ② ③ ④ ⑤
2	나는 아름다운 것을 발견하고 나만의 방식으로 표현하는 미적 감각이 있다.	① ② ③ ④ ⑤
3	나는 우울감을 자주 느끼고, 감정 기복이 심한 편이다.	① ② ③ ④ ⑤
4	나는 나에 대한 생각에 깊이 빠져 현실감각을 잃을 때가 있다.	① ② ③ ④ ⑤
5	나는 남들과 달라서 다른 사람들이 나를 쉽게 이해할 수는 없을 것이다.	① ② ③ ④ ⑤
6	나는 남들과 다른 특별함이 없다면 내 존재 가치가 없을 것이란 두려움을 느낀다.	① ② ③ ④ ⑤
7	나의 정체성과 삶의 의미에 대해 깊이 성찰하는 것은 나에게 매우 중요하다.	① ② ③ ④ ⑤
8	나는 나만의 특별함과 깊이를 사람들이 알아봐주지 않을 때 화끈거리고 숨고 싶어진다.	① ② ③ ④ ⑤
9	나는 상실, 이별, 죽음과 같은 주제에 마음이 끌린다.	① ② ③ ④ ⑤
10	나는 변화 없이 반복되는 평범한 일상이 지겹고 따분하게 느껴진다.	① ② ③ ④ ⑤
11	나는 나에게 없는 좋은 것을 다른 사람들이 가지고 있다는 생각에 질투심을 느낀다.	① ② ③ ④ ⑤
12	나는 현실에서 이루지 못한 것을 상상의 세계에서 마음껏 펼치며 아쉬움을 달랜다.	① ② ③ ④ ⑤

합 계

성격 검사 문항

G

나에게 G 에너지가 얼마나 잠재되어 있는지 알아봅시다.
각각의 문항이 자신에게 얼마나 해당하는지 체크해보세요.
모두 답한 뒤에는 점수 합계를 내어 표에 기입하세요.

1점: 전혀 아니다. 2점: 대체로 아니다. 3점: 보통이다.
4점: 대체로 그렇다. 5점: 매우 그렇다.

1	나는 감정에 쉽게 휘둘리지 않으며 객관적인 태도를 유지한다.	① ② ③ ④ ⑤
2	나는 호기심이 많으며, 궁금한 것이 생기면 제대로 이해할 때까지 깊이 탐구한다.	① ② ③ ④ ⑤
3	나는 외부 활동을 하면 쉽게 지치는 편이라, 혼자 있는 시간이 많이 필요하다.	① ② ③ ④ ⑤
4	나는 사적인 대화보다 전문 지식에 관해 대화를 나누는 것이 편하고 흥미롭다.	① ② ③ ④ ⑤
5	나는 합리적이고 지적인 사람이다.	① ② ③ ④ ⑤
6	나는 세상 돌아가는 방식을 이해하지 못하면 살아가기 힘들 것 같다는 두려움을 느낀다.	① ② ③ ④ ⑤
7	나는 다른 사람들이 알지 못하는 깊고 방대한 지적 체계를 갖추기를 원한다.	① ② ③ ④ ⑤
8	나는 내 생각을 확신할 때까지 행동으로 옮기지 않는다.	① ② ③ ④ ⑤
9	나는 알고 있어도 더 많이 알아야 한다는 생각에 지식과 정보를 계속 모으게 된다.	① ② ③ ④ ⑤
10	나는 무지하고 어리석은 것은 참을 수 없기에, 더 깊이 사색하고 자세히 관찰하려고 한다.	① ② ③ ④ ⑤
11	나는 에너지, 시간, 돈 등은 한정된 것이기에 소모되지 않도록 주의한다.	① ② ③ ④ ⑤
12	나는 사람들과 교류하고 활동에 직접 참여하는 것보다, 거리를 두고 지켜보는 것이 좋다.	① ② ③ ④ ⑤

합 계

H

나에게 H 에너지가 얼마나 잠재되어 있는지 알아봅시다.
각각의 문항이 자신에게 얼마나 해당하는지 체크해보세요.
모두 답한 뒤에는 점수 합계를 내어 표에 기입하세요.

**1점: 전혀 아니다. 2점: 대체로 아니다. 3점: 보통이다.
4점: 대체로 그렇다. 5점: 매우 그렇다.**

1	나는 성실하고 책임감이 강하다.	① ② ③ ④ ⑤
2	나는 예민해서 문제가 생기기 전에 미리 알아차리는 편이다.	① ② ③ ④ ⑤
3	나는 사람들을 신뢰하고 싶지만 의심하는 마음이 자주 생긴다.	① ② ③ ④ ⑤
4	나는 일을 할 때 원칙과 매뉴얼대로 하는 것이 마음 편하다고 느낀다.	① ② ③ ④ ⑤
5	나는 이 세상을 안전하게 살아가고 싶다.	① ② ③ ④ ⑤
6	나는 내 삶에 예상치 못한 불행이 닥칠까 봐 불안해한다.	① ② ③ ④ ⑤
7	나는 존경하는 인물이나 권위에 끌린다.	① ② ③ ④ ⑤
8	나는 미래에 대해 자주 생각하며, 여러 가지 상황을 고려하여 이를 대비한다.	① ② ③ ④ ⑤
9	나는 결정을 내리기 전에 내가 신뢰하는 사람들에게 조언을 구하는 편이다.	① ② ③ ④ ⑤
10	나는 새로운 일을 시작할 때 스트레스를 많이 받고 시간도 많이 걸리는 편이다.	① ② ③ ④ ⑤
11	나는 생각이 너무 많아서 만약 머리에 스위치가 있다면 끄고 싶다고 느낀다.	① ② ③ ④ ⑤
12	나는 때때로 냉소적인 태도로 다른 사람들을 강렬하게 비난하기도 한다.	① ② ③ ④ ⑤

합 계

성격 검사 문항

I

나에게 I 에너지가 얼마나 잠재되어 있는지 알아봅시다.
각각의 문항이 자신에게 얼마나 해당하는지 체크해보세요.
모두 답한 뒤에는 점수 합계를 내어 표에 기입하세요.

1점: 전혀 아니다. 2점: 대체로 아니다. 3점: 보통이다.
4점: 대체로 그렇다. 5점: 매우 그렇다.

1	나는 긍정적이고 열정적이다.	① ② ③ ④ ⑤
2	나는 호기심과 상상력이 풍부하다.	① ② ③ ④ ⑤
3	나는 슬프고 힘든 것을 견디기 힘들어 회피한다.	① ② ③ ④ ⑤
4	나는 금방 흥미를 느꼈다가 금방 잃고 다른 것을 찾는다.	① ② ③ ④ ⑤
5	나는 행복한 사람이다. 다른 사람들도 행복하게 해줄 것이다.	① ② ③ ④ ⑤
6	나는 고통을 겪는 것과 삶이 재미없어지는 것을 두려워한다.	① ② ③ ④ ⑤
7	나는 세상에서 다양하고 재미있는 경험을 많이 하고 싶다.	① ② ③ ④ ⑤
8	나는 대체로 즐거우나 내면에는 불안이 있고 이를 피하려고 한다.	① ② ③ ④ ⑤
9	나는 낙관적이며 힘든 상황에서도 긍정적인 면을 보려고 한다.	① ② ③ ④ ⑤
10	나는 인생의 고통, 불안, 우울, 갈등 등을 피하고 싶다.	① ② ③ ④ ⑤
11	나는 즐거움을 느끼면 절제하기보다 더 많이, 더 깊이 경험하려고 한다.	① ② ③ ④ ⑤
12	나는 문제가 생기면 합리적으로 이야기해서 넘기려고 한다.	① ② ③ ④ ⑤

합 계

아래 표에 각 유형별 점수를 기입하고, 원그래프에 점수대로 점을 찍어 방사선 그래프를 그려보세요(24쪽 참고).

기본성격

점수가 가장 높은 것이 자신의 기본 성격유형일 가능성이 큽니다. 하지만 이것은 나의 '기본성격'이지 나의 '성격'인 것은 아닙니다. 앞에서도 말씀드렸듯이 우리는 아홉 가지 성격을 모두 가지고 있습니다. 기본성격은 그중 가장 기본이 되는 것을 의미합니다. 나의 성격은 기본성격과 다른 성격들의 조합으로 이루어져 있다는 점을 꼭 기억하세요.

날개

기본성격의 오른쪽, 왼쪽 유형을 날개라고 부릅니다. 날개 유형은 기본성격을 보완하고 확장합니다. 둘 중에 조금이라도 더 높은 유형이 우세 날개입니다. 날개는 wing의 약자인 w로 표시합니다. 같은 7번이라도 7w8과 7w6은 다른 모습으로 살아갑니다. 7w8은 즐거움을 추구하는 7번의 특징에 좀더 강인한 8번의 모습도 많이 보입니다. 반면 7w6은 사려 깊고 안정적인 6번의 특징도 더 많이 나타납니다. 85쪽에 우세 날개를 적어보세요.

85쪽 그래프를 보면 원 안에 삼각형과 헥사드가 그려져 있습니다. 성격이 건강하거나 불건강할 때 기본성격과 우세 날개만이 아니라 선으로 연결되어 있는 다른 성격의 특징들이 많이 나타나게 됩니다. 예를 들어 기본유형이 7번이라 가정해봅시다. 7번에는 5번과 1번이 선으로 연결되어 있습니다. 7번 유형이 안정적일 때는 5번 유형의 특징을 더 많이 쓰게 되고(통합), 스트레스 상황이라면 1번 유형의 특징을 더 많이 쓰게 됩니다(분열).

지금은 통합과 분열 칸을 비워두었다가 6부 4장 '분열과 통합의 길' 부분을 읽고서 채우시면 됩니다.

전체적인 그래프 리딩은 24쪽의 '에니어그램 그래프로 어떻게 정보를 파악할 수 있을까?'를 다시 읽어보면 도움이 될 것입니다.

여기까지 3단계 검사로 확인하기를 마쳤습니다. 다음은 4단계 성찰 단계입니다.

4단계는 4부 '성격 심층 탐색'을 읽으면서 자신의 성격이 어떤 뿌리에서 기인했는지 살펴보는 시간입니다. 자신이 알고 있던 모습, 혹은 거부하고 싶었던 내 모습을 솔직하게 마주해보세요.

	A	B	C	D	E	F	G	H	I
총계									
유형	8	9	1	2	3	4	5	6	7

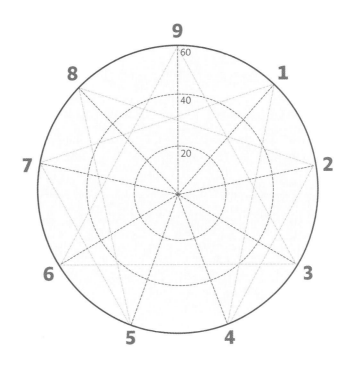

기본성격	우세 날개	통합	분열

4부

성격 심층 탐색

1장

성격의 심층구조

나의 성격유형 찾기 4단계 성찰은 성격유형의 특징을 자세하게 살피면서 1~3단계를 거쳐 파악한 자신의 기본성격과 퍼스널리티 등을 확인하는 과정입니다.

이 책에서는 빙산 모델을 활용해서 성격의 심층구조를 정리했습니다. 빙산 모델은 드러나는 성격과 드러나지 않는 성격을 한눈에 파악하는 데 유용한 이론입니다. 에니어그램은 드러나는 성격을 분석하는 것이 아니라 두려움을 탐색하여 자신의 성격을 찾아가는 것이 핵심이라 빙산 모델을 토대로 각 성격유형의 특징을 살펴보면 더 이해하기 쉬우실 거예요.

빙산 모델의 기본 구성은 **[그림 4-1]**과 같습니다.

[그림 4-1] 빙산 모델의 기본 구성

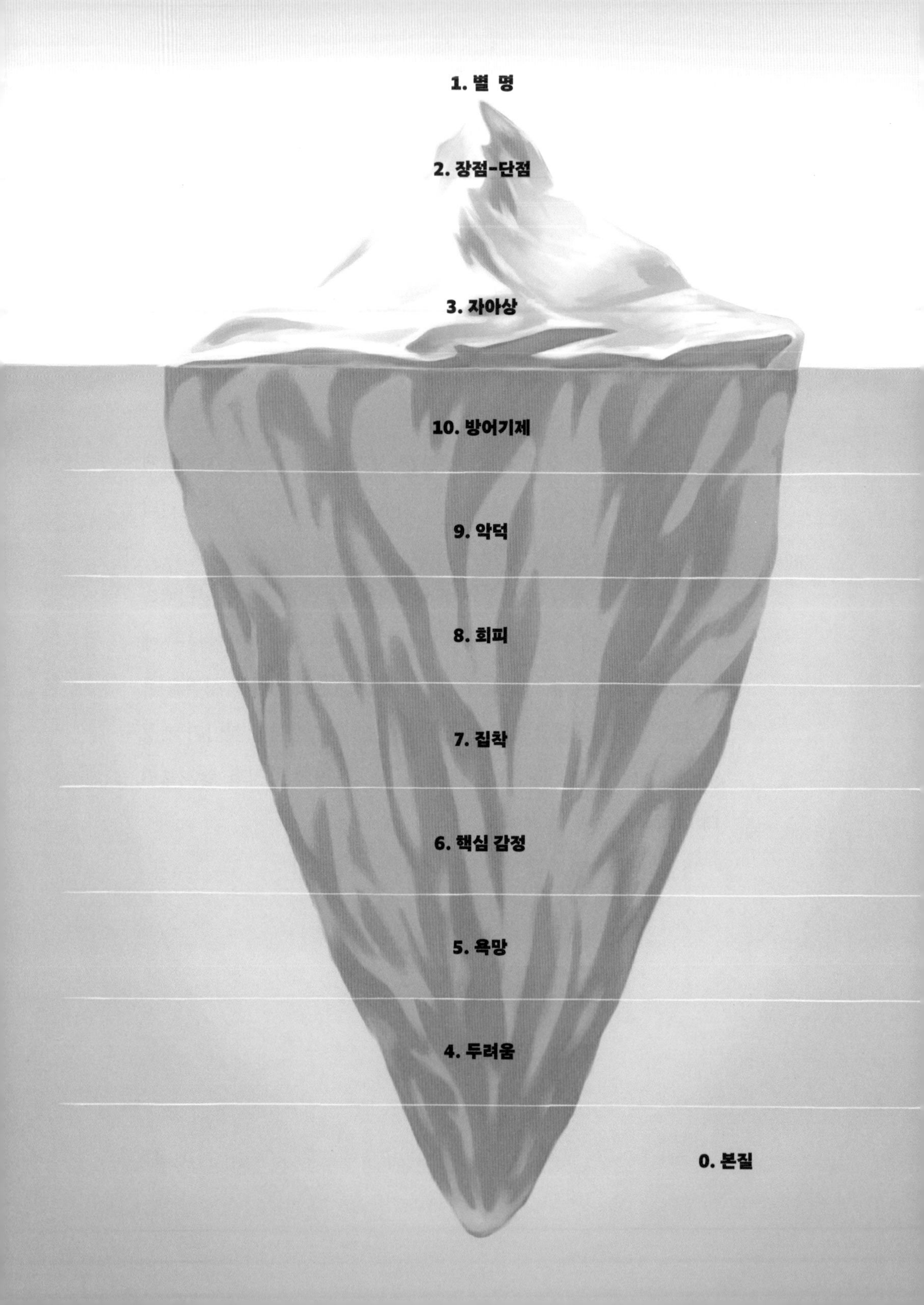

1. 별 명

2. 장점-단점

3. 자아상

10. 방어기제

9. 악덕

8. 회피

7. 집착

6. 핵심 감정

5. 욕망

4. 두려움

0. 본질

빙산 모델은 크게 수면 위로 드러나는 영역과 수면 아래의 드러나지 않는 영역으로 나눌 수 있습니다.

먼저 수면 위로 드러나는 영역은 각 유형의 전체적 특징을 직관적으로 보여주는 별명(1)과 장점과 단점(2) 그리고 자신이 스스로를 어떤 사람이라고 생각하는 자아상(3)이 있습니다. 이것만으로도 자신과 타인에 대해 많은 것을 알 수 있습니다. 하지만 성격은 두려움에서 만들어지기 때문에 자신을 더욱 깊이 이해하려면 겉으로 드러나는 특징만이 아니라 가장 밑바닥에 있는 두려움에서부터 성격이 형성되는 과정을 차근차근 따라가야 합니다. 이 과정을 잘 설명해주는 부분이 바로 수면 아래의 드러나지 않는 영역입니다.

수면 아래의 가장 밑바닥에는 가장 두려워하는 것(4)이 있습니다. 다음으로 이 두려움으로부터 자신을 보호하기 위한 욕망(5)과 욕망의 충족과 좌절에 의해 느껴지는 핵심 감정(6), 두려움과 욕망과 감정이 하나가 되어 더욱 강렬한 욕망이 된 것이 집착(7)과 회피(8), 이런 집착과 회피에 의해 만들어지는 악덕(9), 내면과 외부의 문제로부터 자신을 지키기 위해 사용하는 방어기제(10)가 심층에서 정교한 체계를 이루게 됩니다. 그 결과 나는 어떤 사람이라는 자아상과 그로 인한 장점과 단점을 가지고 살아가게 되는 것입니다.

1. 별명

　보통 에니어그램은 1에서 9까지 번호로 성격을 구분합니다. 우리는 번호 말고도 유형별로 별명을 붙여 부르기도 합니다. 유형의 특징을 직관적으로 이해하는 데 도움이 되기 때문입니다. [그림 4-2]에서 각 유형의 별명을 확인할 수 있습니다. 자세한 설명은 각 성격유형에 나와 있는 '별명' 파트를 참고해주세요.

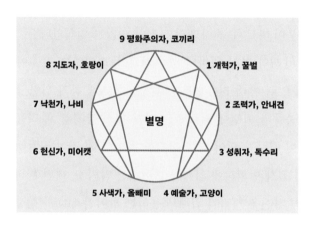

[그림 4-2] 각 유형의 별명

2. 장점과 단점

　다른 사람들과 지내다 보면 그 사람들의 장점과 단점이 눈에 들어올 것입니다. 그때마다 우리는 '저 사람은 이런 사람이다'라고 규정하거나 '저 사람과는 이런 관계를 유지하고 싶다'는 생각을 하게 됩니다. 장점과 단점은 '조 해리의 창'에서 열린 창(나도 알고 남도 아는)과 때로는 보이지 않는 창(나는 모르고 남은 아는)에 해당한다고 볼 수 있습니다.

아홉 가지 성격유형에서도 각각의 장단점이 있습니다. 그런데 장단점은 동전의 양면과도 같아서, 장점이 지나치거나 부족할 때 보이는 모습이 단점이 되는 경우가 많습니다. 심리적으로 건강하다면 장점이 더 많이 발현되고, 불건강하다면 단점이 더 많이 발현될 것입니다.

3. 자아상

스스로 '나는 이런 사람이다'라고 생각하는 자아상이 있고, 다른 사람들이 '당신은 이런 사람이네요'라고 말하는 나의 모습이 있습니다. 자아상은 자신의 내적인 모습과 외적인 모습을 종합해서 스스로를 어떤 사람이라고 규정하는 것입니다.

어떤 자아상을 갖고 있는가에 따라 삶의 모습은 다양해집니다. 보통은 긍정적인 자아상과 부정적인 자아상으로 구분하기도 하지만, 에니어그램에는 아홉 가지 성격에 따라 아홉 가지의 기본 자아상이 있습니다. 자아상은 빙산 모델에서 수면과 가장 가까운 영역으로 볼 수 있습니다. 스스로 어느 정도 인식하고 있고, 외부에서도 어느 정도 바라볼 수 있는 영역이니까요. [그림 4-3]을 보면 각 유형에 해당하는 자아상을 확인할 수 있습니다.

[그림 4-3] 각 유형의 자아상

수면 아래의 빙산

0. 본질

우리는 앞서 자신의 드러나는 모습, 수면 위 빙산을 살펴보았습니다. 이어서 수면 아래 잘 드러나지는 않는 성격의 심층구조를 살펴볼 것입니다. 그 전에 먼저, 빙산이 떠 있는 '물'에 대해 알아야 합니다.

물은 모든 바다와 강까지 하나로 연결되어 있고, 빙산 같은 고체만이 아니라 구름 같은 기체로도 존재합니다. 모든 생명 하나하나에 깃들어 있다가 다시 바다로 돌아와 하나가 되죠. 이렇게 물은 분리되어 있는 것 같지만 **하나로 연결된 전체**로 존재합니다. 이를 **하나의 존재**(Oneness)라고 부릅니다.

빙산은 하나의 '개체'로 존재하는 것 같지만 물이라는 '전체'의 일부가 얼어서 만들어집니다. 인간도 똑같습니다. 어머니의 자궁을

[그림 4-4] 각 유형의 아홉 가지 본질

떠나 탯줄이 끊어지며 '분리된 개체'로 살아가고 있지만, '하나의 존재'의 일부가 어떤 상황에 의해 다른 모습으로 나타난 것입니다. 사실 우리는 하나로 연결되어 있습니다. 이에 대해 오래 전부터 종교와 문학에서는 같은 이야기를 하고 있습니다. 낮은 온도에서 최초의 얼음 결정이 만들어져 빙산이 되는 것처럼, 분리되었다는 두려움에 의해 욕망과 감정과 신념들이 만들어져 한 사람의 성격을 이루는 것입니다.

하나의 존재에는 세 가지 속성이 있습니다. 바로 힘과 사랑과 지혜입니다. 이 속성은 다시 힘(8), 전체성(9), 완전(1), 사랑(2), 가치(3), 정체성(4), 지혜(5), 신뢰(6), 기쁨(7)으로 세분화됩니다. 우리의 진정한 모습은 이 본질임을 기억하는 것이 에니어그램에서 가장 중요한 부분입니다.

4. 두려움

두려움은 빙산 모델의 가장 깊은 곳에 있습니다. 인간은 생명을 가지고 태어납니다. 자연스럽게 생명을 잃는 것, 즉 죽음을 가장 두려워하겠지요. 그래서 죽음은 태어나면서부터 갖게 된 근원적인 두려움입니다. 에니어그램에서는 이 근원적 두려움을 세 가지로 구분합니다. 힘이 없어서 위험해질 것 같은 두려움(무력), 사랑받을 가치가 없는 존재일 것 같은 두려움(무가치), 알 수 없는 상황이 일어나는 것에 대한 두려움(무지)이 그것인데요. 이 두려움들은 태어나면서부터 갖게 된 근원적인 두려움에 맞닿아 있습니다.

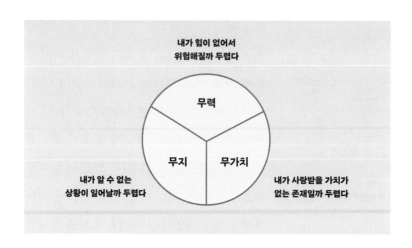

[그림 4-5] 에니어그램의 세 가지 두려움

이 세 가지 두려움은 각각 세 방향으로 분화되어 아홉 가지 두려움이 되고, 이 두려움은 아홉 가지 성격 에너지의 근원이 됩니다. 여기서 가장 두려워하는 것이 바로 자신의 기본 두려움이자 성격의 뿌리라고 볼 수 있습니다.

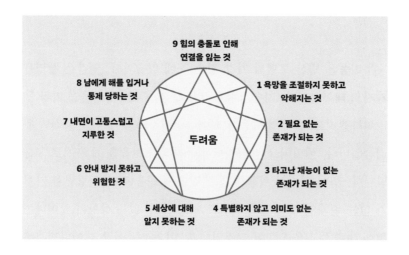

[그림 4-6] 각 유형의 아홉 가지 두려움

앨더퍼의 ERG 이론에서는 생존의 욕구, 관계의 욕구, 성장의 욕구를 인간의 가장 기본적인 욕구라고 이야기하죠. 에니어그램도 이와 비슷합니다. 인간에게는 근원적인 두려움을 경험하지 않으려는 마음, 즉 욕구가 있습니다. 무력에 대한 두려움에서 생존의 욕구(힘), 무가치에 대한 두려움에서 관계의 욕구(사랑과 인정), 무지에 대한 두려움에서 성장의 욕구(지혜)가 생기는 것입니다. 인간은 세 가지 두려움을 다 느끼지만 특히 더 두려워하는 것이 있습니다. 거기서 벗어나려는 욕구가 더욱 강해지면, 그것은 욕망이 됩니다. 이 욕망이 '힘의 중심', 다시 말해 장형(본능형), 가슴형(감정형), 머리형(사고형)을 만드는 것입니다.

이 세 가지 욕망은 각각 세 방향으로 분화되어 다시 아홉 가지 욕망으로 나뉩니다. [그림 4-7]은 각 유형의 욕망을 정리한 것입니다.

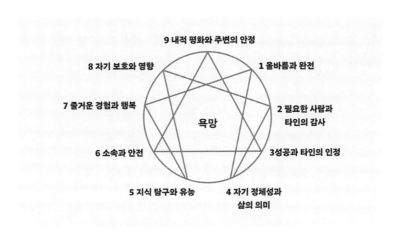

[그림 4-7] 각 유형의 아홉 가지 욕망

우리는 욕망이 충족되면 긍정적인 감정을 느끼고, 그것이 좌절되면 부정적인 감정을 느끼게 됩니다. 밖에서 봤을 때는 다양한 감정들이 바깥으로 드러나는 것처럼 보이지만, 이 감정들은 모두 마음 깊은 곳에 있는 근원적인 감정에서 기인합니다. 이것을 우리는 '핵심 감정'이라고 부릅니다.

핵심 감정은 분노, 수치심, 불안 세 가지로 나눌 수 있습니다. 장형은 무력감(두려움)을 경험하지 않기 위해 힘(욕구)에 집착하다가, 이것이 좌절되면 분노를 강렬하게 느낍니다. 가슴형은 무가치함(두려움)을 느끼지 않으려고 사랑과 인정(욕구)을 얻는 데에 집착하다가 그 욕망이 좌절되면 깊은 수치심을 느끼죠. 머리형은 무지함(두려움)을 경험하지 않으려고 앎(욕구)에 집착하게 되고, 이것이 좌절되면 강렬한 불안을 느낍니다.

이 핵심 감정은 불편함을 동반합니다. 그래서 저마다의 방식으로 핵심 감정을 느끼지 않으려고 하는데요. **[그림 4-8]**을 보시면 각 유형별로 핵심 감정을 어떻게 피하려 하는지 알 수 있습니다.

[그림 4-8] 각 유형별 핵심 감정과 대응 방식

98

7. 집착

이처럼 두려워하고 욕망하고 핵심 감정을 느끼면서 살다 보면 집착이 생깁니다. 두려움이 커질수록 욕망은 강렬해지기 마련이니까요. 결국 욕망을 이루는 것 말고는 아무것도 보이지 않게 됩니다. 집착은 삶의 다른 부분들을 볼 수 없게 만들어서 삶을 경직된 태도로 살아가게 합니다.

8. 회피

집착의 반대편에는 회피가 있습니다. 회피하는 부분은 삶에서 중요한 부분이지만 직면하지 않으면서 발생하는 문제들로 삶에 더욱 큰 악영향을 끼치기 시작합니다. 그럴수록 더욱더 집착하게 되고 회피하게 되면서 삶은 더욱더 힘겨워지게 됩니다.

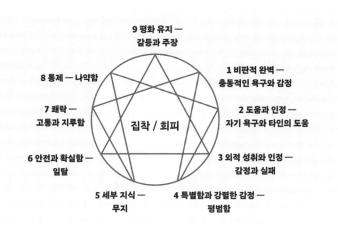

[그림 4-9] 각 유형의 집착과 회피

9. 악덕

욕망과 핵심 감정 그리고 집착과 회피는 모두 근원적인 두려움에서 벗어나려는 시도에서 파생된 것입니다. 이런 반응은 모두 무의식, 수면 아래의 영역에서 일어납니다. 이 반응이 연쇄적으로 반복되다 보면 내적·외적으로 문제들이 발생하기 시작합니다. 이 문제들은 우리 삶을 더욱 심각하고 무거운 흐름으로 이끄는데요. '근원적인 죄'라고 부르기도 하는 이 문제는 우리 내면의 악한 부분, 즉 악덕이라 합니다(격정이라고 하기도 합니다. 이 내용은 6부에서 자세히 다룹니다). 악덕으로 우리는 자기 자신과 다른 사람들을 고통스럽게 만들면서 살아가게 됩니다.

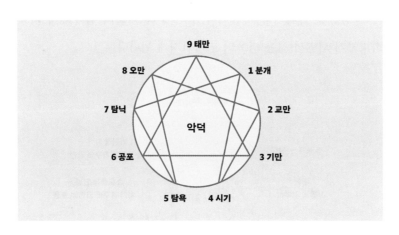

[그림 4-10] 각 유형별 악덕

외부에서 받는 다양한 자극과 위험, 그리고 집착과 회피, 악덕과 같은 자기 내면의 부정적인 역동으로부터 자신을 방어하기 위해 우리는 방어기제를 가지고 살아갑니다. 방어기제는 마치 뼈가 부러졌을 때 보조해주는 깁스처럼 우리를 보호하기도 하고, 우리를 제한하기도 합니다.

[그림 4-11] 각 유형별 방어기제

지금까지 살펴본 수면 아래의 빙산에 존재하는 '두려움-욕망-핵심 감정-집착-회피-악덕-방어기제'를 기반으로 다양한 경험을 계속하다 보면 자신에 대한 생각, 즉 자아상이 만들어지기 시작합니다. 자아상을 토대로 세상을 바라보는 관점인 세계관이 만들어지고, '이런 내가 세상을 어떻게 살아갈 것인가'라는 질문에 관해 스스로 만든 삶의 태도인 인생관도 생깁니다.

욕망이 자꾸 좌절되어 부정적 감정을 많이 느낀다면 자기 자신과 세상에 대해 좋은 감정이나 생각을 가질 수 없을 것입니다. 그러면 어떤 삶을 살고 싶다는 인생관 또한 부정적으로 만들어집니다. 반면 두려움에서 시작되는 욕망을 적절하게 충족하고 긍정적 감정을 많이 느낀다면 자신과 세상에 대해 좋은 감정과 생각을 갖게 되겠지요. 따라서 자아상과 세계관도 긍정적인 방향으로 형성되면서 세상을 살아가는 태도인 인생관 또한 긍정적이게 될 것입니다.

구분	8유형	9유형	1유형	2유형	3유형	4유형	5유형	6유형	7유형
1. 별명	지도자 호랑이	평화주의자 코끼리	개혁가 꿀벌	조력가 안내견	성취자 독수리	예술가 고양이	사색가 올빼미	헌신가 미어캣	낙천가 나비
2. 장단점	강인	조화	정의	도움	효율	특별	사색	성실	기쁨
	지나친 통제	지나친 수용	지나친 비판	지나친 도움	지나친 성취지향	지나친 감정	지나친 사고	지나친 불안	지나친 즐거움
3. 자아상	강한 사람	평화로운 사람	올바른 사람	도와주는 사람	탁월한 사람	특별한 사람	현명한 사람	신뢰로운 사람	즐거운 사람
10. 방어기제	부정	무감각	반동형성	억압	동일시	인위적 승화	후퇴	투사	합리화
9. 악덕	오만	태만	분개	교만	기만	시기	탐욕	공포	탐닉
8. 회피	나약함	갈등과 주장	충동성	자기 욕구와 타인의 도움	감정과 실패	평범함	무지	일탈	고통과 지루함
7. 집착	통제	평화유지	비판적 완벽	도움과 인정	외적 성취와 인정	특별함과 강한 감정	세부 지식	안전과 확실함	쾌락
6. 핵심감정	분노 표출	분노 망각	분노 억압	수치심 전환	수치심 차단	수치심 몰입	불안 분리	불안 몰입	불안 전환
5. 욕망	자기보호와 영향	내적 평화와 주변의 안정	올바름과 완전	필요한 사람과 타인의 감사	성공과 타인의 인정	자기 정체성과 삶의 의미	지식탐구와 유능	소속과 안전	즐거운 경험과 행복
4. 두려움	해를 입거나 통제당함	힘이 충돌과 연결 잃음	욕망을 조절 못하고 악해짐	조절 못하고 필요 없는 존재	타고난 재능이 없는 존재	의미 없고 특별하지 않은 존재	세상에 대해 알지 못함	안내받지 못해서 위험함	내면의 고통과 지루함

2장

8유형: 지도자

- **도전하는 사람, 호랑이**
- **자아상: 나는 강하고 영향력 있는 사람이다.**

다른 사람들이 보는 8유형의 모습

힘찬 씨의 눈을 바라보면 그가 참 당당하고 자신감 있는 태도로 삶을 살아가고 있다는 게 느껴집니다. 대화를 나눌 땐 분명하고 자신 있는 말투와 목소리로 이야기를 하며, 자신의 능력을 펼칠 기회가 있으면 망설임 없이 행동하곤 하지요. 팀 프로젝트를 할 땐 카리스마와 리더십을 발휘하여 주위 사람들을 고무시키고 자연스레 그를 따르게 만듭니다.

특히 한번 마음먹은 일은 어떤 어려움이 생기더라도 단호하게 밀고 나가며, 끝내 성공시켜서 주변의 탄성을 자아내기도 합니다. 힘들어하거나 약한 모습을 보이는 일도 거의 없기에 그에게는 어려운 일이라곤 세상에 별로 없을 것처럼 느껴지기도 합니다.

하지만 이런 그의 자신감 넘치는 모습이 불편한 분위기를 만들 때도 있습니다. 의사소통 방식이 솔직하고 직선적이며 고집도 센 편이라, 다른 사람과 의견이 부딪치게 될 경우 자신의 주장을 강하게 내세우는 일이 종종 있지요. 때로는 주변 사람을 자기 뜻대로 통제하려는 느낌을 주기도 해서 사람들과 갈등을 빚기도 합니다.

8유형이 들려주는 자신의 내면 이야기

저는 세상을 독립적이고 힘 있게 살아가고 싶은 사람입니다. 어릴 때부터 이 세상을 강하게 헤쳐나가야 한다고 생각했고, 무언가 크고 대단한 일들을 해내고 싶다는 꿈을 꾸었습니다. 그래서 아무리 어려운 일을 만나도 '이거 내가 해볼 수 있을 것 같은데?'란 마음이 들어서 되든 안 되든 일단 뛰어드는 편입니다. 이런 제게 주변에서는 '강하다, 쿨하다, 세상에 두려운 게 없는 것 같다'며 칭찬해주기도 하지요.

그런데 저는 다른 사람들의 마음에 공감하는 것을 어려워합니다. 따뜻함, 슬픔, 서운함 같은 감정을 느끼기는 하지만, 이를 다른 사람 앞에서 표현하는 것은 꺼려집니다. 그러면 제가 '약해지는' 것 같기 때문입니다. 이러한 저의 '진짜 감정'들은 잘 숨겨뒀다가 제가 허락한 아주 소수의 사람에게만 조금씩 내보이며 살고 있습니다.

그리고 사람들에게 제 감정을 표현할 땐 좀더 강하고 명확하게 전달하려는 충동이 듭니다. 이런 저의 언행이 사람들을 겁먹게 하거나 저에 대한 좋지 않은 이미지를 만들 수 있다는 걸 느끼지만 조절하기가 어렵습니다. 또, 다른 사람이 저를 '권위'로 누르려 하는 것이 느껴지면 큰 분노가 올라와서 바로 분노를 터뜨리기도 합니다.

빙산 모델로 본 8유형 성격 구조

1. 별 명   지도자, 도전하는 사람

2. 장점-단점   ① 자신감과 통솔력이 있다.   ① 자기중심적이고 다른 사람을 통제하려 한다.

② 용감하고 어려움을 잘 이겨낸다.   ② 투쟁적이고 힘 조절을 못한다.

③ 약자를 힘으로 보호한다.   ③ 타인의 감정에 둔하다.

3. 자아상   나는 강하고 영향력이 있는 사람이다.

10. 방어기제   부정

9. 악덕   오만

8. 회피   나약함

7. 집착   통제

6. 핵심 감정   분노 — 표출

5. 욕망   자신을 보호하기

4. 두려움   다른 사람에게 해를 입거나 통제당하는 것

본질 힘(강한 생명력)

1. 별명: 지도자, 도전하는 사람

8유형 에너지를 많이 사용하는 사람들은 자신의 강한 의지와 힘을 세상에 펼칠 때 큰 활력을 느끼고, 도전이 주는 강렬함과 흥분을 즐기며 살아갑니다. 또, 이들은 훌륭한 리더의 기질을 가지고 있기도 합니다. 그래서 이들의 별명은 '지도자, 도전하는 사람'입니다.

8유형을 상징하는 동물은 호랑이입니다. 호랑이는 뛰어난 신체 능력으로 험한 산의 급한 경사지나 바위를 잘 오르내리고, 한겨울 추위도 잘 견뎌냅니다. 먹이를 잡기 위해 주로 높은 산 위에서 주위를 한눈에 둘러보는 편이며, 화려한 생김새와 형형한 눈빛, 압도적인 분위기는 다른 동물들을 큰 공포에 떨게 하지요. 그래서 우리 조상들은 호랑이에게 '산중의 왕'이라는 별명을 붙여주기도 했습니다. 이러한 호랑이의 습성은 8유형 에너지에서 느껴지는 크고 강한 느낌과 닮았습니다.

2. 장점과 단점

장점

① 자신감과 통솔력이 있다.

심리적으로 건강한 8유형 사람들의 매력은 자신의 삶에 대해 빛나는 자신감을 보인다는 점입니다. 이들의 자신감은 어떤 장해물도 극복할 수 있을 정도로 높은 편이며, 이러한 자신감이 그에 걸맞은 능력을 이끌어낼 수 있는 좋은 기폭제가 되기도 하지요. 원하는 것을 위해 '못할 건 없지. 해보지 뭐' 하는 태도로 정면으로 뛰어들어

107

성공을 쟁취해내는 것을 즐기며, 때로는 위험을 감수하기도 합니다.

　이런 8유형의 모습은 주변 사람들에게도 긍정적인 영향을 끼칩니다. 이들에겐 타고난 리더 기질이 있어 주변 사람들이 자신의 지시를 따르도록 만들 수 있으며, 다른 사람들까지도 어려운 과제에 도전하고 목표를 달성할 수 있도록 도와줍니다. 그래서 심리적으로 건강한 8유형들은 권위 있는 지도자로서 주위 사람들의 존경을 받게 됩니다.

② 용감하고 어려움을 잘 이겨낸다.

　8유형에게는 자신이 정한 목표까지 흔들림 없이 나아갈 줄 아는 힘이 있습니다. 이들이 가지고 있는 힘과 용기는 자신이 선장인 배가 바다 위에서 거대한 태풍을 만나더라도 맞서 싸울 수 있을 정도로 크고 강합니다. 이런 8유형의 모습은 때로는 풍차에 뛰어드는 돈키호테처럼 무모해 보이기도 하지요. 하지만 이들에게는 상황을 빠르게 간파해내는 본능적인 직감이 발달해 있습니다. 이들은 타고난 직감을 바탕으로 신속하게 해결책을 제시하고 문제를 해결해낼 수 있으며, 이 과정에서 만나는 다양한 어려움을 이겨내고 마침내 최선의 결과를 이끌어내게 됩니다.

　또한 어려운 상황에서도 두려움 없이 빛나는 결단력을 발휘하며, 목표를 이루기 위해선 어떤 위험도 감당할 수 있습니다. 나폴레옹의 발언으로 알려진 "내 사전에 불가능은 없다"* 는 말은 8유형의 이런 에너지를 잘 보여줍니다.

＊　실제로 나폴레옹이 이 말을 했는지에 대해서는 아직 논란의 여지가 있습니다.

③ 약자를 힘으로 보호한다.

8유형에게는 타고난 기사도 정신이 있습니다. 이들은 부당한 것, 정의롭지 못한 것 등에 대해 분노할 줄 아는 사람들이며, 진실과 정의에 높은 가치를 둡니다. 그래서 약하고 무력한 사람들을 보호하고자 하는 의지가 강하고, 이들을 돕고 싶어하는 마음이 있습니다.

하지만 8유형들이 약한 사람들을 돕는 방식은 공감을 잘해주거나 함께 울어주는 등의 감정적인 접근과는 조금 거리가 있습니다. 이들은 행동함으로써 돕습니다. 직장 동료가 상사에게 부당한 취급을 받았거나 친구가 누군가에게 괴롭힘을 당했을 때, 불의한 규칙이나 정책에 대항해야 하는 상황에서 건강한 8유형들은 즉각 달려가 목소리를 내거나 직접 맞서 싸웁니다. 이들은 자신의 책임 안에 있는 사람들을 위해 명예롭게 행동하고 건설적으로 힘을 사용하며 세상에 선한 영향력을 발휘하게 됩니다.

단점

① 자기중심적이고 다른 사람을 통제하려 한다.

8유형은 스스로에 대한 자신감과 강한 힘으로 많은 일을 해낼 수 있지만, 힘에 집착하기 시작하면 '나는 강하다'라는 이미지를 증명하기 위해 되도록 모든 상황을 자신이 통제하려고 합니다. 이 과정에서 여러 가지 오해와 문제가 생깁니다. 어떤 일을 결정할 때 "됐어, 내 말대로 해", "괜찮아, 내가 알아서 할게"라는 태도로 자신의 직관에 따라 결정하고 빠르게 실행하며 주변에서 뭐라 하든 '밀어붙이는' 태도를 보이기도 하는데요. 그건 다른 사람에게 조언과 도움을 구하는 것은 스스로를 약하게 만드는 행동이라고 생각하기 때문입니다. 이들은 상황이 자기 뜻대로 흘러가지 않을까 두려울수록 더욱 강한 주장을 하게 되며, 주위에서는 이러한 8유형에게 자신이 무시당한다고 느낄 수 있습니다. 또한 가까운 사람들을 자신이 보호해야 한다는 생각이 강해지면, 그들을 자신보다 낮은 위치로 설정하고 명령이나 지시 등으로 통제하려 하기도 합니다.

② 투쟁적이고 힘 조절을 못한다.

힘의 논리에 집착하는 8유형에게 이 세상은 전쟁터와 같습니다. 이들은 삶에서 만나는 모든 어려움을 대결해야 할 대상으로 여기며, 스스로를 강하게 단련하고 최선을 다해 투쟁합니다. 또 어렸을 때부터 여러 사람과 상황에 맞서며 힘든 시절을 보냈을 가능성이 크기에, 자신이 양육하는 자녀 역시 거칠게 다루기도 합니다. 이는 다른 사람에게 휘둘리지 않도록 강하게 키우고 싶은 마음이 담긴 8유형만의 애정표현인 셈이지만, 자녀들에겐 '권위적인 부모'로 비추어져 관계에 어려움이 생기기도 합니다.

어려움과 맞서 싸우면서 느끼는 강렬한 흥분은 8유형에게 필요 이상의 에너지를 끌어내는 기폭제가 됩니다. 8유형은 관계에서든 일에서든 쉼 없이 달리는 폭주 기관차처럼 많은 것들과 대결하고, 과도하게 일하려는 경향을 보이기도 합니다. 심할 경우 지칠 때까지 에너지를 쓰다가 몸에 무리가 가기도 하지요.

또, 이들이 스트레스를 심하게 받는 상황에 좀더 오래 빠져 있을 경우에는 자신에게 협력하지 않는 사람들을 아예 적으로 간주하여 폭발적인 분노를 터뜨리고 적대적인 관계를 만들기도 합니다.

③ 타인의 감정에 둔하다.

8유형은 다른 사람들의 힘든 감정을 알아채거나 상대방의 마음에 공감하는 데 어려움을 느낍니다. 예를 들어 힘든 일을 겪고 있는 후배에게 밥이나 술을 사줄 수는 있지만, 함께 울어주거나 부드러운 말로 위로하는 일은 불편하게 느낍니다. 스스로 항상 강한 모습을 보여주어야 한다는 부담감을 가지고 있기 때문에 자신의 내면에 있는 부드러움과 약한 부분을 억눌러야 한다고 생각하며, 이러한 감정들이 드러나지 않도록 철저히 방어막을 칩니다. 이렇게 자신의 약한 내면을 거부하며 바라보지 못하는 만큼, 타인의 약한 감정 역시 바라보지 못하게 됩니다.

또한 정직함을 중시하는 8유형은 부정적인 감정도 직선적으로 쏟아내는 편인데, 이런 모습 때문에 배려심이 없어 보인다는 이야기도 듣습니다. 이들은 할 말이 있으면 하고, 할 일이 있으면 하는 것이 솔직한 것이며 앞뒤가 같은 것이라 여깁니다. 하지만 그런 말과 행동 때문에 상대방이 상처를 받는 경우가 종종 발생하지요.

✧✧✧✧✧

에니어그램에서는 장점과 단점을 동전의 양면과 같다고 봅니다. 타고난 본질은 하나지만 이것이 때에 따라 장점으로 드러날 수도, 단점으로 드러날 수도 있습니다.

8유형은 자신감과 강한 힘을 바탕으로 영향력을 발휘하는 것이 장점이지만, 힘에 집착하고 힘을 너무 강하게 쓰려고 하면 장점이 단점으로 바뀌어 드러나게 됩니다.

3. 자아상: "나는 강하고 영향력이 있는 사람이다."

'나는 이런 사람'이라는 생각과 느낌, 태도의 집합체를 자아상이라고 합니다. 사람들은 자신의 자아상을 '이상적인 나'로 판단하며, 그 모습대로 살아가려고 하는 경향이 있습니다. 하지만 자아상은 사실 자신을 두려움에서 지키기 위한 깊고 정교한 내적 작용으로 '만들어진' 것입니다.

8유형은 강하고 영향력이 있으며 힘이 있는 사람으로 살기 위해 최선을 다합니다. 실제로 8유형들은 대개 육체적으로 건강하고 힘이 좋은 편입니다. 이들의 인상에서 느껴지는 서글서글한 느낌, 힘이 있는 목소리와 분명한 말투, 그리고 육체적인 에너지는 8유형들이 어떤 일을 할 때 지치지 않고 끝까지 해낼 수 있게 하는 긍정 요인입니다. 정신력 역시 높은 경우가 많아서 '멘탈이 강하다'라는 표현에 딱 들어맞는 사람들이기도 합니다. 이들은 자신의 힘을 다른 사람들이 잘 알아차릴 수 있도록 말과 행동을 통해 적극적으로 표현합니다. 그래야 다른 사람들에게 휘둘리거나 방해받지 않는 독립적인 삶을 살 수 있으며, 주변에 영향력을 발휘하기도 쉽기 때문이지요.

보이지 않는 수면 아래의 빙산 살피기

장점과 단점, 자아상은 겉으로 쉽게 관찰할 수 있는 수면 위 빙산의 모습입니다. 자기 자신뿐 아니라 다른 사람들도 보통 수면 위의 모습만을 보고 그 사람을 판단하기 쉽습니다. 하지만 사실 이 모습들은 모두 수면 아래의 성격의 심층구조 속에서 만들어진, 성격의 결과물입니다. 이제부터 물 아래에 잠겨 있는 부분, 성격의 심층으로 들어가겠습니다.

성격의 심층으로 들어가기 전, 먼저 빙산이 떠 있는 '물'에 대해 알아야 합니다. 물과 빙산은 어떤 관계일까요? 빙산은 물 위를 떠다니지요. 그런데 사실 물과 빙산은 다른 것이 아닙니다. 물의 일부가 얼어서 빙산이 된 것입니다. 빙산이 녹아서 다시 물이 될 수도 있지요.

낮은 온도라는 상황에 의해 물의 일부가 얼어서 하나의 빙산이 만들어지는 것처럼, '존재의 본질'에서 멀어지면서 두려움에 사로잡히게 되면 한 사람의 성격이 만들어집니다.

그렇다면 물은 뭘까요? 원래 우리가 타고난 본질, 성격이 형성되기 전의 진정한 나의 모습입니다.

본질: 힘

8유형 에너지의 본질은 '**힘**'입니다. 이 힘은 물리적인 영역을 말하는 것이 아니라 강하고 세차게 뛰는 심장의 모습, 즉 '**강한 생명력**'을 뜻합니다. 헉헉거리며 숨이 벅차오를 정도로 달리고 나면 우리는 심장이 세차게 뛰고 있음을 새삼 느끼곤 합니다. 하지만 심장은 우리가 조용히 걷거나 잠을 잘 때도 언제나 규칙적으로 그 자리에 '존재하며' 강한 움직임으로 우리 몸 전체에 생명을 유지할 수 있는 힘을 전달해주고 있습니다. 우리가 평소에 느끼지 못할 뿐이지요. 8유형 에너지의 본질인 힘은 이렇듯, **생명이 있는 한 존재가 가지는 생명력** 그 자체를 의미합니다.

본질과 연결된 8유형은 굳이 자신의 말과 행동에 애써 힘을 주지 않아도, 내가 '살아 있다'라는 자체만으로 내재된 강한 힘이 나에게 있음을 깨닫게 됩니다. 강함과 약함이 동시에 존재함을 느끼고, 자신의 약함을 외부에 드러낼 수도 있습니다. 또한 내가 나로서 존재하기 때문에 가지고 있는 무한한 능력으로 다른 모든 것들을 품을 수 있다는 것을 압니다. 그리하여 비로소 8유형의 가슴이 활짝 열리면 세상에 깊고 선한 영향력을 발휘할 수 있게 됩니다.

4. 두려움: 다른 사람에게 해를 입거나 통제당할까 봐 두렵다.

8유형의 내면 깊은 곳에는 강한 생명력으로 가득 찬 '힘'이 깃들어 있지만, 이를 깨닫지 못하고 본질과 멀어지면서 '내게 힘이 없어서 다른 사람에게 해를 입거나 무시와 통제를 당하는 삶을 살게 되면 어떡하지?' 하는 두려움을 무의식 깊은 곳에서 느끼게 됩니다. 장형의 기본 두려움인 무력과 관련하여 보면, 8유형이 두려움을 느끼는 방향은 '외부'입니다. 자신이 힘이 없어 외부에서 오는 고통이나 통제에 제대로 대응하지 못할까 봐 두려워하는 것이지요. 그래서 자신을 보호하기 위한 힘을 갖추기 위해 최선을 다해 노력합니다.

8유형이 두려워하는 '피해'는 신체적이고 물리적인 영역보다도 '영향력, 통제력'의 범주에 더 가깝습니다. 오히려 이들은 신체적인 처벌과 고통에 대한 두려움이 아주 낮은 편입니다. 그러나 다른 사람에 의해 통제당하는 상황, 다른 사람들에게 전혀 영향력을 끼칠 수 없는 상황은 8유형들에게 심각한 두려움을 안겨줍니다. 무력해진 자신이 그들에게 이용당하고 배신당할지도 모른다는 생각을 하게 되지요.

두려움 때문에 이들은 별것 아닌 상황에서도 자신이 통제당한다고 느낄 수 있습니다. 특히 가족 내 분위기가 권위적이거나 학교나 군대처럼 전체에게 적용되는 규율이 있고 상하관계가 명확한 곳에서 그럴 수 있지요. 8유형은 누구에게나 적용되는 규칙인데도 불구하고 "지금은 이걸 해야지. 그러면 안 돼"라는 지시를 받는 것을 힘들어할 가능성이 크며, 그로 인한 갈등 상황에 자주 빠질 수 있습니다.

두려움이 더욱 심화되면 그 어떤 나약함도 자신에게 허락하지 않으며 다른 사람에게 해를 입기 전에 '공격이 최선의 방어' 라는 태도를 취하게 됩니다. 또한 자아가 강해져서 자존심이나 권위가 무너지는 상황에 대해 매우 예민하게 반응하게 됩니다.

5. 욕망: 자신을 보호하기

'나는 더 강해져야만 해. 내 안에 있는 약한 모습을 다른 사람들에게 보여선 안 돼. 그랬다간 무시당하고 이용당할지도 몰라.' 8유형은 다른 사람에게 해를 입거나 통제당하지 않기 위해 스스로를 보호해야 한다는 필요성을 강하게 느낍니다. 내면의 약한 부분을 감추고 자신을 철저하게 보호하기 위해 두껍고 강한 갑옷을 만들며, 마치 적의 위협이 느껴지면 자신의 몸을 더 크게 부풀리는 동물들처럼 외부에 자신의 강함을 더욱 과장하여 드러내려 합니다. 이들에게 삶은 위협이 가득한 정글처럼 느껴지기에 생존을 위해 치열

· '선즉제인先則制人', 선수를 치면 상대방을 제압할 수 있다는 뜻입니다. 《사기史記》 항우본기項羽本紀에 나오는 말로, 초나라 항우가 회계의 태수 은통을 먼저 공격하여 제압한 데서 유래합니다.

하게 싸우는 거지요.

8유형이 자신을 보호하는 방법 가운데 하나는 모든 상황에 대한 주도권을 자신이 갖는 것입니다. 먼저 언제나 모든 상황을 파악하고 있어야 하기 때문에 인간관계나 주변 상황을 빠르고 명확하게 정리하는 것을 좋아합니다. '나보다 위인가? 아래인가? 친구인가? 적인가? 내게 유리한가? 불리한가?' 같은 정리가 끝나면 자신이 취해야 할 행동을 재빨리 판단해 실천합니다. 그리고 이들은 아주 어린 시절부터 자신의 삶에 관련된 모든 결정을 스스로 내리고 스스로 행동하는 것을 당연하게 여깁니다. '자립'과 '독립'은 이들의 삶에 매우 중요하고도 필수적인 요소입니다. 그래서 8유형은 어떤 일을 할 때 다른 사람들에게 의존하거나 도움받는 것을 크게 좋아하지 않습니다. 아무리 어려운 일이라도 직접 부딪치고 스스로 해내야 의미 있다고 여기지요.

6. 핵심 감정: 분노 — 표출

8유형은 세상을 약육강식의 현실로 바라봅니다. 자신이 잡아먹히지 않기 위해 단단히 무장한 채, 누군가의 위협에 언제든 맞서 싸울 준비가 되어 있습니다. 그러다 자신 또는 자신이 책임지고 있는 영역이 위협을 당할 때 화산이 폭발하는 것 같은 강렬한 분노를 터뜨립니다.

8유형은 솔직함을 중요하게 생각하며 돌려 말하는 것을 좋아하지 않습니다. 분노 또한 솔직함의 영역이라 생각하기에 필요하다면 언제든 쉽게 표현하는 편입니다. "사람이 할 말은 하고 살아야지!"라는 게 이들이 분노를 즉시 표현하는 이유입니다. 이들의 분노는 쉽게 표현하는 만큼 뒤끝도 길지 않습니다. 일단 속에 있는 분노를 다 꺼내놓고 나면 평정심을 되찾기까지 걸리는 시간이 매우 짧지요.

강한 분노는 8유형이 아주 어린 아이일 때도 나타납니다. 자신을 힘이나 권위로 누르려는 사람을 만났을 때, 특히 그 요구가 정당하지 않을 때 눈빛이나 말투로 맞서며 자신의 분노를 표현하지요. 그래서 8유형 어린이들은 '대담하다, 겁이 없다, 버릇이 없다'는 이야기들을 종종 듣기도 합니다.

분노가 나쁜 것만은 아닙니다. 건강한 8유형의 분노는 정의, 대의, 진실을 위해 발현되며, 이는 사회의 약자를 보호하고 여러 가지 불의한 일들을 해결하는 데 도움을 주기도 합니다. 그래서 8유형을 대표하는 역사적 인물 중엔 난세의 영웅이나 혁명가가 다수 포함되어 있기도 합니다.

남에게 해를 입거나 통제당하고 싶지 않아서
자신을 완전히 보호한다.
자신이 위협당한다고 느낄 때 크게 분노한다.

이런 감정들을 느끼면서 욕망이 더욱 강해져 집착하는 것이 생깁니다. 집착이 생겼다는 것은 회피하는 것도 생겼음을 의미합니다. 이로 인해 성격은 더욱 강화됩니다.

몽골의 칭기즈 칸, 영국 여왕 엘리자베스 1세, 미국의 마틴 루터 킹 등이 8유형의 대표적 인물로 분석되고 있습니다.

7. 집착: 힘, 지배와 통제

　자신을 보호하고자 하는 욕망이 강화된 8유형은 "통제당하지 않는 위치에 가는 것이 힘이다"라는 신념을 가지게 됩니다. 이미 내면에는 본질과 연결된 '진정한 힘'이 내재되어 있지만 '내겐 힘이 없다'라는 두려움 때문에 외부 세계에 드러낼 수 있는 강한 힘을 구축하는 데에 집착하기 시작하는 것이지요. 그래서 자신이 사람들을 통제하고 지배하는 위치에 올라가길 원하며, 그 자리를 차지한 뒤에도 그곳에서 내려오지 않기 위해 더욱 크고 위협적인 모습을 취합니다.

　이들은 자신의 에너지를 과하게 사용함으로써 주위 사람들과 상황을 압도합니다. 무슨 일이든 열정적으로 달려들어 행하고, 자신의 주장을 강하게 밀어붙여서 다른 사람들이 왈가왈부할 수 없게 만들어 자신이 원하는 방식으로 일이 되게끔 합니다. 또 승부욕이 강해서 질 것 같은 상황은 아예 만들지 않으며, 어떻게든 유리한 결과를 만들어냅니다. 이렇게 주변 사람들과 사건에 대한 통제력을 차츰 넓히며 상황을 주도하고 결국엔 지배하고야 맙니다. 이때 이들의 모습은 마치 불도저와도 같습니다. 제대로 길이 없어도, 가로막는 장해물이 있어도 그냥 밀어버리면 그 자체가 길이 되게 하는 불도저처럼 자신의 힘으로 밀어붙이며 주변에 영향력을 행사합니다.

　또 8유형은 자신과 가까운 사람들을 자신이 보호해야 한다고 생각하는데, 이 과정에서 그들을 자신과 동등하지 않은 아랫사람으로 보는 경향이 있습니다. '내게 의존하고 기대는 사람들은 나보다 약하니까 내가 지켜줘야 해. 그런데 약한 사람을 동등하게 대해줄 필요는 없지. 내가 시키는 대로 따라오기만 하면 되니까.' 이런 8유형들은 평소에도 지시적이거나 명령을 내리는 말투를 자주 사용하게 되지요.

8. 회피: 나약함

8유형의 강한 겉모습 뒤에는 사실 소프트 아이스크림보다 더 부드럽고 연약한 마음이 감춰져 있습니다. 그러나 이들은 부드러워지는 것은 나약한 것이고, 약해지면 안전을 위협받는다고 느낍니다. 이들은 신체적인 고통보다 감정적인 고통을 훨씬 더 두려워합니다. 상처받은 감정을 통해 자신의 내면이 연약하다는 사실을 깨닫게 되기 때문이지요. 그래서 사람들과 일정 거리를 두고 감정적으로 가까워지지 않기 위해 노력합니다. 내면에 바위처럼 단단한 방어막을 세우고, 사람들을 밀어내면서 자신을 보호하고 있다고 생각합니다. 한편으로는 사람들이 자신을 거부하고 받아들이지 않을 것이라 여기기 때문에 거리를 두기도 합니다.

그런데 방어막이 너무 두껍다 보니 자신에게 오는 친밀함, 보살핌, 순수한 기쁨 등 좋은 감정들까지도 방어해버린다는 문제점이 발생하게 됩니다. 다른 사람들이 자신에게 이러한 감정을 표현하려고 하면 낯간지러워하며 제대로 받아들이지 않으려 하기도 합니다. 게다가 자신의 부드러운 감정을 표현하는 데에는 더욱 인색하지요. 분노할 때나 자신의 주장이나 조언 등을 할 때 과감할 정도로 솔직한 모습과는 상반되는 면입니다.

'내가 약해지면 적들에게 이용당하고 말 거야. 난 어떤 대가를 치르더라도 내가 거친 사람이란 걸 보여주겠어. 내가 계속 우위를 지키면 사람들이 날 이용하지 못할 거야. 거리를 잘 유지하면 내 약한 모습을 잘 숨길 수 있어. 나 자신도 눈치채지 못할 정도로.' 그저 자신을 보호하려던 8유형의 노력은 다른 사람들과의 친밀한 관계뿐 아니라 자신의 내면과의 연결까지도 끊어지게 만듭니다.

혼자서도 세상을 잘 살아갈 수 있을 것 같은 8유형에게도 사실 진심으로 사랑하는 사람들이 있습니다. 하지만 이들은 이 사실을 직접 말하지 못합니다. 그저 맛있는 음식을 사주고 위험에서 보호해주면 그들이 자신의 마음을 알아줄 거라고 생각하지요. 그래서 평생 권위적이고 가부장적으로 살아오던 아버지가 "아빠는 우리를 사랑하긴 했나요?"라고 반문하는 딸에게 이렇게 외치고 마는 것입니다. "가족끼리 사랑한다는 말을 꼭 해야 해? 당연히 그냥 알아야 하는 것 아니야?"

힘에 대한 욕망과 집착이 지배적이고 통제적인 모습을 만들며,
모든 나약함을 피하기 위해 단단한 방어막을 세운다.

이처럼 집착과 회피가 강렬해지면 자신과 다른 사람들에게 문제를 일으키게 되는데, 이를 '악덕'이라고 부릅니다.

9. 악덕: 오만*

힘에 대한 강한 집착과 나약함에 대한 철저한 회피는 8유형에게 '더욱 강렬하게 살아야 한다'는 신념을 만듭니다. 이들은 거의 모든 활동에 필요 이상의 에너지를 쓰기 시작합니다. 학교에서든 직장

---

* Lust, 권력욕·성욕과 비견될 정도로 매우 강렬한 욕망을 추구함.

에서든 원하는 일이라면 자신이 완벽하다고 느낄 때까지 밤을 새우고, 놀 때도 '끝장을 본다'는 느낌으로 정점을 찍을 때까지 몰입합니다. 이렇게 외부 세계로 많은 힘을 쓰고 에너지를 크게 확장할수록 자신을 보호하는 힘이 더 강해진다고 여기며, 내면의 연약함도 덜 느끼게 됩니다.

이들의 자신감 역시 정점을 찍습니다. "나는 뭐든 할 수 있어. '어떻게'가 어딨어? 그냥 하면 되잖아. 까짓것 한번 해보지 뭐." 되든 안 되든 일단 자신의 몸으로 부딪쳐서 작은 돌이라도 하나 깨야 '내가 뭔가 했구나'라고 느낍니다. 흔히 이야기되는 '근자감'이 이들에게 있습니다. 주변에서 볼 땐 이런 모습들이 거만하고 오만해 보이기 때문에 이 단계의 8유형 남성은 '마초 같은 남자', 8유형 여성은 '기가 센 여자'라는 말을 들을 수 있습니다.

8유형이 이렇게 행동하는 이유가 자존심을 세우고 싶다거나 다른 사람들이 자신을 우러러보길 원하기 때문은 아닙니다. 자신이 잃어버렸다고 생각하는 본질의 힘을 되찾기 위해, '내가 살아 있구나. 나에게 강한 생명력이 있구나' 하는 걸 느끼고 싶어서 강렬한 흥분 상태를 더 찾게 되는 것입니다.

하지만 이런 방식은 8유형을 결국 지치게 만듭니다. 강렬함은 더 큰 강렬함을 부르기에 욕망에 중독되어 신체 에너지가 고갈되고 건강을 해칠 수 있습니다. 그리고 그럴수록 자기 자신뿐만 아니라 주변 사람들과 연결될 수 있는 힘도 약해져서 내면 깊이 내재되어 있는 본질과도 점점 더 멀어지게 됩니다.

10. 방어기제: 부정*

오만해진 8유형들은 자신을 손상시킬 수 있는 모든 것들에 대해 부정하는 태도를 취하게 됩니다. 무력감, 무능함, 자신에게 도움이 필요하다는 사실, 잘못을 인정하는 것 등을 거부하고, 자기 안에 그런 나약함은 존재하지 않는다고 굳게 믿습니다. 예를 들어 우연히 자신이 병에 걸렸다는 사실을 알게 되었을 때 '나이 들면 누구나 다 걸리는 거지. 죽을병도 아닌데 괜찮아'라고 생각하기도 하고, 약에 의존하지 않고 자기 방식대로 해결하려고 하기도 합니다. 자신이 어떤 분야에서 실력이 없다는 이야기를 들으면 "그 분야는 내 길이 아닌 것 같아. 인연이 아닌가 봐"라고 상황을 부정해버리기도 하지요.

또한 이들은 희망을 부정합니다. 현실에 실망하고 바보처럼 속아 넘어갈까 봐 두려워서, 현실을 바라볼 때 어두운 면을 먼저 보고자 하지요. 그리고 모든 문제는 자신의 밖에 있다고 생각하기 때문에, 외부에 있는 적에게 희생당하지 않기 위해 언제나 긴장 상태로 싸울 준비를 갖춥니다. 세상은 원래 공정하지 않고 약육강식의 정글과 같으며, 자신은 강자의 위치에서 언제나 위험에 대비해야 한다는 것이 8유형들이 세상을 바라보는 시각입니다. 이렇게 스스로를 냉혹하게 만듦으로써 8유형들은 더욱 현실적이고 무뚝뚝한 사람이 되어갑니다. 하지만 그 속에는 자신조차도 돌보지 못한 8유형들의 외로움과 상처받은 자아가 숨겨져 있습니다.

---

* Denial, 외적 현실의 불쾌한 부분을 인지하는 것을 거부함.

8유형의 본질은 힘차게 살아가는 생명력 그 자체이지만, 두려움을 기반으로 욕망에 집착하다 보면 완전 무장한 채로 외롭게 투쟁하는 삶을 살기도 합니다.

8유형들이 겪는 문제에는 보통 일정한 패턴이 있습니다. 삶에서 이 패턴을 알아차리고 자신을 받아들이게 된다면, 자신의 성격에 갇히지 않고 다양한 성격 에너지를 자유롭게 사용할 수 있게 됩니다.

자동반응패턴을 알아차리고 성격에서 자유로워지기

1. 알아차리기(지혜)

평균적인 8유형 사람들은 무슨 일을 하든 자신의 에너지를 있는 힘껏 쏟아내려는 **자동반응패턴**을 가지고 있습니다. 이는 8유형이 어려운 일들을 해낼 수 있게 해주는 강점이기도 합니다만, 모든 일에 지나치게 힘을 쏟을 때가 문제입니다. 예를 들어 8유형은 일을 할 때도 놀 때도 극한까지 밀어붙이는 걸 좋아하는데, 그 과정에서 자신을 강력하게 주장하며 모든 방해물과 맞서 싸우려는 태도를 취합니다. 그것이 강한 것이고, 그래야만 자신을 지킬 수 있다는 생각이 무의식에 깔려 있기 때문이지요. 이러한 태도는 8유형 자신과 주변 모두를 긴장 상태에 빠뜨리게 합니다.

8유형들은 자신이 필요 이상의 힘을 쓰고 있음을 느낄 때, 이를 '깨어나야 하는 신호'로 여기고 알아차리는 연습이 필요합니다.

"내가 지금 너무 많은 힘을 쓰고 있구나!
그러지 않으면 남에게 해를 입거나 통제당할까 봐
두려워하고 있구나."

2. 받아들이기(사랑)

자신의 패턴을 알아차리는 순간 우리는 스스로를 좀더 객관적으로 바라볼 수 있게 됩니다. 너무 많은 힘을 쓰고 있다는 걸 알아차리고 나면 곧바로 행동하지 말고 심호흡을 해보세요. 과속으로 달리던 자동차의 엑셀에서 발을 잠깐 떼어보는 것입니다. 아래 문구를 소리 내어 읽으며 자신의 내면을 바라봅시다.

8유형의 받아들임 확언

"나는 매사에 힘을 많이 써야만 나를 지킬 수 있다고 생각했다.
내가 이상하거나 나쁜 것은 아니다.
이것이 나의 패턴이었을 뿐이다.
나를 보호하고 싶어하는 나 자신을 있는 그대로 받아들인다.
나는 나를 사랑한다."

3. 선택하기(용기)

8유형이 자신의 긴장감, 과도한 힘의 사용을 알아차리고 그런 자신을 받아들이기 시작하면 꽉 쥐고 있던 힘을 조금 내려놓을 수 있게 됩니다. 힘을 조금 뺀다고 해서 그 힘이 아예 사라지는 것은 아닙니다. 나는 여전히 앞으로 가고 있습니다. 오히려 힘을 풀고 나면, 주변을 둘러볼 수 있는 여유가 생기기 시작합니다. 이 사실을 느끼고 받아들일 때 8유형의 내면에서 진정한 강함이 드러나며, 8유형의 미덕인 '순수'가 발현됩니다. 순수는 어린아이와 같은 단순한 마음을 의미합니다. 이는 자신의 삶과 다른 사람을 대할 때 통제하거나 조정하려고 하지 않고 그 자체로 받아들이며, 너그럽고 부드러운 마음으로 대하려는 마음입니다. 순수의 미덕을 발현하는 8유형은 본질로부터의 진정한 힘을 바탕으로 세상에 건강한 영향력을 미칠 수 있으며, 자신의 섬세한 감정과 만나며 편안한 모습으로 살아갈 수 있게 됩니다.

아래에서 소개하는 연습을 통해 8유형 에너지의 참된 본성을 회복하고, 깊은 본질과 연결되는 길로 나아갈 수 있습니다.

본질과 연결되고 본성을 회복하는 연습

연습 1. 잘 먹고, 잘 자고, 잘 쉬기

8유형은 몸의 에너지를 필요 이상으로 끌어 쓰는 경우가 많습니다. 그러다 몸에 무리가 오더라도 이를 대수롭지 않게 여기거나, 이를 눈치채더라도 '약해지는 것'에 대한 두려움이 크기 때문에 이를 부정할 수도 있습니다. 하지만 몸이 건강해야 내가 하고 싶은 일들도 더 잘 해낼 수 있는 법입니다. 8유형은 자신이 '잘 먹고, 잘 자고, 잘 쉬는' 생활을 하고 있는지를 돌아보아야 합니다.

또한 8유형은 에너지를 폭발적으로 써야 하는 과격한 운동에 끌릴 확률이 높은데, 스트레칭과 요가처럼 몸을 부드럽게 만드는 운동을 병행하는 것이 좋습니다. 내 몸 안에서 샘솟는 신체 에너지가 커질수록 내 삶과 주변을 돌아보는 여유도 함께 커집니다. 그러면 더욱 균형 잡힌 삶을 살 수 있습니다.

연습 2. 의견이 다를 때 다른 관점 허용하기

8유형은 인간관계에서의 경계(내 편과 내 편이 아닌 사람들에 대한 구분)가 명확합니다. 그래서 자신과 의견이 다른 사람을 만나면, 마치 자신에게 대항한다고 느껴서 어떻게든 이기려는 태도를 보일 수 있습니다. 하지만 나와 의견이 다르다고 해서 내 편이 아니고, 아예 다른 길을 걷는 사람이라고 볼 수는 없습니다. 오히려 넓은 관점에서는 나와 같은 목표, 같은 길을 향해 가는 사람일 수 있지요. 이를 인정하는 것이 나의 경계를 넓히는 시작점이 될 수 있습니다. 벽을 높이 쌓아 올리려던 태도를 잠깐 멈추고 그 사람의 관점에서 이야기를 경청해봅시다. 가슴을 열고 이해하려는 노력을 기울이다 보면, 시야가 열리고 상황을 바라보는 다양한 관점을 배울 수 있습니다. 바로 그때가 8유형의 건강한 리더십과 관대함을 발휘할 수 있는 순간입니다.

연습 3. 천천히, 여유 있게 즐기기

나는 언제 '살아 있음'을 느끼나요? 혹시 무언가 통제하거나 과도한 에너지를 쏟지 않고도 이러한 생명력을 느껴본 적이 있나요? 비가 내린 뒤 풀잎을 가만히 들여다보면 달팽이들을 발견할 수 있습니다. 그들은 빠르거나 강하지 않지요. 하지만 꾸준히 앞으로 나아가는 모습에서 자연이 전하는 싱그러운 생명력, 살아 있는 힘을 느낄 수 있습니다. 꼭 무언가를 하지 않아도, '존재 자체만으로' 느껴지는 생명력입니다.

평균적인 8유형들은 뭔가 대단한 일, 짜릿한 일을 해야만 내가 살아 있는 것 같다고 느낄 수 있습니다. 어쩌다 한 번쯤이라도, 내 삶이 좀더 천천히 흘러가게 해본다면 어떨까요? 무리하게 주고 있던 힘을 빼고 속도를 조금 늦추는 시도를 해봅시다. 지금보다는 더 깊고 섬세하게 삶을 즐길 수 있을지도 모릅니다.

연습 4. 내면의 부드러움과 만나기

"천하에 물보다 부드럽고 약한 것이 없으니, 단단하고 강한 것을 쳐서 능히 이기는 데는 물 만한 것이 없다. 약한 것이 강한 것을 이기고, 부드러운 것이 굳센 것을 이긴다."

노자의 《도덕경》 78장에 나오는 말입니다. 8유형은 내면의 연약함을 감추기 위해 더욱 강해지려 하지만, 사실 강함은 약한 것에서 나옵니다. 예를 들어 진정으로 강한 근육은 늘 긴장되어 딱딱하기만 한 근육이 아니라, 부드럽고 탄력이 있어 꼭 필요할 때 힘으로 반응할 수 있는 근육이지요.

강함 역시 마찬가지입니다. 강해야 할 때 강하고, 강함이 필요 없을 땐 완전히 유연해질 수 있는 것이 진정한 강함입니다. 8유형들의 내면에는 이런 유연함(주변 사람들을 따뜻하고 관대하게 챙겨주고 싶은 마음, 누군가와 깊게 연결되고 싶은 마음)이 있지만, 자신이 유연해졌을 때 사람들에게 거부당하거나 공격당할까 봐 표현하려 하지 않습니다. 하지만 사람들은 당신을 거부하지 않습니다. 8유형이 마음을 여는 순간 상대방도 함께 마음을 열 것이며, 이 과정에서 발휘되는 '유연한 힘'은 지금까지보다 더욱 편하고 강하게 자신을 지켜줄 것입니다.

몸과 마음이 온전히 '쉼'의 영역에 들어가는 고요한 시간을 가져 본 적이 있나요? 아마도 8유형들은 역동적인 에너지로 삶을 채워나가느라 쉴 틈 없이 살았을 가능성이 큽니다. 명상이나 단순한 일을 하는 등 고요한 시간 속에서 나의 존재와 감정을 관찰해봅시다. 글을 써 보는 것도 좋습니다. 이러한 연습들이 반복되면 습관적인 분노가 느껴지거나 즉각적인 행동을 하려고 하기 전에 잠깐 멈추고 침착하게 생각해볼 수 있는 '쉼표'를 내 삶에 초대할 수 있을 것입니다.

8유형의 선택하기 확언

"잘 먹고 잘 자고 잘 쉰다.

의견이 다를 때 다른 관점도 허용한다.

천천히, 여유 있게 즐긴다.

내면의 부드러움을 만난다.

고요한 시간 속에서 나를 관찰한다.

이 중에 하나라도 지금 실천한다."

3장

9유형: 평화주의자

- **평화로운 사람, 코끼리**
- **자아상: 나는 평화로운 사람이다.**

다른 사람들이 만나는 9유형의 모습

평화 씨는 주변 지인들에게 편안하고 든든한 느낌을 주는 사람입니다. 어느 모임에서든 은은하게 잘 섞여 지내는 매력이 있으며, 수용적인 태도로 이야기를 잘 들어주기 때문에 누구든 평화 씨와 이야기를 나누다 보면 잘 통한다는 느낌을 받습니다. 그리고 갑자기 화를 내거나 지나치게 감정을 드러내는 일이 거의 없어서, 주위 사람들은 '저 사람에겐 심각한 일이 별로 없나 보다'라고 생각하기도 합니다. 혹시 사람들 사이에 갈등이 발생하면 평화 씨가 조용히 이를 해결할 때도 있어서 평화 씨가 함께 있으면 모임의 분위기가 평화로워집니다.

평화 씨는 다른 사람의 말을 잘 따라주는 편인데, 특히 부탁을 받았을 때 거절을 잘 못합니다. 그래서 하겠다고 한 일들을 다 감당하지 못하고 힘들어하는 경우가 많습니다. 그러다 보니 마감 시간이 다 되어서야 일을 시작하거나, 제대로 마무리를 짓지 못해서 다른 사람이 그 일을 떠맡게 되기도 합니다. 가끔은 평화 씨의 모습이 너무 무기력하거나 멍해 보일 때가 있는데, 그럴 땐 아무것도 하지 않으려 하는 것 같아서 걱정이 되기도 합니다.

9유형이 들려주는 자신의 내면 이야기

저는 사람들과 원만하게 잘 지내는 것을 중요하게 생각하며, 느긋하고 둥글둥글한 성향을 가지고 있습니다. 어떤 곳에서든 잘 적응하고 이야기를 잘 들어주기 때문에 제게 고민 상담을 하는 사람도 많습니다. 또, 모임에서 갈등이 생기면 제가 자연스레 중재하는 역할을 맡게 되기도 합니다. 이런 제게 사람들은 중재자, 든든한 사람이라고 별명을 붙여주지만 사실 그런 일을 좋아해서 하는 건 아닙니다. 저는 앞에 나서는 걸 싫어하고 조용히 평화롭게 지내고 싶은 사람인데, 주위에서 갈등이 생기면 제가 너무 힘들어서 빨리 그 상황이 해결될 수 있도록 도와주게 되지요. 제가 나설 필요가 없을 땐 조용히 있는 편입니다.

저에게는 몇 가지 고민이 있습니다. 뭔가 결정해야 하는 상황이 생겼을 때 제 의견을 말하기가 너무 어렵습니다. 음식점에서 메뉴를 고르는 것조차 누가 대신 정해주면 좋겠다는 생각을 자주 합니다. 그리고 누가 무언가를 부탁하면 거절하는 게 정말 힘듭니다. 제가 그 일을 다 해내지 못할 것을 알면서도 어쩔 수 없이 "예스"라고 대답하는 저를 발견하곤 합니다. 결국 스트레스는 스트레스대로 받고 일도 제대로 못하게 됩니다. 또 저는 하고 싶은 일이 많지만 내 몸에 에너지가 충분치 않다고 느껴져 답답하기도 합니다. 그럴 땐 그냥 모든 걸 다 잊고 집에 가서 자고 싶어지지요.

빙산 모델로 본 9유형 성격 구조

1. 별 명
평화주의자, 평화로운 사람

2. 장점-단점
① 이해심이 많고 잘 수용한다.　　　① 자기주장이 어렵고 고집이 있다.
② 인내심이 강하고 평온하다.　　　② 자신이 원하는 것을 무시한다.
③ 갈등을 중재하여 주변을 평화롭게 한다.　③ 문제를 직면하지 못하고 피하거나 참는다.

3. 자아상
나는 평화로운 사람이다.

10. 방어기제
무감각

9. 악덕
태만

8. 회피
갈등, 자신의 의견 표현

7. 집착
안정과 평화, 상태 유지

6. 핵심 감정
분노 ― 망각

5. 욕망
내적인 평화와 안정감 유지

4. 두려움
세상과의 연결을 잃고 분리되는 것

본질　전체성

수면 위로 보이는 빙산 살피기

1. 별명: 평화주의자, 평화로운 사람

9유형 에너지를 많이 사용하는 사람들은 세상과 조화를 이루며 평화롭고 안정적인 삶을 살고 싶어합니다. 자신의 몸과 마음이 편안하고 안정감을 갖길 바라므로 격렬한 감정이나 흥분을 잘 제어하며, 외부의 갈등이나 긴장 역시 피하고 싶어하기 때문에 넓은 마음으로 많은 것을 수용해냅니다. 그런 9유형의 내면에도 고집스러움과 저항이 있긴 하지만, 평소에는 잘 드러내지 않지요. 이러한 모습을 가진 9유형의 별명은 평화주의자, 평화로운 사람입니다.

9유형을 상징하는 동물은 코끼리입니다. 코끼리의 성향은 기본적으로 온순하며 사회성도 매우 높아 무리 지어 평화롭게 살아가는 것을 좋아합니다. 코끼리는 움직임을 시작하는 데에 많은 에너지가 필요합니다. 그리고 한번 움직이기 시작하면 방향을 바꾸기가 어렵습니다. 이는 평화로우면서도 내면에 단단한 힘이 있고 고집스러운 9유형의 모습과 많이 닮았습니다.

2. 장점과 단점

장점

① 이해심이 많고 잘 수용한다.

심리적으로 건강한 9유형 사람들은 넓은 마음으로 주변 사람과 사물들을 편견 없이 받아들일 수 있습니다. 대상을 '있는 그대로' 바라보고 상대의 이야기를 잘 들어줄 수 있기 때문에 사람들은 이들 앞에서 자신의 힘든 이야기를 자연스레 터놓고, 편안함을 느끼게 되지요. 분쟁을 일으키는 두 하인에게 "네 말이 옳구나. 네 말도 옳다"라고 답했다는 황희 정승의 유명한 일화는 9유형의 이러한 높은 수용력과 이해력을 잘 보여주고 있습니다.

② 인내심이 강하고 평온하다.

9유형의 내면은 마치 우직한 바위나 단단한 땅과 같아서 어려운 환경 속에서도 티를 내지 않고 잘 참아내는 편입니다. 인생사에 있어서도 심각하거나 흥분할 일이 별로 없다고 느끼며, 실제로 고통에 둔감한 9유형도 많습니다. 9유형은 어떤 문제나 어려움에 부딪혔을 때 긍정적인 태도로 그 문제에서 빨리 벗어나는 편이며, 삶의 어두운 면보다는 밝은 면에 더욱 초점을 맞추는 방식으로 마음의 평화가 깨지지 않도록 노력하고 있습니다.

③ 갈등을 중재하여 주변을 평화롭게 한다.

9유형은 조화와 균형을 중요하게 생각하며, 모든 상황에서 갈등을 일으키지 않기를 원합니다. 평화 씨의 내면 이야기에서 보았듯 이들이 스스로 나서서 중재하고 조정하는 역할을 좋아하는 것은 아닙니다. 대다수의 9유형은 모임에서 튀거나 나서는 것을 좋아하지 않습니다. 다만 가까운 주변에서 일어나는 갈등은 9유형이 추구하는 내적·외직 평화에 상당한 균열을 가져오기 때문에 이를 막기 위해 자연스럽게 중재자의 역할을 하는 것입니다. 건강한 9유형이 발산하는 고요한 평화의 에너지는 많은 모임에서 큰 도움이 되므로 주위 사람들은 이들을 지지하고 신뢰합니다.

① 자기주장이 어렵고 고집이 있다.

9유형은 모든 상황에서 갈등을 일으키지 않기 위해 높은 수용력을 발휘하지만, 대신에 자신의 의견을 주장하는 데에는 어려움을 겪습니다. 주위 사람들과 생기는 작은 갈등을 피하고 싶어서 자신이 진정으로 원하는 것이 아니라도 "예"라고 말하는 경우가 많으며, 부탁받은 것을 거절하지 못하고 응했다가 스트레스를 받기도 합니다. 또한 스스로 결정을 내렸을 때 생길 수 있는 긴장감도 두려워합니다. 그래서 다른 사람의 말을 그대로 따라가는 경우가 많은데, 사실 내면에는 저항하고 싶은 마음과 고집이 있습니다. 그래서 어떤 9유형은 "예"라고 해놓고 일부러 실행하지 않거나, 소통이 필요한데도 입을 열지 않고 침묵으로만 대응하는 '수동 공격 행동'으로 상대를 힘들게 하기도 하지요.

② 자신이 원하는 것을 무시한다.

9유형이 평화와 조화를 위해 다른 사람의 요구에 계속 맞추다 보면 자신이 진정으로 원하는 것을 알려주는 내면의 소리를 제대로 듣지 못하게 됩니다. 식당에서 메뉴를 고르는 간단한 일도 하기 어려워하며, 외부 환경과의 조화를 유지하기 위해 자신의 입장을 전혀 고려하지 않고 급기야 자신의 내면에서 자신을 지워버리기까지 합니다. 이는 안타깝게도 자존감 하락이라는 결과를 낳습니다. "난 뭐든 괜찮아요. 당신이 원하는 거면 뭐든 좋아요", "좋은 게 좋은 거예요"라는 말들이 이러한 마음을 단적으로 보여줍니다.

③ 문제를 직면하지 못하고 피하거나 참는다.

9유형이 평화를 고집하는 데 집착하기 시작하면 삶에서 만나는 모든 문제를 피하거나 참아버리게 됩니다. 9유형의 장점이었던 인내심이 이 단계에서는 '미련함'이라는 단점으로 변질되지요. 관계에서 불편한 점이 생기더라도 자신이 인내하고 잊어버리는 것으로 끝내는 경우가 많으며, 하기 싫은 일을 최대한 끝까지 미루기도 합니다. 심지어 진짜 몸이 아픈데도 아픔을 크게 인식하지 못하고 참는 경우도 있습니다. 삶 속에서 만나는 모든 문제를 직면해야만 하는 것은 아닙니다. 하지만 '어떤' 문제는 자신이 직접 대면해야 해결이 되고, 그래야 이후에 '더 큰 평화'가 찾아올 수 있습니다.

✧✧✧✧✧

에니어그램에서는 장점과 단점을 동전의 양면과 같다고 봅니다. 타고난 본질은 하나이지만 이것이 때에 따라 장점으로 드러날 수도, 단점으로 드러날 수도 있는 것이지요.

9유형의 평화롭고 조화롭게 살아가려는 태도는 장점이지만, 평화에 집착하고 상태를 유지하는 데에 지나친 노력을 기울이다 보면 장점이 단점으로 바뀌어 드러나게 됩니다.

3. 자아상: 나는 평화로운 사람이다.

'나는 이런 사람'이라는 생각과 느낌, 태도의 집합체를 자아상이라고 합니다. 사람들은 자신의 자아상을 '이상적인 나'로 판단하며, 그 모습대로 살아가려고 하는 경향이 있습니다. 하지만 자아상은 사실 두려움으로부터 자신을 지키기 위한 깊고 정교한 내적 작용으로 '만들어진' 것입니다.

9유형은 자신에 대해 '나는 평화로운 사람이다'라는 이미지를 갖고 살아갑니다. 그리고 이러한 이미지를 유지하기 위해 자신의 내면과 주변 환경이 평화롭고 조화롭게 흘러갈 수 있도록 최선을 다합니다. 어떤 환경, 어떤 사람이든 잘 적응해내며, 다른 사람과 최대한 원만하게 지냄으로써 혹시 일어날 수 있는 갈등을 피하기도 하지요. 또한 '뭐든 다 좋아. 괜찮아. 삶에 있어서 문제될 것은 아무것도 없어'라는 긍정적인 태도로 세상을 살아갑니다. 혹시 자신의 내부에서 일어나는 충동적이고 강렬한 감정으로 평화가 깨질까 봐 경계하며, 나서지 않고 지켜보는 데에 만족하는 소극적인 태도를 취하는 경우도 많습니다. 9유형은 이렇게 자신의 세상에 평화와 조화를 만들고 유지하며 '평화로운 사람'이라는 자아상을 강화합니다.

✿✿✿✿✿

지금까지 살펴본 장점과 단점, 자아상은 겉으로 쉽게 관찰할 수 있는 수면 위 빙산의 모습입니다. 자기 자신뿐 아니라 다른 사람들도 보통 수면 위의 모습만을 보고 쉽게 그 사람을 판단해버리게 됩니다. 하지만 사실 이 모습들은 모두 수면 아래의 성격의 심층구조 속에서 만들어진, 성격의 결과물입니다. 이제부터 물 아래에 잠겨 있는 부분, 성격의 심층으로 들어가보도록 하겠습니다.

성격의 심층으로 들어가기 전, 먼저 빙산이 잠겨 있는 '물'에 대해 알아야 합니다. 물과 빙산은 어떤 관계일까요? 빙산은 물 위를 떠다니지요. 그런데 사실 물과 빙산은 다른 것이 아닙니다. 물의 일부가 얼어서 빙산이 된 것입니다. 빙산이 녹아서 다시 물이 될 수도 있지요.

낮은 온도라는 상황에 의해 물의 일부가 얼어서 하나의 빙산이 만들어지는 것처럼, '존재의 본질'에서 멀어지면서 두려움에 사로잡히게 되면 한 사람의 성격이 만들어집니다.

그렇다면 물은 뭘까요? 원래 우리가 타고난 본질, 성격이 형성되기 전의 진정한 나의 모습입니다.

본질: 전체성

9유형 에너지의 본질은 **'전체성'**입니다. 지구[*]를 떠올려 보면 9유형 에너지를 잘 이해할 수 있습니다. 지구는 그 어떤 유기체들도 다 수용하고 품어주는 곳이며, 지구에 존재하는 그 어떤 것도 지구와 분리되어 있지 않습니다. 작은 나비의 날갯짓부터 거센 태풍의 비바람까지 다양한 일들이 일어나고 있지만, 지구는 그들에게 무엇도 요구하지 않고 그저 그 자리에 존재해줍니다. 건강한 9유형의 본질 역시 그러합니다. 커다란 품으로 모든 것을 있는 그대로 품어주는 것, 그냥 흐름에 모든 것을 맡기고 그 자리에 있어주는 것. 이것이 9유형의 본질입니다. 그리고 이 과정에서 9유형은 자신의 존재를 비롯하여 모든 존재가 **하나의 에너지 흐름 속에서 거대한 연**

---

[*] 9유형 에너지의 본질을 지구에 비유하는 표현은 '에니어그램해라연구소' 수업 내용에서 인용했다. 이곳에서는 9유형의 본질을 균열 없는 상태의 '온전함'이라고 표현하며, 마치 지구가 엄마처럼 모든 것을 품고 수용하는 모습과 같다고 설명한다.

결을 이루고 있음을 발견하게 됩니다.

이제 9유형은 자신이 거대한 세상 속에서 어떤 역할에 참여하여 세상이 잘 흘러갈 수 있도록 하는 것이 의미 있는 삶이라고 느낍니다. 온전한 전체 안에서 한 부분을 차지하는 존재라는 사실은 9유형에게 큰 안정감과 조화로운 힘을 느끼게 해줍니다.

보이지 않는 수면 아래의 빙산 살피기

4. 두려움: 세상과의 연결을 잃고 분리된 자아가 될 것 같아 두렵다.

9유형이 본질에서 멀어지면 '내가 세상에 참여하는 것이 의미 없는 일이면 어쩌지? 나와 이 세상이 영영 분리되면 어쩌지? 내 안의 무언가가 이 세상의 자연스러운 흐름을 방해하면 어쩌지?' 하는 두려움을 느끼게 됩니다. 그래서 세상과 계속 연결되고 자연스러운 흐름을 유지하기 위해 자신이 맺고 있는 환경과 관계에 집중하는데, 자신이 직접 평화와 조화를 만들어내고 이를 유지함으로써 두려움을 극복하고자 합니다.

장형의 기본 두려움인 무력과 관련하여, 9번 유형은 자신의 내면과 외부 세계 양쪽 모두의 평화로움과 조화로움을 유지하기 위해 힘을 발휘합니다. 내면 영역의 평화로운 상태를 깨지 않기 위해 자신의 충동과 감정을 조절하려고 애쓰며, 동시에 외부로부터 발생하는 갈등과 긴장을 피하려고 강한 자아 경계를 만들어 자신을 보호하지요. 그래서 최대한 행동하지 않으려는 소극적인 자세를 취하게 되며, 자신도 영향을 주지 않고 외부로부터 영향을 받지도 않는 위치를 고수하기 위해 노력합니다.

두려움이 더욱 강렬해지면 평화롭지 않고 혼란한 세상을 바라보는 것을 아예 거부하며, 삶의 좋은 모습만 상상하며 "난 괜찮아"라고 말하기 시작합니다. 환상 속의 평화를 유지하면서 자신이 세상과 연결되어 있다고 굳게 믿습니다. 그토록 피하고 싶어했던 '세상과의 분리' 속에 이미 자신을 깊게 밀어 넣었다는 사실은 깨닫지 못한 채로요.

5. 욕망: 내적인 평화와 안정감 유지

'세상과 분리되고 싶지 않다'는 두려움은 9유형이 자신의 삶 전반에 평화와 안정감을 만들고 이를 유지하는 데에 집중하게 합니다. 9유형은 나와 주변 사람, 나와 주변 환경이 조화와 균형을 유지하길 바라고, 그 과정에서 자신이 튀거나 드러나는 것을 원하지 않습니다. 그래서 9유형은 환경과 사람을 자신에게 맞추기보다는 그들에게 순응하는 쪽을 선택합니다. 또 기존에 흐르고 있는 에너지의 흐름에 있는 그대로 순종하며, 자신 때문에 그 흐름이 끊어지지 않도록 주의합니다. 그래서 "대세를 따르겠다. 흘러가는 대로 흘러가리라"는 말을 자주 하기도 하지요. '나는 내 주변 사람들이 모두 편안하고 평화로우면 좋겠어. 그를 위해서라면 나는 뒤로 물러나도 괜찮아. 불편한 상황, 감정들로부터 떨어져서 사는 건 매우 중요해. 그래야 내 마음속 평화를 지켜낼 수 있어.' 이런 9유형의 모습은 마치 그 자리에 존재하되 존재감을 크게 드러내지 않는 '그림자' 같기도 합니다. 그림자 같은 모습으로 세상을 바라보는 위치에 익숙해진 9유형은 자신의 목소리에 귀를 기울이고 표현하는 데에 더욱 어려움을 느끼며, 세상이 흘러가는 대로 자신을 내버려두기 시작합니다. 그 과정에서 9유형의 자의식은 점점 더 약해집니다.

6. 핵심 감정: 분노 — 망각

9유형에게 최근에 화가 날 정도로 분노했던 경험에 관해 물어보면 대부분 이렇게 답합니다. "글쎄요. 잘 모르겠네요. 평소에 화가 난 적이 별로 없거든요" 또는 "화가 난 적은 있었는데, 큰일은 아니었어요. 금방 잘 해결됐거든요."

9유형은 겉으로 보았을 때 매우 평온해 보이지만, 내면에는 장형의 분노 에너지를 가지고 있습니다. 하지만 이 분노의 감정을 최대한 처리하지 않으려 합니다. 이를 드러내면 마음의 평화, 외부와의 연결이 깨질 것이라 생각하기 때문이지요. 그래서 9유형은 장형이면서도 장형 같아 보이지 않기도 합니다.

9유형도 사실 다양한 분노를 경험합니다. 다른 장형처럼 9유형에게도 자신만의 경계와 공간이 매우 중요한데, 경계를 침범하고 자신의 행동에 대해 이런저런 간섭을 하는 것에 분노합니다. 또한 다른 사람들의 요구를 쉽게 들어주는 과정에서 그들에게 이용당하는 경우가 종종 있는데, 그걸 눈치채고 이에 대해 분노하기도 합니다.

원래 분노는 인간이라면 누구나 경험하는 자연스러운 감정이며, 분노를 표현하는 것은 자신의 힘과 의지를 주장하고 스스로를 보호하는 행위이기도 합니다. 그런데 9유형은 자연스러운 분노를 통해 자신의 의지를 주장하는 것조차 안전하지 않다고 느끼기 때문에 이 감정을 아예 잊어버리는 쪽을 택합니다. 이 과정에서 감정적·신체적 에너지를 상당히 많이 소비하기 때문에 분노를 느낄 만한 상황에 처하자마자 곧바로 무기력해지거나 피곤한 상태에 빠져들게 되지요. 어느 누구도(심지어 자신조차도) 9유형이 화가 났다는 걸 눈치채지 못하며, 이 과정에서 이들의 존재감은 점점 약해집니다. 이렇게 처리되지 않은 분노의 감정은 9유형의 내면에서 이유 없는 우울감을 만들어내기도 하고, 조금씩 쌓여가다 어느 순간 터져버리기도 합니다.

세상과 분리되지 않기 위해
내면의 평화와 안정감을 유지하려 한다.
내면의 평화를 방해하는 요소는 모두 지워버리려고 노력한다.
분노뿐 아니라 자기 자신까지도.

이런 감정들을 느끼면서 욕망이 더욱 강해져 집착하는 것이 생깁니다. 집착이 생겼다는 것은 회피하는 것도 생겼음을 의미합니다. 이로 인해 성격은 더욱 강화됩니다.

7. 집착: 안정과 평화, 상태 유지

심리적으로 건강한 9유형은 거대한 강이나 바다처럼 모든 것을 끌어안으면서도 힘차게 순환하여 본래의 깨끗함을 잃지 않습니다. 하지만 안정과 평화에 집착하는 9유형은 마치 움직임이 전혀 없는 거대한 호수와 같습니다. 처음엔 평화롭고 고요해 보일지 모르나, 물이 전혀 순환하지 않는 상태로 온갖 것들이 꽉 채워져 있기 때문에 시간이 흐를수록 내부에서 여러 가지 문제점이 나타나게 됩니다.

9유형이 여러 스트레스로 에너지가 떨어지게 되면, 현 상태를 가만히 유지하는 것만이 평화를 유지하는 최선이라고 생각합니다. 따라서 하던 대로, 습관적으로 살아가는 데 집중하게 됩니다. 사회적으로는 자신이 기여한 일에 대해 스스로 과소평가하고 지나친 관심을 끌지 않도록 저자세를 취하기도 하지요. 그래서 일을 할 때 온전히 관여하기보다 주변을 서성이는 것에 만족하기도 합니다. 또한 누군가와 지나치게 가까운 관계를 맺는 것 자체가 자신의 평화를 깨뜨린다고 느껴서 거리감을 둘 수도 있습니다. 겉으로는 매우 상냥하고 친절하며 모든 사람과 잘 지내지만, 특별한 한두 사람을 만들지는 않는 것이지요. 이 모든 노력이 자신의 삶을 단조롭고 안정적으로 만드는 데에 도움이 되리라 생각합니다.

8. 회피: 갈등, 자신의 의견 표현

심리적 불안정을 느끼며 스트레스가 매우 높아진 9유형은 '나는 이대로가 좋아. 외부에서 아무런 영향을 받고 싶지 않아. 내 안에 있는 평화를 지키고 싶어. 그러니까 날 내버려두면 좋겠어'라고 생각하게 됩니다. 또한 평화를 계속 유지하는 가장 좋은 방법은 '사라져버려서' 누구에게도 문제를 일으키지 않는 것이라고 여깁니다. '모든 것이 괜찮아'라는 목소리로 자신을 안심시키며 갈등을 일으킬 수 있는 **고통과 문제들이 자신을 비켜 지나가도록** 최대한 피하는 것입니다. 세상과의 거대한 연결이 끊어질까 봐 두려워했던 9유형이 본질과 멀어지기 시작하면서 아이러니하게도 외부와의 연결을 스스로 거부하고 내면의 은신처로 숨어버리게 되는 것이지요.

자신의 의견을 주장하고 솔직하게 자신의 욕구를 말하는 것 자체를 공격적인 행동이라 여기기 때문에 자신의 우선순위를 희생하는 대가를 치르면서라도 입을 다뭅니다. 또는 욕구를 표현하기는 하지만 간접적으로 알려서 다른 사람들이 알아차려주길 바라기두 합니다. 먼저 알아주면 좋고, 그러지 못하더라도 타인의 뜻을 수용함으로써 평화를 지켰으니 다행이라고 여기는 것입니다.

하지만 이런 상황이 반복되면 채워지지 않는 욕구로 인한 스트레스가 내면에 점점 쌓이게 됩니다. "그래요. 괜찮아요"라고 답하고는 있지만, 속으로는 '아니요. 싫어요'인 경우가 반복되는 것이지요. 사실 9유형의 내면에는 벽돌과도 같은 단단한 고집스러움이 있습니다. 그 고집스러움으로 어떻게든 참고 상황을 받아들이고 있는 것입니다만, 스트레스가 증가하면 대답을 해놓고도 행동하지 않거나 아예 대답을 하지 않는 수동 공격 행동을 하기도 합니다. 이는 9유형의 주변에 더 큰 갈등과 오해를 만들게 됩니다.

평화에 대한 욕망과 집착이 결국 무감각함을 고집스럽게 고수하게 하며, 모든 갈등과 문제에 반응하지 않고 회피하려 한다.

이처럼 집착과 회피가 강렬해지면 자신과 다른 사람들에게 문제를 일으키게 되는데, 이를 '악덕'이라고 부릅니다.

9. 악덕: 태만

집착과 회피가 강렬해진 9유형은 '태만'에 빠지게 됩니다. 이는 겉으로 드러나는 행동이 아닌, 내적인 상태와 관련이 있습니다. 9

Pigritia, 게으름, 나태, 빈둥거리는 태도.

유형이 악덕에 빠지면 자신의 삶과 일정한 거리를 두고 현실에 참여하려고 하지 않습니다. 현실에 깊이 영향받고 싶지 않고, 자신이 영향을 주고 싶지도 않기 때문에 스스로 나서서 활동적으로 살지 않으려 합니다. 즉, 그저 삶이 굴러가는 대로, 습관대로, 일정한 패턴에 맞추어 살아가려는 경향이 더욱 강화되는 것입니다. 겉으로는 직장에서도 가정에서도 일상생활을 그대로 하고 있기 때문에 별문제가 없어 보일 수 있습니다. 오히려 아주 바빠 보일 수도 있지요. 그래서 9유형의 악덕이 '태만'이라는 것에 어떤 9유형들은 동의하지 않을지도 모릅니다.

하지만 내면을 자세히 들여다보고 "내가 진정으로 마음을 다해 그 일에 참여하고 있는가?"를 질문해본다면 조금 다를 것입니다. 아마도 중요한 결정을 내려야 하는 일들은 제쳐둔 채 사소한 일, 시간을 보내는 일에만 몰두했을지도 모릅니다. 자신을 우선순위에서 가장 뒤에 둔 채, 자기 의견을 정리하고 결정을 내려 실천해야 하는 일들엔 게으름을 피웠을 것입니다. 사실은 나를 이 세상에서(심지어 내 삶 속에서조차) 별로 중요하지 않은 사람이라 여기고 있었을지도 모릅니다. 이를 **내적인 게으른 상태**라고 부릅니다. 그러나 이들이 아무리 현실에 참여하지 않는다 해도 해결되지 않은 문제들은 여전히 현실 속에 남아 있습니다. 그래서 9유형은 자신을 보호하기 위해 다음과 같은 방어기제를 사용합니다.

10. 방어기제: 무감각[*]

"아무것도 문제될 게 없어. 난 괜찮아. 지금 이대로가 너무 좋아"라는 자아 메시지는 삶의 긍정적인 면을 바라보는 좋은 태도로 보일 수 있으나 9유형에겐 문제가 됩니다. 삶의 어두운 면, 여러 가지 문제들을 아예 무시하고 명한 상태로 빠져버리기 때문입니다.

9유형은 해결하지 못한 문제들로 인해 평화가 깨진 현실 세계에서 도피하기 위해 내면의 은신처로 후퇴해 들어가 주변의 것을 잊어버리려 합니다. 예를 들어 시험을 앞두고 갑자기 평소에 안 보던 소설이나 드라마를 정주행하거나, 중요한 발표자료 준비를 앞두고 잠을 잘 수도 있지요. 친구들과 문제가 생겼을 때는 휴대폰을 어딘가에 던져놓고 창문이나 텔레비전 앞에서 명하니 시간을 보내기도 합니다.

이들은 내면의 은신처에 오래 머무를수록 점점 더 명한 상태가 되며, 자신의 생각과 느낌, 더 나아가 '자의식'을 눌러버리게 됩니다. 이를 '무감각'이라고 부릅니다. 무감각에 빠진 9유형의 모든 행동에는 자신의 감정이나 욕구가 담겨 있지 않습니다. 그저 주위 상황에 자신을 맞추고 일치시켜서 현실을 잊어버리기 위함이지요. '나의 은신처는 조용하고 안전해. 내면의 은신처 속에 머물러 있는 사이에 다 지나가 있을 거야. 그럼 나는 계속 평화로울 수 있어.' 그런데 이것이 바로 9유형이 가장 두려워하던 '세상과의 연결을 잃은' 상태입니다.

[*] Numbness, 어떤 사상이나 사물에 젖어버려 정상적으로 상황을 판단할 수 없는 상태.

☼☼☼☼☼☼

지금까지 성격 빙산 이론을 통해 9유형 에너지의 겉으로 드러나는 모습과 빙산 아래 깊은 곳에 있는 내면의 모습들을 살펴보았습니다. 9유형의 본질은 이 세상을 다 품어줄 수 있는 '전체성'이지만, 두려움을 기반으로 욕망에 집착하다 보면 자신의 존재를 잃어버리는 안타까운 삶을 살기도 합니다.

9유형이 겪는 문제에는 보통 일정한 패턴이 있습니다. 자신의 삶 속에서 이 패턴을 발견하고 주의 깊게 관찰하고 알아차림의 신호를 깨달으면, 본질을 회복하고 성격에서 벗어나 자유로워질 수 있습니다.

자동반응패턴을 알아차리고 성격에서 자유로워지기

1. 알아차리기(사랑)

평균적인 9유형 사람들에게는 다른 사람의 요구를 잘 들어주고 의견에 순응하려는 **자동반응패턴**이 있습니다. 이것은 9유형이 평화를 유지하는 데 큰 도움이 됩니다. 다만 과해질 때가 문제입니다. '모든 환경에서 평화와 조화를 지켜낼 거야'라는 마음은 다른 사람들의 요구를 모두 수용하게 하며, 스스로를 과소평가하고 중요하지 않은 사람으로 인식하게 만듭니다. 이것은 9유형이 자기 자신을 잃어버리는 시작점이 됩니다.

무심코 "예스"라고 답하는 상황이 발생할 때, 또는 "난 아무래도

괜찮아"라고 대답하려고 할 때, 이를 '깨어나야 하는 신호'로 여기고
잠깐 멈춰보세요.

"내가 지금 남들에게 나를 무조건 맞추고 있구나!
그러지 않으면 평화가 깨질까 봐 두려워하고 있구나."

2. 받아들이기(지혜)

자신의 패턴을 알아차리는 순간 우리는 스스로를 좀더 객관적으
로 바라볼 수 있게 됩니다. 9유형은 세상에 잘 적응하고 다른 사람
들과 조화롭게 지내기 위해 애쓰느라 그동안 자신을 제대로 바라볼
기회를 만들지 못했습니다. 그래서 9유형이 자신의 내면을 들여다
보는 건 어렵지만 가치 있는 일입니다. 지금까지의 패턴을 인정하
고 자신의 마음을 다독여주는 시간을 가지기 위해 아래 문구를 소
리 내어 읽어보며 내면을 바라봅시다.

"나는 갈등에 대한 두려움과 평화를 추구하는 마음 때문에
나 자신을 맨 뒤에 놓고 있었다.
하지만 내가 이상하거나 나쁜 게 아니다.
이것이 나의 패턴이었을 뿐이다.
평화와 안정감을 유지하고 싶은 나 자신을
있는 그대로 받아들인다.
나는 나를 사랑한다."

3. 선택하기(용기)

9유형이 잃어버리고 있던 자의식을 발견하고 그런 자신을 받아들이기 시작하면 내면의 목소리에 귀를 기울일 수 있는 힘이 생깁니다. 다른 사람들을 수용하던 넓은 가슴에 드디어 자기 자신을 초대하게 되며, 자신의 가치를 인식하고 잠재력을 계발하기 위해 노력합니다. 이 과정에서 9유형의 미덕인 **'행동'**이 발현됩니다. 이는 단순히 육체적인 행동을 의미하는 것이 아니라, **적극적으로 삶에 참여하려는 태도**를 의미합니다. 행동의 미덕을 발현하는 9유형은 자신이 습관적으로 하던 '뒤로 물러나기'에서 벗어나 당당하게 자기주장을 하고 현실에 참여하며, 세상과 깊이 연결되어 살아갈 수 있습니다.

아래의 선택과 연습을 통해 우리는 9유형 에너지의 참된 본성을 회복하고 깊은 본질과 연결되는 길로 나아갈 수 있습니다.

본질과 연결되고 본성을 회복하는 연습

연습 1. 나를 위한 거절의 말하기

무조건 "예스"라고 말하려고 할 때, 자신을 좀더 드러내고 주장해도 괜찮다는 믿음으로 "노"라고 말해보세요. 솔직한 자기주장은 공격과 다르기 때문에 "노"라고 말한다고 해서 관계가 곧바로 손상되지는 않습니다. 그리고 마지못해 따르고 나서 나중에 후회하는 것보다는 지금 마음을 표현하고 스스로를 보호하는 것이 더 낫습니다. 바로 지금이 '나의 의견도 소중하다. 나는 소중한 사람이다'라는 메시지를 자신에게 선물할 수 있는 순간입니다. 때로는 화를 내는 것도 필요합니다. 건강한 분노는 신체 에너지를 활성화하고 의식을 명료하게 하며, 자신을 위한 힘을 내는 데 큰 도움이 됩니다.

연습 2. 몸의 힘을 깨우기

9유형은 스트레스 상황이거나 갈등이 생겼을 때 내면의 은신처로 움츠러들어 '멍한 상태'가 됩니다. 이는 현실에서 받는 스트레스를 잊게 하고 평화로운 느낌을 주기 때문에 매력적으로 다가올 수 있습니다. 하지만 멍한 상태에 계속 머무는 건 현실 도피에 불과하므로 실제로 문제를 해결하는 데에는 도움이 되지 않습니다. 다시 현실 세계로 돌아와 스트레스를 마주할 힘이 필요합니다. 이러한 힘은 이미 내 몸에 내재해 있습니다. 우리는 그 힘이 발현될 수 있도록 살짝 깨워주기만 하면 됩니다.

졸릴 때 목과 어깨의 근육을 풀어주면 눈이 번쩍 뜨이는 듯한 기분을 느껴본 적이 있으신가요? 이처럼 가벼운 스트레칭과 복식호흡부터 시작해봅시다. 내 몸의 불편했던 부분을 느끼고 풀어주는 것만으로도 혈액이 순환되어 온기가 돕니다. 자연스레 스트레스를 해결할 힘도 솟아나게 될 것입니다.

연습 3. '작심일일'부터 시작해보기

9유형은 그동안 주변 상황을 평화롭게 만들기 위해 자신의 우선순위를 뒤로 미뤄왔습니다. 지금 꼭 해야 하는 것들조차 미루는 경우가 많았지요. 자신이 해야 하는 것들을 기록해보고 하나씩 실천해봅시다. 작심삼일이 아니라 '작심일일'이 되어도 괜찮습니다. 작은 완결의 경험이 큰 완결을 만들어내고, 작은 성공이 큰 성공을 불러오는 힘이 될 것입니다. 또, 무언가 결정해야 할 상황이 되었을 때 생각할 시간을 달라고 한 뒤, 자신의 마음이 무슨 이야기를 하는지 경청해봅시다. 그것을 알아낸 뒤엔 용기 내어 그것을 따라봅시다. 9유형에겐 자신이 원하는 것을 할 수 있는 힘이 있습니다. 그 힘을 만나보세요.

연습 4. 나의 빛나는 순간을 축하하기

9유형에게는 넓고 깊이 있는 수용력, 내면의 안정감, 인내심 등 훌륭한 강점들이 많이 있습니다. 삶 속에서 자신의 강점이 빛나는 순간을 발견하고 인정하고 축하해주세요. 자신의 가치를 스스로 인정할 수 있어야 다른 사람들이 자신을 인정해주는 것을 더 잘 받아들일 수 있습니다. 나와 세상에게 지지받는 경험이 쌓이다 보면 내면의 힘이 회복되어 본능 중심의 신체적 에너지와 활력이 증가하는 것을 느낄 수 있을 것입니다. 그 힘으로 자신의 잠재력을 계발하고 세상에 자신을 드러내봅시다. 나는 중요한 사람이며, 세상에 적극적으로 참여해도 괜찮은 존재입니다.

연습 5. 문제를 직면하고 해결하기

성격에 사로잡혀 있는 9유형은 관계에서 감정적으로 부딪치는 상황, 갈등이 생길 것 같은 상황이 생기면 무조건 피해버리는 경향이 있습니다. 문제가 이미 내 눈앞에 펼쳐져 있는데도 이를 바라보지 않는 것을 택하기도 합니다. 이는 마치 잔뜩 쌓여 있는 먼지를 치우는 대신에 그 위에 카펫을 깔아 눈에 안 보이게 하는 것과도 같습니다. 문제가 더 커지기 전에 내가 직접 직면하고 참여하여 해결하려는 용기가 필요한 때입니다. 어떤 문제는 제대로 바라보는 것만으로 바로 해결되기도 합니다. 혼자 해내기 힘든 일이 있으면 주위에 도움을 요청하여 함께 해결할 수도 있습니다. 이렇게 문제를 해결해가는 경험이 쌓이다 보면 자신에 대한 신뢰감과 안정감이 커져서 세상과 더욱 깊이 있게 연결될 수 있을 것입니다.

9유형의 선택하기 확언

"나를 위한 거절의 말을 한다.
몸의 힘을 깨운다.
'작심일일'부터 시작한다.
나의 빛나는 순간을 축하한다.
문제를 직면하고 해결한다.
이 중에 하나라도 지금 실천한다."

4장

1유형: 개혁가

• 올바른 사람, 꿀벌

• 자아상: 나는 올바른 사람이다.

다른 사람들이 만나는 1유형의 모습

바름 씨는 참 깨끗하고 반듯한 인상을 가진 사람입니다. 그 인상처럼 바름 씨는 어떤 일이든 최선을 다하며 꼼꼼하고 완벽하게 처리하기 위해 노력합니다. 바름 씨와 함께 일을 해본 사람들은 그가 얼마나 도덕적이고 성실하며, 세부 사항까지 세세히 해내는지에 대해 칭찬하곤 합니다. 게다가 바름 씨는 그 모든 일을 하는 데 있어서 자랑하거나 생색내는 일 없이 "그저 마땅히 해야 할 일이기 때문에 하는 것"이라고 말하곤 합니다. 덕분에 그런 바름 씨의 모습을 보며 존경하고 따르는 후배들도 많이 있지요.

그러나 바름 씨와 일하는 것에 불편감을 느끼는 사람도 있습니다. 너무 철두철미하고 원칙을 잘 지키는 나머지, 본인이나 다른 사람의 실수를 관대하게 넘기지 못하는 경향이 있기 때문입니다. 바름 씨가 굳이 말로 화를 내지 않더라도 이미 표정이나 눈빛 등에서 티가 나기 때문에 분위기가 차가워지기도 합니다.

저는 어떤 일이든 최선을 다하려고 노력하는 사람입니다. 그러다 보니 대부분의 일도, 가정생활도 깔끔하게 해내곤 합니다. 그런데 사실은 제가 늘 부족하게 느껴집니다. 특히 작은 실수를 발견하면 그 느낌이 더 심해져서 스스로를 자책하게 됩니다. 어깨에 얹어진 책임감의 무게가 저를 짓누르는 것 같고, 온몸에 긴장이 잔뜩 들어간 채로 하루를 보내게 되지요.

저는 작게는 계획서나 보고서의 오타부터 크게는 일의 절차가 틀어져 있는 경우를 잘 눈치채는 편인데요. 다른 사람들이 발견하기 전에 일찍 깨닫는 편이라 제가 미리 나서서 해결하는 경우가 꽤 많습니다. 문제는 이 과정에서 다른 사람들과 문제가 생길 때가 있다는 것이지요. 저는 정말 돕고 싶어서 그 일을 한 거였는데, 사람들의 눈에는 제가 다소 공격적으로 화를 내는 것처럼 느껴진다고 합니다. 사실 분노가 올라오는 게 맞긴 합니다만, 저는 최대한 티를 내지 않기 위해 노력하고 있습니다. 저는 저 자신과 다른 사람들에게 좀더 친절하고 너그러운 사람이 되고 싶은데, 사람들은 그걸 잘 모르는 것 같아 슬픈 마음이 들기도 합니다.

빙산 모델로 본 1유형 성격 구조

1. 별 명　　　　　　　　개혁가, 올바른 사람

2. 장점-단점
① 도덕성이 높고 정직하다.　　　① 자신과 타인을 판단, 비판, 통제한다.
② 최선을 다하고 체계적으로 일한다.　② 세부 사항에 집착하며 융통성이 없다.
③ 공정하고 신뢰할 만하다.　　　③ 칭찬에 인색하며, 즐거움을 미룬다.

3. 자아상　　　　　　　　나는 올바른 사람이다.

10. 방어기제　　　　　　　반동형성

9. 악덕　　　　　　　　　분개(억압된 분노)

8. 회피　　　　　　　　　자신의 충동적인 욕구와 감정

7. 집착　　　　　　　　　완벽

6. 핵심 감정　　　　　　　분노 — 억압

5. 욕망　　　　　　　　　올바름과 선함

4. 두려움　　　　나를 조절하지 못하고, 결점 있고 나쁜 사람이 되는 것

본질　완전

1. 별명: 개혁가, 올바른 사람

1유형은 성실하고 부지런하며, 높은 도덕적 기준으로 이 세상을 올바르게 살기 위해 노력하는 사람이므로 '올바른 사람'이라는 별명을 가지고 있습니다. 또한 세상을 좀더 나은 곳으로 개선하려는 사명감을 가지고 작은 것부터 스스로 실천하려 하므로 '개혁가'라고 불리기도 합니다. 이들은 높은 이상을 실현하기 위해 큰 책임감을 가지고 최선을 다하며, 그 과정에서 타인과 자신을 비판하기도 합니다.

이처럼 올바르고 최선을 다하는 1유형을 상징하는 동물은 꿀벌입니다. 꿀벌은 자신에게 주어진 일과 공동체를 위해 최선을 다하며, 세상에 도움이 되도록 열매를 맺게 돕고 꿀을 만들어내지요. 자신에게 위협이 된다면 침으로 따끔하게 공격하기도 합니다. 이는 올바름을 위해 개혁하려고 하고 비판하기도 하는 1유형의 모습을 보여줍니다.

2. 장점과 단점

장점

① 도덕성이 높고 정직하다.

심리적으로 건강한 1유형의 가장 큰 매력은 법 없이도 살 수 있다는 점입니다. 이들은 본능적으로 옳은 것과 정의로운 것에 끌리며, 내면에 높은 도덕적 기준을 가지고 있어서 크게 고민하지 않고도 선(善)에 가까운 결정을 내릴 수 있습니다. 대부분의 1유형은 아주

155

어렸을 때부터 착한 아이가 되기 위한 노력을 스스로 해왔기에 '어른스럽다'는 이야기를 많이 들었으며, 성인이 된 이후에도 진실하고 정직한 사람이 되기 위해 많은 노력을 기울입니다. 1유형이 주변에 있으면 이 선한 에너지에 고무되어 자신도 함께 올바른 일을 하고 싶어지는 느낌을 받을 수도 있습니다. 놀라운 점은 1유형들이 선하고 올바른 행동을 할 때 다른 사람의 시선이나 보상의 유무를 전혀 고려하지 않는다는 점입니다. 이들은 그저 "마땅히 그래야 하기 때문에" 행동합니다.

② 최선을 다하고 체계적으로 일한다.

높은 기준과 이상을 가지고 있는 1유형은 어떤 일이든 자신이 생각하는 기준에 도달할 수 있게끔 최선을 다해 노력합니다. 문제가 발생했거나 상황이 좋지 않을 땐 자신을 포함한 다른 사람들의 행동, 주변 환경을 관찰하고 더 나은 쪽으로 개선할 수 있도록 적극적으로 의견을 내기도 하지요. 실수를 줄이기 위해 원칙과 절차를 충실히 따르는 편이며, 혹시 원칙이 이상하다면 새로운 규칙을 만들어 진행하기도 합니다. 또한 대부분의 1유형은 꼼꼼하고 세심한 면이 있어, 정확한 작업을 요하거나 세부 사항이 중요한 일을 할 때 그 능력이 돋보입니다. 덕분에 일이 완벽하게 마무리되는 경우가 많으므로, 다른 사람들에게 '완벽주의자'로 불리기도 합니다.

③ 공정하고 신뢰할 만하다.

1유형에게는 모든 사람이 정당하게 대우받아야 한다는 신념이 있습니다. 그래서 스스로 균형감과 공정함을 유지하는 데 많은 노력을 기울입니다. 그리고 말과 행동에 일관성이 있는 것을 중요하게 여기므로, 자신의 생각과 신념에 어긋나지 않게 말하고, 말한 것은 꼭 행동에 옮기려고 합니다. 양심에 비추어보았을 때 자신과의 약속을 지키는 것은 옳고 중요한 일이기 때문이지요. '언행일치'는 1유형들에게 아주 잘 어울리는 말 중 하나입니다. 특히 심리적으로 건강한 1유형 사람들은 스스로가 모범이 됨으로써 이러한 신념을 주변에 감화시키기 위해 노력합니다. 이들이 보여주는 책임감 있는 행동 덕에 1유형은 주위 사람들로부터 많은 신뢰를 얻게 되지요.

단점

① 자신과 타인을 판단, 비판, 통제한다.

높은 기준과 이상에 집착하는 1유형은 자신에 대한 통제력을 잃을까 봐 두려움을 느낍니다. 그래서 자신에게 더 엄격해지고, 스스로에 대한 비판의 목소리를 거세게 내어 보이지 않는 채찍질을 하기 시작합니다. '아니, 내가 어떻게 이런 실수를 하지? 난 아직 멀었어. 더 노력해야겠어!' 이런 태도는 자신만이 아니라 다른 사람에게도 향합니다. 그래서 이런 잔소리와 설교를 늘어놓게 되죠. "이 부분은 당연히 더 신경 쓰셨어야죠. 제가 전에 여러 번 말씀드렸던 부분이잖아요." 다른 사람들은 1유형이 하는 이야기가 옳다는 것은 알지만, 이미 분노하고 있는 1유형이 너무 강하게 이야기한다고 느끼기 때문에 이를 받아들이기 어려워합니다.

② 세부 사항에 집착하며 융통성을 발휘하기 어려워한다.

1유형이 높은 기준과 옳음에 집착하기 시작하면 '모든 것을 완벽하게 해야 한다'는 신념에 사로잡혀 세부 사항에 더욱 몰두하게 됩니다. 문서의 오타, 누군가의 실수, 기존에 정해둔 원칙과 맞지 않는 상황 등 개선해야 할 사소한 것들이 너무나 잘 보이기 때문에 그걸 하나하나 고치다 보면 정해진 시간 안에 일을 진행하기 어려워 곤란을 겪게 되기도 하지요. 하지만 '대충 할 바엔 안 하는 게 더 낫다'는 마음으로 어떻게든 끝까지 마무리하고자 합니다.

③ 칭찬에 인색하며, 즐거움을 미루는 경향이 있다.

판단과 비판만이 가득한 좁은 시야로 세상을 바라보는 1유형에게 이 세상은 단점투성이, 불완전투성이가 됩니다. 이들은 '모든 것을 개선'하고, '발전'하고 '진보'하는 것만이 가치가 있으며, 그것이 자신의 의무라고 여깁니다. 즉, 무거운 책임감과 긴장감이 자신을 누르는 상태가 되는 거죠. 1유형들은 종종 이런 긴장감을 즐기며 자신이 최선을 다할 수 있는 원동력으로 삼곤 하지만, 이는 1유형에게서 여유와 즐거움을 빼앗아가기도 합니다. 그래서 휴식 시간마저도 발전과 진보를 위한 시간으로 꽉꽉 채워야 직성이 풀리며, 심할 경우 즐거움과 여유에 대해 죄책감을 느끼게 되지요. '내가 지금 이렇게 쉬어도 되나? 해야 할 일이 또 뭐가 있었지?' 그러다 보니 쉽게 번아웃이 오며 온몸, 특히 양어깨에 긴장이 잔뜩 쌓여 굳어버리게 됩니다.

에니어그램에서는 장점과 단점을 동전의 양면과 같다고 봅니다. 타고난 본질은 하나지만 때에 따라서 장점으로 드러날 수도, 단점으로 드러날 수도 있다는 것이지요.

이처럼 1유형은 선하고 올바르며 최선을 다하는 것이 장점이나, 너무 최선을 다하고 모든 것을 올바르게 바꾸려고 하면 장점이 단점으로 바뀌어 드러나게 됩니다.

3. 자아상: 나는 올바른 사람이다.

'나는 이런 사람'이라는 생각과 느낌, 태도의 집합체를 자아상이라고 합니다. 사람들은 자신의 자아상을 '이상적인 나'로 판단하며, 그 모습대로 살아가려고 하는 경향이 있습니다. 하지만 자아상은 사실 두려움으로부터 자신을 지키기 위한 깊고 정교한 내적 작용으로 '만들어진' 것입니다.

1유형은 '나는 올바른 사람이다'라는 자아상을 가지고 세상을 살아갑니다. 이들은 일을 합리적으로 처리하고 책임감 있는 행동을 하며, 언제나 최선을 생각하려 애씁니다. 또한 선하고 정의로운 일들에 자연스럽게 마음이 이끌리며 그러한 일들(예를 들어 종교 활동이나 봉사 활동 등)에 참여하는 것을 가치 있게 여깁니다. 어떤 일을 하거나 판단을 할 때 '이것이 옳은가, 옳지 않은가?'를 늘 스스로에게 물어보며 자신의 기준을 점검하기도 하지요. 1유형에게 '올바름'이라는 건 자신이 절대로 놓쳐서는 안 될 흔들리지 않는 기준이자 지향점이며, 나뿐 아니라 세상 모두가 지켜야 한다고 여기는 절대적인 선입니다. 그래서 1유형은 이 기준을 지키기 위해 삶의 모든 면에서 최선을 다하며, 다른 사람들도 그렇게 살기를 원합니다.

☆☆☆☆☆

지금까지 살펴본 장점과 단점, 자아상은 겉으로 쉽게 관찰할 수 있는 수면 위 빙산의 모습입니다. 우리는 자기 자신뿐 아니라 다른 사람들도 보통 수면 위의 모습만을 보고 쉽게 그 사람을 판단해버리기 쉽습니다. 하지만 사실 이 모습들은 모두 수면 아래의 성격의 심층구조 속에서 만들어진, 성격의 결과물입니다. 이제부터 물 아래에 잠겨 있는 부분, 성격의 심층으로 들어가보도록 하겠습니다.

성격의 심층으로 들어가기 전, 먼저 빙산이 잠겨 있는 '물'에 대해 알아야 합니다. 물과 빙산은 어떤 관계일까요? 빙산은 물 위를 떠다니지요. 그런데 사실 물과 빙산은 다른 것이 아닙니다. 물의 일부가 얼어서 빙산이 된 것입니다. 빙산이 녹아서 다시 물이 될 수도 있지요.

낮은 온도라는 상황에 의해 물의 일부가 얼어서 하나의 빙산이 만들어지는 것처럼, '존재의 본질'에서 멀어지면서 두려움에 사로잡히게 되면 한 사람의 성격이 만들어집니다.

그렇다면 물은 뭘까요? 원래 우리가 타고난 본질, 성격이 형성되기 전의 진정한 나의 모습입니다.

본질: 완전

1유형 에너지의 본질은 '완전'입니다. 거대한 의미에서의 완전이란, 모든 것이 자기 자리에 있고 바로잡아야 하는 것은 하나도 없으며, 그 자체로 모두 의미 있음을 뜻합니다. 여기에는 '기준'이 없습니다. 일반적으로 '완벽'이나 '완전'을 설명할 때엔 이상적이라 여겨지는 어떤 '기준'에 빗대어 얼마나 들어맞는지 여부를 판단한다는 의미가 포함되는데, 1유형의 본질 에너지인 '완전'은 주관적인 판단을 아예 제외합니다. 자연에 존재하는 풀 한 포기, 꽃 한 송이 모두 올바르고 그른 것과는 아무 상관이 없지요. **그저 그 자리에 존재할 뿐입니다.** 나뭇가지가 벼락에 꺾여 흔들거린다 하더라도 그것은 그 자체로 완전합니다. 그래서 이런 시각에서 보면 고통이나 질병 역시 그 자체로 완전합니다. 그 무엇도 고칠 필요가 없습니다.

이것이 **'완전한 선'**(integral goodness)입니다. 세상의 거대한 흐름 자체가 하나의 선이며, 잘못된 것처럼 보이는 모든 것들은 나쁜 결함이 아니라, 인생의 자연스러운 흐름의 일부분입니다. 1유형의 내면에는 이러한 선하고 올바르고 균형 잡힌 '완전한' 에너지가 잠재되어 있습니다. 본질과 연결된 1유형은 나와 세상은 이미 온전하며 이 세상이 신성하고 완벽한 곳임을 깨닫습니다. 자신의 '주관적인' 기준과 판단을 내려놓고, 바꿀 수 없는 것들을 받아들여 평온한 마음으로 세상을 바라보게 됩니다.

4. 두려움: 나를 조절 못하고, 결점 있고 나쁜 사람이 될까 두렵다.

1유형의 내면에는 본질에서 비롯된 '완전하고 선한 에너지'가 잠재되어 있지만, 본질과 멀어지면서 오히려 자신의 내면에 '잘못된 무언가'가 있다고 생각하게 됩니다. 그래서 1유형이 경험하는 많은 사건들은 '내게 뭔가 잘못된 것이 있어. 내 안에 있는 작은 결함이나 단점들이 모든 것을 망쳐버리면 어쩌지?'와 같은, 내면에 대한 두려움과 깊이 관련되어 있습니다.[*] 그리고 자신이 잘못되었다고 여기는 일들을 극복하고 바로잡고 고치는 일들에 자신의 모든 에너지를 집중합니다. 무의식의 영역에서 스스로 선하지 않은 존재라고 인식하기 때문에 올바른 일을 하기 위해 더욱 애쓰는 것입니다. 이 두려움에서 성격적인 '기준'이 생깁니다.

'내가 나를 조절할 수 없어지면 어쩌지? 그래서 내 안에 있는 결점이 드러나면 어쩌지? 내 모든 결점이 곧 나인 것처럼 보이면 어쩌지? 나는 나와 다른 사람들, 그리고 세상의 잘못된 것들을 개선해야 해. 그렇게 하지 않는 건 나쁜 거야.' 1유형은 삶의 많은 부분을 '자신의 기준에 맞게' 고치고 선하고 괜찮은 사람이 되기 위해 노력합니다. 노력하지 않으면 자신이 선하지 않은 존재, 나쁜 사람이 되어버릴 것 같은 강력한 두려움이 무의식에 깔려 있기 때문에 자기 자

---

[*] 장형의 기본 두려움(힘이 없는 것에 대한 두려움) 관점에서 서술하면 1번 유형이 두려움을 느끼는 방향은 내면인데, 자신의 내면을 제대로 통제하지 못할까 봐 두려워한다고 말할 수 있습니다. 좀더 구체적으로 '나는 내면의 충동적인 감정, 도덕적이지 못한 어떤 것들을 제대로 통제해야만 한다. 그렇지 못할까 봐 두렵다'라는 두려움이지요. 그래서 1유형은 올바른 힘을 통해 이를 조절하고 통제하고자 합니다.

신을 늘 점검하고 고치려고 합니다. '어떻게 하면 더 나아질 수 있을까?'를 항상 생각하고, 좋은 방안을 잘 떠올리며, 그것을 곧바로 행동에 옮길 수도 있습니다. 이 과정에서 '내가 좀 괜찮은 사람이구나'라는 걸 느끼기 때문에 더욱 여기에 집착하게 됩니다. 1유형은 감정적으로 흥분하고 비이성적인 상태의 자신을 알아차리는 것도 두려워합니다. 그래서 언제나 이성적으로 판단하고 행동하기 위해 노력하는데, 이런 모습이 겉으로 차가운 인상을 만들어낼 수도 있습니다.

두려움이 더욱 깊어지면 마치 미꾸라지 한 마리가 물을 흐리듯, 아주 사소하고 작은 것 하나가 모든 걸 망쳐버릴 것 같은 느낌 때문에 실수에 더욱 민감해지고 무언가를 시도하는 것 자체를 겁내거나 소극적인 태도를 취하게 되기도 합니다. 또한 자신에게 더욱 엄격해지고 스스로의 실수를 용납하기 어려운 경직성을 띠게 됩니다.

5. 욕망: 올바름과 선함

1유형은 잘못되었다고 여기는 무엇인가를 극복하기 위해 삶의 모든 부분에서 최선을 다하기 시작합니다. '일이 제대로 되도록 열심히 일하고 올바른 방향으로 이끌어야 해. 무엇이 옳고 그른지 항상 구분하고 옳은 쪽을 선택해야 해. 그러지 않으면 일이 잘못되고 말 거야. 나는 스스로 잘못을 고쳐야 해.'

이들은 모든 것이 선하고 완전한 방향으로, '제대로' 흘러가길 바랍니다. 그래서 자신부터 먼저 양심과 이성에 따라 똑바로 살아가려고 노력하며, 내면에 자신만의 기준, 규칙을 세우고 이에 따라 행동하려고 애씁니다. 이 기준은 보통 매우 높은 편이지요. 이런 1유형들의 모습은 '법 없이도 살 사람', '세상의 질서를 유지하는 사람'입니다.

이는 1유형에게 엄청난 책임감과 의무감을 부여합니다. 고쳐야 하는 것들을 고쳐나가며 세상을 완전하게 만드는 것이 자신의 사명이며, 반드시 자신이 해야 하는 일이라 느낍니다. 뭔가가 잘못된 것에 대해 자신의 책임이 아닌데도 죄책감을 느끼며 괴로워하는 1유형들의 모습을 종종 볼 수 있는데, 이는 이들의 욕망에서 비롯된 과한 책임감과 의무감 때문이라 할 수 있습니다.

1유형이 상황을 개선하기 위해 노력하는 범위에는 자기 자신뿐 아니라 다른 사람들까지도 모두 포함합니다. 1유형에게는 지켜야하는 어떤 선이 있고 이걸 똑바로 맞추는 것이 매우 중요하며, 나와 모든 사람이 다 함께 똑바로 맞춰야 이 세상이 더 완전해질 수 있다고 믿기 때문이지요. 그래서 나 자신에게 매우 비판적인 태도를 취하며, 다른 사람들도 고쳐주려고 노력합니다.

또한 이들은 자신의 삶 속에 불확실성을 남겨두고 싶어하지 않습니다. 그래서 자신의 모든 행동에 '그래야만 하는 당위성'을 붙이며, 이를 상대방도 이해해주길 원합니다. 그래서 1유형들의 이야기 속에서는 '왜냐하면, 해야 한다' 같은 단어를 자주 관찰할 수 있습니다.

6. 핵심 감정: 분노 — 억압

일이 만족스러울 만큼 제대로 되지 않을 때, 자신의 기준에 어긋나는 일이 생길 때, 1유형은 좌절감과 함께 분노를 느낍니다. 자신의 주변과 세상에서 벌어지는 불의한 사건들에 대해 분노를 느끼기도 하지요.

1유형에게 분노는 정말 다루기 어려운 감정입니다. 장형들이 모두 분노라는 감정에 크게 연관되어 있지만, 그중 분노에 가장 취약한 유형이 1유형이라고 할 수 있을 정도이지요. 8유형은 분노를 즉각적으로 표현하며, 9유형은 분노를 잊어버립니다. 그런데 1유형은 분노를 그대로 느끼고 있으면서도 속에서 절대 내어놓지 않기 위해 애써 노력합니다. 선하고 올바른 방향을 추구하는 1유형에게 분노는 받아들일 수 없는 감정이기 때문입니다. 심지어 어떤 1유형은 '분노하고 있는 자기 자신에게 분노'합니다. 자신이 화가 났다는 걸 인식함과 동시에 자책하는 것입니다.

이들이 억압한, 풀어내지 못한 분노는 속에 그대로 쌓여 큰 스트레스가 되며, 신체적·감정적인 문제로 나타나기도 합니다. 많은 1유형들이 어깨와 목 등의 부위에 긴장을 많이 느끼며, 근육이 딱딱하게 굳어 고통을 느끼는 경우도 많습니다.

내면의 불완전함, 결점, 충동적인 감정을 바로잡기 위해
선하고 올바른 기준을 세워 완전해지려 한다.
기준에 어긋날 경우 분노가 느껴지지만 이를 억압한다.

7. 집착: 완벽(높은 기준, 세부 사항)

불완전함에 대한 두려움과 올바름을 향한 욕망이 강해진 1유형은 주위의 '모든 것을 개선해야 한다'는 의무감에 빠지게 됩니다. 늘 주변을 살피고 머릿속에 해야 할 일들을 세세한 목록으로 만들며, 일을 완벽하게 처리하기 위해 최선을 다하지요.

1유형의 내면에는 매우 엄격한 비평가가 있습니다. 이 내면의 비

평가는 감독관의 모습으로 끊임없이 평가, 판단, 통제, 제한하려는 목소리를 들려줍니다. "고칠 게 보이잖아. 가만히 있으면 안 돼. 해결해야 해. 그게 옳은 거야!" 1유형들은 이를 양심의 소리라 믿고 정말 열심히 애쓰지만, 내면의 비평가를 만족시키는 건 거의 불가능합니다. 이들이 추구하는 건 인간의 한계를 넘어선 완벽이기 때문이지요. 그래서 1유형들은 언제나 노력하지만 자신의 삶에 만족하기 어렵습니다.

내면의 비평가는 다른 사람들과 세상의 모습도 지속적으로 판단하고 비판합니다. 두려움에 사로잡힌 1유형은 '설교자, 교사'가 되어 다른 사람들을 가르치는 대화를 하며, 세상과 다른 사람을 통제하려고 합니다.

완벽함에 집착하는 1유형일수록 실수에도 예민하게 반응합니다. 실수를 하는 자신을 다소 잔인할 정도로 비판적으로 보며, 스스로 쉽게 책망합니다. 실수를 하지 않았더라도, 자신의 높은 기준에 도달하지 못하는 스스로에게 자주 실망감과 좌절감을 느낍니다. 그래서 이들은 몸을 혹사시킬 정도로 일에 몰두합니다. "달리는 말에 채찍질한다"는 말은 이런 1유형들에게 꼭 들어맞는 표현이지요.

'나는 완벽한 내가 되고 싶어. 그러지 못하면? 나 자신에게 실망하게 돼. 그러니까 더 열심히 노력할 거야.'

8. 회피: 자신의 충동적인 욕구와 감정

1유형이 완벽함과 높은 기준, 세부 사항에 집착하면 완벽하게 세상을 살아가는 데 방해가 되는 모든 것들을 회피하게 됩니다. 이 중 가장 피하고 싶어하는 것은 자신의 충동적인 욕구와 감정입니다.

자신은 지각 있고 원리원칙을 중시하는 객관적인 사람인데, 내 안에 있는 주관적인 감정이 논리적인 사고를 방해해서 일을 망쳐버릴까 봐 두려워하는 것이지요. 식욕, 성욕 등 인간의 본능과 관련 있는 욕망들에 대해 부정적인 견해를 가지기도 합니다. 예를 들어 '많이 먹는 건 옳지 않아. 성적 욕망을 드러내는 건 옳지 않아'라고 생각하는 것입니다.

그래서 심리적으로 불안해진 1유형은 자기 자신을 적극적으로 점검하고 통제하려 합니다. 자신의 인생 모든 부분을 자신이 생각하는 이상적인 기준과 일치시키기 위해 최선을 다해 노력하지요. 하지만 언제든 실수는 생길 수 있고, 내면에서 어떤 충동적인 감정이 드는 것은 자연스러운 일입니다. 1유형의 비극은 그러한 자기 자신을 받아들이지 못하고 과하게 자책하는 것에 있습니다. 실수하고 충동적인 감정을 느끼는 자신에게 당황하며, 홀로 분노하거나 슬퍼하게 되지요.

완벽해지려고 집착하다 보니
자신의 욕구와 감정을 억압하고 회피하게 된다.

9. 악덕: 분개*

완전함에 대한 욕망이 완벽에 대한 집착을 낳고 좌절과 실망감을 반복적으로 겪으면서, 1유형은 나 자신과 이 세상은 결함투성이며 비판받아 마땅하다는 생각을 하게 됩니다.

---

* Anger, 몹시 슬프고 분하여 마음이 북받치는 상태.

'왜 나만 이렇게 열심히 하는 거지? 왜 다른 사람들은 열심히 하지 않아?'

'어째서 저렇게 불의한 일들이 벌어지는 거야? 왜 세상에는 잘못된 일들이 자꾸 일어나지?'

자신이 생각했을 땐 이렇게 하는 게 최선인데 정반대로 행동하는 다른 사람들을 볼 때, 내가 옳다고 생각하는 대로 상황이 흘러가지 않을 때 등의 상황에서 1유형의 내면에선 분노가 부글부글 들끓게 됩니다. 이제는 느끼는 것에서 끝나지 않고 직접 나서서 상황을 해결하는데, 어떤 권위나 체제에 맞서 폭발하듯 저항하는 형태인 경우가 많아 그 과정에서 마음의 상처를 입기도 합니다. 분노했다가 분노하는 자신을 책망하고, 또 분노하며 행동까지 했다가 다시 좌절하고. 이렇게 억압된 분노와 좌절감이 점점 쌓이다 보면, 분노는 몹시 슬프고 답답한 형태의 '분개'로 심화됩니다.

분개한 1유형의 눈은 '판단의 안경'을 쓰기 쉽습니다. 작은 것에서부터 큰 것까지, 주변 모든 것들이 고쳐야 할 것투성이며 이걸 제대로 해낼 수 있는 사람은 오직 나 자신뿐이라는 생각이 듭니다. 여기에 세상을 개선하고 싶은 욕구와 억압된 분노가 더해지며 어마어마한 스트레스를 받게 되지요. 1유형은 이를 해결하고 자신의 자아를 보호하기 위해 다음의 방어기제를 사용합니다.

10. 방어기제: 반동형성*

분개한 1유형은 세상에 대한 비판과 모든 것을 개선하고 싶은 의무감에 휩싸이는데, 분노와 분개의 감정을 직접 표현하는 것은 정말 옳지 못한 것이라고 여깁니다. 자신이 누군가에 대해 부정적으로 바라보고 분노하는 감정이 생기면 '이러면 안 돼. 내가 저 사람에게 화가 난 건 잘못이고, 이건 내 문제야'라고 생각하는 것입니다. 그래서 얼른 그 감정을 숨기고 반대로 오히려 상냥하게 말합니다. 마치 "미운 아이 떡 하나 더 준다"는 표현처럼요. '나는 화를 내지 않으면서도 상황을 개선하려고 열심히 노력하고 있어.' 이런 방식으로 자신의 분노를 처리하고 세상을 개선하려는 욕구도 채우며 자신을 정당화합니다. "내가 화가 나서 그러는 게 아니라, 일이 제대로 안 되어 있으니 제대로 된 방법을 알려주려고 그러는 거야. 나 화 안 났어. 안 났다니까? 좀더 제대로 하자는 얘기를 하는 거잖아."

문제는 이렇게 큰소리치면서도 자신이 화를 내지 않는다고 생각하는 1유형의 착각에 있습니다. 화가 났다고 말을 해야만 화인 것은 아니니까요. 이들은 주변 사람들에게 올바른 관점과 방법을 설명하고자 하지만, 온건한 말투가 아니라 '가르치고 꾸짖는' 형태를 취하기에 잘 받아들여지지 않습니다. 다른 사람들은 1유형이 주장하는 기준으로 판단, 비판받는 느낌에 불쾌감을 느끼고, 1유형의 내면에는 억압된 분노와 슬픔이 섞인 '분개'가 섬섬 쌓이는 악순환이 계속 반복됩니다. '내가 이렇게 열심히 노력하는데, 왜 사람들은 내 마음을 몰라주는 거야?' 하면서요.

---

* Reaction formation, 받아들이기 힘든 감정이나 욕구 충동에서 벗어나기 위해 자신의 감정과 정반대되는 행동을 하는 것.

지금까지 성격 빙산 이론을 통해 1유형 에너지의 겉으로 드러나
는 모습과 빙산 아래 깊은 곳에 있는 내면의 모습들을 살펴보았습
니다. 1유형의 본질은 있는 그대로 '완전'하지만, 두려움을 기반으
로 욕망에 집착하다 보면 너무 곧기만 해서 부러지는 대나무와 같
은 삶을 살기도 합니다.

1유형들이 겪는 문제에는 일정한 패턴이 있습니다. 삶에서 이 패
턴을 알아차리고 자신을 받아들이게 된다면, 자신의 성격에 갇히지
않고 다양한 성격 에너지를 자유롭게 사용할 수 있게 됩니다.

자동반응패턴을 알아차리고 성격에서 자유로워지기

1. 알아차리기(지혜)

평균적인 1유형 사람들은 자신이 만나는 모든 상황을 올바르게
개선하고 싶어하는 **자동반응패턴**을 가지고 있습니다. 이들은 주변
의 실수나 부족한 면을 잘 발견해내며, 이를 바로잡기 위해 강한 의
무감으로 많은 노력을 기울입니다. 이것은 1유형의 장점이기도 하
지요. 이렇게 사는 것도 괜찮습니다. 다만 주변을 평가와 판단의 시
선으로 바라보며, 잘못된 부분에만 주의를 쏟게 될 때가 문제입니
다. 이런 마음이 과해지면 자기 강박 속으로 빠져들며 분노를 만나
게 됩니다. '왜 제대로 되는 게 하나도 없어?' 하면서요.

따라서 1유형들은 자신의 원칙대로 주변의 것을 바꾸고 싶은 마

음이 들 때, 이를 '깨어나야 하는 신호'로 여기고 알아차리려는 연습이 필요합니다.

"내가 지금 옳다고 생각하는 기준대로 주변을 바꾸고 싶어하는구나! 그래서 화가 났구나."

2. 받아들이기(사랑)

항상 옳은 일을 하고 싶어하는 마음이 1유형에게 비판의 안경을 씌우고 분노라는 감정을 불러일으켰습니다. 1유형들은 분노를 느끼는 것 자체에 대한 두려움이 커서 이를 억압하거나 정당화합니다. 하지만 분노 그 자체는 나쁜 게 아닙니다. 이는 우리가 원하지 않는 것을 경험했거나 공격받았을 때 자연스럽게 올라오는 감정이지요.

옳은 일을 하고 싶었던 자신의 마음을 다독이고, 내면에서 올라오는 분노를 바라보는 시간이 필요합니다. 핵심은 자신을 자책하며 분노를 억압하거나 정당화하지 않도록 하는 것입니다. 분노하는 감정이 자신을 지나쳐가도록 기다리며 관찰해봅니다. 아래의 문구를 소리 내어 말해보는 것이 도움이 될 수 있습니다. 또는 숫자를 천천히 세며 심호흡을 하는 것도 좋고, 조금 더 여유가 있다면 가까운 사람과 자신의 욕구와 감정에 관해 이야기하며 긍정적으로 다뤄보는 것도 좋은 시도가 될 수 있습니다.

"나는 내가 모든 걸 개선해야 한다는 의무감에 사로잡혀 있었다.

내가 이상하거나 나쁜 게 아니다.

이것이 나의 패턴이었을 뿐이다.

올바르게 살고 싶은, 이런 나를 있는 그대로 받아들인다.

나는 나를 사랑한다."

3. 선택하기(용기)

내 안에 없었으면 했던 나의 부정적인 감정을 바라보고 고요하게 머물 때 1유형은 현실과 자신의 어두운 면까지 있는 그대로(평가와 판단 없이) 받아들일 수 있게 됩니다. 이 과정에서 1유형의 미덕인 '침착'이 발현됩니다. 신학자 라인홀드 니버Reinhold Niebuhr의 기도문에서 1유형 에너지를 건강하게 사용하는 삶이 어떤 모습인지를 짐작해볼 수 있습니다.

"신이시여, 내가 바꿀 수 없는 것을

평온하게 받아들이는 은혜와

내가 바꿀 수 있는 것을 바꾸는 용기를 주옵소서.

무엇보다 저 둘을 분별할 수 있는 지혜를 우리에게 허락하소서."

—⟨평온을 비는 기도⟩ 중에서

침착의 미덕을 발현하는 1유형은 자신이 습관적으로 사용하던 절대적인 기준과 의무감에서 벗어나, 있는 그대로의 상황과 사람들을 바라볼 수 있습니다. 또, 자신이 바꿀 수 없는 것들이 있다는 걸

172

받아들이고 지금까지와는 다른, 조금 더 현명하고 용기 있는 선택을 할 수 있는 가능성을 열게 될 것입니다.

아래의 선택과 연습을 통해 우리는 1유형 에너지의 참된 본성을 회복하고 깊은 본질과 연결되는 길로 나아갈 수 있습니다.

본질과 연결되고 본성을 회복하는 연습

연습 1. "이미 충분해"라고 말해주기

앞서 1유형의 본질은 '완전'이라고 설명했습니다. 완전完全은 '필요한 것이 모두 갖추어졌다'는 뜻입니다. 스트레스 상태의 1유형이 집착하는 '완벽完璧'과 비슷한 듯하지만, 전혀 다르지요. '완벽'은 '흠이 없는 옥구슬'이라는 뜻입니다. 사실 상상 속에서나 가능한, 지극히 인공적인 개념입니다. 여기에 집착한다면 절대 이룰 수 없는 목표를 바라보며 평생 괴로워하며 살아갈 수 있습니다.

그럼 '완전'은 어떨까요? 아마도 우리를 둘러싼 자연을 떠올리면 '완전한 존재'가 어떤 모습인지 이해하기 쉬울 것입니다. 꽃이 좀 덜 피어도, 나뭇가지가 바람에 꺾인 채 대롱거려도 잘못된 것은 없습니다. 그저 스스로 존재하기에 자연自然이며, 그 자체로 이미 완전하지요. 사람도 마찬가지입니다. 실수하고 잘못도 할 수 있습니다. 웃고 울고 슬프고 화를 낼 수도 있습니다. 이런 모습이 자연스러운, '완전한' 사람의 모습입니다.

기준에 미치지 않아 못마땅하고 분노하려 할 때, 부족하다고 느껴 답답할 때, '완벽'이 아닌 '완전'의 눈으로 조금 너그럽게 바라봅시다. 그리고 "이미 충분해"라고 말해줍시다. 스스로 씌운 완벽의 굴레에서 조금씩 벗어날 수 있을 것입니다.

항상 자신과 남을 개선하고자 노력하는 1유형은 주변을 그냥 바라보기가 어렵습니다. 물건이 엉뚱한 자리에 놓여 있으면 "저게 저기에 있네"라고 하지 않고, "저건 치워야 해"라고 말하게 되지요. 그러고 싶을 때 자리에 앉아 심호흡을 한 뒤, 주변을 천천히 둘러봅시다. 그리고 최대한 평가와 비난을 빼고, 있는 그대로 관찰하듯 말해봅시다. "책이 탁자 위에 놓여 있네. 바닥에 쿠션이 떨어져 있네. 설거지통에 그릇이 여러 개 들어 있네" 하고요.

뒤이어 '도대체 왜 안 치운 거야?'라는 말이 따라오려고 하면 잠깐 멈추고, 그 상황을 받아들이기 위한 노력을 해봅시다. 어렵다면 이 한마디를 덧붙여 봅시다. "그럴 수도 있지." 그것만으로도 마음이 평온해짐을 느낄 수 있을 것입니다. 그러면 훨씬 여유 있는 마음으로 다음 작업을(물건을 바로 치우거나, 다음으로 미루는 등) 해낼 수 있습니다.

내가 실수했을 때 다른 사람들에게서 받았던 부드럽고 따뜻한 마음, 친절한 행동들을 떠올려봅시다. 그때 어떤 기분이었나요? 조금 민망하기도 하지만, 꽤 편안하고 괜찮은 기분을 느꼈을 것입니다. 이처럼 나도 역시 따뜻한 마음으로 다른 사람을 도와줄 수 있는 사람이라는 걸 기억합시다. 또, 모든 일을 내가 하려고 애쓰지 말고 다른 사람의 도움을 허용해보세요. 함께 일하는 과정에서 즐거움과 여유를 느낄 수 있을 것입니다.

연습 4. 적절한 휴식 취하기

1유형이 휴식을 잘 즐기지 못하는 이유는 자신에 대한 통제력을 잃게 될지도 모른다는 두려움 때문입니다. 하지만 충분히 휴식을 취하며 자신을 잘 돌보아야 에너지를 얻을 수 있으며, 이는 일을 더 효율적으로 잘 할 수 있는 방법이기도 합니다. 그러니 재충전할 수 있는 기회를 자신에게 정기적으로 주세요. 삶 속에서 기쁨과 즐거움을 발견하는 동안 몸에 쌓인 긴장이 조금씩 풀어질 것입니다.

연습 5. 나의 내면을 관찰하고 친절하게 머물러주기

혹시 '나는 어떤 사람이어야 한다'라고 생각하고 있나요? 아마 당신은 그런 내가 되기 위해 참 많이 애쓰고 노력했을 것이며, 이미 그런 사람에 가까워져 있을지도 모릅니다. 하지만 내 안엔 내가 외면했던, 내가 좋아하지 않는 부분도 있습니다. 그 부분을 인식하고 그 옆에 친절하게 머물러줄 수 있도록 노력해보세요. 그것까지 함께해야 진정한 나입니다. 모든 사람이 그러하듯, 나는 그 자체로 소중하고 완전한 사람임을 기억하세요.

1유형의 선택하기 확언

"이미 충분하다고 말해준다.

평가의 안경을 벗고 관찰한다.

친절한 도움을 주고받는다.

적절한 휴식을 취한다.

나의 내면을 관찰하고 친절하게 머물러준다.

이 중에 하나라도 지금 실천한다."

5장

2유형: 조력가

- **사랑스러운 사람, 안내견**
- **자아상: 나는 기쁨을 주는 사랑스러운 사람이다.**

다른 사람들이 바라보는 2유형의 모습

친절하고 따뜻하다는 소리를 자주 듣는 **다정** 씨는 주변을 배려하는 것이 몸에 밴 사람입니다. 누군가에게 도움이 필요할 때 기꺼이 나서서 도와주고, 다른 사람들에게 도움을 줄 수 있는 것에 행복을 느낍니다. 주변 사람들의 욕구도 아주 잘 알아채서 '어떻게 이런 것까지 챙기지?' 싶을 정도로 센스 있게 주변 사람들을 챙기기도 하지요. 감정적으로 섬세하고 따뜻하며 주변에 칭찬의 말도 잘하는 다정 씨는 인간관계도 폭넓게 잘 맺는 편입니다.

다만, 이런 다정 씨의 모습에서 불편함을 느끼는 사람들도 있습니다. 주변에서 요청하지도 않았는데 다정 씨가 먼저 나서서 필요이상의 도움과 조언을 할 때가 있기 때문입니다. 간섭당한 느낌이 들어서 다정 씨의 말에 응하지 않으면, 당신을 위해서 하는 말인데 반응이 왜 그러냐는 듯 은근히 서운함을 표현하는 걸 보면 참 당황스럽습니다. 그리고 감정을 솔직하게 표현하기보다 사람들에게 늘 좋은 말만 하는 듯한 다정 씨를 보고 있노라면 '저 말이 과연 진실일까? 그냥 듣기 좋은 말만 하는 거 아냐?'라는 생각이 들기도 합니다.

2유형이 들려주는 자신의 내면 이야기

저는 주변 사람들을 챙기고 도와주는 것을 중요하게 생각하는 사람입니다. 내가 조금 바쁘고 힘들어도 주변 사람들이 나의 도움 덕분에 상황이 좋아졌다는 이야기를 하면 수고로움은 다 사라지고 큰 기쁨을 느끼곤 합니다. 주변에서 저를 보고 "다정 씨 없었으면 어쩔 뻔했냐"는 이야기를 하고 고마움을 표현할 때마다 정말 뿌듯하고 저 자신이 자랑스럽게 느껴집니다.

하지만 요즘 들어 과연 '내가 잘 살고 있는 걸까?'란 생각이 듭니다. 기쁜 마음으로 주변에 도움을 주었는데 상대방이 내 도움을 당연하게 여기는 것 같으면 깊은 서운함이 올라옵니다. 그리고 주변에서 저에게 도움을 많이 요청하는 편인데, 그것을 거절하기가 너무 어렵습니다. 오죽하면 나한테 그런 부탁을 했을까 싶어서 웬만하면 사람들의 요청을 다 들어주다 보니 막상 내 삶을 제대로 살필 여유가 없다는 생각이 듭니다. 그렇다고 내 삶을 먼저 챙기는 것은 이기적이라고 느껴져요. 나의 필요와 다른 사람들의 요청 사이에서 어떻게 균형을 잡아야 할지 고민이 됩니다.

빙산 모델로 본 2유형 성격 구조

1. 별 명　　　　　　　조력가, 사랑스러운 사람

2. 장점-단점　　　① 정이 많고 타인을 잘 돕는다.　　　　　　　　① 자신의 감정과 욕구는 억압, 타인 중심으로 살아간다.

② 타인의 감정을 잘 알아차리고 공감해준다.　　② 상대의 태도에 민감하게 반응하며 감정적으로 예민하[다]

③ 사람들과 좋은 관계를 유지하며 협력한다.　　③ 사람 욕심이 많고 통제하려고 한다.

3. 자아상　　　　　　나는 주변에 도움을 주는 사랑스러운 사람이다.

10. 방어기제　　　　　　억압

9. 악덕　　　　　　　　교만

8. 회피　　　　　　자신의 욕구와 감정, 타인의 도움

7. 집착　　　　　　도와주기, 타인의 인정

6. 핵심 감정　　　　　수치심 — 전환

5. 욕망　　　　　　필요한 사람(감사와 사랑)

4. 두려움　　　　　　필요 없는 존재

　　　　　　　　　　　　　　　　　　　본질　사랑

1. 별명: 조력가, 사랑스러운 사람

2유형은 따뜻한 시선으로 주위를 살피고, 사람들을 섬세하게 배려하며, 도움을 줄 수 있는 것에 기쁨을 느끼는 사람들입니다. 주변에 어떤 도움이 필요한지 민감하게 느끼고, 다정하게 챙겨주는 2유형에게 사람들은 따뜻함과 편안함을 느끼고는 하지요. 또한 이들은 관계를 소중히 여기고, 타인에게 관심을 쏟으며, 애정을 표현하고 연결되는 것을 중요시하기에 '사랑스러운 사람'이라고 불리기도 합니다.

이처럼 친절하고, 주변에 의미 있는 도움을 주는 2유형의 상징 동물은 '안내견'입니다. 안내견은 다정하고, 친화력이 좋으며, 낙관적인 태도를 갖춘 동물입니다. 도움이 필요한 사람들에게 일상생활에서 실질적인 도움을 줄 뿐 아니라, 정서적으로도 지지하고 위로해주는 좋은 친구이기도 하지요. 이렇게 자신의 존재가 누군가에게 든든한 도움이 되고, 그로 인해 자신 또한 기쁨을 느끼는 안내견의 모습은 2유형의 특징과 닮았습니다.

2. 장점과 단점

장점

① 정이 많고 사람들을 잘 도와준다.

정이 많고 사람들에게 관심이 많은 2유형은 상대에게 호의적이고 상냥한 태도를 보입니다. 2유형과 함께 있으면 사람들은 자신이 환영받는다고 느끼며, 마음을 열고 편안하게 다가가게 되지요.

179

2유형은 함께 보듬어 살아가는 이타적 삶을 지향하며, 누군가에게 도움이 필요할 때 자신이 보탬이 될 수 있다는 것에 기뻐하며 흔쾌히 돕습니다. 이들에게는 사람들에게 어떤 도움이 필요한지 읽어내는 직관이 발달되어 있어서, 같은 것을 준다 해도 상대에게 적합한 방식으로 도와주는 섬세한 태도 또한 보여줄 수 있지요.

그리고 어려움에 처한 대상을 보면 연민의 감정을 느껴 쉽사리 지나치지 못합니다. 그래서 크든 작든 자신이 할 수 있는 방식으로 주위에 도움을 주려고 노력합니다. 기부, 나눔, 봉사 활동 등 사회에 기여하고 도움을 주는 것에 관심을 갖고 실천하는 모습을 보여주지요. 또한 자신과 직접적으로 관련된 일이 아닐지라도, 누군가 부당하게 대우받는 것을 알게 된다면(특히 사회적 약자일 경우) 대신 나서서 항의하고 그들을 보호하려는 모습을 보이기도 합니다.

② 타인의 감정을 잘 알아차리고 따뜻하게 공감해준다.

2유형은 사람들에게 가슴이 열려 있어서, 상대방의 감정이 어떤지 금방 알아채는 편입니다. 타인의 감정을 느끼는 예리한 레이더가 발달하여, 사람들의 표정, 몸짓, 분위기만 봐도 상대의 감정이 어떤지 느낄 수 있지요. 그 덕분에 직접적으로 표현하지 않아도, 타인의 감정을 잘 알아채고 부드럽게 위로하며 힘을 줄 수 있습니다.

이들의 감정적 섬세함은 사람들과의 소통 방식에서도 엿볼 수 있습니다. 상대의 감정을 배려하여 같은 말이라도 상처받지 않을 단어를 떠올리려고 노력하거나, 쉽게 판단하지 않으려는 자세로 경청하며 존중하는 태도를 보입니다. 또한 대화에 온전히 집중하며, 상대가 편안해하는 분위기와 어투로 대화를 맞출 수 있습니다. 즉, 대화하는 사람이 자주 사용하는 표현, 화법 등을 무의식적으로 파악하여 그와 비슷한 느낌으로 이야기를 돌려줄 수 있는 것이지요. 그 덕분에 대화하는 사람은 더 편안한 마음으로 자신의 이야기를 터놓을 수 있게 됩니다.

이렇게 상대의 입장에서 이해하고 공감하며 훌륭한 경청자로서의 모습을 보여주는 2유형에게 사람들은 언제나 내 편이 되어주는 사람이 있다는 따뜻함과 든든함을 느낍니다.

③ 사람들과 좋은 관계를 유지하며 협력한다.

사람들과의 관계 맺음을 중요하게 생각하는 이들은, 우호적 관계를 맺고 유지하기 위해 노력합니다. 상대에게 먼저 긍정적인 감정을 표현하거나, 도움이 필요할 때 섬세하게 챙겨주고, 틈틈이 안부를 묻는 등 관심과 애정을 표현하기도 하지요. 그렇기에 이들은 다른 공동체 소속원에 비해 주변 사람들의 최근 근황을 잘 알고 있는 경우가 많습니다. 이외에도 먹을 것을 챙겨와 함께 나누어 먹거나, 작은 선물을 챙겨주거나, 주변에 다양한 기회를 연결해주는 등 여러 방식으로 주변 사람을 챙기며 좋은 관계를 유지해나가는 모습을 보입니다.

또한 사람들을 섬세하게 살피기 때문에, 보통은 쉽게 발견하지 못하는 아주 작은 변화(앞머리를 잘랐거나, 새 신발을 신고 왔거나, 기존과 비슷한 디자인의 새로운 안경테로 바꿨을 때 등)를 알아채며, 기분 좋아지는 긍정적 피드백을 해주곤 합니다. 상대의 장점도 잘 발견하여 칭찬과 격려로 용기를 북돋워주죠. 이런 2유형 덕분에 주변에는 따뜻한 분위기가 형성됩니다.

사람에 대한 이들의 관심은 집단 내 관계의 흐름을 민감하게 읽어내는 것으로도 발현됩니다. 소외되는 듯한 사람이 있으면 먼저 다가가서 말을 거는 등, 상대를 배려하고 연결되고자 노력합니다. 이렇게 좋은 관계를 유지하는 데 탁월한 능력을 지닌 이들은 공동의 작업에 성실히 참여하고, 다른 사람에게 피해를 주지 않으려 노력합니다. 사람들과 함께하는 것을 좋아하기 때문에 일하는 과정에 즐겁게 참여하고, 도움을 주기 위해 최선을 다하죠. 따라서 본인과 공동체 모두에 도움이 될 성과를 만들어내고, 관계를 유지하고 협력해나가는 데 이바지합니다.

단점

① 자신의 감정과 욕구는 억압하고, 타인 중심으로 살아간다.

다른 사람들을 돕고 배려하는 2유형이지만, 정작 본인은 챙기지 않고 타인에게만 관심을 두면서 문제가 발생하기 시작합니다. 다른 사람을 도와야 한다는 생각에 사로잡혀 시선을 외부로만 돌리다 보니, 타인의 감정과 욕구는 빠르게 파악하는 반면 자신이 무엇을 느끼고 원하는지는 제대로 파악하지 못하게 되는 것이지요. 설령 자신의 감정과 욕구를 인지했다 할지라도, 그것을 솔직하게 표현하면 상대에게 부담을 줄 수 있다고 여겨 표현하는 것을 주저하기도 합니다. 이런 상황이 반복되면 자신의 감정을 계속 억누르게 되고, 진실한 감정이 무엇인지 파악하기 어려워지는 등 솔직한 자기 인식으로부터 점점 멀어지게 됩니다.

또, 자신의 상황을 고려하지 않은 채 '내가 도와줘야지! 나 아니면 누가 도와주겠어'라고 여기며 타인의 부탁이나 요청을 거절하지 못해 무리하는 일이 발생하게 됩니다. 자연스럽게 자신의 일과 건강, 가족은 뒷전으로 밀리게 되지요. 이렇게 2유형은 타인을 위해 자신을 희생시키는 것에 무감각해질 수도 있습니다.

② 상대의 태도에 민감하게 반응하며 감정적으로 예민하다.

2유형은 타인의 반응에 민감한 촉을 세우고 있습니다. 미묘한 눈빛의 변화, 입꼬리의 미세한 움직임 등을 보고도 상대가 자신에 대해 어떤 감정을 품고 있는지 눈치챌 수 있지요. 이 미세한 분위기를 감지하는 레이더 덕분에, 사람들의 감정 변화를 재빨리 파악하고 오해의 씨앗이 더 커지기 전에 대처하여 문제를 해결하기도 합니다.

하지만 동시에 상대의 태도에 따라 자신의 가치가 결정된다고 느끼기 때문에, 사람들이 자신을 어떻게 대하는지 파악하는 데 에너지를 쏟으며 눈치를 보게 되지요. 그리고 상대의 태도에 민감하게 반응하며 감정 기복이 큰 모습을 보이게 됩니다. 자신에게 호의적인 사람에게는 마음을 쉽게 열고 크게 기뻐하는 반면, 미묘한 부정적 뉘앙스를 풍기는 사람이 있으면 그 작은 단서를 매우 크게 받아들이며 상처받고 좌절할 수 있는 것이지요. '나를 싫어하는 건가? 아니겠지?'라고 부정하다가도 상대의 마음이 어떤지 계속 신경 쓰며 불안해합니다. 그러다 이런 감정이 극대화되면 크게 상처받고 상대와 필요 이상으로 거리를 두며, 자신이 받아들여지지 않았다는 슬픔과 함께 상대에 대한 서운함, 미움을 느끼게 되지요. 이처럼 상대에게 충만한 사랑을 표현하고 크게 기뻐하던 이들은, 자신을 받아들이지 않는다고 느끼는 사람에게는 공격적이며 매우 강렬하게 미워하는 모습을 보일 수 있습니다.

③ 사람 욕심이 많고 통제하려고 한다.

타인에게 좋은 사람, 좋은 친구가 되길 바라는 2유형은 상대방의 애정과 인정을 얻기 위해 관계를 조종하거나 통제하려는 모습을 보일 수 있습니다. 이 조종과 통제는 상대방이 쉽게 눈치챌 수 없는, 은밀하고 교묘한 방식으로 이루어집니다. 2유형 특유의 세심함을 발휘하여 사람들 사이의 관계 흐름을 읽은 뒤 자신이 원하는 방향으로 이끌어가기 위해 뒤에서 물밑 작업을 하거나, 내 편을 형성하려고 시도하는 것 등을 예로 들 수 있지요. 또는 자신에 대해 주변에 좋은 평판을 알릴 만한 사람들을 가려내서 곁에 두려고 할 수도 있으며, 반대로 상대방의 말에 온전히 다 따름으로써 상대가 자신을 계속 필요로 하고 의존하도록 만들 수도 있습니다.

또한 누군가를 사랑하고 아낀다고 이야기하면서, 그들이 자립하기보다 자신 곁에 계속 머물러 있길 바라는 소유욕 강한 모습을 보일 수 있습니다. "물고기를 잡아주기보다 물고기 잡는 방법을 가르치라"라는 말과 정반대로 행동할 수 있는 것이지요. 물고기 잡는 방법을 알려주면 상대방이 언제든 자신의 곁을 떠날 수 있기에, 상대가 필요로 할 때마다 물고기를 잡아주고 자신에게 의존하도록 하여 곁에 계속 머물도록 하는 것입니다.

✿✿✿✿✿

에니어그램에서는 장점과 단점을 동전의 양면과 같다고 봅니다. 위의 장점과 단점을 각각 읽어보면 서로 연결되어 있음을 발견할 수 있을 것입니다. 타고난 본질은 하나지만 때에 따라 장점으로 드러날 수도, 단점으로 드러날 수도 있는 것이지요.

2유형은 정이 많고 주변 사람들을 잘 돕는 것이 장점이지만, 내면을 살피지 못하고 너무 타인 중심적으로 살아갈 때 장점이 단점으로 바뀌어 드러나게 됩니다.

3. 자아상: 나는 주변에 도움을 주는 사랑스러운 사람이다.

자아상은 '나는 이런 사람'이라는 생각과 느낌, 태도의 집합체를 말합니다. 사람들은 자신의 자아상을 '이상적인 나'로 판단하며, 그 모습대로 살아가려는 경향이 있습니다. 하지만 자아상은 사실 두려움으로부터 자신을 지키기 위한 깊고 정교한 내적 작용으로 '만들어진' 것입니다.

2유형은 사람들을 도와주며 호감을 사기 위해 노력하고, 미움받는 것은 피하며 살아왔기 때문에 '나는 주변에 도움을 주는 사랑스러운 사람이다'라는 자아상을 갖게 됩니다. 사랑받으려면 '받기'보다 '줘야' 한다고 생각하기 때문에 주변에 도움을 베풀며 살아갑니다. 또한 자신의 도움으로 일이 잘 풀리면 '나는 사람들에게 꼭 필요한 존재구나'라는 만족감과 뿌듯함을 느끼게 되지요. 즉, 외부의 긍정적 피드백을 통해 사람들이 자신을 좋아한다는 것에 안도하고, 본인의 정체성을 확인하는 것입니다. 이렇게 자신의 존재 가치를 자신을 필요로 하는 대상에게서 확인하는 2유형은, 어려움에 처해 있거나 누군가의 도움을 필요로 하는 대상을 다른 사람에 비해 쉽게 발견하기도 합니다. 힘든 대상을 보고도 돕지 않는 것은 이기적이며 결코 해서는 안 되는 일이라 느끼기 때문에, 그 상황을 지나치지 못하고 나서서 도와주게 되지요. 좋은 관계를 위해선 자기 일을 미뤄서라도 다른 사람을 도우려는 희생적인 모습도 보일 수 있습니다.

이처럼 2유형은 돕고 베푸는 행위를 통해 '필요한 사람'이 되는 것도 중요하지만, '사랑스러운 사람'이라는 이미지를 주는 것도 중요하다고 여깁니다. 이를 위해 미소 짓기, 긍정적이고 명랑한 태도 유지하기, 먼저 다가가기(특히 소외됐다고 여겨지는 누군가에게), 사람들의 욕구를 섬세하게 알아채고 챙겨주기 등을 통해 사람들이 좋아하는 사람, 사랑스러운 사람이 되기 위해 노력합니다.

이렇게 2유형은 사람들을 돕고 위로하며, 사랑과 기쁨을 나누어 주는 것을 바탕으로 자신의 가치를 발견하려 하고, 주변에 기쁨을 주는 사랑스러운 사람이라는 자아상을 강화해갑니다.

✧✧✧✧✧

지금까지 살펴본 장점과 단점, 자아상은 겉으로 쉽게 관찰할 수 있는 수면 위 빙산의 모습입니다. 우리는 보통 수면 위의 모습만을 보고 다른 사람뿐 아니라 자기 자신도 쉽게 판단해버리는 경우가 많습니다. 하지만 사실 이 모습들은 모두 수면 아래의 성격의 심층 구조 속에서 만들어진, 성격의 결과물입니다. 이제부터 물 아래에 잠겨 있는 부분, 성격의 심층으로 들어가보도록 하겠습니다.

성격의 심층으로 들어가기 전, 먼저 빙산이 잠겨 있는 '물'에 대해 알아야 합니다. 물과 빙산은 어떤 관계일까요? 빙산은 물 위를 떠다니지요. 그런데 사실 물과 빙산은 다른 것이 아닙니다. 물의 일부가 얼어서 빙산이 된 것입니다. 빙산이 녹아서 다시 물이 될 수도 있지요.

낮은 온도라는 상황에 의해 물의 일부가 얼어서 하나의 빙산이 만들어지는 것처럼, '존재의 본질'에서 멀어지면서 두려움에 사로잡히게 되면 한 사람의 성격이 만들어집니다.

그렇다면 물은 뭘까요? 원래 우리가 타고난 본질, 성격이 형성되기 전의 진정한 나의 모습입니다.

본질: 사랑

2유형의 본질은 **사랑**입니다. 여기서 말하는 사랑이란, 특별한 조건을 갖추어야 하는 것, 애써 노력해야 얻을 수 있는 것과 같이 조건적이고 외부 의존적인 것을 의미하지 않습니다. 이것은 **'영원히 존재하는 사랑의 근원'**으로, 원천적이고, 자연스러우며, 무조건적인 사랑을 의미합니다. 외부에 두고 있던 시선을 내면으로 돌리고, 내 안의 소리에 귀 기울이며, 지금 이 순간에 머무는 것을 선택할 때 본질인 사랑이 자연스레 발현되기 시작합니다.

본질적 사랑과 연결되면, 사랑받기 위해 애쓰거나 다른 사람의 눈치를 볼 필요가 없다는 것을 깨닫게 되어 자유롭고 순수한 사랑을 경험하게 됩니다. 그렇게도 찾아 헤매던 진정한 사랑이 이미 내 안에, 늘 나와 함께 있었음을 느끼게 되며, 더 나아가 **자신이 사랑 그 자체**임을 깨닫게 되지요. 이는 자신의 가치를 내세우거나 증명할 필요가 없음을 깨닫게 하여, 외부의 조건과 상황에 따라 불안정하게 흔들리던 상태에서 벗어나 진정한 자유를 경험하게 합니다. 그리고 가슴을 열어 순수하게 흘러나오는 사랑을 느끼고 나눌 수 있게 되지요. 그러면 자신이 나눈 것에 보답을 바라거나, 원하는 반응이 오지 않았다며 실망하고 상처받지 않게 됩니다. 그리고 서로가 이미 연결되어 있다는 것을 깨닫게 되어, 사람들 안에 존재하는 사랑을 섬세하게 느낄 수 있습니다. 이를 통해 깊고 따뜻한 관계를 이어나가며 진정한 사랑의 기쁨을 함께 나눌 수 있게 됩니다.

보이지 않는 수면 아래의 빙산 살피기

4. 두려움: 다른 사람에게 필요한 존재가 되지 못하면 사랑받지 못한다.

감정형의 기본 두려움은 '무가치'이며, 2유형은 무가치함의 두려움을 해결하고자 '외부'로 시선을 돌립니다. 즉, 2유형이 자신의 본질인 '무조건적인 사랑'과 단절감을 느끼면 '나는 사람들을 도와주고 기쁘게 하는 좋은 사람, 필요한 사람이 되어야만 해. 그렇지 않으면 사랑받지 못할 거야'라고 느끼게 되는 것이지요. 그러면서 외부 세상에 집중하고 에너지를 쏟으며, 다른 사람으로부터 자신의 존재에 대한 승인과 인정을 받길 원하게 됩니다.

두려움에 휩싸인 정도가 더 강렬하다면, 두려움과 내면의 충동에 따른 불편함을 인식조차 못할 수 있습니다. 그러면서 '나는 인정받으려는 마음이 전혀 없다고! 그냥 순수한 마음으로 돕는 것뿐이야!'라고 생각할 수도 있지요. 물론 조건 없이 순수한 마음으로 도울 수도 있습니다. 만약 그렇다면 도움을 준 것에 대해 상대방이 고마움을 표현하지 않거나, 도움을 준 사실을 아무도 모른다 할지라도 서운하거나 아쉽지는 않을 것입니다.

이렇게 사랑받고자 외부에 시선을 돌리고, 호감을 살 수 있는 말과 행동을 하며 살아가다 보면, 막상 자신이 진정으로 무엇을 느끼는지 점점 알 수 없게 됩니다. 자립적인 생각, 비판적인 태도, 남들과는 상충되는 욕구 등 상대의 마음을 얻는 데 걸림돌이 될 것 같은 내면의 목소리는 제외하며 사랑스럽고 필요한 사람이라는 피드백을 얻으려고 하기 때문이지요. 그마저도 잘 되지 않는다면 자신을 사랑하지 않고, 인정하지 않는다고 여기는 사람들에게 적개심을 드러내거나, 사람의 마음을 자신의 뜻대로 조종하려고 하는 모습이 나타날 수 있습니다.

이런 과정을 통해 결국 2유형의 본질인 '영원히 존재하는 사랑의 근원'과 더더욱 거리가 멀어지게 되고 이것을 대체하기 위해 외부에서 얻을 수 있는 인정과 사랑에 더욱 매달리게 됩니다. 하지만 날이 저물고 구름에 가려졌다고 태양을 잃어버린 것이 아닌 것처럼, 사실은 2유형의 본질은 잃어버린 것이 아닙니다. 두려움의 구름에 가려진 것일 뿐입니다. 그런데 사람들은 구름에 가려진 태양의 그림자를 좇게 됩니다.

5. 욕망: 필요한 사람(감사와 사랑)

두려움에 빠진 2유형은 주변 사람들에게 사랑받을 수 있는 방법이 무엇인지 레이더를 세우고, 필요한 사람이 되기 위해 애쓰게 됩니다. 그래서 어렵고 궂은일을 도맡아 하거나, 다른 사람에게 조언하고 충고하며 자신이 가진 것을 아낌없이 나누어주죠. 한편으론 사람들이 도움을 요청하는 것을 거절하지 못해서 많은 업무와 스트레스에 시달리기도 하지만, 그래도 그 안에서 좋은 점을 찾으며 합리화하려는 모습도 나타날 수 있습니다.

　이렇게 베푸는 사람으로서 입장을 공고히 한 2유형이 어떤 사정으로 속해 있는 공동체에서 자리를 비우게 되면, 자기가 사라진 것이 사람들에게 어떤 영향을 미칠지 궁금해하고, 자신의 존재 가치를 사람들이 느끼지 못할까 봐 불안해합니다. 돌아왔을 때 "네가 없어서 너무 힘들었어. 역시 너 없으면 안 돼", "너의 빈자리가 너무 컸어!"처럼 자신의 필요를 알아주는 말을 들으면, 2유형은 뿌듯해하며 다시 구원하고 봉사하는 자리로 돌아가게 됩니다. 그리고 도움에 대한 대가로 상대방의 감사와 사랑을 받길 원합니다. 이때 받고자 하는 사랑과 감사의 표현은 고맙다는 말 한마디, 도와준 것에 대한 진심 어린 감사의 마음을 전하는 것이면 충분합니다. 도움의 대가로 2유형에게 받은 만큼 혹은 그 이상으로 돌려주면, 2유형은 베푸는 자로서의 위치를 유지할 수 없기에 불편함을 느낄 수도 있습니다. 더 나아가 주는 자로서 타인과 종속적 관계를 유지하길 강렬히 원하는 2유형은 자신의 도움이 필요할 것 같은 사람에게만 관심을 주고 곁을 내어주는 모습을 보이기도 합니다.

6. 핵심 감정: 수치심 — 감정 전환

　겉으로 보기에 긍정적이며 한없이 따뜻해 보이는 2유형이지만, 사실 내면 깊은 곳에서는 '있는 그대로의 나는 사랑받기에 충분치 않다'라는 수치심을 지니고 있습니다. 자신의 존재 가치에 대해 끊임없이 의구심을 품으며, '진짜 내 모습을 알면 사람들은 나에게 실망할 거야'라고 여기는 것이지요. 그로 인해 치유되지 않는 상처와 깊은 괴로움을 느끼며 살아가게 됩니다.

수치심을 고스란히 느끼는 것은 굉장히 힘든 일이기에, 2유형은 무의식중에 자신의 내면에서 외부로 시선을 돌리고, 사람들의 호감을 사기 위해 노력합니다. 주변에서 긍정적인 피드백을 얻으면, 2유형은 그제야 자신이 좋은 사람이자 필요한 사람이라고 확인받음으로써 안도감, 기쁨, 만족감과 같은 긍정적 감정을 느끼게 됩니다. 그리고 이를 통해 내면 깊은 곳에서 올라오는 수치심을 해소할 수 있을 거라 생각합니다. 즉, 수치심을 긍정적인 감정으로 전환하여 덮으려는 것이지요.

또한 어둡고 부정적이라고 여기는 감정이 내면에서 올라오면 부정하고 억압하며 긍정적으로 여기는 감정만 느끼려 합니다. 부정적인 감정을 느끼면 사람들로부터 소외당하고 거절당할지도 모른다고 생각하기에, 해당 감정에 접촉하는 것 자체를 두려워하는 것이지요. 그래서 2유형은 자연스러운 감정의 흐름은 억압하고, 과하게 밝고 긍정적인 모습만 보이려 할 수 있습니다.

하지만 이러한 시도로는 결코 내면의 수치심을 해소할 수 없습니다. 사람들에게 호감을 사고 긍정적인 모습을 보여야만 한다는 생각에서 벗어나지 못하게 되고, 주변 반응이 어떨지 전전긍긍하게 만들기 때문이지요. 모두에게 좋은 평가를 받을 수 있는 사람은 없습니다. 애초에 불가능한 기대인 것이지요. 결국 긍정적인 모습만 보여서 사랑받으려는 2유형의 시도는 실패로 끝날 수밖에 없으며, 존재 자체만으로는 가치를 느낄 수 없다는 수치심의 굴레에서 벗어날 수 없게 됩니다.

있는 그대로의 존재만으로는 사랑받을 수 없다고 느껴서 주변
에 필요한 사람이 되기를 원한다.
자신의 도움과 친절을 사람들이 알아주지 않을 때 수치심을 느
낀다.

이런 감정들을 느끼면서 욕망이 더욱 강해져 집착하는 것이 생깁
니다. 집착이 생겼다는 것은 회피하는 것도 생겼음을 의미합니다.
이로 인해 성격은 더욱 강화됩니다.

7. 집착: 도와주기, 타인의 인정

2유형이 존재 자체만으로는 사랑받을 수 없다는 수치심에 압도
되면, 사람들을 친절하게 대하고 도움을 주는 것에 더욱 몰두하게
됩니다. 더 나아가 본인이 아니면 그 누구도 상대방을 돕지 못할 것
이라 여기고, 자신이 나서야만 한다는 강렬한 충동이 일어 도와주
는 것에 집착하는 모습을 보이게 됩니다. 그러면서 주변에 도움이
필요하다 싶으면, 자신에게 급한 일이 있다 할지라도 우선 미뤄두
고, 다른 사람들을 먼저 도우려고 나서는 모습을 보이기도 합니다.
심지어 상대방이 도움을 요청하지 않은 상황일지라도 먼저 나서서
도와주기도 하지요. 이런 2유형을 보며 친절하다고 느끼는 사람도
있지만, 오지랖이 넓다고 느끼며 불편해하는 경우도 생깁니다.

그리고 좋은 사람, 필요한 사람이 되고 싶다는 마음이 과해지면
'남들이 나를 어떻게 생각할까?'와 같이 타인의 인정과 평가에 집착
하고 민감해질 수 있습니다. 타인의 시선에 신경 쓰는 만큼 사람들
에게 긍정적인 피드백을 받을 수도 있지만, 그것은 일시적인 충족

감만 줄 수 있을 뿐입니다. 왜냐하면 자신의 모습 그대로 사랑받은 것이 아닌, 사람들이 좋아할 것 같은 모습만 보여줌으로써 애정을 얻었기 때문입니다. 이러한 일시적인 만족감으로는 근본적인 사랑의 결핍감을 채울 수 없고, 자신의 존재 가치를 인정받기 위해 또다시 타인의 관심과 애정에 집착하는 모습을 보이게 됩니다.

8. 회피: 자신의 욕구와 감정, 타인의 도움

다른 사람들의 필요를 충족시키고 기쁘게 해줘야만 사랑받을 수 있다고 믿게 된 2유형은, 타인의 감정과 욕구가 무엇인지에 초점을 맞추고 살아가게 됩니다. 자연스럽게 자신의 욕구와 감정은 살피지 못할뿐더러 심지어 자신을 챙기는 것은 이기적이라고 느끼게 되지요. 이러한 2유형의 내면에는 자신의 욕구를 겉으로 표현해서는 안 된다는 마음이 깔려 있습니다. 심지어 어린 시절부터 자신이 원하는 것을 직접적으로 요청하기보다, 다른 사람들을 돕거나 기쁘게 하는 것을 통해 간접적으로 충족시키려는 모습이 나타나기도 합니다. 원하는 것을 상대에게 양보했을 때 칭찬받을 것이라 느끼면, 생각보다 쉽게 포기하는 모습을 보이기도 하지요.

더 나아가 자신의 욕구를 포기하는 것에 대해 긍정적인 평가를 지속적으로 받아온 2유형이라면 이런 모습이 더더욱 강화될 수 있겠지요. 그 결과 타인의 필요는 금방 눈치채고 도움을 주지만, 막상 자신의 필요는 회피하는 모습을 보입니다. '나는 도움이 필요하지 않아'라고 여기며 주변 사람들의 도움을 받지 않으려는 것이지요. 또한 다른 사람의 감정은 미세하게 느끼면서, 막상 자신의 감정에는 관심을 두지 않는 모습을 보입니다. 모두의 감정을 느낄 수 있지만, 막상 자신의 감정과는 연결되지 않는 아이러니한 상황에 마주하게 되는 것이지요.

이러한 2유형의 이면에는 '타인에게 사랑과 인정을 받기 위함'이라는 마음이 숨겨져 있습니다. 그래서 상대에게 애정과 도움을 주었는데 자신이 기대하던 바가 돌아오지 않으면, 겉으로는 티를 내지 못해도 서운함과 화가 밀려오는 것이지요. 하지만 이러한 내면의 솔직한 감정과 욕구도 다시 부정하면서 '나는 그냥 주고 싶어서 주는 거야. 받기 위해 주는 게 아니라고!'라며 사랑받고 돌봄 받고 싶어하는 자신의 진정한 욕구도 받아들이지 않으려는 모습을 보일 수 있습니다.

필요한 사람이 되려는 욕망이 타인을 돕는 것에 집착하게 하고, 자신의 욕구와 감정은 회피하게 만든다.

이처럼 집착과 회피가 강렬해지면 자신과 다른 사람들에게 문제를 일으키게 되는데, 이를 '악덕'이라고 부릅니다.

9. 악덕: 교만[*]

2유형이 집착과 회피의 패턴에 갇히면, 자신을 언제든 다른 사람들을 도울 수 있는 '크고 이상적인 존재'로 여기게 되는데 이것이 바로 2유형의 악덕인 '교만'입니다.

두려움에 휩싸인 2유형은 자신의 내면에 존재하는 사랑을 인식

---

[*] Pride, 자신을 크고 이상적인 존재로 부풀리는 것.

하지 못하기에, 다른 사람들의 필요를 끊임없이 채워주려 합니다. 하지만 누군가의 필요를 항상 채워준다는 것은 매우 어려운 일입니다. 평범한 존재라면 불가능한 일이지요. 하지만 교만에 빠진 2유형은 있는 그대로의 자신을 보지 못하고, 본인은 그것을 해낼 수 있는 크고 이상적인 존재라고 여기게 됩니다. 자신이 더 높은 위치에서 사람들을 바라보고 있기에, 그들의 필요가 무엇인지 그들 자신보다 더 정확하게 파악하고 도울 수 있다고 느낍니다. 또한 자신에겐 딱히 채워야 할 욕구가 없어서 타인의 도움은 필요치 않다고 여기기도 하지요. 결국 자신은 다른 사람들에게 없어서는 안 될 필수적인 존재라고 느끼는 것입니다.

이런 상태에 머물러 있으면, 자신의 존재는 늘 뒷전으로 밀려 있기에 사랑받으려 애쓴다 해도 내면의 결핍을 채울 수 없음을 느끼게 됩니다. 또한 돌려받을 것을 바라고 주는 행동은 2유형의 본질인 깊고 따뜻한 사랑이 아닌, 타인에 대한 서운함과 적개심을 품게 합니다. 2유형은 이러한 고통을 해소하고 자신을 보호하고자 다음과 같은 방어기제를 사용하게 됩니다.

10. 방어기제: 억압

악덕에 빠진 2유형은 사랑받기 위해 끊임없이 애쓰며, 자신의 내면은 살피지 못하고 다른 사람들의 필요에만 초점을 두고 살아가게 됩니다. 그러다 보면 사람들이 좋아할 만한 것만 표현해야 하고, 싫어할 만한 것이 내면에서 느껴지면 숨기고 억눌러야 한다는 충동을

Repression, 부정적인 것 또는 상대방이 싫어할 만한 것을 의식화하지 못하도록 억누른다.

느끼게 되는데 이것이 바로 2유형의 방어기제인 '억압'입니다.

억압을 통해 일시적으로 사람들의 기분을 좋게 하고, 긍정적인 피드백을 얻을 수는 있습니다. 그러나 장기적으로 관계를 지속할 경우, 듣기 좋은 말만 하는 2유형을 보며 사람들은 그들이 진솔하지 못하고 부자연스러운 사람이라고 느낄 수 있습니다. 즉, 억압의 방식은 깊은 관계를 형성하는 데 오히려 걸림돌이 되는 것이지요. 또한 자신의 내면을 있는 그대로 바라보지 못하고, 부정적이고 고통스럽다고 느끼는 것을 억압하여 깊이 있는 삶을 살아가기 어렵게 됩니다.

하지만 이 모든 것은 2유형이 진정 원해서 하는 행동이 아닙니다. 이런 모습에서 우리는 사람들과 따뜻한 마음을 나누고, 존재 자체로서 사랑받기를 바라는 2유형의 간절한 마음을 알 수 있습니다.

✿✿✿✿✿

지금까지 성격 빙산 이론을 통해 2유형의 겉으로 드러나는 모습과 빙산 아래에 있는 내면의 깊은 모습들을 살펴보았습니다. 2유형의 본질은 영원히 존재하는 사랑의 근원 그 자체이지만, 두려움을 기반으로 욕망에 집착하다 보면 내면에 이미 존재하는 사랑은 느끼지 못하고 타인에게 애정과 인정을 구하는 삶을 살기도 합니다.

2유형이 겪는 문제에는 보통 일정한 패턴이 있습니다. 자신의 삶속에서 이 패턴을 발견하고 주의 깊게 관찰하며 알아차림의 신호를 깨달으면, 본질을 회복하고 성격에서 자유로워질 수 있습니다.

1. 알아차리기(지혜)

2유형은 사람들이 자신을 필요로 하지 않거나, 그들을 기쁘게 하지 못하면 자신의 존재 가치가 없다고 느끼는 수치심에서 벗어나고자 합니다. 이를 위해 사람들을 열심히 도와주고 친절하게 대하며 외부로부터 애정과 호감을 얻으려고 하는 **자동반응패턴**을 가지고 있지요.

자동반응패턴에 따라 사는 것이 나쁜 것은 아닙니다. 다만 사랑스러운 사람, 좋은 사람이라는 외부의 인정을 받는 것에만 치중하여, 필요 이상으로 다른 사람을 도우려 하고 자신의 내면은 살피지 못할 때가 문제입니다. 이를 '깨어나야 하는 신호'로 여기고 알아차리려는 연습이 필요합니다. 다른 사람들의 감정과 욕구를 살피며 주변을 기쁘게 만들 수는 있습니다. 그러나 이러한 방법으로는 진정한 사랑을 경험할 수 없으며, 내면의 수치심을 제대로 바라보지 못하게 됩니다. 다음에 제시하는 확언이 알아차림의 과정에 도움을 줄 수 있을 것입니다.

2유형의 알아차림 확언

"내가 지금 사람들의 애정과 호감을 얻으려 애쓰고 있구나!
있는 그대로는 사랑받을 수 없다는 수치심을 느끼고 있구나."

2. 받아들이기 (사랑)

알아차리지 못했다면 자동반응패턴으로 더욱더 사람들에게 애정과 호감을 얻고자 애썼겠지만, 알아차렸다면 이런 자신을 받아들일 수 있게 됩니다. 이러한 내가 이상하고 나쁜 것이 아닙니다. 원래 그런 성향으로 태어난 것입니다. 나와 같은 성격을 가진 많은 사람이 비슷한 자동반응패턴을 따라 살아가고 있습니다. 이런 자신을 비난하거나 합리화하지 않고 있는 그대로 받아들입니다.

2유형의 받아들임 확언

"내가 이상하거나 나쁜 게 아니라 그런 성향으로 태어난 거야.
그리고 나름대로 애쓰며 살아왔어. 이런 나를 비난하기보다
따뜻하게 안아주자.
이렇게 강렬하게 사람들의 애정과 호감을 좇으며
수치심으로부터 회피하고 있는 나 자신을
나는 있는 그대로 받아들이고 사랑한다."

3. 선택하기 (용기)

강렬하게 사람들의 애정과 호감을 좇으며 긍정적인 이미지를 보이려고 했던 2유형은 알아차리고 받아들이는 과정을 통해 두려움에서 조금씩 자유로워집니다. 이때부터 '**겸손**'이라는 미덕이 발현되기 시작합니다. 외부에 쏠려 있던 시선을 돌려 내면을 살피게 되면서, 자신에게도 인간적인 욕구가 있으며 누군가에게 도움을 받아야 할 존재임을 인정하게 됩니다. 그러면서 남들을 돕지 않고 그저 있는 그대로 존재하는 것만으로도 자신이 충분하고 사랑스럽다는

것을 깨닫게 되지요. 그러면 지금까지와는 다른, 조금 더 현명하고 용기 있는 선택을 할 수 있는 가능성이 열리게 됩니다.

아래의 선택과 연습을 통해 우리는 2유형의 참된 본성을 회복하고, 사랑이라는 깊은 본질과 연결되도록 도움을 얻을 수 있을 것입니다.

본질과 연결되고 본성을 회복하는 연습

연습 1. 억압된 감정을 알아차리고 표현하기

2유형이 '밝고 사랑스러운 사람'이라는 이미지를 유지하려고 할 때, 이와 상반된다고 여기는 감정(슬픔, 분노, 질투, 원망 등)은 억압하게 됩니다. 이는 사랑받기 위해 무의식중에 선택한 행동이지만, 오히려 내면의 자연스러운 흐름을 막아 진정한 사랑을 주고받는 데 방해가 됩니다. 내 안에 억압된 감정이 있다고 느껴진다면, 내가 불편하게 느끼는 감정이 무엇인지 천천히 살펴보기를 권합니다. 그리고 믿을 수 있는 사람들의 도움을 받아 불편한 감정을 표현하는 연습을 해보세요. 그런 감정을 느끼고 표현한다 할지라도 당신 안의 본질인 사랑은 결코 훼손되지 않는다는 것을 기억하기 바랍니다.

연습 2. 진정한 도움을 줄 수 있는 기준 세우기

내가 나서서 누군가를 도와야겠다는 충동이 올라온다면, 도우려는 마음의 이면에 어떤 바람이 있는지를 먼저 살필 필요가 있습니다. 그저 순수하게 돕고 싶다는 마음이 아닌, 도움을 통해 존재감을 인정받고 싶고 고맙다는 말 등을 돌려받길 원한다면 조건적인 마음으로 상대를 도운 것이라고 볼 수 있겠지요. 이럴 경우, 도움을 주고도 상대에게 내가 원하는 피드백이 돌아오지 않으면 서운하고 억울한 감정이 올라오게 됩니다. 내가 소진되지 않으면서 상대에게 기대하는 바 없이 도울 수 있는 것이 어느 정도인지 자신만의 기준과 경계를 세워보시기 바랍니다. 또한 도움을 주기에 앞서 상대에게 도움이 필요한지 먼저 물어보는 것도 진정한 도움을 실천할 수 있는 방법입니다.

연습 3. 자신의 필요를 우선순위에 두는 연습하기

2유형은 남들을 먼저 살피느라 자신의 필요에 관심을 두지 않는 경우가 많습니다. 하지만 사람이라면 누구나 채우고 싶은 자신만의 필요가 있기 마련이지요. 오히려 원하는 바를 직접 드러내지 않으면서 상대가 알아서 챙겨주기를 바란다면 더 불편한 관계가 형성될 수 있습니다. 타인을 챙기던 에너지를 거두어서 자신의 필요를 살펴보세요. 내 인생에서 항상 뒷전에 있던 나 자신의 필요를 먼저 살피고 누군가에게 도움을 요청하기도 할 때, 우리는 더 자연스럽게 사람들과 도움을 주고받으며 따뜻한 사랑의 기운을 나눌 수 있게 될 것입니다.

연습 4. 상대방의 환심을 사려 할 때 알아차리고 멈추기

상대의 감정과 필요에 민감한 2유형은 어떻게 하면 사람들의 마음을 살 수 있는지 쉽게 알아차리기에, 무의식중에 상대방의 환심을 사기 위한 레이더를 작동시킬 수 있습니다. 상대의 의견에 반대하지 않기, 과하게 공감을 표시하거나 상대방 걱정해주기, 칭찬의 말 반복하기 등을 통해 상대의 마음을 얻고자 할 수 있지요. 이러한 방식은 얕은 관계에서는 도움이 될 수 있지만, 깊은 관계로 나아가는 데는 걸림돌이 됩니다. 누군가의 마음이 잘 느껴진다 해도 굳이 상대의 마음을 사려고 할 필요는 없습니다. 시간이 조금 더 걸린다 해도 있는 그대로의 자신으로 상대방과 마주한다면 진정한 관계의 기쁨을 느끼게 될 것입니다.

연습 5. 자립적인 삶의 감각을 기르기

타인에게 관심이 많은 것을 넘어 그들에게 인정받는 것을 삶의 중심에 두면, 상대방의 평가에 따라 자신의 가치가 달라지는 것처럼 느끼게 됩니다. 그러면, 자기 내면의 목소리에 따르기보다 상대방이 어떻게 느끼고 받아들일지를 먼저 의식하게 되지요. 상대의 반응이 어떨지 두렵고, 그들의 반응에 따라 일희일비하고 있다면 삶의 중심을 타인에게 넘기고 있음을 알아채야 합니다. 이런 관계 의존적인 삶의 태도로는 자립적인 삶을 살지 못하기 때문에, 삶의 중심을 나에게로 두는 감각을 키울 필요가 있습니다. 이를 위해 사람들과 잘 어울리는 방법을 고민하기보다는, 혼자만의 공간에서 조용히 내면을 들여다보는 것이 도움이 됩니다. 자신의 마음과 연결된 2유형은 2유형의 따뜻한 에너지와 함께 자립심도 키우게 되며, 주변 사람들을 도울 때도 상대방이 자립할 수 있는 근본적인 방향으로 도움을 주는 힘을 발휘하게 됩니다.

2유형의 선택하기 확언

"긍정적 감정 외에 억압된 감정을 알아차리고 표현한다.
진정한 도움을 줄 수 있는 기준을 세운다.

나의 필요를 먼저 살피고 챙기는 연습을 한다.

상대방의 환심을 사려 할 때 알아차리고 멈춘다.

자립적인 삶의 감각을 기른다.

이 중에 하나라도 지금 실천한다."

6장

3유형: 성취자

- **탁월한 사람, 독수리**
- **자아상: 나는 효율적이고 유능한 사람이다.**

다른 사람들이 바라보는 3유형의 모습

늘 긍정적이고 자신감 넘치는 **빛나** 씨는 회사에서 일 잘하기로 소문난 사람입니다. '노력하면 못할 것이 없다!'라는 자세로 무엇이든 도전하고, 가장 효율적인 방법을 찾아서 빠른 속도로 성공적 결과를 만들어냅니다. 그리고 많은 일을 동시에 혼자 해내고는 하는데, 그것들도 그리 애쓰지 않으면서 능숙하게 해내는 것처럼 보입니다. 인간관계도 잘 맺고, 자기계발도 꾸준히 하는 빛나 씨를 보면 정말 열심히, 멋지게 사는 사람이라고 느껴집니다.

하지만 이런 빛나 씨를 불편해하는 사람들도 있습니다. 일을 성공적으로 하는 것에 치중한 나머지 일이 잘 진전되지 않으면 주변 사람들의 개인적 사정이나 감정 등을 배려하지 않고 매정하게 군다는 것입니다. 결국 관계보단 일이 먼저인 사람인가 싶다가도, 주변 사람들을 섬세하게 챙길 때도 있어서 어떤 것이 진짜 빛나 씨의 모습인지 헷갈릴 때가 있습니다. 그리고 무엇이든 잘하는 빛나 씨가 대단하다 싶다가도 '사람이 어떻게 늘 잘할 수가 있지? 뭔가 숨기고 있는 거 아냐?'라는 생각이 들어서 거리감이 느껴질 때도 있습니다.

3유형이 들려주는 자신의 내면 이야기

저는 맡은 바 일을 성공적으로 해내는 것이 굉장히 중요한 사람입니다. 나의 능력을 최대한 발휘해서 최상의 결과를 만들어내려 노력해왔고, 원하는 것은 대부분 성공적으로 이뤄왔습니다. 이런 저에게 주변에서는 어떻게 그 많은 일을 다 이룰 수 있었냐고 놀라워하고 부러워하기도 하지요. 저도 늘 도전하고 성장하며 최선을 다해온 제 삶에 자부심을 느끼며 저 스스로가 자랑스럽습니다.

하지만 요즘 제 개인적인 삶을 돌아보면 '내가 과연 잘살고 있는 걸까?'라는 의문이 듭니다. '일을 잘 해내야만 해! 실패는 용납할 수 없어!'라는 압박감이 자주 올라와서 마음이 시끄럽고 평안하지 않습니다. 또, 일을 하고 왔으면 퇴근하고 좀 쉬어야 하는데 집에서도 가만히 쉬지를 못합니다. 그저 편안하게 쉬면서 머무르는 것이 시간 낭비처럼 느껴지기 때문입니다. 그리고 사람들의 평가에 민감해져서 스트레스를 받을 때가 있는데, 그럴 때마다 '나는 왜 이렇게 남들의 평가에 민감할까?'라는 생각이 들어서 스스로가 마음에 들지 않습니다. 특히 내가 열심히 노력한 결과에 대해 제대로 인정받지 못했다고 느낄 땐 정말 속상합니다. '그렇게까지 일을 해야 하나? 튀지 말고 적당히 하면 좋겠다'와 같은 부정적인 뉘앙스의 말을 우연히 건너 듣게 되면 '그냥 열심히, 잘하려고 하는 것뿐인데 왜 그런 말을 들어야 할까?'라는 생각이 들어 억울하고 속상해집니다.

빙산 모델로 본 3유형 성격 구조

1. 별 명   성취자, 탁월한 사람

2. 장점-단점   ① 효율적이고 유능하다.   ① 실패를 받아들이지 못한다.

                      ② 긍정적이고 활기차다.   ② 일을 많이 하고 인정을 요구한다.

                      ③ 동기를 부여하고 목표를 달성한다.   ③ 경쟁심이 있고 자신을 과장한다.

3. 자아상   나는 효율적이고 유능한 사람이다.

10. 방어기제   동일시

9. 악덕   기만

8. 회피   실패, 자신과 타인의 감정

7. 집착   외적 성취

6. 핵심 감정   수치심 ― 차단

5. 욕망   성공과 타인의 인정

4. 두려움   타고난 재능이 없는 존재

                                              본질 가치

수면 위로 보이는 빙산 살피기

1. 별명: 성취자, 탁월한 사람

3유형은 삶의 목표를 분명하게 설정하고, 자신감 있는 태도로 살아가는 사람들입니다. 긍정적이고 성장지향적인 이들은 자신의 재능이 무엇인지 잘 알고 있으며, 원하는 바를 성취하기 위해 목표에 예리하게 집중하고 결과를 이루어내고는 합니다. 그래서 이들을 '성취자'라는 별명으로 부릅니다. 또 3유형은 자신의 강점뿐 아니라 사람들의 재능과 잠재력을 잘 알아채는 감각을 지니고 있습니다. 그래서 사람과 집단의 특성을 고려하여 각자가 지닌 능력을 최대한 발휘할 수 있는 적합한 방식을 제안할 수 있지요. 또한 변화의 흐름을 파악하고 유연하고 민첩하게 대처하여 능력을 발휘한다는 점에서 '탁월한 사람'이라는 별명도 가지고 있습니다.

이처럼 능력을 발휘하여 원하는 바를 성취해내는 3유형을 상징하는 동물은 독수리(Eagle)입니다. 독수리는 바람을 이기는 하늘의 황제며, 태양을 똑바로 바라볼 수 있는 유일한 새로 여겨집니다. 넓고 강력한 날개를 활용하여 높은 고도에서 자유롭게 나아다니며, 기류를 이용하여 날개의 펄럭거림 없이 효율적으로 비행하지요. 빠른 비행 속도, 뛰어난 시력, 날카로운 발톱을 활용하여 목표물을 정확하게 낚아채는 독수리의 모습은 효율적이며 목표 지향적인 태도로 삶을 살아가는 3유형을 보여줍니다.

2. 장점과 단점

장점

① 효율적이고 유능하다.

3유형은 이루고자 하는 바가 분명해지면, 그것을 해낼 수 있는 가장 효율적이고 효과적인 방법이 무엇인지 금방 파악할 수 있습니다. 목표가 무엇이고, 현재 활용할 수 있는 자원은 무엇이며, 발생할 수 있는 걸림돌은 무엇인지까지 고려하여 최소의 노력으로 최대의 효과를 낼 수 있는 방법을 찾아 일을 추진하지요. 3유형이 효율적인 방법을 찾는 데는 그리 큰 노력이 필요하지 않으며, 일의 경로가 거의 자동적으로 머릿속에 그려진다고 볼 수 있습니다.

이들의 효율적인 모습은 시간 관리에서도 나타납니다. 동시에 여러 일을 추진하는 데 능하며, 그것을 힘들어하기보다 즐기는 모습을 보여주지요. 주어진 시간 동안 여러 일을 동시에 효과적으로 할 수 있는 순서도를 짜고, 그에 따라 움직이는 것입니다. 예를 들어 세탁기를 먼저 돌리고, 빨래가 돌아가는 동안 설거지를 하며, 설거지하는 동안 창의적 아이디어가 필요한 업무 주제를 떠올리며 곰곰이 생각에 잠깁니다. 이 모든 일을 하는 동안 운동이 될 수 있도록 스트레칭 실내화를 신고 있을 수도 있지요. 그리고 효율적인 계획이 세워지면 엄청난 추진력으로 일에 돌입하며, 어려워 보이는 일이라도 여러 고비를 해결하여 결국은 해내는 유능한 모습을 보여줍니다. 또한 3유형 특유의 유연함과 순발력으로 새로운 상황에 수월하게 적응하고, 일의 핵심을 파악해 빠르게 배우며 다재다능한 모습을 보여줍니다.

② 긍정적이고 활기차다.

3유형은 "다 잘될 거야!", "도전하면 못할 게 없지!"라며 희망차고 밝은 모습으로 삶을 살아갑니다. 이들은 어려운 상황에서도 가능성과 기회를 발견할 줄 아는 사람들이지요. 부정적인 것보다는 긍정적인 것을, 사람들의 약점보다는 강점을 잘 발견하여 이야기해주고 따뜻하게 격려함으로써 주변에 밝고 활기찬 에너지를 나누어줄 수 있습니다.

또한 이들은 배우려는 열의가 강하며, 새로운 것을 익히고 경험하며 자신의 성장을 위해 많은 시간을 보냅니다. 하고 싶은 것을 마음에만 품고 있기보단 직접 도전해보고, 주변에 망설이는 사람들이 있다면 당신도 할 수 있다고 용기를 불어넣어 줍니다. 그리고 자기계발에 관심이 많아서 특정 분야를 전문적으로 파고들어 공부하고 실천하거나, 건강한 생활습관을 만들기 위해 꾸준히 기록하고 실천하는 등 적극적이고 에너지 넘치는 태도로 삶을 살아갑니다.

③ 동기를 부여하고 목표를 달성한다.

3유형은 자신의 능력을 키워나가는 데 관심이 많으며, 꾸준히 도전하고 성장할 수 있도록 스스로에게 동기를 부여합니다. 이루고 싶은 목표가 무엇인지 명료화하고, 포기하지 않는다면 해낼 수 있을 것이란 믿음을 가지고 목표에 집중합니다. 이들에겐 어떻게 하면 목표를 성공적으로 달성할 수 있는지에 대한 본능적인 감각이 있으며, 현실 상황을 고려하여 과제를 세분화하고 계획을 구체화하여 하나씩 실천해나갑니다. 중간에 작은 목표들을 하나씩 완료해나가며 만족감을 느끼고, 잘하고 있다고 스스로를 격려하며 생각한 바를 끝까지 실천하기 위해 노력하지요.

또, 이들에게는 사람들의 재능과 장점을 발견하는 안목이 있습니다. 사람들의 잠재력을 알아보고 따뜻하게 격려할 수 있으며, 개인의 성향과 강점에 맞는 효율적인 방식으로 도움을 줄 수 있지요. 만일 3유형이 리더라면, 목표 달성을 위한 명확한 비전을 제시하여 중간에 포기하지 않도록 도와주며, 강한 의지와 추진력, 자신이 터득한 성공 노하우를 바탕으로 도움을 요청한 사람들이 성장의 기쁨을 느낄 수 있게 도와줍니다.

단점

① 실패를 받아들이지 못한다.

3유형은 삶을 살아가며 누구나 겪을 수 있는 실패의 경험을 유달리 괴로워하고 받아들이기 힘들어합니다. 뛰어난 능력과 성공적인 결과가 자신의 가치를 결정한다고 생각하기에, 일의 실패를 그저 '일이 잘되지 않았다'로 보지 못하고 '내 존재가 실패했다'라고 느끼기 때문입니다. 따라서 실패를 있는 그대로 받아들이지 못하고 그 원인을 타인에게 돌리거나, '그래도 일부는 성공했어!'라고 거짓 위안을 삼기도 합니다. 실패한 상황을 직면하고 받아들이면 그것이 오히려 더 깊이 성장하고 성숙할 수 있는 기회가 될 수 있음에도 불구하고, 자신의 무능력을 식면해야 한다는 두려움으로 실패를 재구성하고 성공할 것 같은 다른 일에 관심을 돌려서 실패로부터 재빨리 빠져나가려 하는 것이지요. 그리고 성공 아니면 실패라는 이분법적인 시각으로 삶을 바라보게 되면서 성공 경험을 많이 쌓았다 할지라도, '이번에는 실패하면 어쩌지?'라는 두려움 때문에 목표를 제대로 달성할 때까지 초조함과 불안에 시달리며 힘들어할 수 있습니다.

② 일을 많이 하고 인정을 요구한다.

3유형은 일을 통해 성과를 내고, 그 결과로 외부의 인정을 받아야만 자신이 가치 있는 존재라고 생각합니다. 즉 일과 자신을 동일시하는 것이지요. 그에 따라 끊임없이 많은 일을 하는 일중독의 모습이 나타날 수 있습니다. 한 번에 하나 하기도 힘들 만한 일을 여러 개 동시에 진행하기도 하며, 거의 쉬지 않고 일을 하도록 자신을 가혹하게 밀어붙일 수 있지요. 이럴 경우, 아무것도 하지 않고 생산성 없이 시간 보내는 것을 참기 힘들어하며, 일하는 것에 모든 에너지를 쏟게 되면서 몸의 피로나 마음의 힘듦을 인지조차 못 하기도 합니다.

그리고 직장에서의 삶과 개인적인 삶 사이의 경계가 허물어지면서 주변 사람들을 소홀히 하게 됩니다. 물론 이들은 단란한 가정, 친밀한 교우관계도 성공의 일부로 여기기에 바쁜 중에도 가족과 친구를 위한 시간을 계획해둡니다. 하지만 함께 시간을 보내면서도 머리로는 계속 일 생각을 하느라 그 순간에 제대로 머무르기는 어려울 수 있습니다. 또한 이들은 사람들의 인정을 받는 방법이 무엇인지 잘 알고 있으며, 자신이 이루어낸 것, 공동체를 위해 고생한 것, 다른 사람들에게 긍정적 영향을 주었던 것 등을 알리고 그에 대해 긍정적 피드백을 받기를 원합니다. 이런 삶을 반복하다 보면 자신이 진정으로 원하는 것을 알려주는 내면의 소리를 들을 수 없게 되고, 사회와 타인의 기준을 마치 자신의 것인 양 착각할 수 있습니다.

③ 경쟁심이 있고 자신을 과장한다.

자신의 능력으로 존재 가치를 인정받으려는 마음이 과해지면, 여러 분야에서 다른 사람들과 끊임없이 비교하고 경쟁하여 항상 이겨야 한다고 생각하게 됩니다. 성공 아니면 실패인 삶을 살고 있는 이들은 자신이 경쟁에서 지는 것을 용납하기 어려워하며, 승리자가 되기 위해 투쟁적인 모습을 보입니다. 따라서 자신의 능력 수준이 어느 정도인지 확인하고자 비교 대상을 정하고, 그 상대보다 더 잘하기 위해 두세 배의 노력을 들여 어떻게든 이기려고 할 수 있습니다. 그래 놓고 사람들 앞에서는 마치 노력하지 않고도 멋진 결과물을 만들어내는 탁월한 능력의 소유자인 것처럼 이미지를 꾸며낼 수도 있지요.

큰 야망을 품고 위로 올라가려고 하는 이들의 상승 지향적 태도는 본인이 잘하고자 마음먹은 분야에서 최고의 성과와 직위를 달성하기 위해 끊임없이 자신을 채찍질하게 만듭니다. 그리고 실제보다 자신의 능력을 과장하여 이야기함으로써 사람들에게 인정받으려 할 수도 있습니다. 모르는 것을 숨기거나 아는 척하기, 장점은 내세우고 약점은 숨기기, 자신이 이룬 것보다 더 과장되게 성과를 알리기 등으로 자신을 과시하고 부풀려서 사람들에게 칭송받기를 원하는 것이지요. 이런 모습은 주변 사람들이 3유형을 믿지 못하게 하며, 본인도 스스로를 신뢰하지 못하게 만듭니다.

✧✧✧✧✧

에니어그램에서는 장점과 단점을 동전의 양면과 같다고 봅니다.

위의 장점과 단점을 각각 읽어보면 서로 연결되어 있음을 발견할 수 있을 것입니다. 타고난 본질은 하나지만 이것이 때에 따라 장점으로 드러날 수도, 단점으로 드러날 수도 있는 것이지요.

3유형은 유능하고 목표를 효율적으로 달성하는 것이 장점이지만, 자신의 능력에 대한 타인의 인정과 외적인 성과에 집착할 때 장점이 단점으로 바뀌어 드러나게 됩니다.

3. 자아상: 나는 효율적이고 유능한 사람이다.

'나는 이런 사람'이라는 생각과 느낌, 태도의 집합체를 자아상이라고 합니다. 사람들은 자신의 자아상을 '이상적인 나'로 판단하며, 그 모습대로 살아가려고 하는 경향이 있습니다. 하지만 자아상은 사실 두려움으로부터 자신을 지키기 위한 깊고 정교한 내적 작용으로 '만들어진' 것입니다.

3유형은 사람들에게 인정받고 성공할 수 있는 것을 추구하고, 실패할 것 같은 일은 피하며 살아왔기 때문에 자신에 대해 '나는 효율적이고 유능한 사람이다'와 같은 생각, 자아상을 갖게 됩니다. 외적 성취를 통해 자신의 유능함과 가치를 입증해야 한다고 생각하기 때문에, 목표를 설정하고 실행에 옮기는 것을 즐겨합니다. 큰 목표는 작은 목표로 나뉘어 효율적으로 운영되고, 달성한 것을 지워나가며 쾌감을 느끼기도 합니다. 이 과정에서 자신이 못할 것 같은 일은 무의식적으로 피하기 때문에, 잘하는 일, 성공 경험들이 꾸준히 쌓이게 되고, '내가 원하는 것은 모두 다 이룰 수 있다'는 성취감과 자신감을 느끼게 되지요. 하나의 목표를 이루고 나면 얼마 지나지 않아 "이번에는 뭘 달성해볼까?"라고 외부로 시선을 돌리며, 자신의 가치를 입증할 수 있는 또 다른 목표를 세우게 됩니다.

또한 유능하다는 것은 일뿐만 아니라 인간관계에도 적용될 수 있는데, 이것은 사람들에게 매력적인 인상을 주는 것을 뜻합니다. 어떻게 말하고 행동하면 상대방의 마음을 얻을 수 있는지 직감적으로 알고, 상대에게 매력 있는 사람으로 보이기 위해 노력합니다. 이렇게 일과 관계에서 사회적으로 인정받는 것들을 성공적으로 해냄으로써 자신의 가치를 발견하려 하고, 효율적이고 유능한 사람이라는 자아상을 형성해갑니다.

✡✡✡✡✡

지금까지 살펴본 장점과 단점, 자아상은 겉으로 쉽게 관찰할 수 있는 수면 위 빙산의 모습입니다. 사람들은 보통 자기 자신뿐 아니라 다른 사람들의 수면 위의 모습만을 보고 쉽게 그 사람을 판단해버립니다. 하지만 사실 이 모습들은 모두 수면 아래의 성격의 심층 구조 속에서 만들어진, 성격의 결과물입니다. 이제부터 물 아래에 잠겨 있는 부분, 성격의 심층으로 들어가보도록 하겠습니다.

성격의 심층으로 들어가기 전, 먼저 빙산이 잠겨 있는 '물'에 대해 알아야 합니다. 물과 빙산은 어떤 관계일까요? 빙산은 물 위를 떠다니지요. 그런데 사실 물과 빙산은 다른 것이 아닙니다. 물의 일부가 얼어서 빙산이 된 것입니다. 빙산이 녹아서 다시 물이 될 수도 있지요.

낮은 온도라는 상황에 의해 물의 일부가 얼어서 하나의 빙산이 만들어지는 것처럼, '존재의 본질'에서 멀어지면서 두려움에 사로잡히게 되면 한 사람의 성격이 만들어집니다.

그렇다면 물은 뭘까요? 원래 우리가 타고난 본질, 성격이 형성되기 전의 진정한 나의 모습입니다.

본질: 가치

3유형의 본질은 '**가치**'입니다. 여기서 말하는 가치란 명예, 인정, 성공처럼 외부로부터 긍정적 평가를 받아야만 얻을 수 있는 조건적이고 외부 의존적인 것을 의미하지 않습니다. 이것은 3유형의 '**존재 자체에 내재된 영원히 빛나는 가치**'를 뜻합니다. 본질과 연결된 3유형은 자신의 내면에 빛나는 영광, 광채가 늘 자리 잡고 있었음을 인식하게 되고, 자신이 가치로움 그 자체임을 깨닫게 됩니다. 즉, 어떤 것을 잘 해내야만(doing) 가치 있는 존재가 되는 것이 아닌, 외부적인 성과 이전에 이미 자리 잡고 있었던 존재 자체로서의(being) 본질적 가치를 발견하게 되는 것입니다.

그렇게 되면 존재 자체로도 충분하다는 것을 느끼고, 무언갈 해야 한다는 생각으로부터 자유로워지면서 편안히 머무를 수 있게 됩니다. 증명하고 내세워야 하는 나라는 경계가 점차 사라지고 세상에 마음을 활짝 열게 되지요. 그리고 삶의 자연스러운 흐름에 따라 존재할 때 가장 좋은 일이 펼쳐진다는 것을 믿고 받아들이게 됩니다. 즉, 내가 나서서 다 이뤄내야 한다는 생각, 그리고 외부의 인정을 받기 위해 애써야 한다는 태도 대신 자연스러운 흐름에 따라 존재하게 되면서 3유형의 빛나는 가치가 발현되기 시작하는 것이지요. 그럴 때 3유형은 더 이상 자신을 몰아붙이거나 애쓰지 않고도 원하는 바를 이루어나가게 되며, 더 큰 목적을 위해 능력을 발휘하고 세상의 발전에 기여할 수 있게 됩니다.

4. 두려움: 타고난 능력과 가치가 없으면 사랑받지 못한다.

감정형의 기본 두려움은 '무가치'이며, 3유형은 무가치함의 두려움을 해결하고자 '외부와 내면' 모두를 살피고 에너지를 쏟습니다. 즉, 3유형이 자신의 본질인 '진실한 가치'와 단절감을 느끼면 '있는 그대로의 나는 가치가 없어서 사랑받을 수 없다'고 느끼게 됩니다. 그러면서 2유형처럼 '외부'로 시선을 돌려 사람들의 인정과 긍정적 피드백을 통해 자신의 가치를 입증해야 한다고 느끼게 되지요. 그리고 자신의 능력을 보여주고자 성취하는 것에 많은 에너지를 쏟게 됩니다. 또한 4유형처럼 '내면'으로 시선을 돌려서 탁월하고 뛰어난 존재가 되기 위한 자아 이미지를 떠올리고 그에 맞는 삶을 살아가기 위해 노력합니다.

3유형이 두려움에 휩싸이면, 자신을 쓸모없고 필요하지 않은 존재로 느끼지 않기 위해 자신의 능력과 유능함을 보여줘야만 한다고 느끼게 됩니다. 이러한 두려움은 자신이 존재할 이유가 없다고 느끼게 할 만큼 강렬한 것이기에, 자신의 능력을 반드시 증명해야 한다는 충동에 휩싸이게 하지요. 이렇게 무언가를 해내야만 한다는 내면의 압박으로, 일상을 평온하게 머무르며 살아가지 못하고, 쉴 틈 없이 바쁘게 움직이는 삶을 살게 됩니다.

두려움에 휩싸인 정도가 더 강렬하다면, 두려움의 존재와 내면의 충동에 대한 불편함을 인식하지 못하고 '나는 그저 열심히 살고 있을 뿐이야!'라고 생각할 수도 있습니다. 반대로 자신의 가치를 입증하는 일이 훼손될 것 같은 상황은 피하거나, 부족하다고 느끼는 부분은 적당히 감출 수도 있지요. 이런 과정을 통해 결국 3유형의 본질인 '영원히 빛나는 진실한 가치'와는 더더욱 멀어지게 되고, 이것을 대체하기 위해 자신의 존재 가치와 유능함을 외부에서 입증할 수 있는 대상에 매달리게 됩니다.

하지만 날이 저물고 구름에 가려졌다고 태양을 잃어버린 것이 아닌 것처럼, 사실은 3유형의 본질은 잃어버린 것이 아닙니다. 두려움의 구름에 가려진 것일 뿐입니다. 하지만 이들은 구름에 가려진 태양의 그림자만 좇게 됩니다.

5. 욕망: 성공, 타인의 인정

본질과 연결이 끊어진 3유형은 '존재만으로는 가치가 없어서 사랑받을 수 없다'는 두려움에 휩싸이게 되고, 이를 해결하고자 '성공과 타인의 인정'을 욕망하게 됩니다. 성공과 타인의 인정은 사회적으로 높은 가치가 있다고 증명된 것이며, 그것을 획득한다면 자신의 존재 가치를 높일 수 있다고 느끼는 것이지요.

이를 위해 외부 세상의 가치 기준이 무엇인지 면밀하게 살펴 그 가치를 증명할 수 있는 목표를 세우고, 그것을 달성하기 위해 자신의 능력을 최대로 발휘하려고 노력합니다. 강한 추진력과 성실하고 책임감 있는 자세로 과업에 임하며, 반짝이는 아이디어에 효율적인 방법을 적용하여 우수한 성과물을 만들어내지요. 그 결과 자신과 공동체의 발전에도 기여할 수 있게 됩니다.

또, 3유형에겐 평판도 중요하기 때문에 기왕이면 관계에서도 좋은 평가를 받기 위해 노력하지요. 이러한 노력을 통해 성공적인 결과를 얻어내고, 주위 사람들에게 긍정적인 평가를 들으면 나의 가치를 입증했으며, 자신의 능력을 확신할 수 있다고 느끼며 자신감을 얻게 됩니다.

성공과 타인의 인정을 받기 위한 기준은 나라, 문화, 집단의 특징에 따라 다르기 때문에 3유형이 욕망하는 성공과 인정의 종류는 어떤 공동체에 속했느냐에 따라 매우 다양하게 나타날 수 있습니다. 이들은 능력에 관심이 많고 민감한 만큼, 성공 가능성이 있는 것과 그렇지 않은 것을 구분할 수 있는 현실적 감각을 갖추고 있습니다. 그래서 공동체에서 인정받는 범주 안에서 자신이 가장 잘할 수 있는 것을 선택하고 집중하여 최고가 되기 위해 노력합니다. 예를 들어, 공부든 운동이든 하나의 분야에서 뛰어난 성과를 내는 사람이 인정받는 공동체에 속해 있다면, 자신이 잘하는 분야를 찾아 집중적으로 능력을 키워서 최고가 되려고 노력합니다. 돈을 많이 버는 것, 높은 직위에 오르는 것을 추구할 수도 있고, 매력적인 외모와 사교적 태도와 같이 사람들의 마음을 사로잡는 힘 또한 이들이 추구하는 것 중 하나일 수 있겠지요.

하지만 이들이 인정받기 위해 추구하는 것이 외적인 것에만 국한되는 것은 아닙니다. 외적인 것보다 내적 대상에 더 높은 가치를 평가하는 곳에 속해 있다면 깊은 신앙심을 갖는 것, 내면세계에 관심을 가지고 꾸준히 명상을 하는 것 등도 욕망의 대상일 수 있습니다.

3유형의 내면 깊은 곳에는 '있는 그대로의 나는 충분하지 않으며 존재 가치가 없다'라는 수치심이 있습니다. 능력 있고 자신감 넘쳐 보이는 3유형의 내면에 이런 수치심이 자리 잡고 있다는 것이 믿기 힘들 수도 있습니다. 심지어 3유형 자신도 "수치심 같은 거 없는데? 나는 내가 자랑스러워!"라고 말할 수도 있지요. 하지만 이러한 모습 또한 수치심을 느끼지 않으려는 3유형의 모습과 연결될 수 있습니다. 존재의 무가치함이라는 수치심을 고스란히 느끼는 것은 굉장히 괴로운 일이기에, 3유형은 불편한 감정을 무의식중에 차단하고 외부로 시선을 돌려 외적 성취를 이루는 삶을 살아가기 때문입니다.

수치심이 자극되면 3유형은 자신이 부족하다는 느낌에 초조하고 불안해집니다. 그리고 이런 감정이 올라오는 것은 문제 상황이라고 판단하며, 감정을 느낄 틈을 주지 않고 수치심을 상쇄하고 메꿀 수 있는 외부 성과를 내야 한다는 충동에 휩싸이게 되지요. 그리고 가치를 입증할 수 있는 일이 무엇인지 찾고 계획하며 바쁘게 움직이기 시작합니다. 이렇게 감정을 차단하고 일을 만들어 행동하다 보면 자신의 내면을 들여다볼 시간은 없게 됩니다.

그리고 목표를 효율적으로 성취하기 위한 과정에서 자신의 감정뿐 아니라 타인의 감정도 차단하곤 합니다. 특별한 목적이나 결론도 없이 감정을 토로하는 사람과 마주하는 것을 힘들어하고, 그럴 시간이 없다고 여기지요. 상대방의 감정이 담긴 이야기를 듣다 보면 애써 막아둔 내면의 감정들이 자극되기에 타인의 감정을 더욱 차단하려 할 수 있습니다.

이렇게 수치심과 불편한 감정을 차단하고 성취를 통해 자신의 가치를 인정받기를 원하지만 이 방식으로는 결코 내면의 수치심과 공허함을 해소할 수 없습니다. 성공에 대한 기준은 집단 또는 상황에 따라 다를뿐더러, 아무리 뛰어난 사람이라 할지라도 모든 곳에서 항상 인정받을 수는 없기 때문이지요. 외부 기준과 성과를 통해 수치심을 덮으려는 3유형의 시도는 실패로 끝날 수밖에 없으며, 존재 자체만으로는 가치를 느낄 수 없다는 수치심의 굴레에서 벗어날 수 없게 됩니다.

타고난 능력과 가치가 없고, 그로 인해 사랑받을 수 없다고 느껴서 능력 있고 가치 있는 존재가 되기를 바란다.
자신의 능력과 성과에 대해 사람들이 알아주지 않을 때 수치심을 느낀다.

7. 집착: 외적 성취

내면에서 존재 가치를 발견하지 못한 3유형은 외적 성취에 집착하는 모습을 보이게 됩니다. 자신이 능력 있고 가치 있는 사람임을 증명할 수 있는 확실한 결과물을 만들어내거나, 성공적으로 보이는 직위나 이미지를 추구하는 모습을 보이는 것이지요. 이들이 외적 성취에 집착하는 것은 결국 사람들에게 인정받기 위함으로, 이들의 성취 여부 기준은 타인에게 달려 있습니다. 따라서 자신이 진정으로 원하고 가치 있는 일이라 할지라도 시간이 오래 걸릴 것 같으면 뒤로 미뤄두고, 빠르고 쉽게 이룰 수 있거나 명확한 성공적 결과를 보장받을 수 있는 것에 더 치중하는 모습을 보이기도 하지요.

이러한 3유형의 내면에는 혹독한 과제 관리자가 존재합니다. 이들은 '반드시 잘 해내야만 해! 하나를 이뤘으면 이제 다른 목표를 세우라고! 쉴 틈은 없어!'라고 다그치면서 3유형이 계속 일을 하게 만듭니다. 결국 특별한 목적과 목표 없이 그저 쉬어가는 모습은 거의 찾아보기 어렵게 되지요. 심지어 쉬기 위해 시작한 취미 활동이라 할지라도 전문적 수준으로 끌어올려 최고가 되고, 인정받고 싶어하기도 합니다.

또, 3유형은 성취 중독적 모습을 보이며 새로운 일을 계속 벌이기도 하는데, 이때 성취하려는 각 분야가 전혀 연관성이 없는 경우도 있습니다. 이것은 자신의 철학과 가치를 기반으로 도전 분야를 선택하기보단 시대의 흐름상 주목받기 좋은 것, 먼저 뛰어들어 입지를 다지기 유리한 것 등 외부의 다양한 상황과 기준에 따라 도전 분야를 선택하는 경우도 있기 때문입니다. 이렇게 자기 중심 없이 외부 성과에만 매달리면 굉장히 바쁘고 분주하게 살아가지만, 겉으로만 그럴듯해 보이는 결과물을 쉬지 않고 만들어내는 공허한 삶을 살게 됩니다.

그리고 일의 진행 과정이 어떻든 결과만 성공적이라면 충분히 잘한 일이라고 결론짓거나, 내실이 부족하더라도 겉보기에 괜찮으면 성공한 것이라고 여기기도 합니다. 이에 따라 이익이 되는 것, 외적으로 가치 있어 보이는 것, 타인의 인정을 받는 것이라면 일부 마음에 걸리거나 불충분하더라도 상관없다고 여기며 일의 성과와 외부의 인정만 중요시하는 모습이 나타날 수 있습니다.

8. 회피: 실패, 자신과 타인의 감정

외적 성취를 통해 자신의 능력과 가치를 획득해야 한다고 믿게 된 3유형은, '실패'로 여겨지는 것들을 최대한 회피하려는 모습을 보입니다. '성공하지 못하면 사랑받을 수 없다'는 두려움을 지니고 있기에, 실패의 경험은 '존재 가치 없음'이 증명되는 것처럼 느껴지기 때문이지요. 따라서 실패로 인한 좌절을 겪지 않기 위해, 이미 경험해본 것, 잘 아는 것, 잘할 자신이 있는 것 등 확실한 결과가 보장되는 것들만 반복하려고 합니다. 더 나아가 작고 간단한 시도라 할지라도 조금이라도 상대에게 거부당할 것 같거나 자신 있게 하지 못할 것 같으면 쉽사리 시도조차 하지 못하는 소극적인 태도가 나타날 수 있지요. 실패를 피하려는 두려움은 목표를 빨리 달성해야 한다는 조급함으로 이어지고, 자신이 생각한 만큼 빠른 속도로 이루지 못한다고 느끼면 목표 달성에 대한 압박감을 이기지 못하고 쉽게 포기해버릴 수도 있습니다.

3유형이 회피하는 것은 실패뿐 아니라 자신과 타인의 '감정'도 포함합니다. 감정을 느끼면 시간과 에너지를 소비하게 되고, 일을 효율적으로 처리하는 데 방해된다고 느끼기 때문입니다. 특히 고통스러운 감정들은 삶에 도움 될 것이 없다 여기며 억누르게 되고, 그 결과 감정 자체에 무감각한 모습을 보이기도 하지요. 그래서 3유형은 감정형이지만, 자신의 감정을 있는 그대로 느끼고 표현하는 데 어려움을 겪습니다.

성공에 대한 욕망이 외적 성취와 결과에 집착하게 하고,
성공에 방해되는 실패와 감정은 회피하게 만든다.

9. 악덕: 기만[*]

3유형이 집착과 회피의 패턴에 갇히면, 반드시 성공해야 한다는 압박감이 커지면서 자신과 타인을 '기만'하는 모습을 보입니다. 여기서 말하는 '기만'이란, 상대를 속이기 위해 의도적으로 거짓말하는 것을 의미하지 않습니다. 3유형의 '기만'은 인정받을 수 있는 역할이나 이미지를 참된 자아보다 중요시하며 그에 맞춰 삶을 살아가는 것을 의미합니다. 사람들에게 깊은 인상을 주고, 능력 있고 빛나는 존재라는 찬사를 받고 싶은 마음에 무의식적으로 좋은 면만 보여주려 하면서 나타나는 모습인 것이지요.

그렇기에 3유형의 기만은 남들에게 쉽게 들통날 만한 것이 아닌 매우 미묘하고 알아차리기 어려운 모습으로 나타납니다. 심지어 스스로도 자신을 기만하고 있음을 파악하지 못할 수도 있습니다. 긍정적이고 매력적인 모습, 성공한 모습으로 자신을 포장하여 사회로부터 긍정적 평가를 받게 된 이들은 더더욱 자신의 내면과 본질에 대해선 관심을 두지 않게 됩니다. 그러면서 주변 환경에 따라 색깔이 바뀌는 카멜레온처럼 사람들이 기대하는 바에 따라 다양한 모습으로 자신을 바꾸어 연출하게 되지요.

하지만 이미지와 역할을 통해 자신을 내세우는 방식은 진정한 자신의 모습으로 받아들여지는 것이 아닙니다. 결국 3유형은 이 방식으로는 내적 공허함과 결핍을 채울 수 없다는 것을 느끼게 됩니다. 그러면서 이러한 고통을 해소하고 자신을 보호하고자 다음과 같은 방어기제를 사용하게 됩니다.

---

[*] Deception, 성공적인 이미지를 위해 참된 자아를 숨기고 포장함.

10. 방어기제: 동일시[**]

악덕에 빠진 3유형은 자신과 타인을 기만하며, 자신의 내면을 정직하게 살피기보다 역할과 이미지를 더 내세우게 됩니다. 더 나아가 가치 있다고 인정받는 것들과 자신의 존재를 일치시키려고 노력합니다. 그러다 보면 3유형 스스로도 자신의 진짜 모습이 무엇인지 헷갈리는 상태에 다다르고, 심지어 추구하는 대상과 자신을 일치하여 생각하게 됩니다. 이것이 바로 3유형의 방어기제인 동일시입니다. 워커홀릭인 3유형들에게 자주 나타나는 대표적인 동일시가 바로 일이 자기 자신이라고 느끼는 것입니다. 이런 동일시에 빠져 있는 3유형이 자신이 한 일에 대해 비판받는 경우 매우 불쾌해하는 모습을 보이게 되지요.

사회적으로 인정받는 훌륭한 역할이나 직위, 이미지를 자신과 동일시할 경우, 자신의 가치를 인정받았다는 일시적인 위안을 얻을 수는 있습니다. 동일시를 통해 무가치함의 두려움과 고통으로부터 자신을 보호하는 것이지요. 하지만 이들은 결국 내면이 비어 있다는 공허감과 상황에 따라 바뀌는 정체성으로 인해 혼란스러움을 느낍니다. 그리고 외부의 조건들을 모두 제거하면 '진정한 나는 누구인가'와 같은 질문과 맞닥뜨릴 수밖에 없게 되지요. 그 결과 본질 없음, 가치 없음이라는 뿌리 깊은 두려움에 다시 빠져버리고, 그 두려움에서 벗어나고자 외적인 성취와 이미지에 더 몰두하며 매달리는 모습을 보이게 됩니다.

하지만 이 모든 것은 3유형이 진정 원해서 하는 행동이 아닙니

[**] Identification, 내면의 결핍감을 피하고자 훌륭한 역할이나 직위를 자신의 존재와 일치하여 생각하는 것.

다. 이런 모습에서 우리는 자신의 진정한 가치를 찾고, 존재 자체로서 사랑받기를 바라는 3유형의 간절한 마음을 알 수 있습니다.

✿✿✿✿✿

지금까지 성격 빙산 이론을 통해 3유형의 겉으로 드러나는 모습과 빙산 아래 존재하는 내면의 깊은 모습들을 살펴보았습니다. 3유형의 본질은 영원히 빛나는 진실한 가치지만, 두려움을 기반으로 욕망에 집착하다 보면 내면에 이미 존재하는 본질적 가치를 느끼지 못하고 성과를 통해 자신의 가치를 겉으로 증명하려는 삶을 살게 됩니다.

3유형이 살면서 겪는 문제에는 보통 일정한 패턴이 있습니다. 삶 속에서 이 패턴을 발견하고 주의 깊게 관찰하며 알아차림의 신호를 깨달으면, 본질을 회복하고 성격에서 점차 자유로워질 수 있습니다.

자동반응패턴을 알아차리고 성격에서 자유로워지기

1. 알아차리기(지혜)

능력이 없으면 존재 가치도 없다는 수치심에서 벗어나고자, 외부의 인정과 성취를 얻기 위해 효율적으로 살아가는 것이 3유형의 **자동반응패턴**입니다. 자동반응패턴에 따라 사는 것이 나쁜 것은 아닙니다. 다만 외부적 성공과 효율성에만 치중하고 자신의 내면은 살피지 못할 때가 문제입니다. 이를 '깨어나야 하는 신호'로 여기고 알아차리려는 연습이 필요합니다. 다음에 제시하는 알아차림 확언이 도움이 될 것입니다.

3유형의 알아차림 확언

"아! 내가 지금 외부의 인정과 성취를 좇고 있구나!
있는 그대로는 충분하지 않다는 수치심을 느끼고 있구나."

2. 받아들이기(사랑)

알아차리지 못했다면 자동반응패턴으로 더욱더 외부의 인정과 성취를 추구했겠지만, 알아차렸다면 이런 자신을 받아들일 수 있게 됩니다. 이러한 내가 이상하고 나쁜 것이 아닙니다. 원래 그런 성향으로 태어난 것입니다. 나와 같은 성격을 가진 많은 사람이 비슷한 자동반응패턴을 따라 살아가고 있습니다. 이런 자신을 비난하거나 합리화하지 않고 있는 그대로 받아들입니다.

3유형의 받아들임 확언

"내가 이상하거나 나쁜 게 아니라
그런 성향을 가지고 태어난 거야.
그리고 나름대로 최선을 다해 살아왔어.
이런 나를 비난하기보다 따뜻하게 안아주자.
이렇게 강렬하게 성공을 좇으며 수치심으로부터 회피하고 있
는 나 자신을 있는 그대로 받아들이고 사랑한다."

알아차리고 받아들였다면 자동반응패턴에서 벗어나 선택을 할수 있게 됩니다. 강렬하게 외부의 인정과 성취를 좇으며 성공적인이미지를 보이려고 했던 두려움에서 조금씩 자유로워지면 3유형에게서는 '**정직**'이라는 미덕이 발현되기 시작합니다. 나의 가치는 외부에서 획득하거나 꾸며내는 것이 아닌, 본질 그 자체로 이미 빛나고 있음을 깨닫게 되는 것이지요. 그러면 지금까지와는 다른, 조금더 현명하고 용기 있는 선택을 할 수 있는 가능성이 열리게 됩니다.

아래의 선택과 연습이 3유형의 참된 본성을 회복하고 깊은 본질과 연결되는 데 도움이 될 것입니다.

본질과 연결되고 본성을 회복하는 연습

연습 1. '내가 진정으로 원하는 게 무엇인가?' 스스로 질문하기

외부의 인정만 추구하다 보면 사회적으로 선호하고 인정받는 것을 행할 뿐, 자신이 진정으로 원하는 게 무엇인지를 살피지 않게 됩니다. 오히려 행하는 것과 자신의 존재를 강하게 동일시하여 사회적 선호가 자신이 원하는 것이라고 착각할 수도 있지요. 하지만 3유형의 진정한 가치는 내면의 목소리에 따를 때 실현될 수 있습니다. 명확한 답이 떠오르지 않더라도 자신에게 종종 다음의 질문을 던져보세요. '내가 진정으로 원하는 게 무엇인가?' '지금 나는 이것을 왜 하고자 하는가?' 이 질문은 당신이 진실에 서서히 다가가도록 도와줄 것입니다.

연습 2. 잠시 멈추어 삶의 속도를 늦추기

외적 성취로 자신의 가치를 증명하려고 하면 새로운 목표와 일에 끊임없이 매달리게 됩니다. 하지만 이 방식으로는 결코 내면의 결핍감을 채울 수 없으며, 3유형의 본질과도 점점 멀어집니다. 목표 달성을 위해 쉬지 못하고 너무 빠른 속도로 삶을 살아간다는 생각이 들면 잠시라도 멈추어 심호흡을 해보세요. 단 5분이라도 좋습니다. 잠시만 눈을 감고 호흡에 집중하며 천천히, 깊게 숨을 쉬어보세요. 아무것도 하지 말고 숨만 쉬며 있어보는 것입니다. 이 연습은 목표에 과열된 당신의 삶의 속도를 잠시라도 늦춰줄 수 있으며 이 순간에 존재하는 감각에 조금씩 익숙해지도록 도와줄 것입니다.

연습 3. 불편한 감정이 올라오면 가슴과 연결할 기회로 삼기

효율성을 위해 감정을 차단하는 3유형은 감정형임에도 불구하고 감정을 느끼는 것에 어려움을 겪습니다. 유용하다고 느끼는 감정만 선택적으로 허용하고, '그런 감정을 느껴준다고 뭐가 달라지나?' 생각하며 불편하거나 부정적이라고 느끼는 감정은 쓸모없다고 여길 수 있지요. 따라서 부정적인 감정은 회피하거나, 문제로 치부하여 분석 후 빨리 처리해서 없애버리려고 합니다.

하지만 내면에서 특정 감정이 올라온 데에는 그럴 만한 이유가 있을 것입니다. 이제 불편한 감정이 올라오면 회피하거나 해결하려 하지 말고 가슴과 연결할 기회로 삼아봅시다. 잠시라도 그 감정에 머무는 것을 선택하는 것이지요. 그간 느끼지 않으려 애써왔던 감정과 조금씩 마주하면서, 감정과의 연결은 감정에 매몰되는 것이 아닌, 감정의 자연스러운 흐름을 경험하게 한다는 것을 느끼게 될 것입니다. 이것은 온전한 감정과 존재의 수용으로 연결되어, 힘든 순간에도 자신에게 매몰차게 굴지 않고, 스스로를 살피고 위로하며 삶에 온전히 머무를 수 있게 합니다.

연습 4. 자신의 내면을 솔직하게 드러낼 수 있는 사람들과 대화 나누기

사회적 이미지와 자신을 동일시하다 보면, 솔직한 모습으로 사람들과 만나는 것에 대한 감각을 잃을 수 있습니다. 내가 보여주고 싶은 이미지가 아닌, 내면에 숨겨둔 모습도 드러낼 수 있는 사람들을 만나고 대화를 나누어보세요. 주변에서 그런 사람을 찾기 어렵다면 믿을 만한 상담가를 찾아가 상담을 받아볼 수도 있겠지요. 이러한 만남은 3유형이 자신의 삶에 정직해지고, 있는 그대로의 자신으로서 관계를 맺는 감각이 무엇인지 깨닫도록 도울 것입니다.

연습 5. 나와 연결된 공동체를 인식하고 모두의 발전을 위해 기여하기

눈앞에 보이는 목표를 달성하고자 앞만 보고 살다 보면, 자신과 연결된 관계는 잊고 혼자 달려가듯 살아갈 수 있습니다. 그렇다면 이젠, 시선을 조금 돌려 주변을 살펴봅시다. 나만을 위한 목표에 몰두했던 것을 넘어 주변 사람들, 그리고 더 큰 공동체에 관심을 두면서 그들의 발전에 기여해봅시다. 다른 사람들과 협력하고 모두의 성장에 기여하는 더 큰 가치에 관심을 쏟으면 이전에는 발견하지 못한 더 큰 역량을 발휘하게 될 것입니다.

"외부 기준이 아닌 진정한 나의 목소리에 따른다.

잠시 멈추어 삶의 속도를 조절한다.

불편한 감정을 통해 가슴과 연결된다.

사람들과 솔직한 대화를 나눈다.

모두의 발전을 위해 기여한다.

이 중에 하나라도 지금 실천한다."

7장

4유형: 예술가

- **특별한 사람, 고양이**
- **자아상: 나는 남들과 다른 특별함이 있는 사람이다.**

다른 사람들이 바라보는 4유형의 모습

낭만 씨는 남들과는 다른, 독특한 분위기를 풍기는 사람입니다. 엄청 도드라지게 튀는 것은 아니지만 뭔가 다른 느낌을 지니고 있어 주변 사람들이 관심과 호기심을 갖게 하는 묘한 매력이 있는 사람이랄까요? 그만의 특별한 패션 센스가 녹아든 아이템을 곁에서 감상하는 것도 상당히 흥미로운 일입니다. 섬세하고 따뜻한 느낌으로 대화를 나누는 낭만 씨는 상대방으로 하여금 깊은 공감과 위로를 받는다는 느낌이 들게 합니다. 또, 창의적이고 감수성이 풍부한 면이 있어, 다른 사람에게는 평범해 보이는 것도 낭만 씨의 독창적이고 특별한 감성과 의미가 부여되면 전혀 다른 느낌으로 재탄생합니다.

하지만 이런 낭만 씨를 불편해하는 사람들도 있습니다. 낭만 씨와 가까워졌다고 생각했는데 갑작스럽게 거리를 두고 불편해하는 것 같은 모습을 보이기도 하고, 예측하지 못한 상황에서 감정 기복이 커지는 모습을 보여 좀처럼 진심을 알 수 없는 사람이라 여겨집니다. 그리고 섬세함을 넘어 너무 예민해지거나 깊이를 알 수 없는 우울함에 빠져 있을 땐 낭만 씨를 어떻게 대하면 좋을지 난감하고 불편하다는 이야기를 하기도 합니다.

4유형이 들려주는 자신의 내면 이야기

저는 어릴 때부터 "남들과는 다르다"는 말을 종종 들어왔고, 스스로 생각하기에도 특별한 면이 있는 듯하다고 생각해왔습니다. 어릴 때부터 '나는 어떤 존재인가? 나는 어디에서 온 것일까?' 같은 삶의 의미에 대해 깊이 고민하기도 했습니다. 감정적으로 섬세하고 감수성이 풍부한 편이라 제가 느끼는 것을 밖으로 표현하고 싶은 마음이 늘 있었고, 직접 말로 하는 것도 좋지만 글이나 그림 등 다른 매체를 통해 표현하는 것에도 관심이 가곤 합니다. 가끔 사람들이 제 글을 보고 "여기서 어떻게 이런 표현을 떠올릴 수 있지?"라며 감탄할 때면 내 안에 있는 특별한 무언가가 글에 잘 녹아들었고, 그걸 알아주는 사람이 있다는 것에 기쁨을 느낍니다. 그리고 내면의 고유한 아름다움을 표현하고자 한 아이템이나 분위기를 사람들이 알아줄 때, 겉으로 크게 내색하진 않지만 속으로는 매우 기쁩니다.

하지만 때때로 나라는 존재로 살아가는 게 참 힘들고 싫어질 때가 있습니다. 감정 기복이 큰 편이라 한번 우울해지면 우울감에 깊게 빠져들기도 하고, 감정이 마치 나인 것처럼 여겨지기도 합니다. 긍정적인 마음보다 부정적인 마음에 더 오래 머무르게 되며, 종종 나는 너무 부족하고 초라한 존재인 것 같은데 주변에는 나보다 더 빛나고 특별해 보이는 사람들이 너무 많이 보여서 부럽기도 하고 질투가 나기도 합니다.

빙산 모델로 본 4유형 성격 구조

1. 별 명   예술가, 특별한 사람

2. 장점-단점

① 자기성찰이 깊고 따뜻하다.   ① 자의식이 너무 강하고 과민하다.

② 감각적이고 심미적이다.   ② 독특해서 받아들여지지 않는다.

③ 독창적이고 표현력이 뛰어나다. ③ 감정 기복이 심하고 깊은 우울감이 오래간다.

3. 자아상   나는 남들과 다른 특별함이 있는 사람이다.

10. 방어기제   인위적 승화

9. 악덕   시기

8. 회피   평범함

7. 집착   특별함, 깊고 어두운 감정

6. 핵심 감정   수치심 — 몰입

5. 욕망   특별한 정체성과 삶의 의미

4. 두려움   특별하지 않은 존재

본질   정체성

1. 별명: 예술가, 특별한 사람

4유형은 아름다움에 자연스럽게 끌리고, 섬세하며 감성적인 사람들로 '예술가'라는 별명을 가지고 있습니다. 그렇다고 해서 4유형이라면 예술적 재능이 반드시 뛰어나다는 말이 아닙니다. 이들은 감동을 중요시하고 자신이 내면에 품고 있는 고유한 이야기를 표현하기를 원하며, 글쓰기, 시, 음악, 미술, 연극 등 감정의 흐름을 담을 수 있는 것을 통로로 삼아 내적 느낌을 감각적으로 표현해냅니다. 이들은 진흙을 진주로 만들어내는 진주조개와 같이 상실의 감각을 승화시켜 아름다운 것을 창조하는 힘을 가지고 있는데, 이러한 모습이 바로 4유형의 예술적 면모를 잘 보여줍니다. 또한 일상적이고 현실적이며 평범한 관점보다는 낭만적이고 독특한 시각으로 삶을 바라보며 남들과 다른 특별함을 추구한다는 점에서 '특별한 사람'이라는 별명도 가지고 있습니다.

4유형의 특징을 나타내는 동물은 고양이입니다. 고양이는 외부 자극에 민감하고 조심스러워 자신에게 다가오는 상대에게 쉽게 곁을 내어주지 않습니다. 하지만 충분한 거리를 두고 기다리면, 먼저 마음을 열고 다가와 깊고 따뜻한 관계를 형성하기도 합니다. 혼자 있는 시간을 원하고 즐기지만 동시에 외로움을 느끼기도 하고, 자신이 원할 때는 먼저 사람들 곁으로 다가와 함께하는 모습을 보이는 등 예측이 쉽지 않은 방식으로 사람들과 관계를 맺습니다. 이렇게 독립적이면서도 독특하고 섬세한 태도로 살아가는 고양이의 특징은 4유형의 모습과 닮았습니다.

2. 장점과 단점

① 자기성찰이 깊고 따뜻하다.

정체성과 삶의 의미에 대해 깊게 고민하는 4유형은 매우 깊은 성찰의 면모를 보여줍니다. 힘들고 강렬해서 피하고 싶은 감정들도 있는 그대로 마주할 수 있으며, 내면의 어두운 면을 살피고 이해하며 잘 받아들이지요. 즉, 자신의 깊은 내면세계와 연결된 상태로 머무르는 힘이 있다는 것입니다. 이러한 깊고 섬세한 자기성찰의 과정을 통해 4유형은 자연스러운 통찰력을 발현합니다. 그리고 외부세계에서는 쉽게 발견할 수 없는 깊이의 감동과 의미를 삶에서 발견할 수 있게 되지요.

이를 통해 주변 사람들을 따뜻하고 섬세하게 대하며, 진심으로 공감하는 모습을 보여줍니다. 자신의 어두운 부분을 잘 알고 받아들이는 만큼, 이해하지 못할 감정은 없다고 느끼며 사람들의 다양한 아픔과 슬픔을 이해하고 위로할 수 있는 것이지요. 사람들의 마음을 위로해줄 때도 마찬가지입니다. 힘들어하는 사람에게 그저 "힘내!"라는 말로 섣부른 위로를 하기보다, 상대가 진실한 감정을 온전히 느끼도록 함께 머물러줄 수 있습니다. 상대의 감정에 깊이 공감하면서도 지치지 않고 위로해줄 수 있는 거지요. 이런 4유형에게 사람들은 자신의 숨기고 싶은 면들까지도 진실하게 바라보고 표현할 수 있는 용기를 내게 됩니다.

② 감각적이고 심미적이다.

4유형은 감각적으로 민감하고 섬세하여, 작고 미묘한 차이도 발견할 줄 아는 섬세한 안목을 가지고 있습니다. 다른 사람들이 별 의미를 두지 않고 지나치는 것들에도 눈길을 돌리며, 그 안에서 각각의 고유한 의미와 아름다움을 발견할 수 있지요. 심지어 겉모습만 봤을 때는 아름답다고 느끼지 못할 것 같은 대상에서도, 눈에 보이지 않는 새로운 차원의 아름다움과 그 안에 감춰진 가능성을 발견하는 심미안을 발휘할 수 있습니다.

주변을 아름답게 만드는 이들은 고통, 상실, 슬픔, 좌절 속에서도 아름다움과 의미를 발견하고 표현해내고자 합니다. 또, 이런 감각을 활용하여 주변의 공간을 자신의 개성이 담긴 낭만적이고 분위기 있는 곳으로 만들고는 하지요. 과하지 않지만 특별하고, 아주 섬세한 것까지 고려한 이러한 공간은 그들의 우아하고 세련된 취향을 엿볼 수 있게 합니다.

③ 독창적이고 표현력이 뛰어나다.

4유형은 자신 안에 담긴 독특한 감성들을 독창적이고 특별한 방식으로 표현해냅니다. 기존에 있는 것들을 모방하기보단 새로운 변화를 추구하며, 자신만의 특별함을 담아낼 수 있는 방식을 창조해가지요. 이들은 민감한 직관력, 섬세한 감수성, 미적이고 낭만적인 감성을 바탕으로 내면에서 느껴지는 것들을 독창적으로 표현해나갑니다. 글, 그림, 음악 등 다양한 예술적 형태를 빌려 자신이 느낀 것을 표현하고, 그것을 통해 자신이 어떤 사람인지 담아내고 싶어하지요.

이들이 자신의 내면을 글로 표현할 때는 직접적이기보다는 함축적인 표현을, 흔히 쓰이는 일상적 표현보다는 자신만의 개성을 담을 수 있는 독창적인 언어를 사용합니다. 4유형의 이런 면모는 어린 시절부터 나타나는데, 어린아이가 쓴 글이라고 생각하기 어려울 정도로 섬세한 감정을 글에 담으며, 독창적이고 아름다운 표현을 쓰는 것을 발견할 수 있습니다. 같은 자극을 가지고도 흔히 발견하거나 들어보지 못한 것들을 표현하기에, 주위에 신선한 자극과 감동을 주게 되지요. 이러한 과정을 통해 만들어낸 자신의 창작물을 주변 사람에게 공유하기도 하고, 자신이 느낀 것을 다른 사람도 느끼고 소통하기를 원합니다.

단점

① 자의식이 너무 강하고 과민하다.

4유형은 내가 어떤 사람인가에 관해 너무 심각하게 생각하고, 자신의 감정에만 매몰된 나머지 강한 자의식에 빠질 수 있습니다. 그러면 섬세하고 예민한 것을 넘어 과민해지고, 실제 감정보다 과장되게 느끼고 심각하게 반응하는 등 감정에 매몰된 모습이 나타날 수 있습니다.

사람들과의 관계 속에서 상대가 자신에게 했던 말과 표정, 눈빛, 몸짓 등을 곱씹으며 자신이 다른 사람에게 어떻게 보일지 신경을 쓰기도 합니다. 그리고 자신이 원하는 이미지로 받아들여지지 않았다고 느끼면 수치스러워하지요. 특히 상대방이 이야기하는 내용 중 긍정적 내용은 흘려버리고 부정적인 것들을 흡수하듯 받아들이는 성향이 있는데, 그 내용이 객관적인지 고려하기보다 부정적 피드백을 그대로 받아들이거나 상대방의 의도와 관계없이 부정적인 쪽으로 해석해버리고 고통스러워할 수 있습니다.

또한 자신에게만 관심을 쏟느라 자신의 감정과 관심사를 제외하고는 무관심한 태도를 보일 수도 있습니다. 자신과 관련된 주제에 관해 이야기할 때는 흥미를 보이지만, 관련성이 떨어지는 주제나 상대방이 중심이 되는 대화에는 흥미를 잃고 집중하지 않을 수 있지요. 그리고 자신의 감정에만 몰입하고 있어서 본인의 감정에는 매우 민감하게 반응하지만, 다른 사람들의 감정에는 제대로 공감하지 못하거나 자신만의 방식으로 왜곡해서 판단해버리기도 합니다.

② 독특해서 받아들여지지 않는다.

평범함을 회피하고, 다른 사람들과의 차이점을 통해 자신의 고유한 정체성을 정립하려다 보면, 타인들이 지닌 특성은 모두 제외하고 남들과 다른 점만 가지고 자신을 표현하려 할 수 있습니다. 이럴 경우, 스스로도 자신을 독특하고 비밀스러운 사람이라 여기게 되지요. 또한, 자신은 다른 사람과 다르기 때문에 사람들이 자신을 이해하지도, 받아들이지도 못할 거라고 생각하게 됩니다. 결국 자신을 아웃사이더라고 느끼며 관계로부터 멀어지려 하지요.

그리고 자신은 특별하고 예외적인 존재이기 때문에 대부분의 사람들이 따르는 일상적인 규칙은 자신에게 적용되지 않는다고 여기기도 합니다. 자신이 속한 공동체는 자신을 이해할 수 없고 본인에게 적합하지 않으며, 자신이 머무를 곳이 아니라고 생각할 수 있습니다. 이럴 경우, 주변과의 교류가 어려워진 4유형은 점점 자신을 집단에서 받아들여지기 어려운 사람으로 생각합니다.

주변 사람들이 자신을 이해하지 못할까 봐 남다른 면모를 숨겨왔던 4유형이 자신의 내면을 조심스럽게 드러낼 때도 있습니다. 이때 주변 사람들이 불편해하고 이상하게 여기는 등 그들의 존재를 받아주지 않는 경험을 하게 되면, 4유형은 상처를 받고 내면의 독특한 면을 드러내지 않고 숨기며 살아갈 수도 있습니다.

③ 감정 기복이 심하고 깊은 우울감이 오래간다.

이들은 감정 변화의 폭이 큰 편입니다. 감정을 강렬하게 느끼기 때문에 슬픔도 매우 깊은 슬픔을, 감동도 환희에 찬 감동을 느끼지요. 이렇게 강렬하고 증폭된 감정에는 자주 끌리는 반면, 자극적이지 않고 심심한 듯한 감정은 별로 선호하지 않는 경향이 있습니다.

그리고 4유형은 우울감을 자주 느끼며 그 안에 머물러 있는 시간이 긴 편입니다. 이들에게 우울함은 익숙한 감정입니다. 그래서 우울함이 너무 싫고 빨리 벗어나고 싶다고 느끼기보다는 오히려 그 안에 머무르는 것에서 편안함을 느끼기도 합니다.

이렇게 4유형은 감정과 자신을 동일시하게 되면서, 감정 변화에 따라 자신의 정체성에 혼란을 느끼고 불안정한 모습을 보일 수 있습니다. 그런 상태가 되면 사람들 사이에서 갑작스럽게 멀어져서 자기 감정 속으로 침잠하여 들어가기도 합니다.

✡✡✡✡✡

에니어그램에서는 장점과 단점을 동전의 양면과 같다고 봅니다. 위의 장단점을 각각 읽어보면 서로 연결되어 있음을 발견할 수 있을 것입니다. 타고난 본질은 하나지만 이것이 때에 따라 장점으로 드러날 수도, 단점으로 드러날 수도 있는 것이지요.

4유형은 깊은 성찰력과 감각적이며 독창적이라는 장점을 가지고 있지만, 특별함에 집착하여 평범한 것은 소홀히 하고 특별하려고만 하면 장점이 단점으로 바뀌어 드러나게 됩니다.

3. 자아상: 나는 남들과 다른 특별함이 있는 사람이다.

'나는 이런 사람'이라는 생각과 느낌, 태도의 집합체를 자아상이라고 합니다. 사람들은 자신의 자아상을 '이상적인 나'로 판단하며, 그 모습대로 살아가려고 하는 경향이 있습니다. 하지만 자아상은 사실 두려움으로부터 자신을 지키기 위한 깊고 정교한 내적 작용으로 '만들어진' 것입니다.

4유형은 고유함과 특별함을 추구하고, 평범하고 일반적이라고 느껴지는 것은 피하며 살아왔기 때문에 자신에 대해 '나는 남들과 다른 특별함이 있는 사람이다'라는 생각, 즉 자아상을 갖게 됩니다. 이 특별함의 추구는 표면적으로 보면 남다른 감성, 취미, 그 사람만의 독특한 표현 방식 등으로 나타납니다. 인간관계에서는 사람들과 적극적으로 어울리고 자신의 솔직한 마음을 표현하며 함께하는 방식보다는, 은근히 거리를 두며 주변 사람들이 자신의 매력에 이끌려 오기를 바라는 모습을 보이기도 합니다. 매력적인 아웃사이더를 추구하는 것이지요. 하지만 진짜 아웃사이더가 되는 것을 원하는 건 아닙니다. 사람들이 본인의 특별함과 존재 자체를 알아봐주지 않는 것을 바라지는 않기 때문이지요.

내면의 깊은 차원에서 살펴보면, 이 특별함의 근원은 '다른 사람들은 다 가지고 있는 중요한 무언가가 나에게 상실되었다'고 느끼는 것에 기반합니다. 즉, 상실되었다는 느낌 자체가 남들과 다른 특별한 것이라고 여기는 것이지요. 중요한 것을 잃어버렸다고 확신하기에 그 느낌 자체는 고통스럽지만, 그로 인해 남들이 느끼지 못하는 것을 느끼고, 쉽게 표현하지 못할 것을 표현할 수 있는 원천이 된다고 여기는 것입니다. 그래서 일상에서 흔히 볼 수 있는 주제보다는 추상적이고 우아하며 고상하다고 느끼는 것을 추구하는 모습을 보이기도 하지요.

4유형은 이러한 것들이 자신만의 특별함의 원천이라고 느끼며, 자신은 남들과 다른 특별한 존재라고 생각하는 삶을 살아가게 됩니다. 그로 인해 평범한 것, 예측 가능한 것이 아닌, 남들과 다르고, 감성적이고, 사람들이 자주 느끼지 못하는 강렬한 감정을 통해 자신만의 가치를 발견하려 하지요. 이를 통해 이들은 '나는 남들과 다른 특별한 사람이다'라는 자아상을 점점 더 강화해갑니다.

✦✦✦✦✦

지금까지 살펴본 장단점과 자아상은 겉으로 쉽게 관찰할 수 있는 수면 위 빙산의 모습입니다. 사람들은 보통 수면 위의 모습만을 보고 자기 자신뿐 아니라 다른 사람들도 쉽게 판단해버립니다. 하지만 사실 이 모습들은 모두 수면 아래의 성격의 심층구조 속에서 만들어진, 성격의 결과물입니다. 이제부터 물 아래에 잠겨 있는 부분, 성격의 심층으로 들어가보도록 하겠습니다.

성격의 심층으로 들어가기 전, 먼저 빙산이 잠겨 있는 '물'에 대해 알아야 합니다. 물과 빙산은 어떤 관계일까요? 빙산은 물 위를 떠다니지요. 그런데 사실 물과 빙산은 다른 것이 아닙니다. 물의 일부가 얼어서 빙산이 된 것입니다. 빙산이 녹아서 다시 물이 될 수도 있지요. 낮은 온도라는 상황에 의해 물의 일부가 얼어서 하나의 빙산이 만들어지는 것처럼, '존재의 본질'에서 멀어지면서 두려움에 사로잡히게 되면 한 사람의 성격이 만들어집니다.

그렇다면 물은 뭘까요? 원래 우리가 타고난 본질, 성격이 형성되기 전의 진정한 나의 모습입니다.

본질: 정체성

4유형의 본질은 **'정체성'**입니다. 여기서 말하는 정체성이란, 남들과 다른 독특하고 특별한 무언가가 있어야만 발견할 수 있는 것을 의미하지 않습니다. 4유형의 본질적 정체성은 자신의 존재 자체가 **'깊고 특별한 근원 그 자체'**임을 깨닫는 것을 뜻합니다. 즉, 4유형의 본질이 정체성이기에, 깊이 있고 의미 있는 무언가를 계속 추구하거나 극적인 감정을 느끼는 것에 의존할 필요가 없는 것이지요.

내가 나 자신이 되는 데 특별한 무언가를 추구하려는 노력이 필요하지 않다는 것을 깨닫고, '지금 이 순간' 조금씩 뿌리 내리는 삶을 살아가면 4유형의 본질이 발현되기 시작합니다. 그러면서 내 안의 정체성과 아름다움은 결코 잃을 수 없는 것이며, 늘 내면에 존재하고 있었음을 느끼게 되지요.

정체성이라는 본질과 연결된 4유형은 주변의 여러 존재와 깊이 연결되어 있음을 느낍니다. 마주 오던 사람과 나눈 짧은 눈맞춤, 길에서 마주친 강아지, 돌 틈 사이에 핀 꽃, 스치는 바람에서도 연결감을 느낄 수 있지요. 그리고 지금 이 순간에 머물며 자연스러운 창조성을 발휘하게 됩니다. 평범한 삶에서도 아름다움을 발견하고, 고유한 의미와 깊이를 독창적으로 표현해내지요. 무언가 중요한 것을 상실했다는 느낌 대신, 자신의 내면으로부터 흘러나오는 풍요로운 창조성으로 주변 사람들을 돕고 치유할 수 있는 힘을 발휘하게 됩니다.

보이지 않는 수면 아래의 빙산 살피기

4. 두려움: 남들과 다른 특별함이 없으면 사랑받지 못한다.

감정형의 기본 두려움은 '무가치'이며, 4유형은 무가치함의 두려움을 해소하고자 '내면'에 집중합니다. 즉, 4유형이 자신의 본질인 '깊이 있는 정체성'과 단절감을 느끼면, '나의 내면에는 남들에겐 다 있는 중요한 무언가가 상실됐어'라고 느끼게 됩니다. 그리고 자신의 존재만으로는 충분하지 않기에, 남들과 다른 특별함이 있어야만 사랑받을 수 있다는 두려움에 휩싸이게 되지요. 그러면서 내면의 상실에 집중하고, 특별한 의미를 부여하며, 남들과는 다른 고유함을 발견하고 창조하기를 원하게 됩니다.

이러한 두려움은 자신이 존재할 이유가 없다고 느끼게 할 만큼 강렬한 것이기에, 자신의 특별함을 반드시 찾아야만 한다는 충동에 휩싸이게 합니다. 그래서 평범한 일상에는 특별함이 없다고 여기며 일상을 소홀히 하거나, 원하는 것을 실천으로 옮기지는 않고 공상의 세계에만 빠져 있는 모습을 보이기도 합니다.

두려움에 휩싸인 정도가 더 강렬해지면, 두려움과 내면에서 일어나는 충동에 따른 불편함을 인식하지 못하고 '지금 내 모습은 진짜 내가 아니야. 나는 아직 진정한 내 삶을 이루지 못했어!'라고 느낄 수도 있습니다. 그리고 남들과 다른 점을 바탕으로 특별함을 추구하려고 하기 때문에, 자신에게만 있다고 여겼던 특별한 자질이 주변에 이미 있는 것, 또는 보편적인 것이라는 느낌이 들면 자신의 가치가 갑자기 바닥으로 떨어지는 것 같은 좌절감을 느끼게 됩니다. 자신의 정체성이 주변 상황에 따라 달라진다는 것에 괴로움과 혼란스러움을 느끼는 것이지요. 그래서 자신만의 특별함을 찾아야 한다는 충동에 또다시 휩싸이게 됩니다.

결국 4유형의 본질인 '깊이 있는 정체성'과는 더더욱 멀어지게 되고, 이것을 대체하기 위해 특별하고 강렬한 감정을 불러일으키는 대상과 의미를 추구하는 것에 더 매달리는 모습을 보입니다.

하지만 날이 저물고 구름에 가려졌다고 태양을 잃어버린 것이 아닌 것처럼, 본질을 잃어버린 것이 아니라 두려움의 구름에 가려진 것일 뿐입니다. 그런데 사람들은 구름에 가려진 태양의 그림자를 좇게 됩니다.

5. 욕망: 특별한 정체성, 삶의 의미

근본적인 것이 상실되었다는 느낌에서 오는 두려움을 해결하고자, 4유형은 자신만의 특별한 정체성을 찾기를 원합니다. 남들과 구분되는 것, 나만 가지고 있는 무언가를 발견하고 그것을 삶에서 특별하게 발현해낼 수 있다면, 내 안에 무언가가 상실되었다는 공허한 느낌을 채울 수 있다고 여기는 것입니다.

그렇기에 4유형은 자신의 세계에 집중하며, 스스로를 이해하는 데 많은 시간을 보냅니다. 자신이 좋아하는 것, 궁금하고 끌리는 것에는 현실적인 계산을 하며 주저하기보다 아낌없이 투자하거나 반드시 경험해보려고 하지요. 그리고 내면세계에 관심이 많다 보니, 다른 유형의 사람들에 비해 이른 시기부터 존재의 의미, 삶의 소명 등에 대해 고민하기 시작합니다. 그래서 초등학생, 더 이르면 그 이전부터 '내가 지구별에 온 이유는 뭘까?' 같은 고민을 하기 시작하고, 평생에 걸쳐 내면 탐색에 관심을 두고 살아갑니다.

그러면서 진정한 삶의 의미와 아름다움을 발견하여 깊이 있는 삶을 만들어나가기를 원합니다. 그래서 사람들은 별생각 없이 쉽게 넘기는 것들에도 시선을 두고, 곰곰이 느끼고 생각하며 자신만의 고유한 삶의 의미를 발견하려고 합니다. 그리고 그 과정에서 자신이 발견한 것을 표현할 때, 그것의 독특함과 남다른 가치를 알아보는 사람들과 함께하는 것을 좋아합니다. "이런 건 너만 할 수 있는 거야", "역시! 너는 뭔가 달라"와 같이 자신의 고유함을 발견하고 감탄하며 자신의 가치를 귀하게 여기는 사람들과 삶에서 느끼고 발견한 것을 함께 나누며 깊이 연결되기를 원합니다.

6. 핵심 감정: 수치심 — 감정 몰입

겉으로 보기에 남다른 분위기와 특별함을 갖춘 듯 보이는 4유형이지만, 내면의 깊은 곳에서는 '남들은 다 가지고 있는 중요한 무언가가 나에게는 상실되었기에, 나는 근본적으로 사랑받을 가치가 없다'라는 수치심을 지니고 있습니다. 하지만 수치심을 고스란히 느끼는 것은 굉장히 괴로운 일입니다. 이 수치심을 느끼지 않기 위해 4유형은 자신의 내면에 더 깊이 파고들어 일부 감정들을 더 강렬하게 만들어 거기에 몰입하기 시작합니다. 특정 감정(주로 부정적 감정)을 강렬하게 증폭시키고 거기에 몰두함으로써 특별한 정체성을 찾아 수치심을 회피하려는 것입니다. 공상 속에서 특별함을 갖춘 이상적 자아를 만들어 그 안에 머물러 있기도 하고, 반대로 자신을 비운의 주인공처럼 여기며 상실의 느낌을 극대화하여 그 안에 머무르기도 합니다. 강렬한 감정에 몰입하면서 자신을 무가치하다고 느끼는 데서 오는 괴로움을 덮어버리려는 것이지요.

하지만 감정의 세계에서 현실로 돌아오면, 자신이 꿈꾸는 이상적인 자아도, 비운의 주인공도 아닌 현실에서 살아가는, 특별할 것 없다고 느껴지는 자신을 다시 마주하게 됩니다. 그러면서 이상과 현실의 차이를 더 크게 느끼지요. 다른 사람들이 자신의 특별함이나 깊이를 알아주지 못한다고 여기며 다시 뿌리 깊은 수치심을 느끼게 됩니다.

> 자신에게 중요한 무언가가 상실되었고, 그로 인해 사랑받을 수 없다고 느껴서 자신만의 특별한 정체성을 찾기를 바란다.
> 자신의 특별함과 깊이를 사람들이 알아주지 않을 때 수치심을 느낀다.

이런 감정들을 느끼면서 욕망이 더욱 강해져 집착하는 것이 생깁니다. 집착이 생겼다는 것은 회피하는 것도 생겼음을 의미합니다.

이로 인해 성격은 더욱 강화됩니다.

7. 집착: 특별함, 깊고 어두운 감정

4유형에게 내면에서 올라오는 상실의 느낌은 깊은 고통으로 다가옵니다. 불충분한 정체성을 채워 고통에서 벗어나기 위해 특별함에 더욱 집착하게 되지요. 하지만 이 집착은 나의 고유한 색채를 발견하고 삶에서 창조적으로 발현하는 것보다 그저 남들과 달라지는 것에만 매달리는 모습으로 나타날 수 있습니다. '나는 남들과 달라. 그러니 사람들은 날 이해할 수 없을 거야'라고 생각하는 거죠. 이럴 경우, 다른 사람들이 4유형의 이야기를 듣고 공감하고자 "네 마음이 뭔지 알 것 같아"라고 이야기를 하면 '내 마음을 진짜 안다고? 모를 텐데?' 같은 반응을 보이거나, '나랑 같은 걸 느꼈다고? 그럴 리 없어'라며 불편함을 느낄 수도 있습니다. 보통의 사람들은 자신과 같을 수 없으며, 비슷한 느낌을 느끼기 어려울 거라고 믿는 경향이 있기 때문입니다.

4유형들은 에니어그램을 통해 자신만의 고유한 면이라고 생각했던 것이 하나의 기질이었다는 사실을 알고는 충격에 빠지기도 합니다. 에니어그램 워크숍에 참여한 4유형들이 대화를 나누는 모습을 보면, 여타 유형들이 서로 비슷한 점을 찾아가는 것과 달리 이들은 '저 사람이 4유형이 맞을까? 아닌 것 같아' 또는 '얘기를 들어봐도 저 사람은 나와는 다른 것 같은데' 하며 자신과는 다른 점을 찾는 것에 집중한다는 점을 발견할 수 있습니다.

감정을 통해 자신의 특별함과 정체성을 찾으려는 4유형은 '깊고 어두운 감정'에도 집착하는 모습을 보입니다. 사람들이 느끼길 선

호하는 감정(주로 긍정적인 감정)은 4유형의 고유한 정체성을 반영할
수 없다고 느끼기 때문에, 일반적으로 쉽게 느끼지 못하는 깊고 어
두운 감정에 더 집중하는 것이지요. 사람들이 두려워서 피하거나
접촉하지 못하는 깊은 감정에 집중하면, 내면의 어두운 부분들까지
도 이해하며 자신과 깊이 연결된다는 느낌을 받게 됩니다. 그리고
그 과정에서 다른 사람들은 발견할 수 없는 특별함, 깊이, 의미 등
을 찾을 수 있을 것이라 여기는 것이지요.

이렇게 깊고 어두운 감정에 집중하는 특성으로 인해 4유형은 어
린 시절부터 이별, 죽음, 상실의 경험과 같은 주제에 관심을 갖는
경향을 보이기도 합니다.

8. 회피: 평범함

남들과 확연히 다른 무언가가 있어야만 안정적인 정체성을 갖춘
다고 믿게 된 4유형은, 특별함에 집착하며 평범하다 느끼는 것들은
회피하려 합니다. 평범하고 일반적인 것에는 의미나 감동이 결여되
어 있다고 믿으며, 평범한 것을 선택하면 내면의 중요한 결핍을 채
울 수 없을 것이라는 두려움이 올라오기 때문이지요.

4유형은 변치 않는 자신만의 고유한 정체성을 획득하기 위해 평
범한 것을 회피하지만, 오히려 그것이 자신의 삶을 더 힘들게 만듭
니다. 특별하고 강렬한 감정을 불러일으키는 것에 끌리고, 그런 상
태일 때만 진짜 나 자신이 되었다고 여기면서, 삶의 대부분을 차지
하는 반복적이며 감정적 자극이 없는 일상에는 만족감을 느끼기 어
렵기 때문입니다.

또, 평범함을 회피하는 것은 나에게 있지만 다른 사람에게도 있

는 중요한 자질의 가치를 인정하지 못하게 만듭니다. 나만 가지고 있는 고유함의 영역이라 여겨서 소중히 여겼던 자질을 다른 사람들도 가지고 있다는 것을 알게 되면, 그것의 가치를 폄하하며 좌절하게 되는 것이지요. 평범함을 회피하려는 마음은 자신에게 있는 좋은 가치도 받아들이지 못하게 만듭니다. 결국, 4유형은 자신이 가진 것은 없다고 느끼며 내면의 결핍에만 집중하게 됩니다.

특별함에 대한 욕망과 집착이 남다른 모습과 강렬한 감정만 추구하게 하며, 평범한 일상의 삶과 현실은 회피하게 만든다.

이처럼 집착과 회피가 강렬해지면 자신과 다른 사람들에게 문제를 일으키게 되는데, 이를 '악덕'이라고 부릅니다.

9. 악덕: 시기*

4유형이 집착과 회피의 패턴에 갇히게 되면, 다른 사람들이 자신보다 훨씬 더 좋은 것을 갖고 있다고 여기며 다른 사람을 '시기'하게 됩니다. 나에게는 중요한 무언가가 상실되었지만 다른 사람들은 그렇지 않다는 생각에 빠져 주변 사람들과 자신을 끊임없이 비교합니다. 그런 과정에서 자신은 타인에 비해 보잘것없다고 여기게 되며 질투심과 수치심을 느낍니다.

하지만 4유형의 내면에는 이미 의미 있고 소중한 것들이 존재하고 있습니다. 내면의 상실과 결핍에만 초점을 둔 나머지 자신이 가

---

* Envy, 다른 사람과 비교하여 남들이 더 좋은 것을 가지고 있다고 여김.

진 것들을 알아차리지 못하는 것뿐이지요. 가지고 있는 것을 보지 못하고 없다고 느끼는 것만 갈망할 때, 4유형은 자신에게 실망하게 됩니다. '다른 사람들은 다 잘 살고 있는데 나만 왜 이럴까?'라고 느끼는 것이지요.

한편으로는 다른 사람들처럼 그저 평범하게 살아가고 싶다고 느끼기도 합니다. 평범하고 싶다가도 또 그러고 싶지 않은 마음, 이들은 그 둘 사이를 왔다 갔다 하며 스스로에게 계속 실망하고 좌절하게 됩니다. 그리고 다른 사람들도 자신을 안 좋게 볼 것이라는 피해의식에 빠지거나, 깊은 우울감에 빠져 사람들과 거리를 둘 수 있습니다. 이렇게 살아가면 고통의 깊이는 점차 깊어지게 되고, 이러한 고통을 해소하고자 다음과 같은 방어기제를 사용합니다.

10. 방어기제: 인위적 승화 **

악덕인 시기에 빠진 4유형은 주변 사람들을 부러워하며 자신을 가치 없다고 느끼며 고통스러워합니다. 이런 고통 속에서 삶을 지속해나가는 것은 매우 힘든 일이기에, 무의식중에 내면의 상실감과 부러움을 달래기 위한 방어기제를 사용하게 되지요. 이를 '인위적 승화'라고 합니다. 인위적 승화란 공상 세계에서 자신이 생각하는 이상적 자아를 떠올리고, 그 안에 머무르며 현실에서 느끼는 부러움을 해소하는 것을 의미합니다.

인위적 승화를 통해 현실에서의 고통을 일시적으로 잊고 편안함을 느낄 수는 있습니다. 하지만 현실로 돌아오면 이상적 자아와 현

** Artificial sublimation, 자신이 꾸민 공상의 세계로 들어가 부러움을 해결한다.

실의 모습에서 차이를 더 크게 느끼며 다시 고통과 수치심을 마주하게 됩니다. 이럴 경우 현실에서의 자신은 진짜 내가 아니라 상상으로 떠올린 이상적 자아가 진짜 나의 삶이고, 그렇게 될 것이라고 생각하면서 현실을 회피하는 모습을 보이기도 합니다. 이런 모습에서 내면의 뿌리 깊은 상실감을 달래고 존재 자체만으로도 온전하며 가치롭다는 것을 느끼길 원하는 4유형의 간절한 마음을 알 수 있습니다.

✡✡✡✡✡

지금까지 성격 빙산 이론을 통해 4유형의 겉으로 드러나는 모습과 빙산 아래 존재하는 내면의 깊은 모습을 살펴보았습니다. 4유형의 본질은 깊고 특별한 근원이자 정체성 그 자체이지만, 두려움을 기반으로 욕망에 집착하다 보면 자신의 내면에 존재하는 근원을 발견하지 못하고 남들과 구분되는 독특하고 특별한 것을 통해 자신의 정체성을 찾으려는 삶을 살게 됩니다.

4유형이 살면서 겪는 문제에는 보통 일정한 패턴이 있습니다. 자신의 삶 속에서 이 패턴을 발견하고 주의 깊게 관찰하며 알아차림의 신호를 깨달으면, 성격으로부터 점차 자유로워지며 본질을 자연스럽게 회복해나갈 것입니다.

1. 알아차리기(지혜)

4유형은 자신의 내면에 근본적인 무언가가 상실되고 결핍되었다고 느끼며 수치스러워할 수 있습니다. 특별한 정체성과 삶의 진정한 의미를 찾는 과정을 통해 수치심에서 벗어날 수 있을 것이라 믿고 내면의 강렬한 감정에 깊이 머무르는 **자동반응패턴**을 가지고 있지요.

이러한 자동반응패턴에 따라 사는 것이 나쁜 것은 아닙니다. 다만 어둡고 깊으며 강렬한 감정에 너무 집중한 나머지 감정과 자신을 동일시하고, 그 감정에 빠져들어 현실과 멀어지려고 할 때가 문제입니다. 이를 '깨어나야 하는 신호'로 여기고 알아차리려는 연습이 필요합니다. 혼치 않은 감정, 평범하지 않은 무언가를 추구하는 것은 일시적인 특별함을 느끼게 할 수는 있지만, 이러한 방법으로는 자신의 진정한 정체성을 경험할 수 없으며 내면의 수치심 또한 위로할 수 없음을 알아차리게 될 것입니다.

> **4유형의 알아차림 확언**
>
> "아! 내가 지금 남들과 다른 것을 통해 특별함을 얻으려 애쓰고 있구나!
> 평범한 나로서는 사랑받을 수 없다는 수치심을 느끼고 있구나."

2. 받아들이기(사랑)

알아차리지 못했다면 자동반응패턴으로 더욱더 어둡고 깊고 강렬한 감정과 자신을 동일시하고 남과 달라지기 위해 애썼겠지만, 알아차리면 이런 자신을 받아들일 수 있게 됩니다.

이러한 내가 이상하고 나쁜 것이 아닙니다. 원래 그런 성향으로 태어난 것입니다. 나와 같은 성격을 가진 많은 사람이 비슷한 자동반응패턴을 따라 살아가고 있습니다. 이런 자신을 비난하거나 합리화하지 않고 있는 그대로 받아들이는 것이 중요합니다.

4유형의 받아들임 확언

"내가 이상하거나 나쁜 게 아니라 그런 성향으로 태어난 거야.
그리고 나름대로 애쓰며 살아왔어.
이런 나를 비난하기보다 따뜻하게 안아주자.
이렇게 강렬하게 특별함을 좇으며 수치심으로부터 회피하고
있는 나 자신을 있는 그대로 받아들이고 사랑한다."

3. 선택하기(용기)

알아차리고 받아들였다면 자동반응패턴에서 벗어나 선택을 할 수 있게 됩니다. 깊고 강렬한 감정과 자신을 동일시하고 남들과 다른 특별함을 추구하고자 했던 모습에서 조금씩 자유로워지면서 '평정'이라는 미덕이 발현되기 시작합니다. 내면에 올라오는 감정을 과장하지 않고 있는 그대로 수용하고 느낄 수 있으며, 감정적으로 안정적이며 균형 잡힌 상태를 경험하게 되는 것이지요. 더 나아가 자신의 정체성을 찾기 위해 특별한 무언가를 추구하지 않아도 된다

는 것을 알아차리게 됩니다. 그러면 지금까지와는 다른, 조금 더 현명하고 용기 있는 선택을 할 수 있는 가능성이 열리기 시작합니다.

4유형의 참된 본성을 회복하고 깊은 본질과 연결되는 데 아래의 선택과 연습이 도움을 줄 것입니다.

본질과 연결되고 본성을 회복하는 연습

연습 1. 이미 내가 가진 것에 집중하고 감사함 표현하기

일상에서 경험하기 힘든 특별하고 이상적인 무언가를 갈망한다면, 현실에서 만족감과 감사함을 느끼기는 어려울 것입니다. 지금 이 순간에 충분히 머무르지 못하고 이상적인 것을 좇으려 할 때, 그런 자신을 알아차리고 이미 내가 가지고 있는 것들이 무엇인지 내면에 집중해보세요. 이러한 관심의 전환이 처음엔 익숙하지 않고 불편하게 느껴질 수 있습니다. 그래도 멈추지 말고 일상을 천천히 돌아보고 음미하며, 감사한 것들을 떠올리며 글로 한번 표현해보세요. 섬세한 감수성을 지닌 당신이라면, 선물 같은 모습들이 이미 당신과 함께하고 있었다는 것을 알아차리게 될 것입니다.

연습 2. 감정 기복을 줄여줄 안정적인 일상 체계 만들기

깊고 강렬한 감정에 끌리는 4유형이 그런 감정과 동일시되면, 내면의 동요가 크게 일어나면서 일상과의 연결이 끊어지고 현실에 소홀해질 수 있습니다. 일시적인 감정에 매몰되어 일상을 놓아버리는 일이 반복되면, 감정이 잦아든 뒤 현실로 돌아오는 것이 더욱 어렵고 고통스러울 수 있어요. 이러한 패턴 대신, 일상에서 반복적으로 실천하는 자신만의 건강한 루틴을 몇 가지 만들어두면 감정을 극

253

대화하여 그 안에 빠지려는 충동과 안전한 거리를 두고 현실의 감각을 회복하고 이어나가는 데 도움이 됩니다. 예를 들어, 아침은 꼭 챙겨 먹기, 일정한 시간에 산책하기, 퇴근 후 좋아하는 조명을 켜고 일기 쓰기 등을 해볼 수 있습니다.

연습 3. 나에게 집중된 관심을 일부 나누어 사람들과 함께하기

자신의 정체성을 찾고자 내면에만 집중하면 자기중심적인 삶을 살게 되고, 주변 사람들에게 그다지 관심이 가지 않을 수 있습니다. 하지만 다른 사람들과 함께 어울리는 과정에서 우리는 혼자만의 시간에서는 발견하지 못했던 또 다른 자신의 모습을 발견할 수 있습니다. 사람들과의 관계 속에서 더 넓은 시야로 자신을 바라볼 수 있으며, 강한 자의식에서 조금 더 벗어나 자유롭게 자신을 바라보는데 도움이 될 것입니다.

연습 4. 나의 재능을 현실에서 발휘하기

내면의 결핍과 상실에 집중하면 본인이 가지고 있는 긍정적인 자원을 인식하지 못할 수 있습니다. 혹은 자신의 강점, 즉 능력과 재능에 대해 인지하고는 있으나 자신이 원하는 만큼의 수준에 미치지 못한다고 느껴서 현실에서 충분히 발휘하고 실행하기를 계속 미루게 될 수도 있지요. 하지만 능력과 재능은 조금씩 실천하고 발휘할 때에야 성장과 변화의 방향으로 나아가기 시작할 것입니다. "아직 완벽하게 준비되지 않아서 나설 수 없어"라는 생각 대신에 "내가 지닌 능력과 재능을 어떻게 실천해볼 수 있을까?"라는 물음에 집중하며 실행해본다면 내면의 강점을 믿고 활용하도록 스스로를 격려하고 지지할 수 있을 것입니다.

연습 5. 감정 관찰하기

감정은 내면의 욕구를 이해하고 다른 사람들과 연결감을 느낄 수 있게 돕는 등 우리 삶의 중요한 부분을 차지하고 있습니다. 감정은 영원한 것이 아니라 지금 이 순간 마음에서 느껴지는 것이고, 시간이 지나면 자연스럽게 흘러가는 것이기도 하지요. 그렇기에 감정 자체가 내가 아니며, 감정이 늘 진실일 수는 없음을 인정하고 받아들이는 것이 필요합니다.

감정에 동일시되거나 매몰되지 않기 위해서는 감정을 천천히 관찰해보는 연습을 해보시길 권합니다. 감정과 연결된 상태에서 내면에 집중하며 "이런 상황에서 불편함을 느끼는 나를 관찰한다"는 마음으로 느낀 것을 관찰자의 시점에서 살펴보면서 감정 관찰하기를 연습해보세요. 이 방법은 나와 감정을 구분하여 감정 그 자체를 충분히 수용하고 자연스럽게 흘려보내는 데 도움이 될 것입니다.

4유형의 선택하기 확언

"가진 것에 집중하고 감사한다.

안정적인 일상 체계를 만들고 유지한다.

나에게 집중된 관심을 일부 돌려 사람들과 함께한다.

나의 능력과 재능을 현실에서 발휘한다.

감정을 관찰하는 연습을 한다.

이 중에 하나라도 지금 실천한다."

255

8장

5유형: 사색가

- **현명한 사람, 올빼미**
- **자아상: 나는 많은 것을 알고 있는 현명한 사람이다.**

다른 사람들이 바라보는 5유형의 모습

슬기 씨는 차분하고 지적인 느낌을 주는 사람입니다. 조용히 자신이 맡은 일을 하는 슬기 씨를 보고 있노라면, 감정적으로 격양된 모습은 좀처럼 상상이 되지 않습니다. 슬기 씨 하면 떠오르는 모습 중 하나는 깊고 체계적인 지식을 갖추고 있다는 점입니다. 사람들이 잘 알지 못하는 영역에 대해서도 알고 있는 게 많아서, 주변 동료들은 슬기 씨를 '걸어 다니는 백과사전'이라고 부르기도 하지요. 또한 슬기 씨는 다른 사람들이 생각지 못했던 부분에 대해 질문을 던질 때가 있는데, 날카로운 통찰력이 돋보이는 질문이라 모두가 더 깊이 생각해보는 기회가 되기도 합니다.

하지만 이런 슬기 씨가 불편하게 느껴질 때도 있습니다. 동료들끼리 모여 친목도 다지며 개인적인 얘기를 하는데, 슬기 씨는 자기 이야기는 꺼내지 않고 가만히 듣고만 있습니다. 그럴 땐 슬기 씨가 사람들을 관찰하고 감시하는 것 같은 느낌이 들어 불편해집니다.

반면 회의 시간에는 가끔 지적 논쟁을 벌이며 주변 분위기를 살얼음판으로 만들기도 합니다. 의견이 다르면 논의해서 조율하면 될 텐데, 상대 입장이나 감정에 대한 배려 없이 직설적으로 말하며 논쟁하는 걸 보면 곁에서 보기에 당황스럽습니다.

5유형이 들려주는 자신의 내면 이야기

저는 어릴 때부터 혼자만의 공간에서 조용히 생각에 잠기는 것을 좋아했습니다. 다른 친구들이 우르르 몰려다닐 때도, '굳이 그렇게 해야 하나?'라는 생각으로 조용히 책을 읽거나 당시 꽂혀 있는 것에 대해 골똘히 생각하고는 했지요. 물론 친구가 아예 없는 것은 아니었고, 저와 맞는 친구가 있으면 조용히 교류하며 지냈습니다.

혼자 사색하고 책 읽는 것을 꾸준히 해온 덕분에 저는 나름 다양한 지식을 쌓게 되었고, 그것들이 제 머릿속에서 체계적으로 정리가 될 땐 머리가 쭈뼛 서는 것처럼 흥분이 됩니다. 그리고 하나에 꽂히면 제대로 이해될 때까지 파고드는 편인데, 혼자 계속 질문을 던지다 보면 발견하게 되는 통찰의 경험이 저를 굉장히 즐겁게 합니다. 가끔 사람들과 대화를 나누다가 이런 생각들을 꺼낼 때가 있는데, 어떻게 그런 생각을 했냐고 사람들이 놀라면 나의 지적 깊이를 인정받은 것 같아 뿌듯해집니다.

하지만 삶에서 가장 힘들고 어려운 분야가 있는데, 그건 바로 인간관계입니다. 지적 대화를 주고받는 것은 굉장히 즐거운 일이지만, 감정을 쏟고 공감을 해주어야 하는 상황은 저를 굉장히 지치게 만듭니다. 일하려고 모였으면 일 이야기만 하면 좋겠는데, 회의와 전혀 관련 없는 얘기를 하면 '내 시간과 에너지를 왜 이런 식으로 낭비해야 하나' 싶어서 그 자리를 박차고 나가버리고 싶은 충동이 올라옵니다. 그리고 저는 힘들 땐 저만의 동굴 속으로 들어가 생각을 정리하는 시간이 꼭 필요한데, 주변에서 저 혼자 있는 시간을 방해하고, 인제 그만 나와서 얘기 좀 하자며 닦달할 땐 정말 스트레스를 받습니다.

빙산 모델로 본 5유형 성격 구조

1. 별 명	사색가, 현명한 사람

2. 장점-단점

① 통찰력이 있고 합리적이다.	① 에너지 부족으로 내성적·소극적이다.
② 배우고 분류하고 체계화한다.	② 자기 고집이 강하며, 비판적·논쟁적이다.
③ 감정에 흔들리지 않고 차분하다.	③ 감정적 관계를 맺기 어려워한다.

3. 자아상 나는 많이 알고 있는 현명한 사람이다.

10. 방어기제 후퇴

9. 악덕 탐욕

8. 회피 무지함

7. 집착 세부 지식

6. 핵심 감정 불안 ─ 분리

5. 욕망 지식탐구, 유능

4. 두려움 알지 못하는 것

본질 지혜

수면 위로 보이는 빙산 살피기

1. 별명: 사색가, 현명한 사람

5유형은 지적 호기심이 풍부하여 궁금한 대상에 대해 끊임없이 질문을 던지고, 깊이 파고들어 탐구하는 모습을 보입니다. 직접 참여하기보다 관찰하는 것을 선호하고, 많은 시간을 생각 숲에서 보내며 편안함을 느끼지요. 혼자 숙고하는 과정을 통해 근본적 원리와 모든 것을 관통하는 이치를 발견하려 하는 이들을 '사색가'라고 부릅니다. 또한, 차분하고 객관적인 태도로 주변을 관찰하기 때문에 다른 사람들이 잘 보지 못하는 것을 발견해냅니다. 그리고 당황스러울 만한 상황에서도 논리적 사고를 유지하고 이성적 판단을 내리는 모습을 보이기에 '현명한 사람'이라는 별명도 가지고 있습니다.

5유형의 특징을 나타내는 동물은 '올빼미'입니다. 지혜의 여신 아테나를 상징하는 동물이기도 한 올빼미는 유연한 목뼈를 활용하여 고개를 270도까지 돌릴 수 있습니다. 덕분에 이동하지 않고도 여러 방향을 주의 깊게 살필 수 있지요. 두 개의 큰 눈은 앞을 향해 있어 대상을 입체적으로 인식할 수 있으며, 솜털이 많은 날개 덕분에 조용히 비행할 수도 있지요. 이렇게 관찰력이 뛰어나면서도 신중하고 조용히 움직이는 올빼미의 특징은 5유형의 모습과 닮았습니다.

2. 장점과 단점

장점

① 통찰력이 있고 합리적이다.

날카로운 관찰력을 지닌 5유형은 지적 호기심이 닿은 대상을 여러 관점에서 입체적으로 바라볼 수 있습니다. 또, 사람들이 당연하게 여기는 것을 그대로 수용하기보다 '과연 그게 맞는가? 근거는 무엇이며 논리적 허점은 무엇일까?' 의문을 던지며 독립적으로 생각합니다. 충분히 이해될 때까지 깊이 파고들어 생각하기 때문에, 쉽게 이해되지 않거나 명료하게 풀리지 않는 주제에 관해서도 오래 집중하여 사고하는 능력이 있습니다. 그런 과정을 통해 자신만의 체계를 만들고 새로운 것을 발견하는 통찰력과 창의력을 발휘하게 되지요. 또한 객관적인 정보를 바탕으로 신중하게 생각하여 이치에 맞는 결정을 내리려 노력하기 때문에, 감정과 욕구에 쉽게 휘둘리지 않고 합리적으로 사고하는 모습을 보여줍니다.

② 배우고 분류하고 체계화한다.

'아는 것이 힘이다'라고 생각하는 5유형은 배우는 것을 굉장히 좋아합니다. 관심 분야에 몰두하여 방대한 지식과 정보를 쌓는 데 많은 시간을 보내고는 하지요. 새로운 지식을 알아가는 기쁨이 무엇인지 잘 알고 있는 5유형은 배움의 과정에 흠뻑 몰입하며, 이럴 때 5유형의 눈은 반짝 빛이 납니다. 적당히 살펴보는 것으로는 만족하지 못하고, '왜 그럴까?'라는 질문을 계속 던지며 더 깊고 자세한 내용을 파악하고자 노력합니다.

이렇게 5유형이 무언가를 배우고 깊이 생각하는 이유는 그 지식이 앞으로 어떤 분야에 활용될 것 같아서, 또는 유용할 것 같아서 등을 계산해서 하는 것이 아닙니다. 그저 궁금하고 더 깊이 알고 싶어서, 즉 지식과 학문 그 자체를 순수하게 사랑하는 마음으로 배움에 임하는 것입니다. 시험을 잘 보기 위한 단기적·목적 지향적 공부가 아닌, 본질적·전문적으로 탐구하는 배움에 가까운 것이지요.

이렇게 배운 지식은 5유형만의 분류화와 체계화 과정을 거쳐 자신만의 지식으로 재구성됩니다. 그래서 이들에겐 배운 것을 정리하고 스스로 소화해내기 위한 혼자만의 시간이 꼭 필요합니다. 5유형은 지식을 정리하는 자신만의 체계화된 방법을 가지고 있으며, 정리할 때 사용하는 프로그램 또는 선호하는 필기도구 등을 활용하여 전문적·체계적으로 자료를 정리합니다. 특정 지식이 필요할 때는 언제든 머릿속에서 꺼내볼 수 있도록 말이죠.

③ 감정에 흔들리지 않고 차분하다.

감정과 적절한 거리감을 유지할 수 있는 5유형은, 감정에 매몰되거나 휘둘리지 않고 차분한 태도로 삶을 살아갑니다. 감정 기복이 크지 않아서 주변에 안정감을 줄 수 있으며, 경거망동하지 않고 깊이 생각하며 신중하게 행동하지요. 대개 사람들에게 불편한 감정을 불러일으킬 만한 주제에 관해서도 감정적으로 반응하기보단 객관적·중립적인 입장에서 생각하는 모습을 발견할 수 있습니다. 편견이나 고정관념에 얽매이기보다는 자유롭고 균형 잡힌 관점을 유지하며 생각하려는 모습을 보여주지요.

또한, 쉽게 흥분하지 않기에 위기 상황에서도 냉철한 이성을 유지할 수 있습니다. 예상치 못한 상황을 마주하면, 실제로는 당황했다 할지라도 겉으로 크게 티가 나지 않으며, 흥분하지 않고 그 상황에 맞는 명료한 판단을 내려 안정적이고 지혜롭게 대처할 수 있습니다. 이러한 장점은 도움을 청하는 상대의 이야기에 귀 기울이며, 그에 대한 객관적인 조언을 해주는 것으로도 발휘될 수 있습니다.

특히 다수와 대화하는 것보다는 한 명에게 집중할 수 있는 일대일 대화에서 이러한 강점이 잘 드러나며, 상대의 감정에 함께 휩쓸리지 않고 상황을 있는 그대로 바라보며 그에 맞는 대안을 제안할 수 있습니다.

① 에너지 부족으로 내성적·소극적이다.

혼자서 조용히 생각에 잠기는 것을 좋아하는 5유형은 관심 분야에 대해 깊이 탐색하고 고민하는 데 많은 에너지를 사용합니다. 그러다 보면 다른 곳에 사용할 에너지가 부족하다고 느끼게 됩니다. 이런 5유형에게 사람과 관계를 맺는다는 것은 필요 이상의 에너지를 쓰는 일이라 느껴질 수 있습니다. 감정적 접촉으로 에너지를 소모하게 되고, 신경 쓸 일도 많아서 머리가 복잡해지기 때문입니다. 따라서 모임에 적극적으로 참여하기보다는 한 발짝 떨어져 관찰만 하거나, 조용히 혼자만의 시간을 보내는 등 내성적인 면이 나타날 수 있습니다. 사람들과 어울리는 방법을 잘 모르겠고, 관계 속에서 상호작용하는 자신이 부자연스럽다고 느끼기도 하며, 한편으로는 '굳이 어울려야 하나?'라는 생각으로 사람들과 거리를 두고 싶어할 수도 있지요.

또한 생각에만 몰두한 나머지, 생각을 행동으로 옮기는 것은 어려워하는 소극적인 면도 나타날 수 있습니다. 자료 수집 및 생각 정리가 완벽히 되었을 때 행동으로 옮기길 원하기 때문에, 충분히 준비되지 않았다고 생각하면 계속 실천을 유보하게 됩니다. 그리고 사고에만 에너지를 몰아서 쓰는 성향 때문에 자신의 몸에 대해 잘 인식하지 못하기도 합니다. 마치 머리만 있고 몸이 없는 것처럼 느끼는 거지요. 그래서 몸을 잘 쓰지 않고 움직이는 모습도 어색하게 보일 수 있습니다.

② 자기 고집이 강하며 비판적·논쟁적이다.

5유형이 현실 및 여러 존재와의 연결(주변 사람들, 자신의 몸과 감정 등)은 고려하지 않고 생각에만 몰두하면, 5유형 특유의 지성과 통찰력이 발휘되지 못하고 오히려 생각의 세계에 갇혀버립니다. 주변은 살피지 못하고 특정 분야에만 깊이 파고들면서 자신이 지적으로 우월하다고 느낄 수 있으며, 다른 사람의 말은 흘려듣고 내가 알고 있는 것이 무조건 맞다고 생각하는 자기 고집에 빠질 수도 있지요. 이럴 경우 5유형이 관심 있는 영역에 대해 상대가 자신과 다른 입장을 내면, 알고 있는 지식과 논리를 세워 상대의 의견을 공격적으로 비판하는 모습을 보일 수 있습니다. 말로 논쟁을 펼치거나 면전에서 공격적인 질문을 던져 상대를 당황스럽게 만들고, 이후 비판할 것을 논리정연하게 글로 정리하여 논쟁거리를 더 크게 공론화할 수도 있지요. 또는 '내가 알고 있는 걸 말해봤자 어차피 상대는 이해하지 못할 것'이라는 냉소적인 태도로 입을 다물어버릴 수도 있습니다.

더 나아가 본인은 전면에 나서지 않으면서 현장에서 고군분투하는 사람들을 회의적 관점으로 바라보며, 부족한 점만 지적하고 비판하며 막상 대안은 제시하지 못하는 모습을 보이기도 합니다.

③ 감정적 관계를 맺기 어려워한다.

5유형은 감정적 관계가 필요 이상의 에너지를 소모하게 한다고 느끼기에, 사람들과 정서적 거리를 유지하려 합니다. 감정에 얽히면 사고의 객관성이 떨어질지도 모른다는 불안감 또한 5유형이 감정적 관계를 맺기 어려워하는 이유 중 하나지요. 상대방이 감정적인 반응을 보이면 5유형은 자신의 에너지가 고갈되고 감정에 압도당할 것 같은 두려움을 느끼며 상대와 거리를 두려고 합니다. 그러다 보니 사람들과 깊은 친밀감을 형성하거나, 타인의 감정에 깊이 공감하는 것에 어려움을 느낄 수 있지요.

지적 통찰을 나누거나 목적이 분명한 대화를 선호하는 5유형에게 별다른 주제 없이 감정을 토로하는 누군가와 대화를 나누어야 하는 상황은 매우 괴롭게 느껴질 수 있습니다. 물론 사회생활을 하며 인간관계를 맺는 법과 소통하는 법을 배우게 된 5유형은 겉으로 공감의 표시를 해줄 수 있지만, 마음 깊은 곳에서는 궁금하지도, 그다지 공감하지도 않을 수 있습니다.

✧✧✧✧✧

에니어그램에서는 장단점을 동전의 양면과 같다고 봅니다. 위의 장점과 단점을 각각 읽어보면 서로 연결되어 있음을 발견할 수 있을 것입니다. 타고난 본질은 하나지만 때에 따라 장점으로 드러날 수도, 단점으로 드러날 수도 있는 것이지요.

5유형은 지적 호기심과 날카로운 통찰력을 발휘하여 깊이 생각하는 것이 장점이지만, 생각에만 빠져 현실에서 멀어지고 행동하지 않을 때 장점이 단점으로 바뀌어 나타나게 됩니다.

3. 자아상: 나는 많이 알고 있는 현명한 사람이다.

'나는 이런 사람'이라는 생각과 느낌, 태도의 집합체를 자아상이라고 합니다. 사람들은 자신의 자아상을 '이상적인 나'로 판단하며, 그 모습대로 살아가려고 하는 경향이 있습니다. 하지만 자아상은 사실 두려움으로부터 자신을 지키기 위한 깊고 정교한 내적 작용으로 '만들어진' 것입니다.

5유형은 지식을 쌓고 세상이 돌아가는 원리를 탐구하며, 비논리적이고 잘 알지 못하는 무지한 상태를 피하며 살아왔기 때문에 자신에 대해 '나는 많이 알고 있는 현명한 사람이다'라는 자아상을 갖게 됩니다. 따라서 5유형은 계속해서 더 많은 것을 알기를 원하고, 깊고 체계적인 지식을 갖추려고 하지요. 그렇기에 5유형이 알고자 하는 지식은 남들이 다 알 만한 수준의 것이 아닌 이해하기 어려운 것, 표면적 지식 이상의 것, 다른 사람들은 잘 모르거나 미처 발견하지 못한 특별하고 비밀스러운 것에 해당합니다. 지적 호기심이 풍부하여 궁금한 것을 배우고 이해하는 과정에는 끝이 없다고 느끼며, 혼자 깊이 생각하고 탐구하는 데 주어진 시간이 턱없이 부족하다고 느끼고는 하지요.

5유형은 감정에 흔들리지 않고, 편견 없이 논리적 판단을 내리는 자신의 모습에 만족감을 느낍니다. 현명한 판단을 내리려면 이성적 사고와 객관적 태도를 유지해야 한다고 생각하는 것이지요. 5유형의 겉모습은 이런 태도를 잘 나타내고 있습니다. 표정의 변화가 크지 않으며, 생각에 잠겨 관망하는 듯한 표정을 많이 짓고는 합니다.

목소리의 고저 및 강약의 변화, 몸짓 등도 많지 않고 담백하게 이야기하는 편이지요.

이렇게 논리적이고 객관적인 태도로 정보를 습득하고 지식을 탐구하며 지적 전문성을 키워가려 하는 5유형은 많이 알고 있는 현명한 사람이라는 자아상을 점점 더 강화해갑니다.

✧✧✧✧✧

지금까지 살펴본 장점과 단점, 자아상은 겉으로 쉽게 관찰할 수 있는 수면 위 빙산의 모습입니다. 사람들은 보통 수면 위의 모습만 보고 자기 자신뿐 아니라 다른 사람들을 쉽게 판단해버리지요. 하지만 사실 이 모습들은 모두 수면 아래의 성격의 심층구조 속에서 만들어진, 성격의 결과물입니다. 이제부터 물 아래에 잠겨 있는 부분, 성격의 심층으로 들어가보도록 하겠습니다.

성격의 심층으로 들어가기 전, 먼저 빙산이 잠겨 있는 '물'에 대해 알아야 합니다. 물과 빙산은 어떤 관계일까요? 빙산은 물 위를 떠다니지요. 그런데 사실 물과 빙산은 다른 것이 아닙니다. 물의 일부가 얼어서 빙산이 된 것입니다. 빙산이 녹아서 다시 물이 될 수도 있지요.

낮은 온도라는 상황에 의해 물의 일부가 얼어서 하나의 빙산이 만들어지는 것처럼, '존재의 본질'에서 멀어지면서 두려움에 사로잡히게 되면 한 사람의 성격이 만들어집니다. 그렇다면 물은 뭘까요? 원래 우리가 타고난 본질, 성격이 형성되기 전의 진정한 나의 모습입니다.

5유형의 본질은 '**지혜**'입니다. 여기에서 말하는 지혜란, 외부에서 획득하는 단편적이고 추상적인 지식과 정보에 의존하는 것이 아닌, **내면이 고요할 때 자연스럽게 발현되는 '깊고 명료한 앎'**을 의미합니다. 이러한 본질적 지혜는 삶에 참여하지 않으면서 생각에만 몰두하고, 그저 바라보고 분석하며 이해하는 방식으로는 결코 얻을 수 없습니다. 오히려 '**나에게 필요한 지혜는 이미 내 안에 있고, 새로운 앎이 필요하다면 그것은 시기에 맞게 자연스럽게 찾아올 것**'이라는 내면의 안내에 대한 믿음을 바탕으로 삶에 뛰어들고 경험해나갈 때 5유형의 본질인 지혜가 발현되기 시작합니다.

깊고 명료한 앎과 연결된 5유형은 세상을 분석해서 바라보기보다 전체적인 연결성을 느끼고 통합적으로 이해하며 받아들일 수 있게 됩니다. 자신과 세상 또한 단절된 것이 아님을 이해하고 더 넓고 깊은 지혜를 발휘하며 자신이 아는 것을 주변에 나눔으로써 세상을 더 풍요롭게 만들어가는 힘을 발휘합니다.

보이지 않는 수면 아래의 빙산 살피기

4. 두려움: 알지 못해서 스스로 삶을 잘 살아가지 못할까 봐 두렵다.

사고형의 기본 두려움은 '무지'이며, 5유형이 두려움을 느끼는 방향은 '외부'입니다. 5유형은 외부 세상을 혼란스럽고 이해하기 어려우며 위험한 곳이라고 느낍니다. 이러한 5유형이 자신의 본질과 단절감을 느끼면 '나 혼자 이 세상을 살아가기엔 내가 가진 것, 아는 것은 턱없이 부족해. 이 상태로는 세상에 나갈 수 없어'라고 느끼게 됩니다. 내면의 자원이 결핍되었다고 느끼는 공허감, 빈곤감을 채우기 위해서는 삶을 살아가기 위한 자원을 모아야 하며, 그래야만 안전하게 살아갈 수 있을 것이라 느끼는 것이지요.

이러한 두려움에 휩싸이면, 5유형은 예측할 수 없고 불안한 곳인 외부 세상과는 거리를 두고, 내면세계를 안전한 은신처로 삼아 혼자 생각하고 관찰하며 세상을 이해해나가려고 합니다. 내가 아는 것, 이해하는 것이 많다면 알 수 없는 세상을 그나마 안전하게 살아갈 수 있으리라 생각하는 것이지요.

지식과 논리를 통해서만 세상을 이해하려고 하는 5유형은 삶의 임의성과 변동성을 받아들이기 어려워합니다. 아무리 지식을 모으고 삶에 대비하려 해도 여전히 모르는 것이 많다는 두려움에 휩싸여버립니다. 따라서 현실과 더 거리를 두고 생각에 잠기게 되는 것이지요. 5유형이 현실과 거리를 둔다는 것은 물리적인 거리만을 의미하지 않습니다. 현장에 있다고 하더라도 몸과 생각이 완전히 분리되어 자신만의 생각의 세계에 들어가 있을 수 있습니다. 결국 삶을 직접 체험하는 건 계속 미룬 채 생각하는 것으로 삶을 대신하려는 모습이 나타날 수 있습니다.

동시에, 5유형은 안전하지 못한 세상으로부터 자신을 최대한 숨겨야 한다고 느끼기에 자신에 관한 정보는 노출하지 않으려 합니다. 이들은 뛰어난 관찰자지만, 반대로 자신이 관찰 대상이 되는 것은 피하려 합니다. 그렇기에 5유형과 대화를 한다면 대개 특정 주제에 관해서는 이야기를 나눌 수 있지만, 개인적인 이야기를 듣기는 어려울 것입니다. 이런 과정을 통해 결국 5유형의 본질인 '깊고 명료한 앎, 지혜'와는 더더욱 거리가 멀어지게 되고 이것을 대체하고자 외부의 지식 및 정보 수집에 더욱 매달리는 모습을 보이게 됩니다.

하지만 날이 저물고 구름에 가려졌다고 태양을 잃어버린 것이 아닌 것처럼, 사실은 5유형의 본질을 잃어버린 것이 아니라 두려움의 구름에 가려진 것일 뿐입니다. 그런데 사람들은 구름에 가려진 태양의 그림자를 좇게 됩니다.

5. 욕망: 지식탐구, 유능

5유형은 세상을 안전하게 살아가는 데 가장 큰 힘이 되는 것이 바로 '많이 아는 것'이라고 생각합니다. 그래서 지식을 탐구하면 내면의 공허감을 채울 수 있다고 여기게 되고, 관심 분야에 관해 계속 배우고 공부하며 개념적 정보를 모으기 시작합니다. 호기심이 가는 대상을 가만히 관찰하고 숙고하여 그것을 관통하는 근본적 원리를 탐구하고, 그 안에서 통찰을 얻어 새로운 아이디어를 발견하기도 하지요. 새롭게 발견한 생각의 조각은 정교한 퍼즐처럼 구성된 그의 지식체계에 들어와 재구조화되는 과정을 거쳐 그만의 새로운 정신체계를 형성하게 됩니다.

지식을 탐구해 세상 돌아가는 이치를 이해하길 원하는 5유형은 혼자만의 시간과 공간을 필요로 합니다. 아무에게도 방해받지 않는 조용한 곳에서 관찰을 통해 얻은 정보, 아직 체계화하지 못한 지식 등을 곱씹으며 명료하게 정리하는 과정을 거쳐야 하기 때문입니다.

이를 통해 5유형은 특정 분야에 통달한, 유능한 상태가 되기를 원합니다. 지식은 이들에게 안전함을 느끼게 하는 바탕이기에, 특정 분야에 관해 다른 사람보다 훨씬 더 깊이 알게 된다면 삶을 잘 살아갈 것이란 자신감도 얻게 되지요. 관계 맺기를 어색해하던 5유형이 유능함을 갖춘 전문가로서 자리를 잡으면, 조금 더 편안하게 사람들과 머물 수 있게 됩니다. 방대한 지식, 혁신적인 아이디어, 전문성 등을 나누고 사람들로부터 긍정적 피드백을 받게 되며 점차 자신감을 쌓게 되고, 자신의 지적 통찰에 대해 자부심도 느끼게 됩니다.

6. 감정: 불안 — 분리

5유형은 겉으로는 침착하고 냉철해 보이지만, 사실 내면 깊은 곳에서는 삶을 살아가는 데 필요한 자원이 언제 고갈될지 모른다는 불안을 느끼고 있습니다. 감정적 영향에 취약한 5유형에게 불안을 고스란히 느끼는 것은 너무나 버거운 일입니다. 그래서 불안이 올라오면 불안을 자신에게서 '아예 분리해버립니다.' 불안과 분리되면 불안을 느끼지도 않고, 거기에 휘둘리지도 않는 상태로 객관적인 관점을 유지하며 삶을 살아갈 수 있으니까요. 그래서 5유형은 힘든 상황에 처했다 해도 겉으로 보기에는 놀라울 만큼 평온한 모습을 보일 수 있습니다.

이후 혼자 조용히 집중할 수 있는 시간이 되면, 이들은 안전한 내면세계로 들어가 이전에 분리해뒀던 불안을 다시 꺼내어 이해하고 분석하는 과정을 거칩니다. 여기서 불안을 이해한다는 건 괴로운 감정을 다시 느껴준다는 것이 아닙니다. 기억에서 꺼내어 재생한다는 것이지요. 즉, 감정을 느끼기보다 머리로 생각하는 겁니다. 따라서 5유형은 생각과 감정을 구분하기 어려워합니다. 그래서 5유형에게 "자주 느끼는 감정이 무엇인가요?"라고 질문하면, 혼란스러워하면서 쉽게 대답하지 못하거나 "자주 느끼는 감정은 없다" 혹은 "호기심" 정도로 대답하는 모습도 볼 수 있습니다.

이렇게 감정을 느끼지 않고 분석하는 과정을 거치며 5유형은 불안을 해소할 수 있는 유일한 공간은 자신의 깊은 마음속이라고 확신하게 됩니다. 그리고 혼자만의 고립된 내면의 세계로 들어가 사람들과 거리를 두고, 삶에 참여하기보다 삶을 관찰하고 이해하며 안정감을 느끼게 되지요.

내면의 불안감을 극복하기 위해 감정을 분리하고
고립된 정신세계로 들어가 삶을 분석하고 이해한다.

이런 과정을 통해 욕망이 더욱 강해지고 집착하는 것이 생깁니다. 집착이 생겼다는 것은 회피하는 것도 생겼음을 의미합니다. 이로 인해 성격은 더욱 강화됩니다.

7. 집착: 세부 지식

5유형이 삶을 안전하게 살아가기 위해 더 많은 것을 알아야 한다는 충동에 휩싸이면, 지식과 정보를 수집하는 것에 집착하게 됩니다. '내가 아직 모르는 것 중에 진짜 중요한 것이 남아 있을지 모른다'는 생각으로 지식을 모으는 일에 매달리게 되는 것이지요. 더 나아가 아주 자세한 내용까지 속속들이 알아야 한다고 여기며 세부 지식에 집착하는 모습을 보입니다.

특히 자신이 관심 있는 주제에 관해서는 남들보다 더 많이 알고 있어야 하고, 알지 못하는 것이 없어야 한다는 생각이 강해집니다. 그래서 남들은 관심조차 갖지 않을 만한 아주 작고 분절적인 정보를 모으는 것에 집중하게 되지요. 더 많이 아는 것의 차이는 세부 지식을 얼마나 더 많이 알고 있는가에 달려 있다고 생각하기 때문입니다. 물론 이들의 집요한 지식 수집욕은 다른 사람들이 놀랄 만한 정보를 모으게 하기는 합니다. 그러나 세부 지식의 수집에 에너지를 쏟는 만큼 큰 그림은 보지 못하게 되고, 맥락 없이 그저 나열되기만 한 분절적 지식은 삶을 지혜롭고 안전하게 살아가는 데 도움이 되지 않습니다. 그러다 보면 깊이 탐구하고 그 안에서 통찰을 얻는 5유형의 지혜는 발현되지 못하고, 세부 지식을 계속 습득하고, 모든 것을 외우고 기억하려는 등 다급하고 강박적인 모습이 나타날 수 있습니다.

8. 회피: 무지함

지식에 대한 집착은 무지함에 대한 회피를 낳습니다. 회피 단계에 빠진 5유형은 (불가능하다는 것을 알면서도) 상황에 대해 모든 것을 알기 원하며, 잘 알지 못하는 상황은 대면하지 않길 바라지요. 따라서 충분히 이해되지 않은 상태로 무언가를 시작해야 하는 상황은 이들에게 큰 불안으로 다가옵니다. 어느 정도 준비하고, 직접 해보면서 시행착오를 통해 배우면 된다고 생각하는 사람이 있는 반면, 5유형은 웬만한 건 다 알고 있기를, 심지어 현실에서 일어날 수 있는 변수까지 예측하고 대비하길 원합니다. 무지한 상태로 행동하다가 어리석은 판단을 할까 불안해하며, 그로 인해 자신의 지적 무능함이 사람들에게 드러나는 것도 피하고 싶어하지요. 따라서 일에 착수하기 전에 관련 지식과 정보를 최대한 많이 모으고, 상황을 분석하여 미래에 대한 예측 가능성을 높이기 위해 노력합니다. 상황이 안전하게 흘러가도록 통제하길 원하는 것이지요.

　무지함에 대한 회피는 5유형이 가지고 있는 내면의 공허감, 빈곤감과 관련이 있습니다. 내면이 '텅 비어 있다는 느낌'은 빈 공간을 채워야 한다고 느끼게 하고, '아는 것이 없다, 부족하다'는 불안과 불신은 내 안에서 꺼내어 사용할 자원이 없다고 여기게 하여 외부 정보에 계속 의존하게 합니다. 따라서 아무리 많은 자원을 모은다고 할지라도, 내면에서는 계속 부족하다고 느끼며 정보를 과도하게 모으는 것을 멈추기 어렵게 되는 것이지요. 5유형은 이러한 내면을 주변 사람들에게 들킬까 봐 두려워하며 준비되지 않은 상황을 더 피하려 합니다.

　무지함에 대한 회피는 어리석다고 판단되는 주변 사람들과 거리를 두는 모습으로 나타나기도 합니다. 사람들의 무지함을 경계하며 그들과 교류하지 않으려 하고, 극도로 말을 아끼는 모습을 볼 수 있습니다. 이들은 그런 사람들에게 자신이 가진 시간과 에너지를 사용하기를 꺼리며, 거리를 두고 자신의 내면에 지식을 쌓는 데 집중하는 모습을 보입니다.

9. 악덕: 탐욕

5유형이 집착과 회피의 패턴에 갇히면 살아가는 데 필요한 자원(에너지, 감정, 시간 등)을 비축하며, 다른 사람과는 나누지 않으려 합니다. 이것이 5유형의 악덕인 '탐욕'입니다. 자신에게 주어진 것이 삶을 살아가기에는 충분치 않다는 두려움으로 인해, 자원을 최대한 적게 소비하려는 것이지요. 즉, 5유형의 탐욕은 필요 이상의 자원을 과하게 긁어모으는 개념이라기보다는 언제든 부족한 상태에 빠질지 모른다는 궁핍한 마음으로 제한된 자원을 비축하는 것에 가깝습니다. 하루를 살아가면서 얼마나 많은 에너지, 감정, 시간이 필요할지 예측할 수 없으니 자원의 소비를 통제하여 알 수 없는 미래에 대비하려는 것이지요.

이렇게 5유형은 관리된 자원을 몰두하길 원하는 분야, 즉 관심 주제에 관한 지식과 정보를 습득하고, 깊이 탐구하며, 생각을 정리하는 데 사용하려 합니다. 이렇게 전문성 향상을 위한 배움의 과정을 계속 이어나가면서도, 앎의 과정은 끝이 없고 여기에 쏟아부을 시간과 에너지는 늘 부족하다고 느끼게 되지요.

이렇게 자신의 관심 분야에 쏟을 자원도 충분치 않다고 느끼기 때문에, 다른 사람 또는 관심 밖의 영역에는 자신의 자원을 소비하지 않으려는 인색한 모습이 나타납니다. 그렇기에 예측하지 못한 사건이 발생하거나, 계획하지 않은 누군가와의 만남으로 에너지, 감정, 시간 등을 갑작스레 써야 하는 것은 5유형에게 큰 스트레스로 다가옵니다. 예를 들어, 누군가 5유형의 공간을 갑작스럽게 방

---

* Greed, 자신이 가진 자원을 다른 사람과 나누려 하지 않는다.

문하거나 의미 없다고 생각되는 일을 긴급하게 처리해달라는 요청이 들어와서 막상 중요한 일에 집중할 수 없는 상황 등이 이에 해당할 수 있습니다.

하지만 자원의 소비를 통제한다 해도 불안은 해소되지 않습니다. 오히려 통제할 수 없는 예측 불가능한 상황들로 고통스러운 감정은 더 증폭되며, 자원을 더 움켜쥐고 사용하지 않으려는 모습이 반복하여 나타나게 됩니다. 이로 인해 삶이 힘들어진 5유형은 불편한 감정을 해소하고 자신을 보호하고자 다음과 같은 방어기제를 사용합니다.

10. 방어기제: 후퇴[*]

악덕에 빠진 5유형은 자원이 고갈될지 모른다는 두려움에 늘 시달리면서, 예측할 수 없는 외부 상황 및 다른 사람들과의 접촉에 더욱 민감해집니다. 외부 자극과 거리를 두지 못하면 급격히 피로해지고 에너지가 소진됨을 느끼기 때문에, 함께 있으면 에너지가 떨어질 것 같은 대상이 누구인지 민감하게 파악하는 레이더를 가지고 있지요. 그래서 누군가 5유형에게 감정적으로 기대하고 요구하는 바가 있음을 알아차리면, 그들과 거리를 두고 멀어지려 합니다. 이렇게 자신의 자원을 빼앗기지 않기 위해 외부 세상, 고통스러운 감정들과 거리를 두고 생각 속으로 움츠러드는 모습이 나타나는데, 이것이 바로 5유형의 방어기제인 '후퇴'입니다.

5유형에게 생각의 세계는 누구에게도 침해받지 않는 안전한 안

---

[*] Withdrawal, 외부 세계 및 고통스러운 감정과 거리를 두기 위해 생각 속으로 후퇴한다.

식처이자 은신처입니다. 그렇기에 에너지가 소진되면 생각 속으로 후퇴하여, 감정과 거리를 두고 생각을 정리하며 에너지를 회복하는 과정을 거치는 것입니다. 조용한 곳에서 사색의 시간을 갖거나, 그간 읽고 싶었던 책을 쌓아두고 독서에 전념하는 모습은 5유형의 에너지 충전 방식을 보여주는 예시입니다. 이를 통해 외부와 적절한 경계를 세우며 정서적으로 거리를 두고 객관성을 유지하려는 것이지요. 이 방법들은 5유형에게 안정감을 주고 회복할 힘을 얻을 수 있게 도와줍니다.

하지만 힘들 때마다 생각 속으로 후퇴하는 것은 불안을 해소하는 데 근본적인 도움이 되지 않습니다. 실제적 삶은 생각으로 분석하고 이해한 것과는 다를 수밖에 없으며, 현실에서는 외부 자극과 감정적 영향이 늘 있기 마련입니다. 스트레스를 받을 때마다 생각 속으로 움츠러든다면, 삶을 온전히 느끼며 살아갈 기회는 사라지고, 불안에 잠식된 상태로 삶을 유보하며 간접적으로 삶을 분석하는 상태로만 머물게 될 것입니다.

이런 이유로, 5유형은 자녀를 양육하는 과정에서 여러 어려움을 느끼곤 합니다. 양육서를 탐독하고 책에 나와 있는 대로 아이를 키우려 하지만, 현실에서의 양육 과정은 책에 나와 있는 지식처럼 분명하게 딱 떨어지지 않기 때문입니다. 또한, 지치고 힘들어도 내가 원할 때 자녀와 거리를 둘 수도 없고, (특히 어린 자녀일수록) 감정적 에너지와 시간을 계속 쏟아야 하는 현실을 마주하게 되지요.

이렇게 생각의 세계로 후퇴하는 방식을 반복하게 되면, 결국은 현실과 계속 멀어지게 됩니다. 하지만 이 모든 것은 5유형이 진정 원해서 하는 행동이 아닙니다. 이런 모습에서 우리는 두려움에서

277

벗어나 현실에서 안정감을 느끼고 참여하길 바라는 5유형의 간절한 마음을 알 수 있습니다.

✿✿✿✿✿

지금까지 성격 빙산 이론을 통해 5유형의 겉으로 드러나는 모습과 빙산 아래에 있는 내면의 깊은 모습들을 살펴보았습니다. 5유형의 본질은 '깊고 명료한 앎, 지혜'지만, 두려움에 기반한 욕망에 집착하다 보면 내면의 안내를 믿지 못하고 외부의 단편적 지식과 정보에 매달리는 삶을 살기도 합니다.

5유형이 겪는 문제에는 보통 일정한 패턴이 있습니다. 삶에서 이 패턴을 발견하고 주의 깊게 관찰하며 알아차림의 신호를 깨달으면, 본질을 회복하고 성격에서 자유로워질 수 있습니다.

자동반응패턴을 알아차리고 성격에서 자유로워지기

1. 알아차리기(지혜)

알지 못하면 스스로 삶을 잘 살아가지 못할 것이란 불안에서 벗어나고자, 끊임없이 지식을 탐구하고 사색하는 것이 5유형의 **자동반응패턴**입니다. 자동반응패턴에 따라 사는 것이 나쁜 것은 아닙니다. 깊고 체계적인 지식을 갖추고, 합리적인 판단을 내리며, 지적 전문성을 쌓을 수 있기에 5유형의 강점을 발휘하게 해주기도 하지요.

다만 현실과 거리를 둔 채 계속 정보를 수집하고, 생각하는 것에만 매달리며, 아는 것을 실천으로 옮기지 않을 때가 문제입니다. 이를 '깨어나야 하는 신호'로 여기고 알아차리려는 연습이 필요합니다. 자동반응패턴으로는 내면의 공허함과 불안이 결코 해소되지 않음을 알아차리게 될 것입니다.

5유형의 알아차림 확언

"아! 내가 지금 끊임없이 지식을 수집하고 생각하는 것만 좇고 있구나! 내가 지금 불안해하고 있구나."

2. 받아들이기(사랑)

알아차리지 못했다면 5유형은 자동반응패턴으로 더 많은 지식을 수집하기 위해 애쓰고, 생각의 세계로 후퇴하여 현실과 감정으로부터 분리된 삶을 살아갔겠지만, 알아차리게 됐다면 이런 자신을 받아들일 수 있게 됩니다.

이러한 내가 이상하고 나쁜 것이 아닙니다. 원래 그런 성향으로 태어난 것입니다. 나와 같은 성격을 가진 많은 사람이 비슷한 자동반응패턴을 따라 살아가고 있습니다. 이런 자신을 비난하거나 합리화하지 않고, 있는 그대로 받아들이는 것이 중요합니다.

5유형의 받아들임 확언

"내가 이상하거나 나쁜 게 아니라 그런 성향으로 태어난 거야.
그리고 나름대로 최선을 다해 살아왔어.
이런 나를 비난하기보다 따뜻하게 다독여주자.
이렇게 강렬하게 더 많은 지식을 좇으며 불안으로부터 회피하고 있는 나 자신을 있는 그대로 받아들이고 사랑한다."

3. 선택하기(용기)

알아차리고 받아들였다면 자동반응패턴에서 벗어나 선택을 할 수 있게 됩니다. 현실과 거리를 두고 지식만 끊임없이 모으려고 했던 것에서 조금씩 자유로워지면서 '**초연**'이라는 미덕이 발현되기 시작합니다. 그러면서 알아야 할 것이 있다면 필요한 때에 자연스럽게 알게 될 것이라고 여기게 되며, 외부의 자원이 아닌 자신의 내면에서 솟아오르는 더 깊은 차원의 앎을 알아차리게 됩니다. 그러면 지금까지와는 다른, 조금 더 현명하고 용기 있는 선택을 할 수 있는 가능성이 열릴 것입니다.

5유형의 참된 본성을 회복하고 깊은 본질과 연결되는 데 아래의 선택과 연습이 도움을 줄 것입니다.

본질과 연결되고 본성을 회복하는 연습

연습 1. 몸을 통해 현재에 머무르는 감각 기르기

5유형은 생각하는 것에 많은 에너지를 쏟습니다. 그러다 보면 몸을 소홀히 할 수 있지요. 하지만 5유형의 본질인 명료하고 깊은 앎이 발현되려면, 몸을 통해 현재에 머무르는 감각을 키우는 과정이 필요합니다. 몸의 감각에 집중하며 현재에 머무르는 연습을 하면, 외부의 단편적 지식을 뛰어넘는 직관적인 지혜를 당신의 내면에서 발견하게 될 것입니다. 숨을 쉬며 몸의 감각을 일깨우는 것도 좋지만, 몸 전체를 움직이며 신체 에너지를 끌어올릴 수 있는 운동을 해 보기를 추천합니다.

5유형은 감정적인 사람이나 감정적인 상태로부터 거리를 두려고 합니다. 감정 에너지에 휩싸이게 되면 쉽게 피로해질 뿐 아니라, 자신의 객관성과 합리성을 잃을 것 같은 두려움 때문에 감정을 있는 그대로 느끼지 않고 분리하려는 것이지요. 하지만 이러한 방식은 우리의 내면을 제대로 바라보지 못하도록 만듭니다. 감정을 있는 그대로 수용했을 때의 경험과 그로 인한 깊은 지혜를 알아챌 기회가 없기 때문입니다. 일렁이는 감정의 파도는 그 순간 고스란히 느껴주면 자연스럽게 흘러갑니다. 감정으로부터 분리되고 피하려는 충동이 올라온다면, 잠시라도 그 순간에 머물러서 감정을 느끼는 연습을 해보기를 바랍니다. 감정에 따라 바뀌는 몸의 감각에 집중한다면 감정을 있는 그대로 느끼는 데 도움을 받을 수 있을 것입니다.

외부 상황과 미래를 알 수 없다는 불안에 갇히게 되면, 5유형은 현실에 참여하기보다 한걸음 떨어져 관찰자로서의 태도를 유지하며 살아갈 수 있습니다. 즉, 삶을 살아가고 경험하기보단 머릿속에서 생각하고 분석하며 준비가 충분히 될 때까지 실천을 유보하는 것이지요. 하지만 생각으로 아무리 열심히 대비한다고 해도 충분한 순간은 오지 않을 것입니다. 관념의 세계와 현실의 세계는 다르기 때문입니다. 내 기준에서 완전히 이해되지 않았고, 제대로 준비되지 않았다고 생각될지라도 실천으로 옮겨보세요. 머릿속에서 준비한 것들과 현실 적용의 경험이 서로 보완하며 실질적인 체계를 갖추어가는 것을 경험할 수 있을 것입니다. 이런 경험이 쌓이면 당신이 알고 있는 것을 주변 사람에게 나눌 힘도 생길 것이며, 이런 과정은 당신과 주변 사람들의 삶을 더 풍요롭게 만들어줄 것입니다.

연습 4. 사람들과 함께하며 협력적 관계 늘리기

불안의 정도가 깊어질수록 5유형에게는 혼자 고립되어 지내는 양상이 두드러지게 나타날 수 있습니다. 예측할 수 없는 세상을 살아가기엔 자신이 가진 자원(에너지, 시간 등)이 턱없이 부족하게 느껴져서 사람들과 거리를 두어 자원을 지키려고 하는 것이지요. 하지만 고립의 방식은 삶을 안정적으로 만드는 데 도움이 되지 않습니다. 인간사[間]은 말 그대로 '관계를 통해 살아가는 존재'이며, 협력적 관계 속에서 우리는 더 많은 자원과 지혜를 얻을 수 있기 때문입니다. 혼자 있는 게 익숙해서 사람들과 함께하는 것을 선택하기가 어렵다면, 관찰 결과 믿을 수 있다고 생각되는 사람들과 먼저 조금씩 협력적 관계를 맺는 시간을 늘려가기를 권합니다.

연습 5. 긴장을 늦추고 삶에 즐거움을 불어넣을 방법 찾기

삶에 직접 나서서 참여하기보다 한걸음 떨어져 관찰하는 것이 더 익숙하다면, 삶을 살아가는 과정에서 많은 긴장감을 느낄 수 있습니다. 이를 위해 일상에서 긴장을 늦추는 데 도움이 되는 방법을 찾아보기를 추천합니다. 혼자서 할 수 있는 것으로는 산책이나 명상 등도 좋은 선택입니다. 하지만 고립된 생활방식을 합리화하기 위해 선택한 것이라면 도움이 되지 않는다는 점 또한 기억해야겠지요.

평소 즐겨 하는 것이 아닐지라도, 새로운 즐거움을 경험할 만한 것을 시도해보는 것도 좋습니다. 춤 배우기, 보드게임, 궁금했던 사람과 함께 식사하기 등도 방법이 될 수 있겠지요. 익숙하지 않다고 거리를 두기보단 가벼운 마음으로 도전해본다면, 오히려 삶 속 긴장을 늦추고 예상치 못한 즐거움을 경험하는 데 도움이 될 것입니다.

5유형의 선택하기 확언

"몸을 통해 현재에 머무르는 감각을 기른다.
감정을 분석하기보다 있는 그대로 느낀다.
생각을 실천으로 옮기는 경험을 쌓는다.
사람들과 함께하며 협력적 관계를 맺는다.
긴장을 늦추고 삶에 즐거움을 불어넣을 방법을 떠올린다.
이 중에 하나라도 지금 실천한다."

9장

6유형: 헌신가

- **충실한 사람, 미어캣**
- **자아상: 나는 믿을 수 있는 충실한 사람이다.**

다른 사람들이 만나는 6유형의 모습

사람들은 팀 프로젝트를 할 때 가장 함께 일하고 싶은 사람으로 **성실** 씨를 꼽습니다. 성실 씨는 어떤 일이든 꼼꼼하게 준비하며, 신중한 태도로 참여합니다. 일을 진행하면서 생길 수 있는 문제점, 위기 상황에 대해 미리 준비를 해두기 때문에 실제로 문제가 생기더라도 쉽게 해결되는 경우가 많습니다. 그리고 성실 씨는 맡은 역할에 대한 책임감이 강하고 헌신적이라 약속한 부분에 대해선 끝까지 해내는 편이며, 따뜻한 배려심도 있어 안정적인 느낌으로 오랫동안 함께 일할 수 있습니다.

다만 성실 씨가 처음 경험하는 일이 있을 때, 일의 시작과 진행이 늦어지는 경향이 있습니다. 성실 씨는 일을 할 때 발생할 수 있는 문제점, 걱정거리를 하나하나 제시하는 편인데, 그걸 모두 검토하다 보면 일을 제때 진행하기 어려워지는 것이지요. 그리고 성실 씨가 얘기하는 걱정거리에 대해 듣고 있다 보면 주변 사람들이 함께 불안해지는 경향이 생기기도 합니다.

6유형이 들려주는 자신의 내면 이야기

저는 하루하루 열심히 살며 그 속에서 뿌듯함과 의미를 찾고자 하는 사람입니다. 직장과 가정에서 주어진 역할에 충실하려고 노력하며, 제게 일어날 수 있는 모든 상황에 대해 미리 대비해두기도 합니다. 늘 최악의 상황까지 고려하며 대응방안을 마련해두기 때문에 웬만한 어려움에도 쉽게 좌절하거나 포기하지 않습니다.

그렇지만 너무 많은 것을 고려하다 보니 종종 결정과 선택에 어려움을 겪는 편입니다. 최악의 상황을 고려하는 습관 때문에 하지 않아도 될 걱정과 불안감이 들어 일을 시작하지 못하는 경우도 있지요. 가까운 사람들은 제게 "걱정을 사서 하는 경향이 있다"며 답답해하기도 합니다만, 문득 올라오는 걱정과 불안감은 잘 사라지지 않습니다. 제 머릿속은 미래에 대한 예측과 준비에 대한 생각으로 늘 가득 차 있어서, 가끔은 너무나 혼란스럽기도 합니다. 그럴 땐 머릿속 스위치를 끄고 싶다는 생각이 들기도 하지요.

또한 저는 이미 경험한 적이 있는 일이나 신뢰할 수 있는 사람과 함께 일을 할 때는 자신감과 확신을 가지고 일을 잘 처리하지만, 갑자기 새로운 일을 해야 하거나 환경이 급격히 바뀌게 되면 왠지 멈칫하곤 합니다. 얼른 시작해야 하는 건 알겠는데 자꾸 미루게 되고, 그 과정에서 자신감이 떨어지며 스트레스도 많이 받습니다.

285

빙산 모델로 본 6유형 성격 구조

1. 별 명	헌신가, 충실한 사람

2. 장점-단점

① 성실하고 책임감이 강하다.	① 지나치게 헌신한다.
② 문제에 대비하고 잘 해결한다.	② 의심, 경계심이 많고 도전하지 않는다.
③ 사려 깊고 믿을 만하다.	③ 걱정이 많고 불안감이 높다.

3. 자아상 나는 믿을 수 있는 충실한 사람이다.

10. 방어기제 투사(불평과 비난)

9. 악덕 공포

8. 회피 일탈

7. 집착 안전하고 확실한 것

6. 핵심 감정 불안 ― 몰입

5. 욕망 안전과 믿을 만한 자원

4. 두려움 안내받지 못하는 것

본질 신뢰

1. 별명: 헌신가, 충실한 사람

6유형 에너지를 많이 사용하는 사람들은 자신이 맡은 일에 최선을 다하고 공동의 안전과 이익을 위해 충실히 일하는 것을 좋아합니다. 이들은 자신이 믿는 신념, 이상, 체제를 잘 지키며 살아가고, 특히 헌신과 협동의 가치를 알고 주변에 실천하는 사람들입니다. 그리고 위험과 위기를 인식하고 관리하는 감각이 발달해 있어 사전에 적절히 대응해낼 때도 많습니다. 이러한 모습을 가진 6유형의 별명은 '헌신가, 충실한 사람'입니다.

6유형 에너지를 상징하는 동물은 두 발로 꼿꼿이 서서 주위를 두리번두리번 살피는 모습이 인상적인 미어캣입니다. 미어캣은 천적으로부터 자신들의 영역을 방어하기 위해 아침부터 해가 질 때까지 매일 성실하게 이 행동을 수행합니다. 무리 내에서의 협동 방식도 매우 체계적인데요. 보통 10~30마리 정도가 모여 무리를 이루며, 어리거나 상처 입은 미어캣들은 굴속에서 안전하게 생활하도록 배려하고 나머지 개체들이 돌아가며 보초를 섭니다. 미어캣들의 안전에 대한 욕구, 충실함, 배려, 구조적인 시스템 등은 6유형의 모습과 많이 닮았습니다.

2. 장점과 단점

장점

① 성실하고 책임감이 강하다.

심리적으로 건강한 6유형의 매력 중 하나는 어떤 순간에도 삶의 의무를 소홀히 하지 않고 꾸준하게 열심히 한다는 점입니다. 이들은 어떤 이득이나 목표를 위해서 최선을 다하는 게 아니라 그저 열심히 하는 행위 자체에 의미를 두고 행하며, 그런 자신의 모습에서 앞으로 나아갈 힘과 에너지를 얻습니다. 그리고 그 과정에서 자연스레 힘이 축적되어 결국에는 무언가를 이룰 수 있게 되지요. '왜 열심히 해야 하는지'는 이들에게 크게 중요하지 않을 수 있습니다. '하다 보니까 여기까지 왔네? 이렇게 열심히 하다 보면 뭐가 되겠지'가 이들의 사고에 좀더 가깝습니다.

또, 6유형은 소속감과 유대감을 소중히 여기는 경향이 있습니다. 모두가 그런 것은 아니지만 대부분의 6유형들은 일정한 질서와 구조를 갖춘 공동체에 소속되는 것을 편안하게 느끼지요. 가깝게는 가족일 수도 있고, 학교나 직장, 사적인 모임이 될 수도 있습니다. 6유형은 공동체에서 느끼는 소속감을 유지하기 위해 중요하다고 여기는 사람들에게 책임을 느끼며, 더욱 헌신하고 충성하는 태도로 임하기도 합니다.

이런 6유형의 성실함과 책임감은 6유형 개인뿐 아니라 공동체 모두에게 득이 되는 경우가 많습니다. 그래서 건강한 6유형이 많은 사회는 사회 기반(특히 사회 복지 영역)이 튼튼한 경우가 많습니다.

② 문제에 대비하고 잘 해결한다.

6유형은 안전에 대한 욕구가 강하기 때문에 위험 신호를 알아차리는 감이 발달해 있습니다. 이들은 조심스럽게 미래를 예측하며 '문제가 발생할 수 있어. 아니, 생길 거야'라고 생각하고 대비하기 때문에 실질적이고 제대로 된 대비를 하게 됩니다. 보험을 들거나 저축을 하는 모습, 여행을 갈 때 필요한 준비물 — 특히 비상약 등 — 을 꼼꼼하게 챙기는 모습 등이 이러한 성향을 보여줍니다. 위기는 보통 예고 없이 다가오는 경우가 대부분입니다. 그래서 대부분의 사람들은 당황하고 혼란스러워하다가 적절한 대처를 하지 못할 수 있습니다. 하지만 6유형의 개념 속에서는 갑작스러운 위기나 돌발 상황도 돌발 상황이 아닐 수 있습니다. 적어도 머릿속에서 한 번쯤 생각해본 상황일 가능성이 크기 때문에 상대적으로 침착하게 대응하고 실질적인 대처를 할 수 있게 되지요.[*] 이러한 6유형 옆에 있는 사람들은 마치 100미터 앞에 있는 과속 방지턱이나 위험한 사고 구간을 미리 알려주는 내비게이션을 따라가는 것처럼 안전하고 든든하다고 느끼게 됩니다.

③ 사려 깊고 믿을 만하다.

6유형의 또 다른 특징은 생각과 고민이 많다는 점입니다. 자신이 하는 말이나 행동으로 인해 일어날 수 있는 다양한 수를 최대한 많이 고려하기 때문에 행동이 늦어지기도 하지만, 그만큼 신중하고 최선인 선택을 하게 됩니다. 예를 들어 6유형이 속해 있는 팀에 동료 A와 B가 갈등을 겪고 있을 때, 그의 머릿속에선 이런 생각들이 떠오를 것입니다. '내가 지금 나서서 이야기하면 A는 편안해하겠지

---

[*] 6유형의 대표적 인물 중 하나로 조선 시대 무인 이순신 장군을 꼽습니다. 그는 전라 좌수사로 부임한 직후부터 이미 전란에 대비한 실전 수준의 전투 훈련을 꾸준히 실행했으며, 거북선 개발도 미리 시작했습니다. 임진왜란 발발 후 그가 보여준 승리의 기록은 철저한 준비와 계획, 철두철미한 전략이 만들어낸 압도적인 승리였지요. 우선 정보를 최대한 모아서 자신이 원하는 시간과 장소로 유인해 싸웠으며, 아군의 장점을 극대화하고 적의 장점은 무력화시키는 전술로 적의 피해는 컸으나 아군의 피해는 거의 없는 결과를 이끌어냈습니다.

만 B는 불편함을 느낄지도 몰라. 그렇다고 나서지 않으면 A가 불편함을 느끼겠지. 그리고 앞으로 비슷한 일이 반복되면 더 큰 문제가 될지도 몰라. 그럼 지금 선에서 A와 B 모두 불편해하지 않으면서 문제를 해결하려면 어떻게 하는 게 제일 좋을까?' 그는 최악의 결과를 고려하며 충분히 고민한 다음, 양쪽 모두가 크게 불편하지 않을 선에서 자신이 찾아낸 해결책대로 행동합니다. 일이 잘 해결되고 나면, 사람들은 그가 참 따뜻하면서도 믿을 만한 사람이라고 느끼며 그를 더욱 지지하게 되지요. 이렇게 상황을 다각도로 신중하게 바라보는 눈과 필요한 행동을 실천할 수 있는 힘을 지닌 건강한 6유형은 사려 깊은 사람, 믿을 만한 사람으로 여겨집니다.

단점

① 지나치게 헌신한다.

6유형은 자신이 처한 모든 상황과 많은 사람에게 충실하려고 노력합니다. 사람들이 자신에게 기대하는 바를 확인하고, 되도록 그 모든 것을 의무라 여기며 해내려 하지요. 하지만 사실 모든 상황과 사람들을 만족시키는 건 불가능한 일입니다. 한 사람에게는 가정, 직장, 각종 단체에서 요구되는 여러 가지 사회적 역할이 있습니다. 6유형은 가정에서는 헌신적인 아버지 또는 어머니, 직장에서는 충실한 직원, 종교단체나 정치단체에서는 적극적인 활동가 등 모든 역할을 해내려고 할 수 있습니다. 하지만 안타깝게도 그 사이에서 누군가를 실망시키는 상황을 만들어낼 수도 있지요. 그럴 때는 '내 노력이 부족했나?' 하며 더 헌신적으로 행동할 수도 있고, '왜 나만 이렇게 노력해야 해? 나 이용당하고 있나?'라고 느끼며 비난하고 저항하는 태도를 보일 수도 있습니다.

② 의심, 경계심이 많고 도전하지 않는다.

6유형의 위험 신호를 감지하는 능력은 문제를 대비하는 데 효과적이긴 하지만, 주변을 지나치게 경계하는 결과를 낳기도 합니다. 6유형의 기민함이 지나친 조심스러움으로 심화되면, 어떤 것이든 경계하고 의심부터 하느라 행동으로 이어지지 않고 멈춰버리기도 합니다. 그러면 자신이 발전할 수 있는 많은 기회를 놓쳐버릴 수도 있습니다.

이들이 어려움을 겪는 가장 큰 이유는 '자기 의심'입니다. '만약 내 결정이 틀린 거라면? 만약 내가 잘못 알고 있는 거면 어쩌지?'처럼 '만약에'를 붙여 자신에게 묻는 행동은 내면을 혼란스럽게 만들어 결정을 지연시키고, 내면의 불안감을 더욱 증폭시킬 수 있습니다. 그러다 보니 자신이 이미 해낸 것들도 잊어버린 채 자신감을 잃어버리고, 결정을 내릴 땐 자기 확신 없이 우유부단한 모습을 취할 수도 있지요. 자신감을 잃어버린 6유형은 확실하게 믿을 수 있는 대상을 외부에서 찾고, 맹목적으로 그 사람(종교, 정치 등의 신념, 철학적 이념 등도 해당됩니다)의 권위와 뜻에 맞게 행동할 수도 있습니다.

새로운 상황과 사람에 대한 경계심도 높아져서, 일단 거리를 두고 지켜보며 믿을 만한지 확인하는 행위를 반복하다가 많은 시간과 에너지를 흘려보내기도 합니다. 미리 점검하고 위험에 대비하는 것은 중요한 태도지만, 이것이 과해지면 앞으로 나가는 힘과 속도를 떨어뜨릴 수 있습니다.

6유형은 이 세상을 평안하고 별일 없이 무탈하게 흘러가는 곳으로 보지 않습니다. 불안감이 깊어지면 숨겨진 문제를 잘 포착하는 이들의 능력은 현실에서 과도하게 작동됩니다. 그래서 주변 환경에 어떤 위험이 있는지 끊임없이 두리번거리며 찾게 되지요. 이들도 사실은 "내가 걱정하는 일의 대부분은 일어날 가능성이 거의 없는 것이며, 어떤 것들은 일어날 수도 없는 일"이라는 것을 인식하고 있습니다. 예를 들어 '내가 지금 다니고 있는 직장이 6개월 안에 사라져버리면 어떡하지? 지금 이 영화관에서 갑자기 불이 나면 어떡하지?' 등과 같은 걱정들이지요. 하지만 이들은 지금 일어날 수 있는 가장 나쁜 일을 상상했다가 그 일이 일어나지 않으면 안도하는 패턴을 반복하는 식으로 자신의 불안을 처리하기에, 이는 멈추기 어려운 하나의 습관과도 같습니다.

어떤 상황을 바라보는 관점을 보통 두 가지로 나눠볼 수 있습니다. 긍정적인 측면을 먼저 보는 것과 부정적인 측면을 먼저 보는 것이지요. 6유형은 이 중 후자에 속합니다. 혹시나 일이 잘못되는 경우를 먼저 생각하는 것입니다. 이들 딴에는 발생할 수 있는 위험에 대비하는 것이지만, 함께 하는 사람들에게는 걱정을 사서 하는 것처럼 보일 수도 있습니다. 문제는 이것이 주변 사람들에게 영향을 미친다는 점입니다. 불안은 전염성이 있기 때문입니다. 그래서 주변 사람들도 6유형만큼은 아니더라도 함께 불안해질 수 있지요.

에니어그램에서는 장단점을 동전의 양면과 같다고 봅니다. 위의 장점과 단점을 각각 읽어보면 서로 연결되어 있음을 발견할 수 있을 것입니다. 타고난 본질은 하나지만 이것이 때에 따라 장점으로 드러날 수도, 단점으로 드러날 수도 있는 것이지요.

6유형은 삶에 충실하고 문제에 미리 대비하는 태도가 장점이지만, 안전에 너무 집착하고 의심을 많이 하기 시작하면 장점이 단점으로 바뀌어 나타납니다.

3. 자아상: 나는 믿을 수 있는 충실한 사람이다.

'나는 이런 사람'이라는 생각과 느낌, 태도의 집합체를 자아상이라고 합니다. 사람들은 자신의 자아상을 '이상적인 나'로 판단하며, 그 모습대로 살아가려고 하는 경향이 있습니다. 하지만 자아상은 사실 두려움으로부터 자신을 지키기 위한 깊고 정교한 내적 작용으로 '만들어진' 것입니다.

6유형은 세상과 다른 사람들에게 '책임감 강하고 믿을 만한 사람, 헌신적이고 충실한 사람'일 수 있도록 최선을 다합니다. 이들에게 있어 책임감과 의무란, 그 일에 대해 자신이 동의하든 하지 않든 상관없이 맡은 역할을 잘 수행하고 끝까지 마무리하는 것을 의미합니다. 그렇게 의무를 다하면 자신이 믿을 만한 사람으로 보이고, 자신의 내면과 주변 환경이 안정감을 가지게 될 거라 생각하지요. 이들은 다른 사람들이 자신에게 무엇을 기대하고 요구하는지 명확히 알고 싶어하며, 그들의 요구에 자신을 맞추고 주어진 역할을 다하면서 책임감과 의무감을 발휘합니다. 삶의 어떤 순간에서도 끈을 놓지 않고 의무를 다하려는 이들의 노력은 6유형들의 삶과 주변 사람들의 삶에 안정감을 선물해주는 매력적인 부분입니다.

하지만 책임감은 6유형에게 멈추기 힘든 거대한 부담으로 작용하여 스트레스를 주기도 합니다. '내가 혹시 책임감 없이 행동했을 때, 날 지지해주던 사람들이 다 떠나버리면 어떡하지? 내가 책임을 다하지 못해서 더 큰 문제가 발생하면 어떡하지?' 이들은 더 이상 책임감을 즐기지 못하고, 마지못해 지속하게 됩니다. 너무 힘들고 하기 싫지만 하지 않았을 때 감당해야 하는 부담이 커서, 억지로 참고 마무리까지 하는 것입니다. 때로는 스스로에게 지운 책임감의 무게 때문에 주변 상황에 대해 분노하거나 사람들과 갈등을 겪을 수도 있습니다. 이들은 에너지를 한계까지 끌어올리며 바쁘게 활동하게 되는데, 그렇게 하는 것이 내면의 불안감을 경험하는 것보다 훨씬 안전한 길이라 생각합니다. 또한 책임감과 의무에만 국한하여 자신의 가치를 결정지어 버리게 되면, 그 일을 제대로 이행하지 못할까 봐 새로운 시도를 하는 걸 어려워할 수도 있습니다. 안전한 것만 추구하고 낯선 도전이나 경험들은 피하게 되는 거죠.

6유형이 믿을 만한 사람으로 보이기 위해 최선을 다하는 이유는 아이러니하게도 자기 자신을 믿을 수 없기 때문입니다. 스스로를 믿지 못하기 때문에 주변의 시선에서 믿음을 얻고, 믿음에 대한 두려움과 욕구를 채우고자 하는 것입니다.

지금까지 살펴본 장점과 단점, 자아상은 겉으로 쉽게 관찰할 수 있는 수면 위 빙산의 모습입니다. 사람들은 보통 수면 위의 모습만 보고 자기 자신뿐 아니라 다른 사람들도 쉽게 판단해버립니다. 하지만 사실 이 모습들은 모두 수면 아래의 성격의 심층구조 속에서 만들어진, 성격의 결과물입니다. 이제부터 물 아래에 잠겨 있는 부분, 성격의 심층으로 들어가보도록 하겠습니다.

성격의 심층으로 들어가기 전, 먼저 빙산이 잠겨 있는 '물'에 대해 알아야 합니다. 물과 빙산은 어떤 관계일까요? 빙산은 물 위를 떠다니지요. 그런데 사실 물과 빙산은 다른 것이 아닙니다. 물의 일부가 얼어서 빙산이 된 것입니다. 빙산이 녹아서 다시 물이 될 수도 있지요.

낮은 온도라는 상황에 의해 물의 일부가 얼어서 하나의 빙산이 만들어지는 것처럼, '존재의 본질'에서 멀어지면서 두려움에 사로잡히게 되면 한 사람의 성격이 만들어집니다.

그렇다면 물은 뭘까요? 원래 우리가 타고난 본질, 성격이 형성되기 전의 진정한 나의 모습입니다.

본질: 신뢰

6유형 에너지의 본질은 '**신뢰**'입니다. 신뢰란 '온전히 믿고 맡기는 것'을 의미하는데, 6유형의 내면엔 이렇게 완전히 신뢰할 수 있는 진실한 안내와 지원이 존재하고 있습니다. 이는 마치 앞이 잘 보이지 않을 정도로 잔뜩 흐린 안개 속, 또는 캄캄한 동굴 속을 걸을 때 앞을 비춰주는 선명한 불빛과도 같습니다. 본질과 연결된 6유형은 무언가를 미리 알려고 애쓰거나 준비하지 않아도 **매 순간 필요한 만큼의 통찰력이 발휘될 것**임을 깨닫습니다. 그때부터 외부의 지원을 구하지 않고도 자신 안에서 편안함을 느끼고 내면의 직관적인 앎과 연결될 수 있습니다. 그리고 흔들리지 않는 믿음으로 내면의 지침을 따르며 자신감을 얻습니다. 즉, 6유형은 이 세상을 어떻게 살아야 하는지에 대한 방향성을 내면에 이미 가지고 있는 사람들인 셈이지요.

필요할 때마다 단단한 내면의 힘이 자신을 지원해주고 있다는 것을 깨닫게 되면, 6유형은 결과를 모르는 것, 미지의 상황들도 완전히 수용할 수 있으며 현실에 더 깊이 뿌리내릴 수 있게 됩니다. 자신의 힘을 믿고 존중하며, 세상과 사람을 신뢰의 눈으로 바라보고 미지의 길로 당당하게 걸어갈 수 있습니다. 그리하여 마침내 이 세상을 조금은 더 안전한, 하고 싶은 걸 마음껏 할 수 있는 곳이라 여기고 즐길 수 있게 되지요.

보이지 않는 수면 아래의 빙산 살피기

4. 두려움: 살아가는 데 필요한 지원, 안내를 받지 못할 것 같아 두렵다.

6유형의 내면에는 본질에서 비롯된 '믿을 만한 안내와 지원'이 존재하고 있지만, 본질과 멀어지면서 자기 자신에게는 그러한 힘이 없는 것 같다는 두려움을 느끼게 됩니다. 사고형의 기본 두려움인 '무지'와 관련하여 6유형은 자신의 내면과 외부 세계 양쪽 모두에서 두려움과 불안＊을 느낍니다. 외부 세계인 이 세상이 안전하지 않다고 느끼기에 내면을 들여다보지만, 그런 세상을 안전하게 헤쳐 나갈 수 있는 자원이 자신에게 없다고 느끼고 다시 외부 세계로 눈을 돌려 의지할 만한 것들을 찾습니다. 이들은 마치 겁먹어서 순해진 토끼나 양처럼 불안감을 온몸으로 드러내기도 하고, 오히려 불안하지 않음을 증명하기 위해 적극적으로 자신을 표현하기도 합니다. 어느 쪽이든 6유형은 자신의 두려움을 끊임없이 인식하고 확인하면서 성격을 형성해나갑니다. 자신이 알게 된 것에 의문을 제기하고, 이미 알고 있는 것도 다시 생각하며, 다른 사람들과 세상에서 통용되는 개념들 역시 여러 번 '확인해보려고' 합니다. 모든 유형이 두려움을 느끼지만 대개 이를 억제하거나 회피하는 데 비해 6유형이 보이는 두려움에 대한 반응은 두드러지기 때문에, '두려움'은 6유형의 핵심적인 특징이라고 할 수 있습니다.

'나에겐 안전하고 확실한 믿음이 필요해. 정말로 괜찮은지 한 번 더 확인해보고 싶어. 세상은 안전하지 않으니까. 언제 무슨 일이 벌어질지 모르니까. 나와 사랑하는 사람들을 보호하려면 더 철저하게 준비해야 해.' '하지만 사실 난 무엇을 해야 할지 모르겠어. 뭔가 결정하는 건 무척 힘든 일이야. 자꾸 의심하게 돼.' 모른다는 건 사실 당연한 일이지만, 스스로에게 확신이 없는 6유형에게 이런 상황은

＊　심리학적으로 '두려움'은 현실적이고 실제적인 외부의 위험에 대한 의식적인 반응을 의미합니다. '불안'은 실제적 피해가 아직 없는, 무의식적인 위험에 대한 반응이며, 잠재적인 위험에 대한 예측입니다. 6유형들은 성격 구조 안에서 이 두 가지를 동시에 민감하게 경험합니다.

마치 딛고 서 있는 땅이 아래로 푹 꺼지는 것 같은 느낌을 주기도 합니다. 그래서 이들은 가능한 모든 상황을 예측하고 대비할 수 있도록 자신의 환경을 구조적으로 체계화하기 위해 노력합니다.

어떤 6유형들은 자신이 불안해하고 있다는 것을 느끼지 못하고 있을 수도 있습니다. 너무 오랫동안, 어쩌면 습관처럼 두려움과 함께 생활해오고 있었기 때문이지요. 이들은 '불안한 게 아니라 그냥 생각하는 거야. 난 생각이 많은 거야'라고 여길 수 있습니다. 이런 6유형들이 자신의 불안을 제대로 직면하기 시작한다면 본질과 만나기 위한 첫 발걸음을 떼는 것입니다.

5. 욕망: 안전과 믿을 만한 지원을 찾는 것

두려움에 빠진 6유형은 이 세상을 안전하게 살아가기 위해 필요한 도움과 지원을 자신의 내면이 아닌 외부에서 찾기 시작합니다. 우선 자신을 지지해줄 수 있으며 자신이 의지할 수도 있는 신뢰할 만한 어떤 사람을 찾습니다. 그런 사람을 찾지 못한다면 종교에 의지하기도 하지요. 혹시 주변에 그런 지원이 없다고 느껴지면 개인적·사회적으로 안정성을 확보할 수 있는 구조를 만드는 데에 직접 참여하기도 합니다. 자신이 믿을 만한 신념과 원칙을 고수하는 공동체(가족, 직장, 동호회, 정치단체 등)에 소속되는 경우도 많습니다.

이들은 이렇게 주변 환경을 구축하여 불안에 대한 방어책을 마련하고, 무언가 결정을 내리기 전에 외부에 구축해둔 것들로부터 답을 구합니다. 특히 자신이 '믿을 만한 권위'라고 인정하는 사람, 체제, 신념을 좀더 강하게 따르며 자신을 그곳에 맞추기도 합니다. 하지만 그렇다고 해서 이들이 무조건 외부의 답에 동의하고 따르는 것은 아닙니다. 일단 그것조차도 의심해보고 내부에서 테스트해본 다음 결정을 내리지요.

그리고 6유형은 삶의 안정감을 획득하기 위해 앞으로 무슨 일이 일어날지 미리 알고 싶어합니다. 이들은 모든 것에는 자연적인 질서가 있다고 여기며, 그러한 질서와 일정한 형식을 갖춘 구조 안에서 생활하고 일하고 싶어합니다. 그래야 앞으로의 일을 어느 정도 예상할 수 있기 때문이지요. 이들은 자신이 구축한 안전한 삶의 구조를 지키기 위해 미래를 준비합니다. 저축이나 보험, 연금 등을 세세하게 실행하기도 하고, 반대로 모든 것이 의심스러워 아무런 보험에 가입하지 않기도 합니다.

6유형은 습관을 만드는 것에 탁월한 능력을 보이는 편인데, 어느 것 하나를 꾸준히 성실하게 수행하여 익숙하게 만들고, 이를 패턴화하여 자신의 일상에 정착시키는 것을 좋아합니다. 그렇게 하루 일과가 예상 가능한 범주 내에서 흘러가는 것을 경험하며 이들은 안정감을 느낍니다. 반면 갑작스러운 변화를 만나면 매우 불편해하고 큰 스트레스를 받지요. 그 변화로 인해 미래가 예상치 못한 방향으로 크게 달라질 수 있기 때문입니다.

6. 핵심 감정: 불안 — 몰입

에니어그램 도형에서 6유형은 사고형의 중심에 위치하고 있으며, 사고형 중 불안감을 가장 많이 경험합니다. 하지만 6유형의 두려움이 양적으로 가장 많다는 의미는 아닙니다. 모든 유형은 같은 양의 두려움을 가지고 있지만, 그중 6유형이 **두려움의 영향을 더 많이 받는다**는 의미입니다. 이들의 겉모습만으로는 이들의 불안을 짐작하기가 어려울 수 있습니다. 불안은 내면에서 일어나는 감정이니까요. 대신에 드러나는 행동을 보고 이들이 불안에 어느 정도로 영향을 받는지 짐작해볼 수 있습니다. 296쪽 두려움 파트에서 잠깐 언급했듯, 이들이 불안에 대처하는 방식은 겉으로 보기에도 두려움과 불안이 확연히 드러나는 공포 순응형과 자신이 전혀 두렵지 않음을 적극적으로 드러내는 공포 대항형으로 나뉩니다. 대부분의 6유형에겐 이 두 가지 경향이 동시에 존재합니다. 상황에 따라 다른 모습을 보이는 사람들도 있지만, 보통은 한 가지 행동 양식을 선호하기에 하나의 행동 유형이 뚜렷하게 나타내는 편입니다.

공포 순응형은 보통 토끼에 비유합니다. 이들은 위험 신호에 기민하게 반응하며 표정과 몸짓에서 불안이 확연히 드러납니다. 권위나 힘이 있는 인물에게 순종적인 편이고, 자신의 의견을 단호하게 밀어붙이는 것을 어려워하는 소심한 모습을 보이기도 합니다. 공포 대항형은 보통 늑대에 비유합니다. 불안한 상황에서 오히려 거칠고 공격적으로 행동함으로써 자신의 불안을 외부에 들키지 않고, 자신을 보호하고자 하지요.

'6유형은 그 안에서 또 두 가지 유형으로 나뉘나?' 하고 오해할 수도 있습니다만, 그런 것은 아닙니다. 이들은 모두 자신의 불안을 인식하고 몰입하는 점에서 그 뿌리가 같고, 추구하는 목표 역시 하나입니다. '안전'이지요. 안전을 지키기 위해 두려움과 불안에 순응해버리는 게 편한 사람은 공포 순응형의 모습을, 두려움과 불안에 맞서는 게 편한 사람은 공포 대항형의 모습을 보이게 되는 것입니다.

내면의 불안감을 극복하기 위해

필요한 지원과 안내를 외부 환경에서 찾는다.

이런 감정들을 느끼면서 욕망이 더욱 강해져 집착하는 것이 생깁니다. 집착이 생겼다는 것은 회피하는 것도 생겼음을 의미합니다. 이로 인해 성격은 더욱 강화됩니다.

7. 집착: 안전하고 확실한 것

성격에 사로잡힌 6유형은 인생에서 만날 수 있는 위기들에 효과적으로 대처할 수 있는 '확실한 안전장치'를 갖고 싶어합니다. 이 지점에서 6유형은 본래 가지고 있던 유연함을 잃어버리고 융통성 없는 딱딱한 모습이 되기 시작하지요. '하던 대로 하자. 그럼 중간은 가겠지.' 이들은 문제를 해결하기 위해 '전에 하던 방식'을 고수하며 안정감을 느낍니다. 혹여 더 나은 새로운 방안이 있다 하더라도 기존에 하던 익숙한 방식대로 일하는 것이 더 안전하다고 느낍니다. 새로운 시도를 했다가 혹시나 위험이 일어날 가능성을 아예 막아버리고 싶은 것이지요. 이들은 결과를 리스크 중심으로 보는 경향이 있기 때문에 더 나은 결과를 추구하기보다는 문제가 일어나지 않을 만한 정도의 결과에 만족합니다.

그래서 안전에 집착하는 6유형들은 미래에도 큰 기대가 없습니다. 크게 성공하는 것보다 망하지 않는 게 더 중요하고, 앞서가는 것보다 뒤처지지 않는 게 더 중요하다 여기지요. 머릿속에 최악의 상황을 그려놓고 그것을 피하는 데 집중하는 삶을 사는 겁니다. 직장을 고르거나 투자를 할 때도 새로운 영역이라 위험부담과 고수익의 전망이 함께 있는 곳보다는 성장세는 더디지만 오랜 역사가 있는 곳을 고를 확률이 더 높지요. 'Not bad 정도면 충분하지. 뭘 더 바라?' 하면서요.

한편, 우리는 언제나 익숙하고 친숙한 환경 속에서만 살아갈 수 없습니다. 인생은 불확실하고, 모든 것은 변합니다. 그래서 새로운 상황 속에서 무언가를 결정해야 하는 상황은 늘 다가옵니다. 그럴 때를 대비해 6유형은 마음속에 '내면의 위원회'라는 안전장치를 마련해둡니다. '내면의 위원회'는 어린 시절부터 배우고 경험했던 주변 인물이나 매체 등의 가치관, 신념이 위원으로 앉아 있는 형태를 뜻하는데, 이들은 서로 다른 입장과 목소리를 가지고 있습니다. 예를 들어 완벽주의 성향의 A, 행동력이 있는 B, 신중하고 침착한 C 등으로 구성될 수 있지요. 6유형은 어떤 상황을 만났을 때, 위원회 구성원들의 목소리를 하나하나 다 듣고 상의하는 과정을 거칩니다. 이는 6유형이 다양한 경우의 수를 고려하여 원하는 것(안전하고 확실한 것)을 찾을 수 있도록 도움을 주기에, 6유형의 장점인 문제 해결력이 빛을 발할 수 있게 하고, 주변 사람들에게 사려 깊고 신뢰감 있는 모습을 보이는 데 영향을 끼칩니다.

하지만 위원회가 너무 활발히 활동하면 본질로부터 오는 내면의 통찰력을 가로막을 수도 있습니다. 무언가 결정해야 할 때 너무 많은 목소리를 듣느라 시간이 매우 오래 걸리고, 그러다 보면 자기 확신이 부족해져 우유부단한 모습을 보일 수도 있습니다. 그래서 6유형은 현재 자신의 내면 위원회에 누가 앉아 있는지 관찰하고, 여기에 투자하는 시간이 정말 도움이 되는지 한번 돌아볼 필요가 있습니다.

8. 회피: 일탈

안전에 대한 집착이 강렬해진 6유형은 친숙하고 익숙한 환경에 계속 머물러 있기를 원합니다. 자신에게 너무 많은 선택권이 주어지는 것을 좋아하지 않으며, 잘 정리된 가이드라인, 잘 조직된 규칙이 있는 구조 안에서 편안함을 느낍니다. 반면에 이들은 남들과 뭔가 다른 사람이 되는 것, 자신에게 주어진 역할에서 벗어나는 것, 사회의 기준에서 벗어나는 것 등을 매우 힘들어합니다. 이는 세상에 정해진 자연스러운 질서에서 벗어나는 일탈 행위라 생각하며, 그만큼의 위험이 따르리라는 두려움을 가지게 됩니다.

6유형은 보통 기존의 경험을 기반으로 상황에 대처하는데, 새로운 상황이라면 기존 경험치가 없으므로 몹시 당황합니다. 그래서 이들은 더욱 현재 자신의 의무에 충실하고 주변 환경을 돌보는 데 최선을 다합니다. 가끔은 자신의 삶이 답답해질 정도로 지나치게 주변을 위해 헌신하기도 하지요.

자신의 환경을 예상 가능한 범주 안에서 그대로 유지하고 지키려는 6유형들의 노력은 이들을 안전하게 만들어주지만, 문제는 자신에게 별로 도움되지 않는 환경일 경우에도 그곳에서 빠져나오기 어려워한다는 점입니다. 조직이나 사람 사이에서 생긴 의무감, 요구들이 감당하기 힘들어서 때로는 그들을 비난하면서도 또 다른 안전한 시스템을 찾지 못하면 어쩌나 하는 자기 의심과 두려움 때문에 빠져나오지 못하는 것이지요. 결국 내면에 불안과 불만이 계속 쌓여가면서 극도로 불안한 상태에 접어들게 됩니다.

안전하고 확실한 것에 집착하여

삶의 일탈을 피하고 현상 유지만 하려고 한다.

이처럼 집착과 회피가 강렬해지면 자신과 다른 사람들에게 문제를 일으키게 되는데, 이를 '악덕'이라고 부릅니다.

9. 악덕: 공포[*]

6유형이 의심과 불안감에 지속적으로 노출되면 극도로 불안한 '공포' 상태에 빠져듭니다. '내가 감당할 수 있을까? 이다음엔 무엇을 해야 하나? 모든 게 잘못될 것만 같아. 아무것도 못 믿겠어.' 6유형들은 평소에도 이 세상이 위험 가득한 곳이라고 인식합니다. 그런데 스트레스가 매우 심해지면 그들이 세상을 인식하는 수준은 '자연재해 상태'가 됩니다. 당장이라도 하늘과 세상이 와르르 무너질 것 같은 느낌, 둥둥 떠다니는 작디작은 빙하 위에 서 있는 느낌, 그래서 온몸이 굳어 아무것도 못 할 것처럼 압도된 느낌을 받습니다. 이들은 최악의 시나리오를 습관처럼 상상하며 쉽게 비관주의에 빠질 수 있고, 주변의 모든 것들을 스캔하고 걱정하느라 현실의 삶에 제대로 집중하지 못할 수도 있습니다.

스스로에게 지운 책임과 의무가 버거워지기 시작하면, 함께 책임을 다하지 않은 다른 사람들에게 불만을 표시하기도 합니다. '왜 나만 열심히 하는 것 같지? 나 혹시 지금 이용당하는 거 아냐?'라며 다른 사람을 의심하고, 공격적인 태도를 보일 수도 있습니다.

---

[*] Fear, 몹시 두렵고 무서움. 위협이나 위험에 대해 강하게 느끼는 감정.

특히 공포에 사로잡힌 6유형들에게 가장 힘든 점은, 자기 자신을 의심하는 마음이 더욱 커진다는 점입니다. 자신이 더욱 무력하고 무방비 상태가 되어 혼자 힘으로 삶을 꾸려나갈 수 없을지도 모른다는 생각은 내면의 불안감을 심화시키며, 내면에 신뢰할 수 있는 게 없기 때문에 외부의 그 어떤 것도 확신할 수 없게 됩니다. 그 결과 자존감이 낮아지고 우울감에 빠질 수도 있습니다. '이게 정말로 내가 원하는 것이 맞나? 내가 잘못된 선택을 하는 거면 어쩌지? (결정 내린 후에도) 혹시 잘못 결정한 거면 어쩌지?'

이들의 심리는 삶 속에서 만나는 상황마다 그 순간에 가장 많은 영향을 받는 쪽으로 왔다 갔다 하기 시작합니다. 세상에 순응하고 싶은 마음과 공격함으로써 보호하고 싶은 마음이 왔다 갔다 하는 셈인데요. 그래서 6유형들은 겉으로 보기에 강하기도 약하기도 하고, 두려움은 많은데 용기 있기도 하고, 방어적이다가도 공격적이고, 순종적이지만 의심이 많아 보이기도 합니다. 내면의 많은 소리들이 마음의 균형을 잃게 하고 혼란스럽게 만들어버리는 거죠.

10. 방어기제: 투사[*]

불건강한 영역에 있는 6유형은 자신을 보호하기 위해 내면의 여러 부정적인 생각들과 불안한 감정들을 투사를 통해 처리하게 됩니다. 예를 들어 6유형이 어떤 사람을 싫어하게 될 경우, '저 사람이 날 싫어하는 것 같아. 저 사람 때문에 문제가 생기는 거야'라고 투사하며 자신의 감정을 부정합니다. 왜냐하면 누군가를 싫어하는 감

[*] Projection, 자기 자신 내부의 문제나 결점의 원인을 자기 외부에 있는 것으로 생각한다.

정은 공격적인 감정이고, 신뢰할 만하고 충실한 자신의 이미지에 완전히 역행하는 모습이기 때문입니다. 자신이 어떤 사람을 싫어한다는 감정을 직면하고 싶지 않은 것이지요. 이는 6유형의 걱정과 어우러져서 머릿속으로 부정적인 시나리오를 쓰며 '저 사람이 정말로 날 싫어하는구나!'라는 확신을 안겨주기도 합니다.

또한 6유형들은 자신을 보통 '강자'보다는 '약자, 희생자'라고 설정합니다. 이편이 훨씬 안정적인 영역이라고 믿기 때문이지요. 그래서 내면에서 올라오는 공격적인 감정들을 투사로 처리하여 자신을 약자, 희생자 위치에 세워놓습니다. 이는 6유형의 기본 두려움과도 연결되어 있습니다. 내면에 내가 딛고 설 수 있는 단단한 기반이 없는 느낌을 세상에 투사해서(문제의 원인을 나의 내면으로 돌리고 싶지 않기 때문에) '이 세상은 위험해. 내가 의지하고 신뢰하기 어려운 곳이야'라고 생각하게 되는 것이지요.

책임감을 중요하게 생각하는 6유형은 자신이 감당하기 힘들 정도의 문제가 발생했을 때, 그 두려움을 피하고자 투사를 사용하기도 합니다. 이들은 자신이 실패했을 때 자신이 믿고 따르는 누군가에게 질책이나 처벌을 받을까 두려워서 다른 사람에게 책임을 전가합니다. 자신에게 책임이 있음을 인정하는 것이 너무 두렵게 느껴지기 때문에 일이 그렇게 된 이유에 대해 계속 변명하거나, 다른 사람 때문에 그렇게 됐다며 비난하는 말, 불평하는 말을 하게 되지요. 이는 사실 자신의 불안한 마음을 표현하는 하나의 방식이며, 또한 스스로를 용서하기 어렵기에 힘들게 찾아낸 하나의 보호 장치입니다. 꼭 자신이 완전히 책임져야 할 필요가 없는, 큰일이 아닌데도 불구하고 이들은 쉽게 겁에 질릴 수 있습니다.

6유형은 원래 자신을 신뢰하는 마음을 바탕으로 길을 잘 찾아갈 수 있는 사람들이지만, 두려움을 기반으로 욕망에 집착하다 보면 의심과 불신 속에서 두려움에 떠는 삶을 살 수도 있습니다.

6유형들이 겪는 문제에는 일정한 패턴이 있습니다. 삶에서 이 패턴을 알아차리고 자신을 받아들이게 된다면, 자신의 성격에 갇히지 않고 다양한 성격 에너지를 자유롭게 사용할 수 있게 됩니다.

자동반응패턴을 알아차리고 성격에서 자유로워지기

1. 알아차리기(지혜)

평균적인 6유형들은 불안감이 느껴질 때 외부의 것(조직, 사람, 신념, 지식 등)을 찾아 의존하고, 최선과 의무를 다하려는 **자동반응패턴**을 가지고 있습니다. 안전을 지키기 위한 이들의 노력은 현실 속에서 벌어지는 다양한 문제를 해결하는 데 도움을 주므로 이렇게 사는 것이 나쁜 것만은 아닙니다. 하지만 안전을 지키는 것에 너무 집착하다 보면 주변 환경을 과민하게 경계하려는 성향이 커지게 됩니다. 무언가 잘못될 수 있다는 가능성에 주의를 집중하다 보니 '이렇게 해도 돼? 뭔가 잘못되는 거 아니야?'라고 세상과 나 자신에게 의문을 자주 제기하며, 이 과정에서 더욱 감당하기 어려운 불안감이 생길 수 있습니다.

따라서 6유형들은 내 생각을 믿을 수가 없고 믿을 만한 대상을 찾기 위해 계속 노력하는 자신을 발견했을 때, 이를 '깨어나야 하는 신호'로 여기고 알아차리려는 연습이 필요합니다.

6유형의 알아차림 확언

"내가 지금 불안하구나. 나 자신을 의심하고 있어서 그런 거구나. 그래서 불안감이 더 커졌구나."

2. 받아들이기(사랑)

의심과 불안은 6유형의 머릿속에서 일어나는 사고 과정입니다. 이 생각에 사로잡힌 6유형은 불안한 생각과 자기 자신을 동일시하며, 스스로를 믿을 수 없고 무기력한 존재로 만들어버립니다. 하지만 자신의 패턴을 알아차리는 순간 우리는 자신을 좀더 객관적으로 바라볼 수 있습니다. 지금까지의 패턴을 인정하고 자신의 마음을 다독여주는 시간을 가지기 위해 아래 문구를 소리 내어 읽어보며 내면을 바라봅시다.

6유형의 받아들임 확언

"나는 나를 안전하게 해줄 수 있는 확실한 어떤 것을 찾아 헤매며 두려워했다.
하지만 내가 이상하거나 나쁜 게 아니다.
이것이 나의 패턴이었을 뿐이다.
세상을 안전하게 살고 싶은
나 자신을 있는 그대로 받아들인다.
나는 나를 사랑한다."

3. 선택하기 (용기)

의심과 불안이 나 자체가 아니라 내 머릿속에 있던 생각에 불과하다는 걸 받아들이게 되면, 의심 뒤에 숨겨져 있던 나의 진짜 목소리, 내면의 작은 목소리를 들을 수 있게 됩니다. 그리고 나를 비롯하여 온 세상이 이미 나를 지원하고 돕고 있음을 깨닫게 될 것입니다. 그 깨달음 속에서 6유형의 미덕인 '**용기**'가 빛을 발합니다.

여기서 말하는 용기는 어떤 상황과 맞서 싸우려는 행위를 의미하지 않습니다. 6유형의 용기는 **지금 너무 두렵지만, 그럼에도 내가 뭘 해야 하는지 알아차리려는 마음**입니다. 그 결과 어떤 일이 생기더라도, 혹시 실패할지라도 그 일에 도전하겠다는 의지이며, 내 가슴이 시키는 대로 하겠다는 믿음입니다. 용기의 미덕을 발현하는 6유형은 여러 문제 상황 속에서도 현실을 직시할 줄 알며, 자신에 대한 믿음을 바탕으로 의문을 제기하고 앞으로 나아갈 수 있습니다.

6유형 에너지의 참된 본성을 회복하고 깊은 본질과 연결되는 데 아래의 선택과 연습이 도움이 될 수 있습니다.

본질과 연결되고 본성을 회복하는 연습

연습 1. 나의 통찰력을 믿기

많은 6유형이 확신이 부족할 때 다른 사람들에게 답을 요청하곤 합니다. 그런데 재미있는 건, 많은 사람의 의견을 듣고 난 뒤에도 결국 최종 결정은 자신이 처음에 생각했던 대로 하는 경우가 많다는 것입니다. 사실 6유형에게는 가장 믿을 수 있는 내면의 길잡이가 있고, 따라서 무언가 선택해야 할 때 이미 답을 알고 있는 경우가 많습니다. 하지만 자신을 의심하는 마음 때문에 내면의 목소리를 무시했다가 돌고 돈 뒤에야 그대로 행하게 되는 것이지요. 과거의 경험을 돌아보며 사실 내게 훌륭한 '통찰력'이 있음을 알아차려봅시다. 그리고 앞으로 또 행동해야 할 일이 생겼을 때, 내면에서 가장 처음에 들리는 목소리를 경청하고 그걸 따라가봅시다. 점점 더 자신감이 생길 것입니다.

연습 2. 머릿속에 있는 생각을 글로 쓰기

많은 6유형이 "나는 생각을 잘 못한다"고 말하는데, 이는 생각이 너무 많기 때문입니다. 많은 양의 생각들이 꼬리에 꼬리를 물다 보면 어느 순간 사고가 정지되는 듯한 느낌과 함께 부담감과 불안감이 확 올라오게 되니까요. 이런 6유형에게 글쓰기는 큰 도움이 됩니다. 불안하거나 걱정이 되는 요소, 일이 잘되거나 잘못됐을 때 일어날 수 있는 여러 가지 경우의 수를 모두 적어보세요. 생각으로만 하는 것보다 훨씬 잘 정리할 수 있으며 불안감도 상당히 해결되는 것을 느낄 수 있을 것입니다. 해야 하는 일이 너무 많을 때도 할 일의 목록, 기한 등을 하나씩 적어보세요. 해결할 수 있는 것부터 하나씩 해결하며 리스트를 지워가다 보면 눈앞에 닥쳐 있는 어려움도 해결하고 작은 성공의 경험도 쌓아나갈 수 있게 될 것입니다.

연습 3. 할까 말까 고민될 땐 일단 하기

6유형은 생각한 것을 행동에 옮기는 데까지 시간이 많이 걸리는 편입니다. 특히 새로운 것에 도전할 때는 더욱 그렇습니다. 예를 들어 여행을 갈 때는 세세한 것까지 계획을 짜려고 하며, 계획대로 되지 않았을 땐 스트레스와 불안감을 경험하고는 다음 여행에서 더 복잡한 계획을 세우지요. 이런 6유형에겐 때로는 계획을 과감하게 버리는 도전이 필요합니다. '계획 없이 다녀도 여행이 되는구나. 이거 재밌네.' 이런 경험을 한 6유형은 주위의 재미난 것들을 더 많이 경험할 수 있게 되며, 그 경험은 또 새로운 기회를 가져다줄 것입니다. 할까 말까 고민될 땐 일단 해보세요. 그리고 그 도전이 가져온 결과에 의미를 부여해보세요.

연습 4. 자신의 몸, 존재와 연결되기

6유형의 내면은 다양한 생각들로 가득 차 있습니다. 이는 미래에 대한 걱정과 상상, 안전을 위한 준비, 해야 할 일들에 대한 의무감 등을 포함하고 있지요. 늘 만일의 사태에 대비하다 보니 정신적 에너지가 쉽게 고갈되기도 합니다. 지나치게 머리 쪽으로 집중된 에너지를 이제는 몸으로 돌려줄 필요가 있습니다. 6유형의 본질인 내면의 단단한 기반을 만나려면 먼저 나의 몸, 존재와 연결되어 발을 땅에 단단히 붙인 감각을 느껴보아야 합니다.

자신을 위해 몸의 감각에 집중할 수 있는 고요한 시간을 마련해보세요. 자연 속에서 산책하는 것도 좋고, 어떤 종류든 운동을 해봐도 좋습니다. 호흡과 에너지의 흐름을 느낄 수 있는 명상을 통해 신체 감각을 느껴보는 것도 도움이 될 것입니다. 짧은 시간이라도 좋으니 일정 간격을 두고 꾸준히 시도해보세요. 이렇게 내면에서 벌어지는 대화에서 한발 물러나는 경험 속에서 진정한 내면의 목소리를 명료하게 들을 수 있게 될 것입니다.

　사람은 언제 자신을 신뢰하게 될까요? 크든 작든 성공의 경험을 했을 때가 그중 하나일 것입니다. 그런데 6유형은 성공의 경험을 하는 순간마저도 다른 걱정에 빠져들 수 있습니다. '내가 너무 자만하고 있는 건 아닌가? 누군가가 이런 나를 보고 시기하거나 거만하게 여기면 어쩌지?' 그럴 땐 긴장을 풀고 그 순간에 올라오는 자신감을 즐겨봅시다. 자신의 능력에 대한 의심이 들 때 이 경험이 자신을 도와줄 것입니다.

6유형의 선택하기 확언

"나의 통찰력을 믿는다.

머릿속에 있는 생각을 글로 써본다.

할까 말까 고민될 땐 일단 한다.

나의 몸, 나의 존재와 연결한다.

성공의 경험을 즐긴다.

이 중에 하나라도 지금 실천한다."

10장

7유형: 낙천가

- **모험하는 사람, 나비**

- **자아상: 나는 행복한 사람이다.**

다른 사람들이 만나는 7유형의 모습

기쁨 씨는 평소에 늘 기분이 좋아 보입니다. 긍정적이고 잘 웃어서 다른 사람들도 웃음 짓게 하지요. 호기심이 많고 쾌활한 기쁨 씨는 좋아하는 일을 즐겁게 열정적으로 하면서 살아갑니다. 새로운 것에 도전하거나 남들은 생각하지 못한 것들을 생각해내기도 하고, 다양한 것에 관심이 있고 잘하는 게 많은 팔방미인이죠. 그래서 사람들은 기쁨 씨의 다양한 관심사와 열정적인 모습에 놀라곤 합니다. 그를 보고 있으면 자신도 재미있고 열정적으로 뭔가를 하고 싶다는 마음이 덩달아 들지요.

하지만 주의 전환이 빠르게 이루어지는 기쁨 씨와 대화를 하다 보면 당황할 때가 있습니다. 대화 주제가 여러 차례 바뀌기도 하며, "내가 무슨 이야기를 하고 있었지?"라며 원래 대화 주제를 잊어버리기도 합니다. 이야기를 제대로 듣지 않고 딴생각을 하다가 "어? 방금 뭐라고 했지?" 하며 되물을 때도 있습니다.

또, 기쁨 씨는 재미있고 새로운 일을 좇는 경향이 있어, 지금 하는 일을 제대로 마무리하지 않고 다른 일을 시작하기도 합니다. 그래서 함께 일할 때면 관심사가 빠르게 변하고 종종 무책임하게 행동하는 기쁨 씨의 성향이 힘들기도 합니다.

7유형이 들려주는 자신의 내면 이야기

저는 재미있고 호기심이 많으며 열정적인 사람입니다. 솔직히 지루한 것을 견디는 게 좀 어렵습니다. 경험해보지 않은 새로운 것에 자꾸 눈길이 가고 그것이 재미있다면 달려들어서 열정적으로 해냅니다. 하지만 강렬한 열정에 비해 흥미를 쉽게 잃어버리는 편입니다. 그래서 다시 새롭고 재미있는 것을 찾지요. 늘 바쁘고 열정적으로 살기는 하는데 일을 제대로 마무리하지 못해서 힘들어합니다. 하지만 이것저것 시도해본 것들이 많아서 그것들을 잘 엮어보면 나름 괜찮고 새로운 아이디어들이 나오기도 합니다. 물론 깊이는 별로 없습니다.

스스로 생각해도 저는 유쾌하고 사람들에게 친절합니다. 함께 있을 때는 즐겁게 시간을 보내는 것이 중요하거든요. 하지만 헤어지고 나면 다시 바쁘게 지내느라 친구들 생각이 잘 나지 않아서 살뜰히 챙기지 못하는 편입니다. 그래서 친구들이 저에게 서운해할 때가 있습니다. 사실 함께 있는 동안에도 다음 일들을 생각하느라 현재에 집중하지 못하기도 합니다.

그리고 저는 외롭고 화가 나고 불안하면 생각이나 감정을 좋은 쪽으로 빠르게 전환하려고 하는데요. 사실은 외로움과 화, 불안을 견디는 게 어려워서 더욱더 긍정적인 부분을 보려고 하는 것입니다.

빙산 모델로 본 7유형 성격 구조

1. 별 명	낙천가, 모험하는 사람

2. 장점-단점	① 긍정적이고 열정적이다.	① 힘들고 슬픈 것을 못 견뎌 도피한다.
	② 호기심이 많고 상상력이 풍부하다.	② 충동적이고 오래 집중하지 못하여 깊지 않다.
	③ 새롭고 다양한 시도를 즐긴다.	③ 하나를 제대로 끝맺지 못해서 신뢰하기 어렵다.

3. 자아상	나는 행복한 사람이다.

10. 방어기제	합리화
9. 악덕	탐닉
8. 회피	고통, 책임, 지루함
7. 집착	쾌락
6. 핵심 감정	불안 — 전환
5. 욕망	외부의 새롭고 즐거운 경험
4. 두려움	내면의 고통, 박탈

본질 기쁨

1. 별명: 낙천가, 모험하는 사람

스스로 기쁘게 살려고 하고, 다른 사람들도 행복하게 해주려고 하는 7유형의 별명은 '낙천가'입니다. 이들은 평소 장난기 가득한 미소로 긍정적으로 생각하고 말하고 행동하면서 살아갑니다. 또, 새롭고 자극적인 것에 도전하기를 좋아해서 '모험하는 사람'으로 불리기도 합니다. 한편 이들은 힘들고 슬프고 책임을 져야 하는 것들은 피하고 싶어해서 다양한 경험을 하지만 깊이가 얕은 삶을 살기도 합니다.

이처럼 새롭고 즐거운 일을 하려는 7유형을 상징하는 동물은 '나비'입니다. 나비는 세상의 다양한 꽃을 찾아 나풀나풀 날아가서 꿀을 먹습니다. 그 꿀의 달콤함은 또 다른 꽃을 찾아 날아가게 합니다. 이 과정에서 나비는 꽃들이 열매를 맺을 수 있게 돕는 역할을 하지요. 하지만 한곳에 오래 머물지 않고 바로 다른 꽃을 찾아 떠나는 나비의 모습은 무언가에 오래 머무르지 않고 새로운 기쁨을 찾아 떠나는 7유형과 닮았습니다.

2. 장점과 단점

장점

① 긍정적이고 열정적이다.

7유형은 긍정적으로 생각하고, 말하고, 행동합니다. 작은 것에도 깔깔깔 소리 내어 웃는 편이고 다른 사람들도 재미있게 해주고 싶어합니다. 설령 어려운 일을 겪게 되더라도 거기에 너무 빠져서 심각하게 지내기보다는 그 일의 긍정적인 면을 보고 좋은 방향으로 바꾸기 위해 노력합니다.

이들은 자기가 좋아하는 일에 푹 빠져서 열정적으로 해냅니다. 무언가에 빠지면 시간 가는 줄 모르고 몰입하지요. "아는 사람은 좋아하는 사람만 못하고, 좋아하는 사람은 즐기는 사람만 못하다"는 〈논어〉 문구에 나오는 '즐기는 사람'이 바로 7유형입니다. 7유형과 함께하는 사람들은 이들의 긍정성과 열정에 영향을 받아 긍정적으로 생각하는 법을 배우거나 하는 일에 열정을 갖게 됩니다.

② 호기심이 많고 상상력이 풍부하다.

7유형은 세상사와 사람들에게 관심이 많습니다. 이 호기심을 동력으로 이들은 다양한 주제를 접하고, 한 주제의 여러 측면을 살피기도 하면서 끊임없는 열정과 기쁨을 느끼며 살아갑니다. 나아가 직접 겪어보면서 호기심을 충족하기도 하고, 다른 주제에도 흥미를 느끼는 등 자신의 세계를 넓혀갑니다.

이들은 외부 세계에 대한 호기심만큼이나 다양하고 새로운 생각을 하는 상상력도 매우 풍부합니다. 7유형의 상상력은 남들이 잘 생각하지 않는 영역이나 방식으로 펼쳐집니다. 그래서 현실적이지 않은 경우도 많지만 오만 가지 상상을 하는 유창성流暢性에서 나오는 창의적인 생각은 때로는 주변을 깜짝 놀라게 하고 새로운 것들을 창조하기도 합니다.

③ 새롭고 다양한 시도를 하며 인생을 즐긴다.

7유형은 이미 했던 것, 기존의 방식을 반복하는 것을 별로 좋아하지 않습니다. 금방 지루함을 느끼기 때문입니다. 그래서 지금 하고 있는 것과는 다른 새로운 것, 이전에 시도해보지 않았던 방식으로 해보는 것을 좋아합니다. 그 과정에서 짜릿함을 느끼고 열정도 다시 불타오르죠. 예를 들면 동네를 걷더라도 매번 똑같은 길로 가는 것을 지루하게 여깁니다. 그래서 가능하면 다른 길을 찾아보거나 같은 길로 가더라도 다른 재미있는 생각이나 행동을 하면서 가는 것을 좋아합니다.

이들은 혼자서도 재미있게 놀 수 있지만, 친구들과 함께 하는 것도 좋아하기 때문에 자신이 즐겨 하는 일을 다른 사람들과 하고 싶어합니다. 그래서 이들의 주변에는 함께 즐거움을 추구하는 친구들이 많습니다. 또, 취미도 매우 다양합니다. 호기심이 많고 상상력이 풍부하니 다양한 일에 관심을 가지고 열정적으로 그 일을 경험하는 거지요. 이처럼 이들은 새로운 일, 다양한 것들을 경험하며 인생을 즐깁니다.

단점

① 힘들고 슬픈 것을 못 견뎌 도피한다.

살다 보면 즐겁고 행복할 때도 있지만 슬프고 힘들 때도 있죠. 7유형은 고통과 슬픔을 견디는 것을 어려워합니다. 사실 이들의 장점인 긍정적이고 열정적인 성향은, 힘들고 슬픈 것을 견디는 내면의 힘이 약하기 때문에 외부에서 즐거운 경험을 하여 내면의 고통과 슬픔을 달래는 것입니다. 그래서 힘들고 슬플수록 더욱 즐겁고 새로우며 자극적인 일을 찾아 그것에 열중하려고 합니다. 그래야만 자기 내면의 불안과 고통을 조금이나마 안정시킬 수 있기 때문입니다. 불안이 클수록 더 큰 쾌락을 추구하기 때문에 절제하는 것 또한 어려워합니다. 시험 기간에는 뉴스도 재미있다며 보고, 중요하고 힘든 일을 해야 할 때 막상 다른 일을 하는 행동이 7유형의 도피 행동을 잘 보여주는 예입니다. 이런 경향이 심해지면 게임, 도박, 섹스, 마약과 같은 강렬한 쾌감을 주는 것들에 중독되기도 합니다.

그리고 자신의 고통과 슬픔만이 아니라 다른 사람들의 고통과 슬픔에 공감하는 것도 어려워합니다. 스스로에게도 잘 공감하지 못하는데 어떻게 다른 사람에게 공감할 수 있겠어요. 그래서 다른 사람들이 힘들어할 때 긍정적인 상태로 만들어주려고 노력하지만, 상대는 자신에게 진심으로 공감해주지 않고 자신의 슬픔과 고통을 가볍게 여긴다고 느낄 수 있습니다.

② 충동적이고 오래 집중하지 못하여 깊지 않다.

7유형은 지루함을 느낄 때 외부의 뭔가로 주의가 향하고, 불안함이 클수록 더욱 강렬하게 그 외부의 일을 경험하고 싶어합니다. 흥미를 느끼는 일을 열정적으로 하기도 하지만 금세 흥미를 잃거나 다른 것에 흥미가 생겼을 때는 제대로 집중하지 못합니다. 다른 사람과 뭔가를 함께 하기로 약속했더라도 새로운 것에 흥미가 생기면 충동적으로 그것을 하려고 합니다.

그리고 조금만 지루해져도 금방 딴짓을 하거나 재미있고 새로운 일을 계획하고 시도합니다. 하지만 충동성으로 인해 오래 집중하지 못하고 깊은 수준까지 도달하지 못하는 경향이 있습니다. 많은 것을 알고 있지만 오랜 시간 꾸준히 노력해서 얻은 것이 아니라 약간 맛만 본 것들이 많은 거죠. 이를 불교에서는 심원의마心猿意馬, 즉 '마음이 원숭이와 같고 생각이 말처럼 날뛴다'고 표현합니다. 7유형은 나비처럼 꽃들에게 희망을 주는 삶을 살기도 하지만, 이 나무에서 저 나무로 맛있는 것을 찾아 여기저기 빠르게 건너다니며 땅에는 발을 딛지 않으려고 하는 원숭이 같은 삶을 살기도 합니다.

③ 하나를 제대로 끝맺지 못해서 신뢰하기 어렵다.

새롭고 다양한 시도를 즐긴다는 것은, 뒤집어 말하면 하나를 제대로 끝맺지 못해서 신뢰하기 어렵다는 것을 뜻하기도 합니다. 7유형은 앞서 이야기한 것처럼 고통과 슬픔, 불안을 견디는 힘이 약해서 불편한 감정을 피해 도피하는 성향이 있고, 새롭고 자극적인 것에 대한 충동 때문에 하던 것을 끝까지 해내는 걸 어려워합니다. 어려운 일을 맞닥뜨리거나 책임질 것이 많아지면, 지루함과 불안을 느끼며 주의가 다른 쪽으로 바뀌는 거죠.

성경에 나오는 "네 시작은 미약하였으나 네 나중은 심히 창대하리라"라는 말은 7유형에겐 정반대로 적용됩니다. "네 시작은 창대하였으나 네 나중은 미약하리라. 끝을 맺지 않고 또 창대하게 시작하겠구나." 이런 패턴이 반복되면 다른 사람들에게 신뢰를 얻기가 어렵습니다. 즉흥적이고 변덕이 심한 7유형과 함께 일을 하는 사람들은 이들을 자기중심적이라 여기기도 합니다.

✧✧✧✧✧

에니어그램에서는 장단점을 동전의 양면과 같다고 봅니다. 장점과 단점을 각각 읽어보면 서로 연결되어 있다는 것을 발견할 수 있을 것입니다. 타고난 본질은 하나지만 이것이 때에 따라 장점으로 드러날 수도, 단점으로 드러날 수도 있는 것이지요.

7유형은 긍정적이고 호기심이 많아 열정적으로 새로운 시도를 즐긴다는 것이 장점이지만, 도피하고 충동적이며 신뢰하기 어렵다는 단점으로 바뀌어 드러나기도 합니다.

3. 자아상: 나는 행복한 사람이다.

'나는 이런 사람'이라는 생각과 느낌, 태도의 집합체를 자아상이라고 합니다. 사람들은 자신의 자아상을 '이상적인 나'로 판단하며, 그 모습대로 살아가려고 하는 경향이 있습니다. 하지만 자아상은 사실 두려움으로부터 자신을 지키기 위한 깊고 정교한 내적 작용으로 '만들어진' 것입니다.

7유형은 삶에서 슬픔이나 고통보다는 기쁨을 느끼며 행복하게 살아왔기 때문에 자신에 대해 '나는 행복한 사람이다'라는 자아상을 가지고 있습니다. 새로운 것에 도전하며 즐겁고 열정적으로 살아가려 하는 목적은 결국 행복하게 살기 위해서인 것이죠. 그래서 힘든 일도 긍정적으로 생각하며 해결하거나 별거 아니라고 제쳐두기도 합니다. 지금 자신에게 주어진 것들에 기뻐하기도 하지만 쉽게 흥미를 잃기 때문에 외부에서 새로운 것을 계속 찾게 됩니다.

지금 여기에서 행복을 느끼기도 하지만 7유형은 이것에 만족할 수 없어서 더 강한 자극을 찾으려 합니다. 지금까지 경험하지 못했던 것들로 자신을 채우고자 하는 갈망은 이들을 모험의 길로 이끕니다. 무지개 너머 어딘가에 좋은 세상이 있을 거라는 희망을 품고 오즈로 여행을 떠난 도로시, 파랑새를 찾아 여행길에 오른 틸틸과 미틸처럼 7유형은 모험, 즉 경험을 통해 자신의 행복을 찾으려는 경향이 있습니다. 이런 행동을 반복하며 7유형은 '행복한 사람'이라는 자아상을 강화해갑니다.

✧✧✧✧✧

　지금까지 살펴본 장점과 단점, 자아상은 겉으로 쉽게 관찰할 수 있는 수면 위 빙산의 모습입니다. 사람들은 보통 수면 위의 모습만을 보고 자신뿐 아니라 다른 사람들도 쉽게 판단해버립니다. 하지만 사실 이 모습들은 모두 수면 아래의 성격의 심층구조 속에서 만들어진, 성격의 결과물입니다. 이제부터 물 아래에 잠겨 있는 부분, 성격의 심층으로 들어가보도록 하겠습니다.

　성격의 심층으로 들어가기 전, 먼저 빙산이 잠겨 있는 '물'에 대해 알아야 합니다. 물과 빙산은 어떤 관계일까요? 빙산은 물 위를 떠다니지요. 그런데 사실 물과 빙산은 다른 것이 아닙니다. 물의 일부가 얼어서 빙산이 된 것입니다. 빙산이 녹아서 다시 물이 될 수도 있지요.

　낮은 온도라는 상황에 의해 물의 일부가 얼어서 하나의 빙산이 만들어지는 것처럼, '존재의 본질'에서 멀어지면서 두려움에 사로잡히게 되면 한 사람의 성격이 만들어집니다.

그렇다면 물은 뭘까요? 원래 우리가 타고난 본질, 성격이 형성되기 전의 진정한 나의 모습입니다.

본질: 기쁨

7유형 에너지의 본질은 '기쁨'입니다. 살면서 경험하는 것들에 의해 좌우되는 기쁨이 아니라 있는 그대로 **존재하는 기쁨**입니다. 여기서 말하는 기쁨이란 좋은 일이 있을 때 느끼는 기쁨이나 그렇지 않을 때 느끼는 슬픔이라는 감정 차원의 것이 아닙니다. 자신이 살아 있음을 알아차릴 때 느껴지는, 존재하는 그 자체의 '기쁨'을 말하는 것입니다. 본질과 연결되어 세상을 바라보면 다른 모든 존재도 자신이 느끼는 기쁨으로 존재하고 있으며, 이들과 연결되어 있음을 느낄 수 있습니다.

본질과 연결된 7유형은 외부의 새롭고 즐거운 일을 하지 않아도, 그저 숨 쉬는 것을 알아차리고 그것을 바라보는 것만으로도 자신이 기쁨으로 존재하고 있음을 깨닫게 됩니다. 그리고 함께 살아가는 모든 존재에 대한 감사의 마음이 샘솟습니다. 그래서 세상에서 경험하는 고통스럽고 슬픈 일들조차도 함께 존재하는 기쁨으로 받아들일 수 있게 됩니다. 날이 저물어 어두워지고 구름에 가려질지라도 태양은 그 자리에서 빛나고 있는 것처럼, 삶의 경험들로 인해 일어나는 감정으로서의 기쁨 이전에 존재하는 기쁨으로 살아가는 것입니다.

4. 두려움: 내면의 고통, 불안, 슬픔, 박탈이 두렵다.

7유형의 내면 깊은 곳에는 본질, 즉 '존재하는 기쁨'이 깃들어 있습니다. 하지만 두려움으로 인해 본질과 멀어지면 알 수 없는 내면의 고통과 슬픔, 불안을 겪는 것에 대해 두려움을 느낍니다. 사고형의 기본 두려움인 '무지'(알지 못하는 것)와 관련해서 보면, 7유형이 두려움을 느끼는 방향은 '내면'입니다. 이들은 내면에서 일어나는 부정적 감정을 견디는 힘이 약하기 때문에 불안해합니다. 그래서 내면을 직면하지 않고 외부로 도피합니다. 외부에서 즐거움을 경험하여 내면의 불안과 고통을 잊으려고 하는 것이지요.

이들에게는 자신이 가지고 있는 것을 박탈당하는 것에 대한 두려움, 지루해지는 것에 대한 두려움, 책임을 져야 하는 것에 대한 두려움도 있습니다. 이런 두려움을 실제로 겪는 것뿐 아니라 겪기 이전에 생각하는 것만으로도 너무 괴롭기 때문에 이를 피하고 싶어합니다. 그래서 7유형은 본질인 '존재로서의 기쁨'을 잃어버리고 이를 대체하기 위해 즐거운 감정으로서의 '기쁨'을 추구하며 고통을 피하려 합니다.

그런데 많은 7유형 사람들은 자신은 불안을 잘 느끼지 않는다고 이야기합니다. 늘 즐겁게 살고 있으니까요. 하지만 사실은 내면의 불안을 느끼자마자 즉각적으로 외부의 즐거움을 좇기 때문에 불안을 느낄 수 없는 상태인 것입니다. 내면의 불안에서 외부의 즐거움으로 도피하는 그 찰나를 알아차리게 될 때 비로소 자신의 두려움을 만날 수 있게 됩니다.

5. 욕망: 외부 세계의 새롭고 즐거운 경험

부정적인 감정에 두려움을 느끼는 7유형은 자신의 내면을 달래기 위해 외부 세계에서 새롭고 즐거운 경험을 하려는 욕망이 커집니다. 가만히 있으면 내면의 불안이 느껴지기 때문에 쉬지 않고 마음을 움직여서 즐거운 상상을 하거나 남들은 생각하지 못하는 독특한 생각을 하며 즐거움을 느끼려 합니다. 이렇게 생각하는 것만으로도 충분히 즐겁기 때문에 굳이 힘써서 무언가를 하지 않기도 하지만, 여기서 멈추지 않고 외부에서 즐거움을 얻을 수 있는 경험을 탐색하고 시도해보기도 합니다. 위험 요소가 있더라도 짜릿함을 느낄 수 있는 도전을 즐기는 것이지요.

이미 해오던 것들에 안정감을 느끼면 내면에서는 지루함과 함께 불안이 느껴지기 시작합니다. 그러면 레이더가 외부로 작동하기 시작하면서 다시 새롭고 재미있는 일을 찾게 되죠. 내면의 두려움이 크면 클수록 더 다양한 영역을 경험하고 싶어하는 욕망을 더욱 강렬하게 느끼게 됩니다. 하지만 그 욕망이 충족된다 하더라도, 거기에 어느 정도 익숙해지면 더욱더 강한 즐거움을 경험하고 싶어합니다.

6. 핵심 감정: 불안 — 전환

7유형은 평소에도 긍정적 감정을 많이 느끼며 얼굴에는 호기심 가득한 미소를 짓고 있습니다. 작은 것에도 크게 웃음을 터트리곤 하는데, 입을 가리고 조용히 웃는 것보다는 박수를 치면서 큰 소리로 깔깔거리며 웃곤 합니다. 그만큼 즐거움을 강렬하게 느끼고 표현하는 것입니다.

즐거움이 원하는 만큼 충족되지 않았을 때 7유형의 불안은 더욱 커집니다. 그래서 불안에 직면하지 못하고 즐거운 생각이나 새로운 상황을 만드는 것으로 감정을 전환하려고 합니다. 감정을 전환하는 속도가 너무 빨라서, 7유형도 스스로 자신이 불안해하는지 알아차리지 못 하기도 합니다. 7유형은 자신이 늘 즐겁게 살고 있다고 믿고 있지만, 그것은 착각입니다. 기쁨이라는 긍정적인 감정 뒤에 숨어 자신의 진짜 감정을 마주하려 하지 않는 것이지요.

내면의 고통을 두려워하기 때문에 외부에서 즐거운 경험을 하려고 한다. 좌절될 때 더 불안해지고 더 즐거움을 추구한다.

이런 감정들을 느끼면서 욕망이 더욱 강해져 집착하는 것이 생깁니다. 집착이 생겼다는 것은 회피하는 것도 생겼음을 의미합니다. 이로 인해 성격은 더욱 강화됩니다.

7. 집착: 쾌락

고통과 슬픔을 있는 그대로 받아들이지 못하고 부정적인 감정을 즐거움으로 전환하려는 7유형의 태도가 고착되면, 즐거움의 추구는 쾌락에 대한 집착으로 변질됩니다. 어느 정도 즐거운 것으로는 만족할 수 없고, 이미 경험한 즐거움으로는 부족하다 느끼면서 더욱 강렬하고 새로운 것을 좇는 거죠. 이처럼 쾌락에 집착하면서 이들은 자신에게 일어나는 부정적인 일들을 더욱더 견디지 못하게 됩니다. 이전에는 충분히 즐거웠던 일들도 시시해지고 더 강렬한 쾌락을 필요로 하는 거죠. 그래서 익스트림 스포츠를 즐기기도 하고 게임, 음주, 파티, 도박, 마약, 섹스와 같은 강렬한 자극을 주는 것들에 중독되기도 합니다. 사람이라면 누구나 즐거움을 추구하지만, 7유형은 즐겁지 않으면 견디기가 힘들기 때문에 누구보다도 강렬하게 즐거움에 집착합니다. 지나치게 낙관적으로 살며 자신은 즐겁고 괜찮은 사람이라고 자아도취에 빠질 수 있습니다. 강렬한 즐거움에 집착하다 보니 고통과 부정적 감정이 주는 삶의 깊은 의미를 경험하지 못하고 피상적으로 살아가게 됩니다. 기쁨을 찾아 날아가는 나비가 아닌, 쾌락에 집착해서 불꽃을 향해 날아가 타버리고 마는 나방과 같은 삶을 살게 될 수도 있습니다.

8. 회피: 고통, 책임, 지루함

7유형이 쾌락에 집착하게 되면 삶에서 회피하는 것들이 많아집니다. 기본적으로 고통이나 박탈, 슬픔을 두려워하고 책임을 지는 것, 지루함을 느끼는 것, 참고 견디는 것들을 어려워하는 것이지요. 그러다 보면 살아가는 데 꼭 필요한 것들을 제대로 경험하지 않고, 사회적으로 책임을 지고 어려움을 견뎌내는 것과 관련된 문제가 생기기도 합니다. 갈등이 생겼을 때도 용기를 내어 직면하고 해결하기보다는 그렇게 할 때 경험하게 될 불편함을 피하려고 지나치게 긍정적으로 생각하거나 다른 일로 주의를 돌려서 그것에 빠져들려고 합니다.

그리고 이들은 육체적 통증이나 정신적 고통에 대해서도 지나치게 반응하는 경향이 있습니다. 뭔가에 부딪혔을 때 너무 아파하다가도, 잠시 뒤에는 언제 그랬냐는 듯 즐겁게 놀고 있을 수 있습니다. 힘든 일이 있으면 바로 재미있는 것을 추구하기도 하지만 그럴 수 없을 때는 심하게 짜증을 내고 불평을 토로하기도 합니다.

마거릿 미첼의 소설 《바람과 함께 사라지다》의 명대사인 "내일은 내일의 태양이 뜬다"는 어려운 환경에서도 긍정적인 면을 보는 7유형의 모습을 잘 표현하고 있습니다. 내일을 잘 준비하며 지금을 살아간다면 다행이지만, 쾌락에 집착하고 고통을 회피하는 7유형은 내일이 불안해서 오늘 밤 더욱 강렬한 쾌락을 추구하며 자신의 내면과 지금 해야 할 일을 회피할 수도 있습니다.

즐거움에 대한 욕망이 쾌락에 집착하게 하고,
내면의 고통과 불안, 갈등을 회피하게 만든다.

9. 악덕: 탐닉*

7유형이 본질인 '존재의 기쁨'을 잃어버렸다고 착각하며 시작된 두려움과 욕망과 감정, 집착과 회피를 반복하다 보면 악덕 '탐닉'이 나타납니다. 악덕은 삶에서 반복적으로 나타나는, 도덕적으로도 문제가 되는 마음이나 행동을 말합니다. 즐거움에 대한 욕망이 집착을 넘어서 자신의 마음과 몸, 나아가 도덕적·사회적으로도 문제가 됨에도 멈추지 못하는 것이지요. 자기 통제력을 상실하는 겁니다.

악덕에 빠진 7유형은 중요한 시험이나 어려운 일을 앞두고 있을 때 그 일을 직면하여 해결하려고 노력하지 않고 다른 재밌는 일을 하려고 합니다. 게임, 만화나 영화 보기, 술 마시기 등 쉽게 즐거움을 얻을 수 있는 경험만 하려 하는 거죠. 그 행동으로 인해 큰 타격을 입게 되더라도 충동적으로 쾌락을 탐닉하려고 합니다. 그 충동

---

*   Gluttony, 부정적인 결과에도 불구하고 충동적 쾌락에 집착한다.

이 두려움에서 비롯되었다는 사실을 망각해버린 것이지요.

이런 행동을 반복하다 보면 탐닉이 기본 생활 패턴이 되기도 합니다. 중요한 일에 책임감을 가지고 집중하여 지속적으로 노력하는 일이 점점 힘들어지는 것이죠. 이런 패턴이 지속되면 마치 불을 향해 뛰어드는 불나방처럼 쾌락을 향해 뛰어드는 자기 파괴적인 삶을 살아갈 수 있습니다. 아울러 다른 사람들에게 피해를 주기도 합니다. 이로 인해 삶이 힘들어지면, 불편한 감정을 해소하고 자신을 보호하기 위해 다음과 같은 방어기제를 사용합니다.

10. 방어기제: 합리화^{★★}

탐닉하는 7유형은 인생의 문제와 내면의 고통을 회피하고 외부 세계에서 더욱 강렬한 즐거움을 좇으면서 생기는 여러 문제에 대해 그럴듯한 이유를 만들어냅니다. 시험을 앞두고 밤새 게임을 하고서는 이렇게 생각하는 거죠. '이 게임은 한정판이라 지금 꼭 해야 했어. 결과도 이 정도면 시험공부를 하지 않은 것 치고는 잘했지.' 이런 식으로 자기 자신과 다른 사람들에게 자신을 합리화해버립니다.

7유형은 흥미를 느끼는 일이 아니면 쉽게 지루해하고 산만하며 생각 없이 가볍게 행동하는 것처럼 보이기 때문에 사고형이 아니라고 생각할 수 있습니다. 즐겁게 살아가며 다른 사람들을 즐겁게 해주려 하기 때문에 감정형으로 보일 수 있고, 이것저것 새롭게 시도하는 게 많고, 빠릿빠릿하게 행동하기 때문에 본능형으로 보일 수도 있어요. 하지만 7유형들이 주로 긍정적인 감정을 느끼려 하고,

---

^{★★} Rationalization, 실망스러운 현실에서 도피하기 위해 그럴듯하게 합리적인 이유를 만들어낸다.

다양한 경험을 하려는 것은 바로 내면의 불안으로부터 도망가기 위함입니다. 그리고 이들은 이 과정에서 생기는 문제들에 대해 그럴듯한 이유를 만들어내는 능력이 매우 뛰어납니다. 지금 하고 있는 일 말고 새롭고 흥미로운 일을 상상하고 계획할 때, 문제가 생겨서 이를 합리화할 때 이들은 매우 뛰어난 사고력을 발휘합니다. 상황을 과장하거나 왜곡하면서 자신이 그럴 수밖에 없었음을 합리화하여 자신을 방어하는 것이죠.

두려움에 사로잡혀서 더욱 강렬한 욕망과 집착, 회피와 악덕을 가지고 살아가고 있다면, 자신이 지금 두려워하고 있음을 알아차리고 문제를 직면해야 합니다. 하지만 많은 7유형들은 그 또한 두려워하기 때문에 합리화를 하면서 문제를 피하려 합니다.

✧✧✧✧✧

지금까지 성격 빙산 이론을 통해 7유형 에너지의 겉으로 드러나는 모습과 빙산 아래 깊은 곳에 있는 내면의 모습을 살펴보았습니다. 7유형의 본질은 '있는 그대로 존재하는 기쁨'이지만, 두려움으로 인해 욕망에 집착하면서 내면의 고통을 견디지 못해 외부의 즐거움을 좇는 '상대적인 기쁨'을 추구하게 됩니다.

7유형들이 겪는 문제에는 일정한 패턴이 있습니다. 삶에서 이 패턴을 알아차리고 자신을 받아들이면, 자신의 성격에 갇히지 않고 다양한 성격 에너지를 자유롭게 사용할 수 있습니다.

1. 알아차리기(지혜)

평균적인 7유형은 불안과 고통을 피하며 즐겁게 살아가려는 **자동반응패턴**을 가지고 있습니다. 이는 7유형이 힘든 세상을 살아가게 해주는 강점이기도 하지만, 문제에 직면하고 책임을 지고 해결하면서 성장하는 과정을 통해 더 큰 즐거움을 누리는 것을 방해합니다. 평소에도 늘 즐겁게 살고 있으며, 계속 즐거운 일을 하려고 하며, 가능하면 다른 사람들도 즐겁게 해주려고 합니다. 그러면서 힘든 일이나 부정적인 감정을 피하려고 합니다. 이로 인해 자신과 다른 사람이 슬퍼해야 할 때 슬퍼하지 못하게 하기도 하고, 마무리했어야 할 일들을 제대로 마무리하지 못한 채 또 새로운 일을 시작하여 문제가 생기기도 합니다.

따라서 7유형은 새롭고 즐거운 일을 하려는 욕망이 강렬하게 느껴질 때 '깨어나야 하는 신호'로 여기고 이것이 자신의 자동반응패턴이라는 것과 내면에서 불안해하고 있음을 알아차리는 연습이 필요합니다.

7유형의 알아차림 확언

"아, 내가 지금 새롭고 강렬한 즐거움을 좇고 있구나!
내가 지금 불안해하고 있구나."

2. 받아들이기(사랑)

알아차리지 못했다면 자동반응패턴으로 더욱더 강렬하게 즐거움을 추구하면서 쾌락에 탐닉하고 합리화하면서 살아가겠지만, 알아차리게 된다면 이런 자신을 받아들일 수 있게 됩니다.

이러한 내가 이상하고 나쁜 것이 아닙니다. 원래 그런 성향으로 태어난 것입니다. 나와 같은 성격을 가진 많은 사람이 비슷한 자동반응패턴을 따라 살아가고 있습니다. 이런 자신을 비난하거나 합리화하지 않고 있는 그대로 받아들이는 것이 중요합니다.

7유형의 받아들임 확언

"나는 지금까지 긍정적인 감정과 다양한 삶의 경험을 통해
내면에서 느껴지는 불편한 감정들을 외면하며 살아왔어.
내가 이상하거나 나쁜 게 아니라 그런 성향으로 태어난 거야.
그리고 나름대로 최선을 다해 살아왔어.
이런 나를 비난하기보다 따뜻하게 다독여주자.
이렇게 강렬하게 즐거움을 좇으며 불안으로부터 회피하고 있는 나 자신을 있는 그대로 받아들이고 사랑한다."

3. 선택하기(용기)

알아차리고 받아들였다면 자동반응패턴에 휩쓸리지 않고 다양한 선택을 할 수 있게 됩니다. 두려움에서 벗어나기 위해 강렬하게 즐거움을 좇던 삶이 아닌 자신을 '절제'하는 미덕이 나타나기 시작합니다. 그러면서 진정한 기쁨은 외부에만 있는 것이 아니라 내면의 고통조차도 받아들이고 머물 때 누리는 것임을 깨닫게 됩니다.

그러면 지금까지와는 다른, 좀더 현명하고 용기 있는 선택을 할 수 있습니다.

아래의 선택과 연습을 통해 우리는 7유형의 참된 본성을 회복하고 깊은 본질과 연결되도록 도움을 얻을 수 있습니다.

본질과 연결되고 본성을 회복하는 연습

연습 1. 재미있는 것을 새로 시작하려고 할 때 스스로에게 질문하기

7유형은 하고 싶은 것이 참 많습니다. 그러다 보니 하나에 깊이 머물지 못하고 금방 다른 것에 마음이 가버립니다. 시작은 했지만 끝맺지 못하고 다른 것들을 시작하는 일들이 반복됩니다. 무언가 시작한 것을 끝까지 해내려면 참고 견뎌야 하는데, 주변에는 새롭고 자극적인 것들이 널려 있으니까요. 뭔가 새로 시작하고 싶은 마음이 들 때는 스스로에게 가장 중요한 것이 무엇인지 질문하고 답해보세요. 그리고 그것에 좀더 책임감을 가지고 끝을 내기 위해 노력해보세요. 그러면 표면적인 기쁨만이 아니라 끝까지 해냈을 때만 느낄 수 있는 깊은 기쁨을 누릴 수 있습니다.

연습 2. 상상한 것들을 현실에서 이루기 위해 적극적으로 실천하기

7유형은 상상하는 것만으로도 실제로 경험하는 것처럼 즐거움을 느낍니다. 상상하고 계획할 때는 즐거웠는데, 직접 해보면 도리어 지루해하며 흥미를 잃고 다시 새로운 것에 호기심이 생길 수 있습니다. 원하는 것을 현실에서 이루는 것은 분명 어려운 일입니다. 하지만 그것을 이루어냈을 때는 엄청난 기쁨을 누리게 되며, 실력도 향상됩니다. 7유형들은 이것저것 시도해본 것이 많지만 끝까지

해본 것이 많지 않아서 겉으로 보이는 것에 비해 실력이 부족할 수 있습니다. 힘들어도 달성했을 때의 기쁨을 생각하면서 참고 견디고 이루어보세요. 뭔가를 성취하는 즐거움은 새로운 것을 경험하는 즐거움 그 이상일 것입니다.

연습 3. 공동체를 위해 성실해지기

7유형은 자신이 원하는 것을 이루기 위해 노력하며 살아갑니다. 하지만 그것이 자주 변해서 하나에 집중하기도 어려울 뿐 아니라 공동체에서 자신의 역할을 해내기가 어려울 수도 있습니다. 그리고 자신이 원하는 것에 집중하다 보면 공동체와 조화를 이루기보다는 자기만족에서 그칠 수 있습니다. 물론 자기만족은 중요합니다. 하지만 그것이 전부는 아님을 이해하고 함께 만족하기 위해서 참고 견뎌보세요. '나의 기쁨'에서 '우리의 기쁨'으로 확장되는 사회적 경험은 자신을 더욱 성장하게 이끌 것입니다.

연습 4. 침착하게 생각하며, 감정을 있는 그대로 느껴보기

7유형이 즐거운 이유는 내면의 불안과 고통을 견디는 것이 어려워서 외부의 즐거움으로 내면을 달래는 것이라 했습니다. 이를 알아차리고 즐거움에 대한 욕구를 절제하는 동시에 내면에서 올라오는 감정에 가만히 머무르면서 깊이 생각하고 느끼는 것이 필요합니다. 불안하면 불안해하세요. 슬프면 슬퍼하세요. 화나면 화내세요. 그 감정이 왜 일어나는지, 몸의 반응이 어떤지 살펴보세요. 불안을 달래려고 즐거움을 좇는 게 아니라 불안에 깊이 머물면 생각이 안정되며 자신에 대한 통찰력이 생깁니다. 자신을 통찰하는 능력이 커지는 만큼 다른 사람들과 세상을 이해할 수 있게 됩니다.

연습 5. 현실적인 계획을 세우고 책임감 있게, 최선을 다해 달성하기

7유형은 계획을 세웠어도 매우 즉흥적으로 계획을 변경하거나 새로운 일을 시작하는 경우가 많습니다. 그러니 시작하기 전에 계획을 더 현실적으로 세워야 합니다. 하나씩 일을 끝낼 때마다 완료했다는 표시를 해보세요. 완료 표시를 하나씩 쌓아가면서 스스로를 격려해주고, 그 기쁨을 오롯이 누리세요. 그리고 할 일을 모두 완료했을 때 자신에게 작은 선물을 해주세요. 중간에 마음이 바뀌려고 할 때가 있을 것입니다. 그때는 마음을 살피면서 계획한 일을 모두 끝내기 위해 노력해보세요. 물론 어떤 경우에는 계획을 바꾸는 편이 더 나을 수도 있습니다. 하지만 융통성은 끝까지 해내는 능력을 갖추었을 때 더욱 의미가 있다는 것을 기억하세요.

7유형의 선택하기 확언

"새로운 즐거움을 좇고 싶을 때 현재에 충실한다.

원하는 것을 '실천'해서 이루어낸다.

나의 즐거움만이 아니라 공동체를 위해서 성실해진다.

침착하게 생각하고 감정을 있는 그대로 느낀다.

계획을 세우고 책임감을 가지고 최선을 다해 달성한다.

이 중에 하나라도 지금 실천한다."

11장

하위유형: 27가지 성격

지금까지 아홉 가지 성격유형을 자세히 살펴보면서 각 유형별 성격이 어떤 두려움에서 시작해서 어떤 특징을 가지게 되는지 알아보았습니다. 하지만 같은 성격유형이라도 다른 모습으로 살아가는 사람들이 많아서 자신의 성격유형이 뭔지 여전히 헷갈릴 수 있습니다.

이럴 때 하위유형은 자신과 타인을 더 면밀하게 탐구하는 데 유용합니다.

하위유형이란?

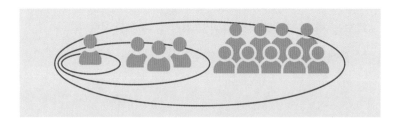

[그림 4-12] 삶의 영역(왼쪽부터 자기보존 영역, 관계 영역, 사회 영역)

[그림 4-12]처럼, 인간의 삶의 영역은 자기보존 영역, 관계 영역, 사회 영역으로 구성되어 있습니다. 자연스럽게 기본적인 생존 본능도 자기보존 본능, 관계 본능, 사회 본능으로 구성되겠지요. 같은 성격유형이라 해도, 우리는 자신이 기본적인 생존 본능을 더 강하게 느끼는 삶의 영역에서 기본 성격 에너지를 많이 쓰면서 살아갑니다. 성격유형이 같아도 공통점을 찾기 어려운 이유가 여기에 있습니다. 하위유형은 그 빈 공간을 채워줄 수 있습니다.

인간이 생존하려면 세 가지 생존 본능이 충족되어야 합니다. 먼저 자기 자신이 안전해야 합니다(자기보존 본능). 이어서 일대일 또는 가까운 몇몇과의 관계에서 연결되어 있어야 합니다(관계 본능). 그리고 좀더 큰 사회에서 인정받아야 합니다(사회적 본능). 하나씩 자세히 살펴보겠습니다.

[표 4-1] 세 가지 하위유형

하위유형	자기보존 본능 (Self Prevent)	관계 본능(성적 본능) (Sexual)	사회적 본능 (Society)
두려움	자신과 가족의 위험	가까운 관계에서 느끼는 고통	사회적 가치가 없음
욕구	자신과 가족의 안정	관계에서의 즐거움	사회의 인정
특징	· 자신의 생존과 가족의 안정에 관심이 많음. · 방어적이고 예측하지 못하는 문제들에 대처하려고 함.	· 개인적인 관계를 중요하게 여기며, 일대일 또는 소집단에 집중함. · 특정한 사람들과의 관계 또는 취미에 관심을 갖고 열중하며 경쟁적임.	· 많은 사람들과의 관계 및 단체와 지역 등 사회적 관계에 집중함. · 사회적으로 소속되고 긍정적 영향을 미치고 인정받기를 원함.

자기보존(Self prevent) **본능 유형**은 자신과 가족이 위험해지는 것에 두려움을 가장 크게 느낍니다. 그 결과 자신과 가족의 건강과 안정을 원하게 되고, 처할지 모르는 위험에 대비하기 위해 기본성격의 에너지를 자신과 가족 영역에 집중해서 사용합니다. 그래서 이 유형은 자기만족적인 삶을 사는 듯한 인상을 줍니다.

관계 본능 유형은 가까운 사람들과의 관계에서 사랑받지 못하는 것에 대한 두려움으로 가까운 사람들과의 관계에서 즐거움을 느끼고 싶어합니다. 따라서 기본성격의 에너지를 가까운 관계 영역에 집중하면서 살아갑니다. 가까운 대상이란, 사람만이 아니라 취미나 전문성과 같은 어떤 주제나 대상도 포함합니다.

관계 본능을 성적(Sexual) 본능이라 부르기도 하는데, 여기서 '성적'의 의미는 관계에서 즐거움을 추구하는 것입니다. 그런데 성적 본능이라고 하면 성적인 것에 제한되기 쉬우므로 의미를 더 잘 살리기 위해 이 책에서는 (일대일) 관계 본능으로 설명하겠습니다.

사회적(Society) 본능 유형은 조직과 사회에서 인정받지 못하는 것에 대한 두려움으로 많은 사람들과 조직에서 잘 적응하여 인정받기를 원하게 되고, 기본성격의 에너지를 사회적 영역에 집중하면서 살아가게 됩니다.

그래서 하나의 기본성격은 세 가지 하위 본능에 따라 27가지 하위유형으로 나눌 수 있습니다. 이해하기 쉽게 예를 들어볼까요? 5유형 중에서 자기보존 본능이 강한 사람은 자신만의 공간과 시간을 더욱더 중요하게 여기지만 관계 본능이 강한 사람은 사람들과 함께 공부하고 토론하는 것을 즐깁니다. 사회적 본능이 강하다면 자신이 아는 것을 사용하며 사회에서 인정을 받으려고 노력하는 모습을 보입니다. 그래서 사회적 본능이 강한 5유형은 일반적인 5유형과 살아가는 모습이 달라 보일 수 있습니다.

2유형이라도 자기보존 본능만 발달하고 다른 하위유형들이 발달하지 않았다면, 가족에게만 2유형의 성격 에너지를 쓰면서 살 수 있습니다. 그래서 친구들이나 사회적 관계를 맺고 있는 사람들에게는 이 사람이 2유형으로 보이지 않을 수 있습니다. 반대로 사회적 본능만 주로 발달한 2유형이라면 사람들을 돕는 것에는 헌신하지만 가족은 방치하는 모습을 보일 수 있습니다. 별명이 개혁가인 1유형이라도 개인적으로는 기준이 높고 가정에 책임을 다하지만, 친구도 없고 사회적으로는 비도덕적인 일을 열심히 하는 경우도 있을 수 있습니다.

왜 어떤 생존 본능은 더 발달하고, 어떤 생존 본능은 덜 발달되는 상황이 벌어질까요? 인간은 어렸을 때는 자신의 생존이 가장 중요하고, 점점 나이가 들면서 소수와의 관계에서의 생존, 그리고 더 큰 사회에서의 생존으로 나아가게 됩니다. 그런데 이 과정에서 두 가지 문제가 생깁니다.

첫째는 더 넓은 삶의 영역으로 나아가지 못하고 자기보존 영역에 고착될 수 있다는 점입니다. 이 단계에 머무는 사람들은 자기밖에 모르거나 자기 가족 수준을 넘어설 수 없어서 친구 관계도 좋지 않고 사회적으로도 고립되어 살아갑니다.

둘째는 하나의 생존 영역에서 충족되지 못한 것을 다른 영역에서 채우고자 건너뛰어버릴 때 문제가 발생합니다. 예를 들어, 자기보존 본능이 충족되지 않은 채 관계 본능에 집착하면 소수의 친구들과 관계를 맺으면서 느끼는 강렬한 즐거움만 좇으면서 살아가려 합니다. 음식, 돈, 안전한 주거 환경 등 기본적인 생존에 필요한 조건들을 챙기지 못하고, 더 큰 사회적 관계에서도 고립되는 것입니다. 또는 사회적 본능에만 집착하여 자신의 신체적 안전을 등한시하고, 깊은 연결감을 형성하는 친구 관계는 소홀히 하며 사회적으로만 인정을 받기 위해 살아가기도 합니다.

자신의 하위유형을 알게 되면 자신이 어떤 삶의 영역에 집착하는지 알게 되고, 충족되지 않았던 다른 영역들에 좀더 시간과 노력을 기울이면서 균형 잡힌 삶을 살 수 있게 됩니다. 당연히 생존 본능이 골고루 충족되어야만 보다 조화롭고 안정적인 삶을 살 수 있습니다.

나의 하위유형 확인하기

지금부터는 나의 하위유형이 무엇인지 탐색하는 테스트를 해볼 겁니다. 아래의 하위유형 검사 문항에는 기본 특징과 긍정 발달, 부정 발달, 발달하지 않은 상태가 포함되어 있습니다. 문항을 읽고 자신의 모습과 가장 가까운 범위에 해당하는 숫자를 체크해보세요. 전혀 아니면 0, 조금 해당하면 1, 보통이면 2, 대체로 해당하면 3, 매우 그렇다면 4입니다.

모든 문항에 표시했다면 A 칸에는 1~7번 문항(기본 특징, 긍정 발달, 부정 발달)의 소계를 쓰세요. B 칸에는 8~9번 문항(발달하지 않음) 소계를 쓰세요. 마지막으로, A에서 B를 뺀 값을 A-B 칸에 씁니다.

자기보존 본능		
개인과 가족의 안전이 가장 중요하다.		

		문 항	전혀 조금 보통 대체로 매우
기본 특징	1	자신의 신체적 편안함과 안전을 중시한다.	0 - 1 - 2 - 3 - 4
	2	음식, 옷, 건강, 집에 관심이 많다.	0 - 1 - 2 - 3 - 4
	3	자신과 가족의 관계에서 안전을 추구하며 산다.	0 - 1 - 2 - 3 - 4
긍정 발달	4	현실적이고 안정적이다.	0 - 1 - 2 - 3 - 4
	5	자신과 가까운 사람들을 보호한다.	0 - 1 - 2 - 3 - 4
부정 발달	6	안전하기 위해서 위험한 것을 회피하는 데 집착한다.	0 - 1 - 2 - 3 - 4
	7	건강 염려증이 심하고 걱정이 많다.	0 - 1 - 2 - 3 - 4
발달하지 않음	8	의식주에 무관심하다.	0 - 1 - 2 - 3 - 4
	9	건강, 재산, 시간 관리가 되지 않아 문제가 있다.	0 - 1 - 2 - 3 - 4

합계   **A**   **B**   **A-B**
       (1~7 소계)   (8~9 소계)

관계 본능		
친한 사람들과의 관계에서 느끼는 즐거움이 가장 중요하다.		

		문 항	전혀 조금 보통 대체로 매우
기본 특징	1	누군가와의 유대관계 및 감정 교류를 중시한다.	0 - 1 - 2 - 3 - 4
	2	사람만이 아니라 다양한 주제에 관심이 많고 거기에 집중한다.	0 - 1 - 2 - 3 - 4
	3	마음 맞는 사람들과 즐겁고 특별한 관계를 추구하며 산다.	0 - 1 - 2 - 3 - 4
긍정 발달	4	열정적으로 다른 사람들과 교류하고, 다양하게 경험하는 것을 즐긴다.	0 - 1 - 2 - 3 - 4
	5	자기계발과 자아성취에 관심이 많다.	0 - 1 - 2 - 3 - 4
부정 발달	6	지나친 쾌락을 추구하고 극단적인 성향이 있다.	0 - 1 - 2 - 3 - 4
	7	자기중심적 또는 반사회적인 성향을 갖고 있다.	0 - 1 - 2 - 3 - 4
발달하지 않음	8	사람들과 친해지려 하지 않고 고립되어 있다.	0 - 1 - 2 - 3 - 4
	9	사람들과의 관계나 취미와 같은 즐거움이 없다.	0 - 1 - 2 - 3 - 4

합계   **A**
(1~7 소계)   **B**
(8~9 소계)   **A-B**

사회적 본능			
사회에서 활동하고 인정받는 것이 가장 중요하다.			

		문 항	전혀 조금 보통 대체로 매우
기본 특징	1	조직이나 사회에서 인정받는 것을 중시한다.	0 - 1 - 2 - 3 - 4
	2	사회성이 발달했으며 사회 문제에 관심이 많다.	0 - 1 - 2 - 3 - 4
	3	사회에 영향력을 발휘하고 인정을 추구하며 산다.	0 - 1 - 2 - 3 - 4
긍정 발달	4	사회적인 일에 관심이 많고 헌신적이다.	0 - 1 - 2 - 3 - 4
	5	사회적으로 인정받고 있으며 스스로 만족하고 감사한다.	0 - 1 - 2 - 3 - 4
부정 발달	6	자신의 감정이나 욕구보다 사회적 인정에 집착한다.	0 - 1 - 2 - 3 - 4
	7	한 가지 일에 집중하지 못하고 사회적으로 많은 일을 벌인다.	0 - 1 - 2 - 3 - 4
발달하지 않음	8	사회에 관심이 없고 무감각하다.	0 - 1 - 2 - 3 - 4
	9	사회적 열정이 없고 활동도 거의 없다.	0 - 1 - 2 - 3 - 4

합계   **A**   **B**   **A-B**
　　　(1-7 소계)   (8-9 소계)

하위유형 검사를 마쳤으면, 아래 예시를 참고하여 합계를 각각
아래 표의 빈칸에 쓰고, 꺾은 선 그래프로 표시해봅니다.

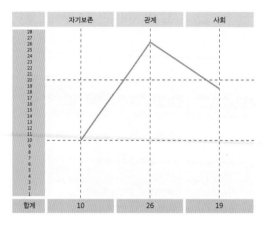

[그림 4-13] 하위유형 검사 예시

나의 에니어그램 하위유형은?

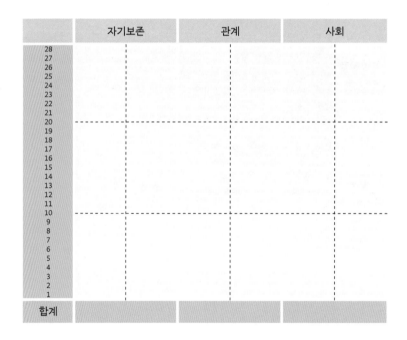

가장 발달한 하위유형은 무엇입니까? 그다음으로 발달한 영역은 무엇이고 가장 발달하지 않은 하위유형은 무엇인가요? 당신은 가장 발달한 하위 본능의 영역에서 자신의 기본성격 에너지를 주로 사용하면서 살고 있을 것입니다. 여기에서 능력을 가장 많이 발휘하며 만족스러울 수도 있고, 이 영역에만 지나치게 몰입해서 삶의 균형이 무너져 있을 수 있습니다. 두 번째로 발달한 영역에서도 어느 정도 기본성격 에너지를 사용하면서 살고 있을 것이며, 이것이 삶의 균형을 이루는 데 도움이 될 것입니다. 가장 발달하지 않은 영역은 기본성격 에너지를 잘 쓰지 못하기 때문에 여기에서 문제가 생길 가능성이 큽니다.

[그림 4-13]의 하위유형 조합을 예를 들어 설명해보겠습니다. 이 사람은 관계 본능이 매우 높기 때문에 친한 사람들을 만나서 시간을 보내거나 흥미를 느끼는 주제를 배우고 싶어서 강의를 듣는 등 직접 경험하면서 지내는 것을 좋아합니다. 그다음 발달한 하위유형은 사회적 본능입니다. 사회적인 활동도 어느 정도 하면서 인정을 받을 수 있습니다. 하지만 자기보존 본능은 낮기 때문에 자신의 건강을 챙기거나 가족과 시간을 보내는 일에는 소홀할 수 있습니다. 만약 배우자가 자기보존 본능이 높은 사람이라면 배우자는 가족을 챙기는 일을 중요하게 여기기 때문에 갈등이 생길 가능성이 높습니다. 반대로 다른 점이 서로를 보완하며 긍정적 영향을 주고받아서 부족한 하위 본능을 키우며 함께 성장할 수도 있습니다.

지금부터는 각 성격유형의 하위유형을 살펴보겠습니다. 먼저 각 유형의 특징을 정리한 뒤에 세 가지 하위유형의 욕망과 기본 특징, 살아가는 모습으로 설명하겠습니다. 우리는 대부분 자신의 성격유형 에너지를 세 가지 삶의 영역 중 하나에 집착하여 사용한다는 것을 명심하면서 읽어보시길 바랍니다.

8유형

8유형(지도자)은 자신이 힘이 없어서(약해서) 강한 사람이나 상황 등 외부에 의해 통제당하거나 침해를 입을 거라는 두려움 때문에 강한 힘으로 세상과 사람들을 통제하려는 유형입니다.

자기보존 본능(8sp): 생존력이 강한 가장

이들은 자신과 가족의 안정을 위해 집, 재정, 건강 등을 관리하고 외부의 간섭이나 침해로부터 가족을 지키기 위해 노력합니다. 자기 자신과 가족을 보호하려는 욕망이 강하기 때문인데요. 이 욕망이 지나치면 가족을 필요 이상으로 통제하며, 공격적으로 대하기도 합니다.

가족을 위해 자기 일을 철저하게 해내는 강인한 가부장의 모습으로 살아가는 사람들도 있지만, 사회에서 고립되어 가족을 심하게 통제하는 불건강한 가부장의 모습으로 살아가기도 합니다. 가족만이 아니라 가족처럼 가까운 사람들을 이런 태도로 대할 수 있습니다.

이들은 자신과 가까운 사람들과의 관계에 대한 욕망이 강합니다. 자신의 의지를 관철하려는 욕구가 강하며, 마음에 드는 사람과 깊은 관계를 맺기 위해서 강렬한 에너지를 쏟습니다. 하지만 지는 것을 싫어하기 때문에 가까운 사이더라도 자주 다투곤 합니다. 기사처럼 자신이 원하는 사람을 얻고 지키기 위해 강렬하게 살기도 하고, 가까운 사람들을 지나치게 통제하거나 다른 사람들과 투쟁하며 살아갑니다.

사회적 본능(8so): 영토를 확장하는 군주

이들은 자신이 속한 사회에서 인정받고 싶어하고, 더욱 큰 영향력을 갖고 싶어합니다. 그래서 조직 안에서 자신의 의지를 관철하려고 하며, 자신과 자신의 조직이 누군가에게 침해당하지 않도록 지키려고 합니다. 외부를 지나치게 경계하고 적으로 여기거나 자신이 영향을 끼치고 통제해야 할 대상으로 여겨 정복하고 지배하려고 합니다. 군주처럼 자신의 영역을 지키고 확대하기 위해 노력하기도 하며, 욕망이 과할 경우에는 사회의 규칙과 안정을 침해하기도 합니다.

9유형

9유형(평화주의자)은 자신과 세상이 충돌하고 갈등과 싸움이 일어나는 것에 대한 두려움 때문에 자신의 욕구를 잊고 평화롭게 중재하며 살아가려는 사람입니다.

자기보존 본능(9sp) : 작은 것에 만족하는 현자

이들은 자신과 가족 안에서 평화롭게 지내고 싶어합니다. 원하는 것을 적극적으로 표현하지 않고 맛있는 음식을 먹거나 산책을 하거나 침대에서 편안히 휴식을 취하는 시간을 즐기는 등 작은 것에 만족하면서 살아갑니다. 사회적 야심은 거의 없지만, 가정이나 안전하다고 느끼는 공동체에서는 열정적으로 도전하는 모습을 보이기도 합니다. 만약 갈등 상황이 생기더라도 문제를 해결하는 것을 피하며, 할 수 있다면 아무것도 하지 않으며 편안하게 살아가려고 합니다.

소소한 것에도 만족하는 현자처럼 살아가기도 하고, 사회에서 고립되어 편안한 것만 추구하는 무기력한 사람으로 살아갈 수도 있습니다. 가족만이 아니라 가족처럼 가까운 사람들에게도 이렇게 대할 수 있습니다.

관계 본능(9se) : 하나가 되려는 연인

이들은 자신과 가까운 사람들과의 관계에서 평화롭게 지내고 싶어합니다. 상대방과 하나가 되고 싶어하며 자신의 의지보다는 상대의 뜻을 따르고 단점보다는 좋은 점만 보며 관계를 유지하려고 합니다. 하지만 관계 속에서도 자기 자신을 잃어버리기 때문에 비현실적인 낭만을 추구하거나 상대에게 의존하려는 경향이 강해지면 우울해지기도 합니다. 이처럼 평화롭고 낭만적인 관계를 맺으며 만족스럽게 살아가기도 하지만, 자기 자신과 열정을 잃고 갈등을 피하며 무기력한 사람으로 살아가기도 합니다.

사회적 본능(9so) : 평화를 만드는 사람

이들은 자신이 속한 사회를 더 평화로운 곳으로 만들고 싶어합니다. 평화가 깨지는 것이 싫어서 자신의 욕구를 적극적으로 표현하지 않으며, 사람들 사이에서 생기는 갈등을 중재해서 평화로운 집단을 만들려고 하죠. 평화를 추구하지만 문제를 직면해서 갈등을 해결하는 일은 두려워하기 때문에 겉으로만 평화가 유지되고, 자신이 속한 집단만이 아니라 자신의 내면도 곪아갈 수 있습니다. 이처럼 자신이 속한 집단을 평화롭게 만들기도 하지만 집단이 거짓 평화에 취해 곪아버리도록 방치하기도 합니다.

1유형

1유형(개혁가)은 자기 내면의 욕망과 충동을 조절하지 못해 악해지는 것에 대한 두려움 때문에 올바른 힘으로 자신을 조절하고 계발하여 세상을 보다 나은 곳으로 만들려는 사람입니다.

자기보존 본능(1sp) : 엄격한 수도사

이들은 자신과 가족의 안전과 건강, 해야 할 일에 대한 책임감이 강합니다. 위생과 정리정돈을 중요하게 여겨서 주변 환경을 깨끗하게 관리하며, 건강을 위해 자신만의 방식으로 많은 노력을 합니다. 그래서 저축이나 재정 관리, 식사나 생활습관에 있어서 자신과 가족이 엄격하게 지키게 하며 개선하려고 합니다. 올바름을 위해서 수도사처럼 금욕적으로 되고 철저해지기도 하며, 가족과 가족처럼 가까운 사람들에게도 지나친 도덕성을 요구하고 엄격할 수 있습니다.

관계 본능(1se): 완벽한 연인

이들은 자신이 완벽한 사람이 되기를 바라는 것처럼 상대와의 관계에도 최선을 다합니다. 이와 같이, 관심 있는 주제나 자신이 맡은 일에 대해서도 최대한 완벽해지려고 노력합니다. 완벽하지 못하면 버려질 것이라는 두려움과 함께 상대에게 갖게 되는 강렬한 욕망과 충동에 대한 두려움도 느끼며 자신과 상대를 개선하려고 하는 것이지요. 높은 도덕성을 가진 사람 또는 완벽한 연인이 되기도 하지만, 자신이 노력하는 만큼 노력하지 않는 상대에게 분노하며 자기 기준대로 개선하기 위해 노력하면서 살아갈 수 있습니다.

사회적 본능(1so): 불의에 맞서는 개혁가

이들은 자신이 속한 사회를 더욱 올바른 곳으로 바꾸기 위해 노력합니다. 스스로 올바른 사람이 되기 위해 노력하는 것만이 아니라 확고한 신념을 바탕으로 사회의 다양한 영역에서 불의에 맞서 더 나은 세상을 만들기 위해서 노력합니다. 자신의 기준이 객관적이고 사회적인 규범이라 여기며 이에 미치지 못하고 자신처럼 노력하지 않는 사람들과 세상에 분개하며 비난하는 모습을 보이기도 합니다. 그래서 이들은 세상을 변화시키는 개혁가로 살기도 하고, 쉽게 변하지 않는 세상과 사람들에게 분개하며 비난하는 개혁가로 살아가기도 합니다.

2유형

2유형(조력자)은 있는 그대로의 자신은 사랑스럽지 않아서 외부 사람들이 자신을 필요로 하지 않을 거라는 두려움 때문에 다른 사람들을 도와주면서 사랑받으려는 사람입니다.

자기보존 본능(2sp): 사랑하는 부모

이들은 자신과 가족을 사랑하고, 또 사랑받고 싶어합니다. 가족을 몹시 사랑하지만, 자신의 욕구를 표현하거나 욕구를 충족하기 위해 가족에게 뭔가를 요구하는 것은 어려워합니다. 자신이 표현하지 않은 욕구를 가족이 알아차리고 채워주기를 바라기 때문에 가족을 사랑하고 헌신하면서도 그만큼 서운해하기도 합니다. 그래서 이들은 부모의 마음으로 가족을 사랑하기도 하지만, 스스로 자신을 돌보지 못하고 서운해하면서 가족들을 은근히 조종하려고 할 수 있습니다. 가족만이 아니라 가까운 사람들도 이렇게 대할 수 있습니다.

관계 본능(2se): 유혹하는 연인

이들은 소수의 특별한 사람들과의 관계에서 사랑을 주고받고 싶어합니다. 매력을 느끼는 한 사람의 가장 친한 친구가 되고 싶어하고, 그 사람을 자신의 사람으로 만듭니다. 이 사람을 다른 사람들에게 빼앗길까 두려워하고, 소유욕이 강하여 강한 질투를 느끼기도 합니다. 매력적인 한 사람 또는 소수의 특별한 집단과 깊고 강렬한 관계를 맺으면서 살아가기도 하지만, 자신을 사랑의 희생자 위치에 놓고 상처를 주고받으면서 살아가기도 합니다.

사회적 본능(2so): 모든 사람의 친구

이들은 자신이 만나는 많은 사람들을 사랑하고 또 그들에게서 사랑받고 싶어합니다. 모임을 만들고, 자신이 아는 사람들을 연결해주는 역할을 좋아하는 사람이 사회적 본능을 쓰는 2유형의 대표적인 모습입니다. 자신이 좋아하는 사람들이 성공할 수 있도록 옆에서 도와주기 때문에 사회적으로 많은 사랑을 받지만, 사람들이 자신의 성에 찰 만큼 충분히 감사해하지 않는다고 느끼며 허탈하고 서운해합니다. 그래서 이들은 많은 사람을 도우면서 사랑을 받는 모든 사람의 친구로 살아가기도 하며, 많은 사람을 만나지만 마음 깊은 관계는 맺지 못하는 가짜 친구가 될 수도 있습니다.

3유형

3유형(성취자)은 있는 그대로의 자신은 타고난 재능이 없어서 사랑스럽지 않다는 두려움 때문에 일에서 성과를 내 외부의 인정을 받으려는 사람입니다.

자기보존 본능(3sp): 일을 사랑하는 능력자

이들은 안전하려면 끊임없이 일하고 성취하여 물질적인 자산(재정, 집, 자동차 등)을 많이 확보해야 한다고 느낍니다. 그래서 인정받을 수 있는 목표를 달성하기 위해 최대한 효율적으로 살아가다 보니, 일을 제외한 다른 면들을 소홀하게 여깁니다. 효율적으로 살면서 많은 것을 성취하여 물질적 자산도 많아졌지만, 정작 가족과 따뜻하고 행복한 관계를 맺기 위해 마음과 시간을 쓰지 못해서 도리어 인정과 사랑을 받지 못하게 됩니다. 자신이 맡은 일을 사랑하고 효율적으로 성취해내는 능력자로 살아갈 수 있지만, 인정해주는 사람이 아무도 없는 외톨이가 될 수도 있습니다.

352

관계 본능(3se): 인기 있는 능력자

이들은 소수의 사람들과의 관계에 집중하고 그들이 좋아할 만한 자질을 기르기 위해서 많이 노력합니다. 사회에서 이상적으로 여겨지는 역할을 멋지게 수행하고 인정받을 만한 성과를 내는 매력적인 사람이 되어 사람들을 유혹하려고 하죠. 원하는 사람의 마음을 얻는 것은 잘하지만, 감정적으로 깊이 연결되며 그 관계를 지속하는 것은 어려워합니다. 사회적 성취를 통해 많은 사람이 선망하는 인기 있는 능력자가 되기도 하지만, 깊은 관계는 회피하며 살 수도 있습니다.

사회적 본능(3so): 명예로운 성취자

이들은 타고난 재능을 발휘하여 사회적으로 인정받고 명예로운 지위를 얻기 위해 노력합니다.

자신의 능력과 성취를 증명할 수 있는 자격증이나 학위, 상장이나 각종 증명서 등을 취득하는 것을 중요하게 여깁니다. 하지만 스스로 아무리 잘 해내더라도 사회적으로 인정받지 못하면 스스로를 가치 있다고 여기기 어려워합니다. 사회적 성취와 명예로운 지위를 얻을 수 있는 성취자가 되기도 하지만, 가까운 사람이나 자기 자신과는 관계가 단절된 삶을 살 수도 있습니다.

4유형

4유형(예술가)은 자신에게는 결함이 있어서 있는 그대로 사랑스럽지 않다는 두려움 때문에 특별한 정체성과 삶의 의미를 추구하며, 깊고 강렬한 감정 속에서 살아가는 사람입니다.

자기보존 본능(4sp) : 심연의 예술가

이들은 자신의 생존을 위하여 독특하고 매력적인 사람이 되고 싶다는 갈망과 함께 고급스럽고 아름다운, 물질적인 것들을 소유하고 싶어합니다. 에니어그램 유형 중 가장 내성적인 이들은 독특한 물건 등으로 공간을 채워 매력적인 분위기를 만들고, 특별한 사람들과 함께하고자 하는 등 자신만의 감성적인 세계를 만들어가려고 합니다. 감정 기복이 심해서 기분이 좋을 때는 자기 마음대로 행동하고 우울할 때는 밑바닥까지 가기도 해서 자신과 타인을 고통스럽게 하는 경향이 있습니다. 그리고 강렬하고 고통스러운 관계에 끌리기도 합니다. 독특하고 매력적이며 신비롭기까지 한 이들은 우아한 연인처럼 살아갑니다. 하지만 다른 사람은 이해하기 힘든 삶을 살기도 하고, 극단적인 모습을 보이기도 하지요.

관계 본능(4se) : 특별한 연인

이들은 소수의 사람들과의 관계에 집중하고, 특별한 사람과 낭만적이고 강렬한 관계를 맺고 싶어하며 자신을 구원해줄 사람을 원합니다. 부드럽고 감성적인 4유형 중에서는 가장 외향적이고 역동적으로 자신의 환상을 이루려고 합니다. 자신이 원하는 특별한 사람과의 관계를 갈망하면서도 그 사람이 갖고 있는 것에 대한 시기심 때문에 사랑과 고통 사이에서 고통스러워하기도 합니다. 매력을 느끼지만 가질 수 없는 관계에 강렬하게 끌리는 경향도 있습니다. 강렬한 매력을 지닌 환상의 연인처럼 살아갈 수 있지만, 갈망과 시기심 그리고 극단적인 감정을 추구하느라 파괴적인 인간관계 속에서 살아갈 수도 있습니다.

사회적 본능(4so): 매력적인 아웃사이더

이들은 자신의 독특함으로 많은 사람과 의미 있는 관계를 맺기 원하지만 정작 관계 맺는 것을 어려워합니다. 사람들과 함께 있으면서도 거리를 두고, 거리를 두면서도 누군가의 관심과 사랑을 받고 싶어합니다. 많은 사람 속에서 자신과 특별한 관계를 맺는 누군가를 원하는 성향이 강해서 자신만의 키다리 아저씨나 소울메이트를 꿈꾸기도 합니다. 사람들이 매력을 느끼고 다가가고 싶어하는 매력적인 아웃사이더처럼 살아갈 수 있지만, 사람들을 시기하거나 쉽게 만족하지 못하는 군중 속의 고독한 존재로 살아갈 수도 있습니다.

5유형

5유형(사색가)은 알지 못하는 외부 세계에 대한 두려움 때문에 세상을 관찰하고 사유를 통해 이해하려고 하는, 생각이 많고 깊은 사람입니다.

자기보존 본능(5sp): 연구실의 학자

이들은 자신의 생존을 위해서 에너지 소모를 최소화하려고 합니다. 자신의 에너지와 자원이 충분하지 않다는 두려움 때문에 더욱 더 깊이 생각하고 계획하는 경향이 있어 감정을 느끼거나 행동하는 것을 어려워합니다. 자신만의 공간에서 다른 사람들과 분리되어 깊이 생각하는 것을 좋아하는 이들은 사람들과 가까워지는 데 많은 시간이 필요합니다. 지식만이 아니라 책이나 우표, 낚싯대 등 무언가를 수집하는 것을 좋아하기도 하지만, 수집한 것을 활용하는 면에서는 소극적일 수 있습니다. 예를 들어 낚시에 관한 책을 읽고 관련 물품은 많이 수집했지만 정작 낚시를 하러 가는 데는 주저하는 모습을 보일 수 있다는 거죠. 이렇게 이들은 많은 것을 갖거나 알고 있어서 무언가를 깊이 연구하는 학자로 살아가기도 하지만, 감정이 메마른 면이 있으며 사람들로부터 고립된 채로 혼자서 살아가기도 합니다.

관계 본능(5se): 토론하는 관찰자

이들은 세상에 대한 두려움과 가까운 사람들과 강렬한 관계를 맺고 싶은 욕망이 충돌하는 성향이 강합니다. 자신이 알고 있는 주제에 대해 친밀한 사람과 깊은 이야기를 나누는 것을 좋아하지만, 자신만의 시간과 공간으로 돌아가 재충전하는 시간이 꼭 필요한 사람들이죠. 사람들과 거리를 두고 있지만 그들의 말과 행동을 관찰하면서 이해하고 있으며, 관심사가 비슷한 사람과는 열띤 토론을 하는 것을 즐기기도 합니다. 각자의 영역을 존중하면서 토론을 나눌 수 있는 사람에게 깊은 우정을 느낍니다. 이렇게 세상을 관찰한 것을 바탕으로 사람들과 열정적인 토론을 하면서 살아가기도 하지만, 관계에 대한 갈망에 비해 사회적 기술이 부족해서 주위를 위성처럼 맴돌다 자신의 동굴로 돌아가기도 합니다.

사회적 본능(5so): 참여하는 교수

이들은 자신이 그동안 갈고닦은 지식과 전문성을 사회적으로 인정받고 싶어하며, 다른 5유형 하위유형에 비해 적극적으로 사회에 참여합니다. 자신이 속한 공동체에서 지혜로운 사람, 자기 분야의 전문가가 되어 사람들에게 도움을 주고 인정받기를 원하죠. 깊은 지식, 복잡한 이론에 관해 이야기하는 것을 좋아하지만 가벼운 주제나 농담을 나누는 것을 자신의 시간(자원)을 낭비하는 것이라 생각하기도 합니다. 자신이 깊이 연구한 것을 사람들에게 가르치고 세상과 나누는 교수처럼 살기도 하지만, 냉소적이고 기괴한 이론이나 독설로 사람들을 공격하며 살아가기도 합니다.

6유형

6유형(헌신가)은 자신을 믿지 못하기 때문에 믿을 만한 사람이 되기 위해서, 세상을 믿지 못하기 때문에 공동체의 안전을 위해서 걱정하고 준비하며 헌신하는 사람입니다.

자기보존 본능(6sp) : 책임지는 가장

이들은 자신과 가족에 대한 불안감이 크기 때문에 자신과 가족의 건강과 안전을 돌보기 위해 많은 노력을 합니다. 사람들에게 보호를 받고 안전하려면 온화하고 친절해야 한다고 생각하기에 가족을 비롯한 친구와 직장에서도 그런 태도를 보이려고 노력합니다. 가능하면 다른 사람들과 부딪치지 않으려 하며, 사람들이 자신과 대화를 하지 않거나 무관심하거나 차갑게 대할 때는 걱정이 많아집니다. 친해지는 데 매우 많은 시간이 걸리지만 마치 가족에 가까운 우정을 쌓기 위해 노력하는 따뜻한 사람으로 살아갑니다. 그럼에도 관계에 대해 걱정하고 의심을 하기도 합니다.

관계 본능(6se) : 헌신하는 친구

이들은 자신의 안전을 위해서 가까운 사람들의 세밀한 부분까지 신경을 쓰며 배려하려고 합니다. 자신이 안전하려면 믿을 만한 친구들과 깊고 신뢰할 수 있는 우정을 나눠야 한다고 생각하기 때문이에요. 그래서 능력 있고 매력적인 사람과 가까워지려고 노력하면서, 자신과 함께할 사람인지 확인하기 위해 상대를 시험하기도 합니다. 세심하게 배려하고 깊이 신뢰할 수 있는 친구처럼 살기도 하지만, 상대를 의심하지 않을 정도로 친해지는 데는 많은 시간이 걸리기도 합니다.

사회적 본능(6so) : 사회를 지키는 수호자

이들은 자신의 안전을 위해서 사회적 집단에 소속되어 신임을 얻어야 하며, 그 집단의 안전을 위해서 문제를 예방하고 해결하는 것을 중요하게 여깁니다. 혼자서 일하는 것은 위험하다고 느끼기 때문에 사람들과 함께 팀을 꾸려 무언가를 하려고 합니다. 자신이 리더가 되어 집단을 이끄는 것보다는 믿을 만한 집단에 소속되어 권위 있는 리더를 조력하며 자신과 자신이 속한 집단 및 사회를 안전하게 만들고 싶어합니다. 사회를 지키는 수호자로 살아가기도 하지만, 지나치게 보수적이고 어떤 신념에 충성하며 기존의 사회 질서를 흔드는 이들을 배척할 수도 있습니다.

7유형(낙천가)은 알 수 없는 내면의 불안과 고통을 두려워하기 때문에 외부에서 즐겁고 새롭고 자극적인 경험을 하면서 내면을 안정시키는 사람들입니다.

자기보존 본능(7sp): 즐거운 가장

이들은 본인의 즐거움도 중요하지만 가족과 함께할 때 큰 즐거움을 느끼기 때문에 가족에 대한 책임감이 강합니다. 그래서 밖에서 시간을 보내는 것보다 집안일을 하거나 집에서 가족과 재미있는 활동을 하는 것을 좋아합니다. 마음이 잘 맞는 친구들과는 마치 가족과 같은 우정을 나눌 수 있습니다. 7유형이지만 가정에서 보내는 시간이 많기 때문에 외부의 즐거움을 좇는 다른 7유형의 하위유형들과 다르게 보일 수 있습니다.

관계 본능(7se): 모험하는 연인

이들은 새롭고 재미있는 사람들을 만나 자극적이고 도전적인 일을 하는 것을 좋아합니다. 웃음이 많은 사람이고, 다른 사람들도 웃게 만드는 것을 좋아해서 친구들과 함께할 때 모두를 즐겁게 해주는 오락부장의 역할을 맡기도 합니다. 새로운 경험을 좋아하는 이들은 새로운 사람, 새로운 것을 찾아서 바깥으로 떠돌아다닙니다. 낯선 사람들과 쉽게 친해지고 처음 접하는 일들도 쉽게 익히는 편이나, 깊이 있고 꾸준하게 관계 맺는 것은 어려워합니다. 이렇게 관계 본능 7유형은 세상을 떠돌며 다양한 경험을 하면서 즐겁게 살기도 하지만, 관계나 일에서 뿌리를 내리는 것을 어려워할 수 있습니다.

사회적 본능(7so): 행복한 이상주의자

이들은 사회에서 사람들을 만나 재미있고 의미 있는 일을 하는 것을 좋아합니다. 스스로를 행복한 사람이라 여기는 사회적 본능 7유형은 행복은 사람들과 나눌 때 더 커진다고 느낍니다. 그래서 자신의 재미와 모험에 대한 욕망을 누르고 사회의 안정과 이상을 이루기 위해 노력합니다. 이들은 사회적으로 많은 활동을 하면서 친구도 폭넓게 사귀고 다양한 일들을 해내기도 하지만, 사회적 규칙과 제한 때문에 힘들어하기도 합니다. 더 많은 사람과 행복을 나누는 즐거움으로 살아가는 이상주의자로 살기도 하지만, 뜻대로 되지 않는 세상에 대해 좌절감을 느낄 수도 있습니다. 이들은 이 좌절감을 회피하고자 감당할 수 없는 새로운 일들을 만들어 더 큰 좌절을 겪게 되기도 합니다.

삶의 세 영역에서 균형 잡기

우리는 두려움을 뿌리에 두고 형성된 아홉 가지 성격유형의 에너지를 세 가지 삶의 영역 중 충족되지 않은 하나의 영역에 집착하여 사용하게 됩니다. 어릴 때는 나와 가족의 영역을 넘어서 자신의 성격 에너지를 사용하는 게 쉽지 않습니다. 그러다 가족의 품을 떠나 유치원, 초등학교에 다니기 시작하면 관계 본능과 사회적 본능을 발휘하면서 인간관계를 맺고, 해야 할 과업을 해냅니다. 작은 규모의 사회생활을 시작하는 거죠. 이 과정에서 하위 본능의 충족과 좌절을 겪으면서 자신이 집중하는 하위 본능과 2차로 집중하는 하위 본능, 그리고 잘 사용하지 못하는 하위 본능이 생깁니다.

다른 유형의 사람들이라도 하위유형이 같으면 성격은 다르지만 살아가는 영역과 방식은 비슷하다고 느낍니다. 반면 같은 유형의 사람이라도 하위유형이 다르면 성격은 비슷하지만 살아가는 영역과 방식은 다르다고 느낍니다. 따라서 하위유형을 이해해야 자기 자신과 다른 사람들을 더욱 깊은 수준에서 이해할 수 있습니다.

하위유형에 대한 이해는 삶의 균형을 이루는 데도 큰 도움이 됩니다. 아무리 자신이 건강하고 가족이 안정되더라도(sp) 친한 친구나 즐거움과 열정을 기울이는 일이 없고(se) 사회적인 역할을 하지 않는다면(so) 그 안정은 얼마나 갈까요? 건강한 상태는 영원할 수 없고 가족도 언제나 함께할 수는 없습니다. 또, 아무리 친구들과 진한 우정을 나누면서 열정적으로 산다 해도(se), 가족이 불안정하고 건강을 소홀히 대하고(sp) 사회에 무관심하다면(so) 그 우정이 얼마나 지속될 수 있겠습니까? 친구의 마음은 바뀌고 열정은 언젠가 식기 마련입니다. 아무리 사회적으로 성공했어도(so), 진정한 친구가 없고(se) 가족이 불안정하고 건강을 잃으면(sp) 그 성공은 무슨 의미가 있겠습니까? 그 성공을 가장 기뻐해줄 사람은 가족이고 친구입니다.

〈대학〉 8조목에 나오는 문구인 '수신제가 치국 평천하修身齊家 治國 平天下'는 에니어그램 하위 본능의 발전과 균형을 잘 보여줍니다. '수신제가'는 먼저 자신을 계발하고 가족을 보호하라는 뜻이고, '치국'은 세상에서 사람들을 만나서 사랑하고 해야 할 일을 열정적으로 해내는 것을 뜻하며, '평천하'는 이 세상을 더 평화로운 곳으로 만들기 위해 헌신하라는 것을 뜻합니다.

하위유형 검사 문항들을 다시 읽어보면서 내가 조금 줄여야 할 하위 본능과 좀더 관심을 가져야 할 하위 본능이 무엇인지 확인해보세요. 그리고 세 가지 하위 본능을 균형 있게 발휘하려면 어떤 행동이 필요한지 살피고, 실천해볼 것을 권합니다.

	SP	SE	SO
8	생존력이 강한 가장	성배를 좇는 기사	영토를 확장하는 군주
9	작은 것에 만족하는 현자	하나가 되려는 연인	평화를 만드는 사람
1	엄격한 수도사	완벽한 연인	불의에 맞서는 개혁가
2	사랑하는 부모	유혹하는 연인	모든 사람의 친구
3	일을 사랑하는 능력자	인기 있는 능력자	명예로운 성취자
4	심연의 예술가	특별한 연인	매력적인 아웃사이더
5	연구실의 학자	토론하는 관찰자	참여하는 교수
6	책임지는 가장	헌신하는 친구	사회를 지키는 수호자
7	즐거운 가장	모험하는 연인	행복한 이상주의자

5부

성격 역동

1장

성격 역동이란 무엇인가?

사회적 자아가 형성되는 과정, 성격 역동

4부 '성격 심층 탐색'에서 우리는 아홉 가지 성격의 심층구조를 자세하게 살펴보며 자신에 대해 깊게 이해했습니다. 그런데 에니어그램 상담을 하다 보면 이렇게 이야기하는 사람들이 있습니다. "내면은 4유형인 것 같은데, 직장에서는 9유형으로 사는 것 같아요."

우리는 이를 **개인적 자아**와 **사회적 자아**로 구분합니다. 캐릭터와 퍼스널리티로 이해해도 좋습니다. 기본성격은 4유형이지만 사회생활을 할 때는 9유형의 에너지를 주로 쓰면서 살 수 있다는 것입니다. 물론 4유형인 사람이 개인적으로나 사회적으로나 4유형을 건강하게 쓰는 것이 좋지만, 여러 이유로 사회적 자아를 발달시켜서 사용하기도 합니다. 이 또한 세상을 살아가기 위해 성격을 활용하는 여러 방식 중 하나입니다.

4부에서 성격의 심층구조를 살펴보았다면 5부에서는 세상을 살아가면서 사회적 자아가 형성되는 역동적인 과정을 살펴보겠습니다. 모두 자신의 여러 측면을 이해하는 데 도움이 될 것입니다. 먼저 성격 역동을 나타내는 네 가지 그룹을 간략하게 소개하겠습니다.

장	가슴	머리
무력-자립(힘)-분노	무가치-인정(사랑)-수치심	무지-안정(지혜)-불안
8, 9, 1유형	2, 3, 4유형	5, 6, 7유형

이드	에고	슈퍼에고
욕구 충족을 위해 자신의 세계로 물러나 머물기	욕구 충족을 위해 외부로 적극적으로 나아가기	욕구 충족을 위해 슈퍼에고에게 묻기
9, 4, 5유형	3, 7, 8유형	6, 1, 2유형

긍정 태도	능력	반응
긍정적으로 대처	능력을 더 발휘	감정으로 반응
9, 2, 7유형	3, 5, 1유형	6, 8, 4유형

공격형	순응형	후퇴형	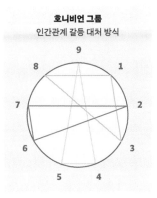
자기방어를 위해 다른 사람들과 맞부딪힌다	자기방어를 위해 사람들과 가깝게 지내려고 한다	자기방어를 위해 사람들에게서 멀어지려고 한다	
3, 8, 1유형	6, 7, 2유형	9, 4, 5유형	

[표 5-1] 성격 역동의 네 가지 그룹

앞에서도 소개한 힘의 중심 도형은 에니어그램의 기본성격을 나타내는 도형으로, 두려움과 욕구, 핵심감정을 보여줍니다. 프로이디안 그룹 도형은 욕구를 사회적으로 충족시키는 방식을, 하모닉 그룹 도형은 욕구가 좌절되었을 때 대처하는 방식을 나타냅니다. 마지막으로 호니비언 그룹 도형은 사람들과 갈등이 생겼을 때 어떻게 대처하는지를 보여줍니다.

조금 더 이해하기 쉽게 4유형을 예로 들어 설명해보겠습니다. 4유형의 힘의 중심은 가슴(감정)입니다. 무가치한 존재라는 게 두려워서 사랑받고 싶어하지만, 내면으로 향하여 수치심과 우울감을 느끼지요. 프로이디안 그룹에서 4유형은 이드 그룹에 속합니다. 이들은 사회적으로 인정과 사랑의 욕구를 충족하기 위해 자신의 세계로 물러나 머물러 있으면서 삶의 의미와 자기 존재의 정체성을 찾습니다. 하모닉 그룹에서는 반응 그룹으로서, 사랑과 인정의 욕구가 좌절될 때 감정, 즉 수치심과 우울함으로 반응합니다. 마지막으로 호니비언 그룹에서는 후퇴형으로, 자기방어를 위해 사람들에게서 멀어지는 방식을 택합니다.

성격 역동을 살펴봐야 하는 이유

앞서 이야기한 것처럼 많은 사람이 자신의 성격을 탐색할 때 자기 안에 있는 여러 성격 때문에 혼란스러워합니다. 하지만 성격 역동을 살피면 자신의 성격이 만들어진 과정을 이해할 수 있습니다. 성격은 세상을 살아오면서 두려움과 감정을 느끼고, 그 두려움을 해소하려는 욕망에 좌절하고, 좌절된 욕망과 인간관계에 대처하고 갈등하면서 형성되는 것임을 알게 되는 것이죠.

예를 들어 4유형은 프로이디안 그룹에서 이드 그룹에 속합니다. 5유형, 9유형도 욕구를 충족시킬 때 자신의 세계로 물러나서 머무르려고 하기 때문에 똑같은 성격으로 보일 수 있습니다. 하지만 물러나서 머무는 지점이 힘의 중심에 따라 다릅니다. 4번은 감정의 세계에, 9번은 몸의 편안함에, 5번은 생각의 세계에서 머무르려고 하지요.

이번에는 욕구가 좌절되었을 때 어떻게 대처하는지를 기준으로 분류하는 하모닉 그룹을 살펴볼까요? 4유형은 반응 그룹으로 감정, 즉 수치심과 우울함으로 반응합니다. 같은 그룹에 속하는 6유형과 8유형도 똑같이 감정으로 반응하기 때문에 비슷한 성격으로 보일 수 있습니다. 하지만 6유형은 불안으로, 8유형은 분노로 반응한다는 데 차이가 있습니다. 물론 스트레스를 받는 상황에서 세 감정을 모두 느낄 수 있겠지만, 더욱 강렬하고 견디기 힘든 감정이 있는 것입니다.

이런 방식으로 성격 역동은 자신의 성격을 좀더 입체적으로 이해하는 데 큰 도움이 됩니다. 우리는 에니어그램에 대한 여러 이론을 공부하고 활용하면서 성격 역동을 '두려움-욕구의 사회적 충족 방식-욕구 좌절 대처 방식-갈등 대처 방식'이라는 흐름으로 정리했습니다. 지금부터 하나하나 자세히 살펴보겠습니다.

2장

힘의 중심과 자아의식

두려움과 욕망 그리고 자아의식

성격 역동은 한 사람이 세상을 살아가는 과정에서 경험하는 외부 상황에 대한 반응으로 일어납니다.

우리는 앞서 각각의 힘의 중심이 세 가지로 분화되고 두려움-욕구-핵심감정이 더욱 정교해지면서 성격이라고 하는, 생존을 위한 심리적 체계가 만들어지는 것을 자세하게 살펴보았습니다. 다시 간략하게 정리해드리겠습니다. 장형은 무력한 것, 통제당하는 것을 두려워하고 자립하기 위해 자아 경계를 만들며 핵심감정은 분노입니다. 가슴형은 무가치한 것, 사랑받지 못하는 것을 두려워하고 이상적인 자아상을 만들어서 다른 사람들에게 인정을 받으려고 하며 핵심감정은 수치심입니다. 머리형은 알지 못하는 것, 혼란스러운 것을 두려워합니다. 안정되기 위해 지식을 추구하며, 핵심감정은 불안입니다.

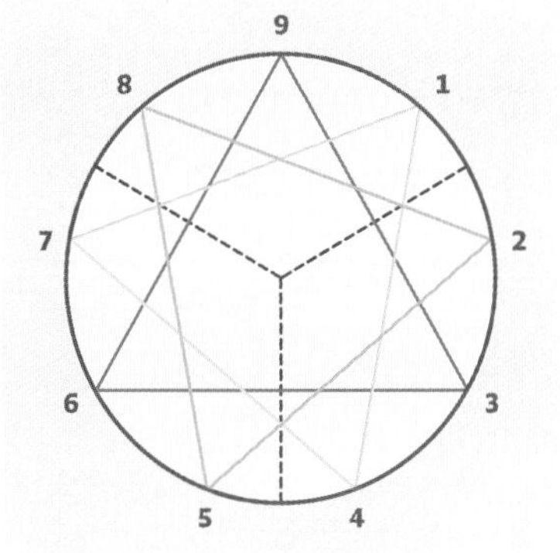

힘의 중심
두려움-욕구-감정

[그림 5-1] 힘의 중심과 자아의식

힘의 중심에 관해서는 2부에서 자세하게 살펴보았으니 여기서는 힘의 중심과 자아의식을 연계하여 살펴보겠습니다. [그림 5-1]에서 알파벳 'Y' 모양으로 원을 셋으로 나눈 것이 **힘의 중심**을 표현한 것입니다. 그리고 각각의 중심이 셋으로 나뉘어 정삼각형을 이루고 있는 것이 **자아의식**을 표현한 것입니다. 자아의식에 따른 분류는 힘의 중심을 어느 방향으로 쓰는가에 따라 세 가지로 나눌 수 있습니다. (자세한 내용은 2부 3장을 참고하세요.) 이 장에서는 힘의 중심을 쓰는 방향에 따라 자아의식이 어떤 모습으로 나타나는지를 살펴보겠습니다.

[표 5-2] 자아의식에 따른 세 가지 분류

나는 세상보다 크다 +	나는 세상에 적응한다 ±	나는 세상보다 작다 −
8 내가 통제한다. 2 내가 돕는다. 5 내가 이해한다.	9 나는 평화롭다. 3 나는 성공한다. 6 나는 안전하다.	1 나는 조절한다. 4 나는 느낀다. 7 나는 즐겁다.

'나는 세상보다 크다' 그룹(8-2-5유형)

8-2-5 정삼각형 그룹은 바깥세상을 두려워합니다. 그래서 두려움에 대한 세 가지 반응 중 맞서는 반응(Fight)을 합니다. 이 그룹은 공통적으로 '나는 세상보다 크다'는 자아의식을 갖게 됩니다.

8유형은 외부의 강한 힘이 두려워서 장의 힘을 사용하여 세상을 통제하려고 합니다. 2유형은 외부 사람들에게 사랑받지 못하는 게 두려워 가슴의 사랑으로 사람들을 도우려고 합니다. 5유형은 외부의 알 수 없는 상황이 두려워서 머리로 사고하며 세상을 이해하려고 합니다.

이 그룹은 각 힘의 중심에 해당하는 특징이 가장 선명하게 나타납니다. 8유형은 외적으로 힘을 쓰며 살아가고, 2유형은 외적으로 도우면서 살아갑니다. 5유형은 겉으로 봤을 때는 적극적으로 보이지 않을 수 있지만, 매우 적극적으로 사고의 힘을 사용해서 세상을 이해하고 있습니다. 드러나는 행동이 아니라 힘과 감정과 사고를 어떻게 쓰고 있는가를 보아야 합니다.

'나는 세상보다 작다' 그룹(1-4-7유형)

1-4-7 정삼각형 그룹은 내면에서 일어나는 자극들을 두려워해서, 두려움에 맞서는 세 가지 반응 중 물러나는 반응(Flee)을 합니다. 그래서 '나는 세상보다 작다'는 자아의식을 갖게 됩니다.

1유형은 내면의 충동과 욕망이 두려워서 장의 힘을 사용하여 충동과 욕망을 조절하려고 합니다. 4유형은 내면의 가치 없는 자신이 두려워서 가슴의 힘을 사용하여 깊고 강렬한 감정으로 들어가려고 합니다. 7유형은 내면의 불안과 고통이 두려워서 사고의 힘을 사용하여 외부의 즐거움을 경험하며 내면의 불안을 상쇄하려고 합니다.

8-2-5 그룹이 각 힘의 중심을 명확하게 보여준다면 1-4-7 그룹은 각 힘의 중심을 다른 방식으로 보여줍니다. 1유형은 힘을 내면으로, 4유형은 감정을 내면으로, 7유형은 사고를 내면으로 사용하는 거죠. 7유형은 1유형과 4유형에 비해 외향적으로 보이지만, 내면의 불안에 반응하여 외부의 즐거움을 좇고 있는 것입니다.

'나는 세상에 적응한다' 그룹(9-3-6유형)

9-3-6 정삼각형 그룹은 내면에서 일어나는 자극과 바깥세상(외부)을 모두 두려워합니다. 그래서 두려움에 맞서는 세 가지 반응 중 어느 방향으로도 가지 못하고 굳어버리는(Freeze) 반응을 하며, '나는 세상에 적응해야 한다'는 자아의식을 갖게 됩니다.

9유형은 힘의 충돌이 두려워서 내면으로는 자신의 욕망을 잊고 외부로는 사람들의 갈등을 중재하며 평화를 추구합니다. 3유형은 재능이 없는 것이 두려워서 자기의 감정(내면)과 타인의 감정(외부)을 차단하고 일에 집중합니다. 6유형은 자신(내면)을 믿지 않고 세상(외부)을 불안해하며 대책을 세우고 공동체에 헌신하려고 합니다.

다른 그룹에 비해 이 그룹은 자신의 힘의 중심을 잘 사용하지 못합니다. 9유형은 장의 중심이지만 힘을 쓰지 않으려고 하고, 3유형은 감정의 중심이지만 감정을 차단하려 하며, 6유형은 사고의 중심이지만 사고에 갇혀버립니다. 그래서 각 힘의 중심의 특징이 가장 적게 드러나는 것처럼 보입니다. 9유형은 이해심이 많아서 가슴형으로, 3유형은 일의 효율을 따지기에 머리형이나 거리낌 없는 행동력 때문에 장형처럼 보입니다. 그리고 걱정이 많고, 뭔가를 끊임 없이 하고 있는 6유형은 가슴형이나 장형 같아 보이기도 합니다.

그렇다면 우리는 이런 두려움-욕망-감정 그리고 자아의식을 가지고 세상을 어떻게 살아갈까요? 이어지는 프로이디안 그룹에서 자세히 살펴보겠습니다.

3장

프로이디안 그룹

욕구를 사회적으로 충족하는 방식

우리는 힘의 중심에서 살펴본 세 가지 두려움과 욕구를 사회에서 충족하려고 합니다. 사회에서 적극적으로 자신의 욕구를 충족하려는 사람도 있고, 사회에서 물러나 자신만의 시간과 공간에서 욕구를 충족시키는 사람도 있으며, 사회적으로 욕구를 충족시키기 이전에 많은 생각을 하는 사람도 있습니다. 프로이트의 성격 이론은 이와 같은 욕구를 사회적으로 충족시키는 방식을 명확하게 보여줍니다.

프로이트는 인간의 자아가 이드^{id}, 에고^{ego}, 슈퍼에고$^{super\ ego}$로 구성되어 있다고 보았습니다. 이드는 본능적이고 원초적 쾌락을 추구합니다. 에고는 현실과 조화를 이루어 현실적으로 욕구를 충족하려 하며, 슈퍼에고는 이드와 에고를 관찰하고 평가하며 도덕적이고 이상을 추구합니다. 우리 안에 있는 힘의 중심인 본능(장), 감정(가슴), 사고(머리) 가운데 어느 것이 더 강한가에 따라 다양한 성격으로 분화되는 것처럼, 우리의 자아는 이드, 에고, 슈퍼에고가 모두 존재하지만 각 성격유형마다 좀더 강하게 사용하는 것이 있습니다.

프로이디안 그룹은 프로이트의 자아 이론과 에니어그램을 결합한 것으로, 원하는 것을 사회적으로 충족시키는 방식에 따라 이드 그룹, 에고 그룹, 슈퍼에고 그룹으로 나눕니다. 도형에서는 원 안에 이등변 삼각형으로 표시되어 있습니다 ([그림 5-2] 참고).

[그림 5-2] 프로이디안 그룹 도형

이드 그룹(9-4-5유형): 욕구 충족을 위해 물러난다

이드 그룹은 강한 욕망이 일어나더라도 에고 그룹처럼 밖으로 강하게 표현하고 적극적으로 이루려고 하지 않습니다. 대신 강한 욕망이 일어나면 자신의 세계로 물러나 그곳에서 머물면서 느끼고 생각하려고 합니다. 원하는 것이 있어도 뒤로 물러나다 보니 사회적으로 중요한 사람으로 드러나지 않는 경향이 있고, 소극적인 사람으로 보일 수 있습니다. 하지만 이전 성격 역동인 힘의 중심에서 장, 가슴, 머리형의 두려움과 원하는 것이 다르기 때문에 내면의 세계에서 경험하고 있는 것은 차이가 있습니다.

9유형: 몸이 편안한 게 좋아!

9유형은 장형으로, 평화로운 존재로 자립하고 싶은 욕구가 있습니다. 욕구가 일어날 때 이들은 편안한 몸의 느낌으로 물러나 머물려고 합니다. 강렬한 욕망은 갈등이 원인이 될 수 있으므로 욕망을 잊어버린 채 현재에 만족하며 편안한 상태를 추구하는 것입니다. 그래서 욕망을 표현하지도, 원하는 것을 이루기 위해 적극적으로 행동하지 않으려는 경향을 보여줍니다.

4유형: 깊고 강렬한 감정의 흐름으로…

4유형은 가슴형으로, 독특한 존재가 되어 사랑과 인정을 받고 싶은 욕구가 있습니다. 욕구가 일어날 때 이들은 사회적으로 표현하거나 이루려 하지 않고 먼저 자신의 감정 세계에 머물려고 합니다. 강렬한 욕망과 감징 속에서 자신이 어떤 존재인지, 삶의 진정한 의미가 무엇인지 성찰하려 하지요. 그래서 겉으로 봤을 때는 적극적으로 욕망을 표현하거나 추구하지 않는 것처럼 보일 수 있습니다.

5유형: 명철한 사고로 세상을 이해하자!

5유형은 머리형으로, 많이 알아서 안정되고 싶은 욕구가 있습니다. 이들은 욕구가 일어나면 사회적으로 표현하거나 이루려고 하지 않고 먼저 생각의 세계에 머물려고 합니다. 명철한 사고력으로 이 세상과 상황을 파악하고 분류하고 기억하려고 하지요.

9-4-5유형은 에니어그램 성격유형 중 가장 내성적이고 자신을 표현하지 않는 사람들입니다. 그래서 겉으로 드러나는 특징으로만 보

면 세 유형은 비슷해 보일 수 있습니다. 다른 사람들과 떨어져서 자신의 욕구를 깊이 있게 다루고 싶어하는 공통점이 있으니까요. 이들 중에는 세 가지 에너지를 모두 많이 쓰는 경우도 있는데요. 이런 사람들은 사회적으로 물러나서 평화로운 상태(9), 생각하는 상태(5), 그리고 감정 세계(4)에 머무르려 하니 매우 내성적인 사람일 수 있습니다. 하지만 역시 가장 중요한 것은 가장 두려워하는 것이 무엇인가입니다. 성격은 두려움을 직면하지 않으려는 목적으로 만들어진 것입니다. 68쪽 '두려움 질문' 9, 4, 5유형을 다시 읽어보며 자신의 기본유형을 확인해보길 권합니다.

에고 그룹(3-7-8유형): 욕구 충족에 적극적이다

에고 그룹은 자신을 중요한 사람이라고 느끼면서 적극적으로 행동합니다. 자신이 원하는 것을 주장하며 이를 얻으려고 하죠. 그래서 에고 그룹은 매우 활발하고 적극적인 사람들로 보인다는 공통점이 있습니다. 에고 그룹에 해당하는 유형은 3, 7, 8유형입니다. 하지만 힘의 중심에서 장, 가슴, 머리형의 두려움과 원하는 것은 다르기 때문에 겉으로는 비슷해 보여도 내면에서 두려워하고 원하는 것은 차이가 있습니다.

3유형: 내가 이렇게 잘하거든요!

가슴형인 3유형은 인정받고 싶어하는 욕구가 있습니다. 재능이 있고 뛰어나야만 사랑받을 것이라는 신념으로, 뛰어난 존재가 되기 위해 적극적으로 노력하며 살아갑니다. 그리고 타인에게 능력 있는 자신을 인정해달라고 표현하고 요구하는 경향이 있습니다. 사실 인정받고 싶은 욕구는 능력이 없으면 사랑받지 못할 것이라는 두려움에서 비롯된 것입니다. 자신의 유능함을 사회적으로 인정받길 원하는 3유형은 자신이 뛰어나기 때문에 스스로를 중요한 사람이라고 느끼고 행동합니다.

7유형: 나는 재미있는 게 좋아!

머리형인 7유형은 안정되고 싶은 욕구가 있습니다. 끊임없이 즐거움을 추구하고, 자신과 주변 사람들을 기분 좋게 만들고 싶어하는 이들의 성향은 결국 내면의 불안을 잊기 위한 것입니다. 자신의 즐거움을 중요하게 여기며 원하는 것을 적극적으로 이루며 살아왔기 때문에 스스로를 중요한 존재로 인식합니다.

8유형: 나는 나의 힘을 쓰겠어!

장형인 8유형은 강한 존재로 자립하고 싶은 욕구가 있습니다. 세상을 향해 자신을 내세우고 어려움을 극복하며 원하는 것을 이루는 것을 통해 자신의 욕구를 충족합니다. 자신과 세상에 강한 통제력을 가지고 있다고 여기는 8유형은 자신을 중요한 사람이라고 느끼며 행동합니다.

3-7-8유형은 에니어그램 성격유형 중 가장 적극적이고 활기차며 자신감 넘치는 사람들입니다. 그래서 겉으로 드러나는 특징만 보면 세 유형은 비슷해 보일 수 있습니다. 이들 중에는 세 가지 에너

모두를 많이 쓰는 경우도 있는데요. 이런 사람들은 터보 엔진 세 개를 가지고 세상을 살아간다고 생각하면 됩니다. 따라서 이들은 매우 강렬한 삶을 살아갈 가능성이 큽니다.

하지만 역시 가장 중요한 것은 가장 두려워하는 것이 무엇인가입니다. 성격은 두려움을 직면하지 않으려는 목적으로 만들어진 것입니다. 68쪽에 나와 있는 '두려움 질문' 중 3, 7, 8유형을 다시 읽어보며 자신의 기본유형을 확인해보길 권합니다.

슈퍼에고 그룹(6-1-2유형): 욕구 충족을 위해 슈퍼에고에게 묻는다

슈퍼에고는 자신의 욕구와 행동에 대해 내면에서 선악을 판단하여 행동을 촉진하거나 제약하려고 합니다. 그래서 슈퍼에고 그룹은 강한 욕망이 일어나면 에고 그룹처럼 사회적으로 강하게 표현하거나 이드 그룹처럼 자신의 세계로 물러나지 않고, 자신의 슈퍼에고에게 물어보고 허락을 구합니다. 슈퍼에고는 이를 검열하고 판단하여 사회적으로 욕망을 충족하는 것이 안전한지(6), 올바른지(1), 사랑받을 수 있는지(2) 확인하고 행동을 허락합니다. 에니어그램의 6, 1, 2유형이 이 그룹에 해당합니다.

6유형: 뭔가 잘못된 것은 없는가? 이러면 위험하지 않을까?

6유형은 머리형으로, 안정되고 싶은 욕구가 있습니다. 그런데 안정되려면 더 많은 것을 알고 준비해야 하며 권위자의 안내를 받아야 한다고 생각합니다. 자신과 세상을 믿지 못해 불안한 거죠. 그래서 자신의 욕망이 일어나면 일단 누르고 자신의 슈퍼에고에게 묻습니다. "이 욕망대로 하면 위험하지 않을까? 사람들이 불편해하지 않을까? 우리 공동체가 안전하게 유지될 수 있을까?" 만약 위험하거나 사람들이 불편해하지 않고 안전하다고 판단되면 그것을 할 것입니다. 그렇지 않다면 그것을 아무리 원하더라도 하지 않습니다. '위험하니까요.'

1유형: 이것은 올바른가? 최선을 다하고 있는가?

장형인 1유형은 올바른 존재로 자립하고 싶은 욕구가 있습니다. 가장 원하는 것은 올바르게 사는 것이지만 살다 보면 자연스럽게 다른 욕망들과 충돌이 일어납니다. 욕망대로 사는 것은 악하다는 신념이 있는 1유형은 욕망이 일어나면 일단 누르고 자신의 슈퍼에고에게 묻습니다. "이 욕망대로 하는 것이 올바른가? 무언가 잘못된 것은 없는가? 나는 지금 최선을 다하고 있는가?" 만약 올바르고, 잘못된 것이 없고, 최선을 다하고 있다고 판단하면 그것을 할 것입니다. 그렇지 않다면 그것을 아무리 원하더라도 하지 않습니다. '옳지 않으니까요.'

2유형: 이러면 사람들이 기뻐할까? 내가 사랑받을 수 있을까?

2유형은 감정형으로, 필요한 존재가 되어 사랑받고 싶은 욕구가 있습니다. 사랑받으려면 다른 사람들을 기쁘게 해주고 도와주어야 한다는 신념과 함께 자신이 원하는 대로 하면 이기적인 것이며 사랑받지 못할 거라는 두려움을 갖고 있습니다. 그래서 자신의 욕망이 일어나면 일단 누르고 자신의 슈퍼에고에게 묻습니다. "이 욕망대로 해도 사랑받을 수 있을까? 사람들이 이기적이라고 생각하지 않을까? 나를 싫어하거나 거부하지 않을까?" 만약 거부당하지 않고 사랑받을 수 있다고 판단하면 그것을 할 것입니다. 그렇지 않다면 그것을 아무리 원하더라도 하지 않습니다. '사람들이 싫어하니까요.'

6, 1, 2유형은 에니어그램 성격유형 중 가장 고민이 많아서 주저하는 사람들입니다. 그래서 겉으로 드러나는 특징만 보면 세 유형은 비슷해 보일 수 있습니다. 머릿속에서 슈퍼에고가 자꾸 이야기하고 있으니까요.

이들 중에는 세 가지 에너지를 모두 많이 쓰는 사람들도 있는데요. 이런 사람들은 어떤 사안에 대해 욕망이 올라올 때 슈퍼에고가 '안전한가?', '올바른가?', '사랑받을 수 있을까?'라는 질문을 동시에 합니다. 만약 성격유형 검사에서 세 유형이 다 높게 나왔다면 매우 이타적인 삶을 살겠지만 너무 생각이 많아 스스로 피곤해질 수 있습니다.

하지만 역시 제일 중요한 것은 가장 두려워하는 것이 무엇인가입니다. 성격은 두려움을 직면하지 않으려는 목적으로 만들어진 것입니다. 68쪽에 있는 '두려움 질문' 6, 1, 2유형을 다시 읽어보며 자신의 기본유형을 확인해보길 권합니다.

[표 5-3]은 지금까지 설명한 내용을 하나의 표로 정리한 것입니다.

[표 5-3] 프로이디안 그룹의 욕구 충족 방식과 각 유형별 자아상

이드 그룹	에고 그룹	슈퍼에고 그룹
욕구 충족을 위해 외부로 적극적으로 나아가기	욕구 충족을 위해 자신의 세계로 물러나 머물기	욕구 충족을 위해 슈퍼에고에게 묻기
3 나는 성공해야 한다. 7 나는 즐거워야 한다. 8 내가 통제해야 한다.	9 나는 평화로워야 한다. 4 나는 느껴야 한다. 5 나는 이해해야 한다.	6 나는 안전해야 한다. 1 나는 완벽해야 한다. 2 나는 사랑받아야 한다.

4장

하모닉 그룹
욕구 좌절에 대처하는 방식

인간은 무언가를 두려워하며 원하고, 이를 사회에서 이루기 위해 각자의 방식으로 노력합니다. 하지만 원하는 모든 것을 이룰 수는 없습니다. 도리어 더 많은 좌절을 경험하면서 살아가기도 합니다. 그래서 원하고 이루는 것도 중요하지만 좌절에 대처하는 방식도 대단히 중요합니다.

욕구가 좌절됐을 때 우리는 긍정적인 태도를 취하거나 더욱더 노력하거나, 감정적으로 반응합니다. 이처럼 욕구가 좌절되었을 때 대처하는 방식에 따라 분류한 그룹이 하모닉 그룹입니다. 하모닉 그룹은 **[그림 5-3]**처럼 둔각삼각형 모양으로 나타납니다.

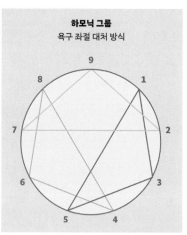

[그림 5-3] 하모닉 그룹: 욕구 좌절과 갈등 대처 방식

384

긍정 태도 그룹은 사회에서 좌절했을 때 문제의 긍정적인 면을 보고 자신과 타인의 좋은 기분에 집중하면서 문제에서 벗어나려고 합니다. 그래서 자신의 어두운 면을 직면하는 것이 어렵고 자신과 타인의 욕구 사이의 균형을 유지하는 것을 어려워합니다.

9유형(장-이드): 다 이해해. 그냥 사이좋게 지내자!

9유형은 욕구를 강하게 표현하지도 않고 욕망이 좌절되어도 웬만하면 다 이해하려고 합니다. 힘의 충돌을 두려워하기 때문에 좌절하면서 생기는 내적·외적 갈등을 겪는 것이 너무 싫어서 자신이 원하는 것을 표현하지 않으려 하는 것입니다. 그러다 보니 무감각해지고 태만해지기도 합니다. 차라리 자신이 원하는 것이 무엇인지 모르는 상태로 편안하게 있기를 선택하는 겁니다.

2유형(가슴-슈퍼에고): 내가 도와줄게! 아니라고? 그럼 이건 어때?

2유형은 자신의 욕구를 표현하면 이기적인 사람으로 미움받을까 봐 자신의 욕구를 표현하지 않고 사람들의 욕구를 채워주려고 노력합니다. 그렇게 해서 사람들이 자신을 사랑해주기를 바라는 거죠. 자신이 원하는 반응을 사람들이 보여주지 않았을 때는 서운함과 수치심을 느끼기는 하지만, 이내 미소를 짓고 더 도와주려고 합니다. 이런 행동으로 도리어 사람들에게 무시를 당하기도 하는데요. 이때 서운함과 수치심을 크게 느끼게 됩니다. 자신에게 향하는 수치심이 심해지면 수치심을 느끼게 하는 대상에 대한 미운 마음이 더해져서 적개심을 갖게 되기도 합니다.

7유형(머리-에고): 액땜했다고 치자. 다른 재미있는 것도 많으니까!

7유형은 자신의 욕망을 적극적으로 충족하면서 살아가지만 좌절할 때도 많습니다. 당연히 기분이 나쁘고 불편하지만, 그 감정을 오래 견디기 어려워서 좌절 상황에 나름의 이유를 대면서 합리화하고 다른 즐거움을 찾으려고 합니다. 이렇게 대처할수록 이들은 점점 더 산만해지고 더 강렬한 자극을 추구하게 됩니다.

만약 85쪽 '성격 프로파일'에서 9, 2, 7유형이 다 높게 나왔다면 정말 정말 긍정적으로 사는 사람입니다. 평화롭고(9), 사랑하고(2), 즐거운(7) 사람이니까요. 하지만 다른 성격유형이 낮고 이 세 유형 점수만 높다면 너무 많은 좌절을 경험하고 있을 수도 있습니다. 이정도로 긍정적이지 않으면 삶의 무게를 견디기 어려울 테니까요.

능력 그룹(1-3-5유형): 좌절할수록 더 능력을 키우려고 한다

능력 그룹은 욕구가 좌절됐을 때 되도록 감정을 누르고 객관적이고 논리적인 태도로 그 문제를 바라보려고 합니다. 그리고 자신의 유능함으로 가장 좋은 해결책을 찾기 위해 노력하죠. 그래서 자신만이 아니라 자신의 노력을 넘어서는 체제에 대해 문제의식을 갖고 있는 경우가 많습니다.

1유형(장-슈퍼에고) : 더욱더 노력했어야 했는데!

1유형은 자신의 욕망을 슈퍼에고를 통해 조절하면서 올바르다고 생각하는 것을 이루기 위해 더욱 최선을 다하고 완벽을 추구하려고 합니다. 그런데 그 욕구가 좌절되면 자신이 더 노력하지 않았다고 자책하거나 다른 사람들이 자신만큼 노력하지 않은 것에 분노하고 비판하면서 자신만이 아니라 타인도 더 잘하게 만들려고 더욱더 노력합니다. 다른 사람이 볼 때는 너무나 잘하고 있지만 스스로는 만족하지 못하고 더욱더 채찍질할 수 있습니다.

3유형(가슴-에고) : 좀더 효율적이어야 했는데!

3유형은 욕망을 이루기 위해 능력을 마음껏 발휘하고 인정을 받으며 살려고 합니다. 그런데 실패하거나 인정받지 못하면 자신을 인정헤주지 않는 사람들에 대한 서운함이나 미운 마음이 올라옵니다. 그래서 더욱더 효율적으로 일하고, 성과를 내서 인정받으려고 노력하게 되죠. 자신이 잘한다고 인정받을 만한 다른 일을 시작하기도 합니다. 이 과정에서 더욱 비정해지고 경쟁적인 태도가 두드러질 수 있습니다.

5유형(머리-이드) : 좀더 많이 알고 깊이 생각해야 했는데!

5유형은 자신의 내면으로 들어가 사고하여 외부 세계를 이해하려고 노력하면서 삽니다. 그런데 충분히 이해하지 못하거나 실패하면 불안함과 함께 더 많은 것을 알기 위해 더 많은 정보를 얻으려고 하고 더 오래 깊이 생각하려고 합니다. 그래서 더욱더 지식에 대해 탐욕을 갖게 되고 감정은 메마르게 됩니다.

만약 성격 프로파일에서 1, 3, 5유형이 다 높게 나왔다면 당신은 정말 능력이 뛰어난 사람입니다. 완벽하고(1), 효율적이며(3), 똑똑한(5) 사람이니까요. 하지만 다른 성격유형은 낮고 이 셋만 높다면 너무 일 중심에 감정이 없는 사람으로 보일 수도 있습니다. 워커홀릭, 과로로 인한 문제를 겪고 있을 수 있습니다.

반응 그룹(8-4-6유형): 좌절할수록 더 감정적으로 반응한다

반응 그룹은 맞닥뜨린 문제에 대해 감정적으로 반응하며, 문제 속에 머물려고 합니다. 사람들과의 관계에서 독립성과 의존성 사이의 균형을 유지하는 데 어려움을 느끼며, 다른 사람들이 자신의 감정적 반응을 느끼고 원하는 반응을 해주기를 바랍니다.

8유형(장-에고): 나를 이렇게 화나게 하다니!(분노)

8유형은 자신이 원하는 것을 이루기 위해 강한 힘을 발휘하면서 살아갑니다. 그런데 자신의 능력이 부족하거나 더 강한 사람이나 상황에 의해 좌절했을 때 자신을 좌절하게 만든 외부와 무력한 자신에게 분노를 표현합니다. 그리고 자신의 분노에 대해 사람들이 적절하게 반응해줘서 자신이 강한 존재라는 것을 느낄 수 있기를 바랍니다. 그래서 좌절할수록 더 강한 태도로 갈등하다가 결국 부러지기도 합니다.

4유형(가슴-이드): 나는 너무 깊은 상처를 받았어!(수치심)

4유형은 특별한 존재로 인정받기를 원하며, 감정 세계에 머물다 누군가와 연결되기를 바랍니다. 그런데 특별한 존재로 받아들여지지 않고 삶의 의미를 찾기 어려울 때 매우 깊고 강렬하고 어두운 수치심으로 반응합니다. 이런 자신의 감정과 상처를 사람들이 알고 위로해줘서 자신이 사랑스럽고 의미 있는 존재임을 다시 확인하고 싶어합니다. 하지만 너무 깊은 감정 속에 머무르다 보니 다른 사람들과 연결되지 못하고 더욱 깊은 수치심과 우울감에 빠져서 살기도 합니다.

6유형(머리-슈퍼에고): 네가 문제야!(불안)

6유형은 권위 있는 자들에게 안내를 받거나 공동체에서 안정되기를 바라며 대책을 세우고 문제를 해결하며 성실하게 살아갑니다. 그런데 어떤 사람이나 상황에 의해서 문제가 생기면 매우 불안해지면서 다른 사람들에게 그 책임을 전가하거나 권위 있는 누군가가 이 문제를 해결해주기를 바라며 의존합니다. 늘 불안하고 걱정이 많다 보니 몸과 마음이 힘들고 아무 생각도, 아무 행동도 할 수 없이 얼어버리는 상태인 공황 상태에 빠지기도 합니다.

만약 성격 프로파일에서 8, 4, 6유형이 다 높게 나왔다면 당신은 매우 강렬한 감정을 가지고 살아가는 사람입니다. 분노하고(8), 수치스럽고(4), 불안해(6)하고 있으니까요. 만약 다른 성격유형은 낮고 이 셋만 높다면 지나치게 감정적인 사람으로 보일 것입니다. 너무 강렬하고 복잡한 감정 때문에 자신도 힘들고 주변에 있는 사람들을 힘들게 할 수 있습니다.

욕구가 좌절되었을 땐 어떻게 하면 좋을까?

사람들은 욕구가 좌절되었을 때 어느 한 가지 태도를 고수하려는 경향이 있습니다. 설령 좌절했다 하더라도 거기에는 긍정적인 면도 있고 부정적인 면도 있으며, 그 상황에서 현실적으로 할 수 있는 것들이 있습니다.

긍정 태도 그룹은 문제와 좌절 상황을 지나치게 긍정적으로 보는 것이, 반응 그룹은 지나치게 부정적인 감정으로 반응하는 것이, 능력 그룹은 지나치게 객관적으로 해야 할 일에 집중하는 것이 문제가 됩니다. 이런 문제를 해결하려면 세 가지 태도를 골고루 취하는 게 필요합니다. 이 세 가지 접근 방법을 균형적으로 사용한다면 좌절에 머물지 않고 극복하여 그 상황을 오히려 성장하는 기회로 삼을 수 있습니다.

긍정 태도 그룹은 욕구가 좌절된 상황을 긍정적으로만 보려 하지 말고, 먼저 부정적 감정을 그대로 느껴보아야 합니다(반응). 긍정적인 면과 부정적인 면을 모두 볼 수 있을 때, 객관적으로 해야 하고 할 수 있는 것을 볼 수 있게 됩니다(능력). 긍정적으로 받아들이는 태도를 기반으로 부정적인 감정도 받아들이면서 문제를 해결할 수 있는 방법을 객관적으로 검토하고 실천한다면, 진정한 자신의 능력을 발휘할 수 있습니다(균형).

반응 그룹은 부정적 감정에 휩쓸리지 말고, 먼저 객관적으로 할 수 있고 해야 하는 것들을(능력) 살펴보아야 합니다. 해야 할 것을 볼 수 있게 되면 상황을 긍정적으로 받아들이는 태도도 생겨납니다 (긍정 태도). 강렬한 부정적인 감정을 있는 그대로 수용하되, 해야 할 일들을 하면서 자신의 능력을 발휘하다 보면 더욱 긍정적인 태도를 가질 수 있게 됩니다(균형).

능력 그룹은 욕망이 좌절된 상황에서 뭔가를 직접 하려고 하기 전에, 먼저 이 좌절이 주는 긍정적인 면을(긍정 태도) 살펴보아야 합니다. 뭔가를 하려는 의지와 함께 긍정적인 면을 보게 되면 피하려고 했던 부정적인 감정도 만날 수 있게 됩니다(반응). 그러면 긍정적인 태도로 부정적인 감정을 받아들이면서 현실에서도 능력을 발휘할 수 있습니다(균형).

5장

호니비언 그룹
갈등에 대처하는 방식

인간은 무언가를 두려워하며 원하고(힘의 중심), 이를 사회에서 이루기 위해 각자의 방식으로 노력하고(프로이디안 그룹), 그 과정에서 좌절하기도 합니다(하모닉 그룹). 여기서 가장 큰 어려움은 바로 사람들과의 관계입니다. 자신의 내면도 복잡하지만 다른 사람의 내면도 그만큼 복잡하기 때문이지요.

카렌 호나이Karen Horney는 신프로이트 학파의 정신분석가로, 프로이트의 관점에 의문을 제기하면서 신경증에 대한 이론을 제시했습니다. 호나이에 따르면 사람들에게는 열 가지의 신경증적인 욕구가 있고[*], 이 욕구들을 순응, 공격성, 철수라는 세 가지 경향성으로

---

[*] 호나이가 대처전략(coping strategy)이라고 정의한 열 가지 신경증적 욕구는 다음과 같습니다.
• 사람들에게 다가가는 경향(순응, Compliance)
① 애정과 인정에 대한 욕구: 타인을 기쁘게 함으로써 자신이 사랑받는 것.
② 파트너에 대한 욕구: 사랑할 수 있는 그리고 모든 문제를 해결해줄 한 사람을 욕망하는 것.
③ 사회적 인정에 대한 욕구: 특권과 관심을 추구하는 것.
④ 인격적인 존경에 대한 욕구: 내적·외적 우수함에 대하여 가치를 인정받는 것.
• 사람들을 적대하는 경향(공격성, Aggression)

나눌 수 있습니다. 이 이론을 바탕으로 만든 '호니비언 그룹'은 사람들과 갈등이 생겼을 때 자신을 방어하고 대처하는 세 가지 행동방식을 말합니다. 그 세 가지 행동방식은 다음과 같습니다.

사람들에게 다가가는 경향(순응, Compliance)
사람들을 적대하는 경향(확장/공격, Expansion/Aggression)
사람들에게서 멀어지는 경향(무관심/후퇴, Detachment/Withdrawal)

호니비언 그룹 도형은 원 안에 두 개의 이등변 삼각형과 하나의 둔각삼각형의 조합으로 이루어져 있습니다(〔그림 5-4〕). 앞에서 살펴본 프로이디안 그룹과 비슷한 듯하지만, 차이가 있습니다.

이드 그룹(3-7-8유형) 중 7유형이 2유형, 6유형과 함께 순응 그룹이 되고 슈퍼에고 그룹(6-1-2유형) 중 1유형이 3유형, 8유형과 함께 공격 그룹으로 분류됩니다. 즉 1유형과 7유형이 속하는 그룹이 바뀐 거죠. 실제로 7유형은 자신의 욕구를 충족하는 데는 적극적인 행동을

⑤ 힘에 대한 욕구: 타인의 의지를 꺾고 타인을 통제할 수 있는 능력을 추구하는 것, 대부분의 개인이 힘을 추구하지만, 신경증 환자들은 힘을 갖는 데 필사적임.
⑥ 타인을 이용하려는 욕구: 타인을 능가하려 하고 조종하려 함. 사람들은 이용하기 위하여 존재한다는 믿음을 가짐.
• 사람들에게서 멀어지려는 경향(철수, Withdrawal)
⑦ 개인적 성취에 대한 욕구: 모든 사람이 성취하려는 욕구가 있지만, 신경증 환자들은 인정받기 위하여 필사적으로 성취하려 함.
⑧ 자족과 독립에 대한 욕구: 누구나 자율성을 조금씩 원하지만, 신경증 환자들은 다른 사람들을 완전히 버림.
⑨ 완벽에 대한 욕구: 대부분이 행복(well being)이라는 형태로 자신의 삶을 완벽하게 하려 하지만, 신경증 환자들은 이보다 더 나아가 조금이라도 흠이 생기는 것을 두려워함.
⑩ 일상 활동을 좁히는 것에 대한 욕구: 가능한 타인의 눈에 띄지 않으면서 살려고 함.

보이지만, 다른 사람들과 갈등이 생겼을 때는 상대방에게 좀더 다가가며 친밀하게 대하려는 경향이 있습니다. 반면 1유형은 슈퍼에고가 강하여 올바르기 위해 최선을 다하지만 다른 사람들과 갈등이 생겼을 때는 보다 적극적으로 지적하고 바로잡으려고 하기 때문에 공격형으로 분류됩니다.

[그림 5-4] 호니비언 그룹: 갈등 대처 방식

공격 그룹(8-3-1유형): 갈등 상황에서 사람들과 맞선다

8유형(지도자): 내가 시키는 대로 해!

8유형은 다른 사람에게 통제당하거나 사람들이 자신의 통제를 따르지 않을 때 분노를 느끼고 그 감정을 그대로 표출합니다. 그래서 더욱 강하게 자신의 의견을 주장하며 맞서 싸우기도 합니다. 다른 유형들에 비해 사람들과 갈등이나 다툼이 많은 편이며, 공격 그룹에서도 가장 강한 분노와 공격성을 가지고 있습니다.

3유형(성취자): 내가 가장 잘할 거야!

3유형은 자신의 성취를 무시하거나 비효율적인 방식을 강요당할 때 수치심을 느끼고 적개심을 갖게 됩니다. 적개심을 분노라고 생각하기도 하는데, 분노가 화에서 터져 나오는 감정이라면 적개심은 수치심에서 나오는 미운 감정입니다. 비록 직접적으로 드러내지 않더

394

라도 사람들은 3유형이 냉정하고 자신을 미워하고 있다고 느낍니다.

1유형(개혁가): 왜 올바르게 행동하지 않지? 내 말을 들으라고!

1유형은 자신과 다른 사람이 올바르지 않을 때 화가 나며 더욱 최선을 다하고 완벽해지려고 합니다. 다른 사람들에게도 높은 기준과 최선을 요구하는데, 거기에 부응하지 않으면 분노하게 됩니다. 그리고 자신의 기준에 따라 잘못되었다고 판단하고, 개선하기 위해 조언을 하거나 직언을 합니다. 자신은 이것이 올바르다고 생각하지만 다른 사람들은 1유형이 화가 나서 비난한다고 느낍니다.

순응 그룹(2-6-7유형): 갈등 상황에서도 사람들에게 다가간다

2유형(조력가): 나는 괜찮아. 내 도움이 기분 좋아지게 해줄 거야~

2유형은 자신이 필요한 사람이라고 느껴지지 않을 때 수치심을 느낍니다. 그래서 사람들에게 더 많은 도움을 줘서 사람들의 인정과 사랑을 얻으려고 합니다. 갈등이 생겼을 때 자신의 수치심이나 분노를 표현하면 더 사랑받지 못할 거라는 두려움 때문에, 미소를 짓거나 필요하다고 생각하는 도움을 주는 방식으로 상대의 기분을 좋게 만들어 갈등을 해결하려고 합니다.

6유형(헌신가): 문제를 확인해서 해결하면 괜찮아질 거야~

6유형은 자신을 믿지 못하고 세상을 두려워하기 때문에 불안과 걱정이 많습니다. 그래서 갈등이 생기면 자신을 보호하기 위해 신뢰하는 사람이나 소속된 공동체에 더욱 헌신하려고 합니다. 더욱더 충성스러운 사람이 되는 거죠. 하지만 공동체가 잘못했다고 느끼면 이를 개선하기 위해 8유형처럼 공격적으로 변하기도 합니다.

7유형(낙천가): 같이 즐거운 일을 하자. 그럼 상황이 좋아질 거야~

7유형은 내면의 불안과 고통을 견디는 게 어려워서 외부에서 즐거움을 추구하면서 살아갑니다. 이런 그들에게 다른 사람과 갈등을 겪는 일은 매우 불안하고 고통스럽게 다가옵니다. 그래서 문제 상황 속에서도 긍정적인 면을 강조하거나 상대의 기분을 좋게 하려고 합니다. 아니면 아예 갈등 상황으로부터 도망쳐서 재미있게 여겨지는 다른 일을 하며 불안을 달래려고 할 수 있습니다.

후퇴 그룹(9-4-5유형): 갈등 상황에서 사람들로부터 물러난다

9유형(평화주의자): 갈등은 두렵고 귀찮아. 집에 가고 싶다…

9유형은 갈등 자체를 가장 두려워합니다. 그래서 자신의 욕구와 감정은 잊어버리고 그 상황에서 자기 느낌의 세계로 후퇴해서 안정을 느끼려고 합니다. 자신보다는 다른 사람을 이해하거나 상황을 체념하며 받아들이고 잊어버려서 자신을 보호하려고 합니다.

4유형(예술가): 의미 없는 관계는 차라리 없는 게 나아…

4유형은 의미 있는 존재가 아닐 때 수치심을 느낍니다. 의미 있다고 느끼는 사람들과는 깊은 관계를 맺으려 하지만 그렇지 않은 사람들과는 관계를 맺지 않으려고 합니다. 갈등이 생겼을 때는 직면하고 해결하기보다는 자기 감정의 세계로 후퇴합니다. 깊고 강렬한 감정 속에서 의미를 찾기 때문에 더욱 깊은 우울에 빠질 수도 있습니다.

5유형(사색가): 이 갈등의 원인이 무엇인지 궁금하다…

5유형은 알지 못하는 것에 대해 불안해합니다. 하지만 사람들 사이의 일들은 계획된 대로 되지 않고, 사람들의 감정은 변화무쌍합니다. 이런 불확실함에 대한 불안 때문에 5유형은 사람들과의 관계에서 물러나 혼자 사색하는 것을 좋아합니다. 만약 갈등이 생기면 더욱더 자기 생각의 세계로 후퇴해서 더욱 깊게 생각해서 갈등을 이해하려고 합니다.

사람들과 갈등이 생겼을 때 어떻게 하면 좋을까요?

공격 그룹은 공격을 멈추고 순응 그룹처럼 부드러워질 때 갈등을 해결하며 성장할 수 있습니다

공격 그룹은 갈등 상황에서 공격하고 싶은 마음을 알아차리고 감정을 조절한 다음 순응 그룹처럼 사람들에게 조금 더 친절하게 다가가보세요. 그래도 잘 해결되지 않으면 후퇴 그룹처럼 물러나서 자신만의 시간을 가져보세요. 그러면 이 상황을 잘 해결할 수 있는 방법을 찾게 될 것입니다. 이런 통찰력과 함께 친절하고 적극적으로 다가간다면 갈등을 해결하는 데 도움이 될 것입니다.

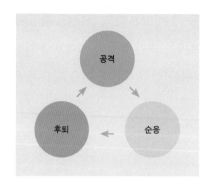

[그림 5-5] 호니비언 그룹의 문제 해결 고리

순응 그룹은 친절하려 하지 말고 후퇴 그룹처럼 물러나서

더 깊게 생각하고 느낄 때 갈등을 해결하며 성장할 수 있습니다

순응 그룹은 갈등 상황에서 사람들에게 친절하게 다가가려는 마음을 알아차리고 후퇴 그룹처럼 물러나서 자신만의 시간을 가져보세요. 문제를 해결할 수 있는 통찰력을 바탕으로 원래 지니고 있는 친절함에 더해 문제를 직면하는 적극성까지 가진다면 갈등을 해결하는 데 도움이 될 것입니다.

후퇴 그룹은 물러나 머물기를 멈추고 공격 그룹처럼

원하는 것을 표현할 때 도리어 갈등을 해결하고 성장할 수 있습니다

후퇴 그룹은 자신만의 시간과 공간에 오래 머무르지 말고 공격 그룹처럼 자신이 느끼는 바를 적극적으로 이야기해야 합니다. 적극적으로 다가가면서 서로 이해하게 되고 관계도 더욱 부드러워지게 될 것입니다. 이해받고 싶은 욕구도 충족할 수 있을 거예요.

갈등 상황을 지혜롭게 해결하기 위한 각 유형별 행동지침은 구르지예프 도형과 함께 살펴보면 더욱 명확하게 이해할 수 있습니다. 앞서 우리는 아홉 가지 성격 에너지를 골고루 사용하는 것이 성장하는 삶을 살아가는 길이라고 얘기했습니다. 원 안의 선을 따라가면 갈등 상황에서 나는 어떤 유형의 에너지를 활용하는 것이 좋을지 알 수 있습니다.

인간관계 갈등 상황에서, 공격 그룹 8유형은 순응 그룹 2유형처럼 다른 이에게 친절하게 다가갑니다.

순응 그룹 2유형은 후퇴 그룹 4유형처럼 자기 감정의 세계로 물러납니다.

후퇴 그룹 4유형은 공격 그룹 1유형처럼 자신의 감정을 적극적으로 표현합니다.

공격 그룹 1유형은 순응 그룹 7유형처럼 상대의 긍정적인 면을 발견하며 다가갑니다.

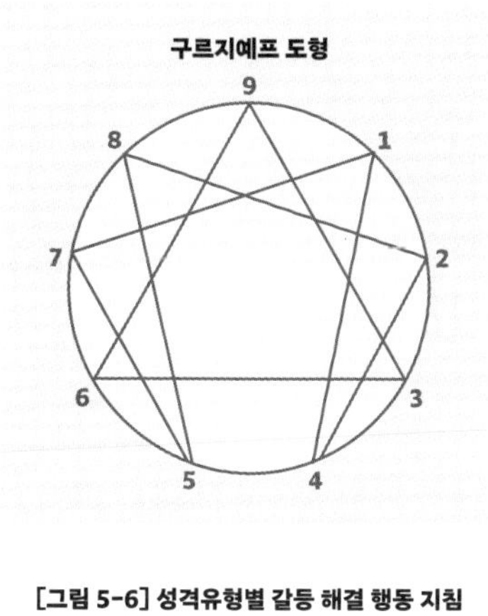

순응 그룹 7유형은 후퇴 그룹 5유형처럼 자기 생각의 세계로 물러납니다.

후퇴 그룹 5유형은 공격 그룹 8유형처럼 자신의 생각을 적극적으로 표현합니다.

공격 그룹 3유형은 순응 그룹 6유형처럼 배려하는 마음으로 다가갑니다.

순응 그룹 6유형은 후퇴 그룹 9유형처럼 자기 느낌의 세계로 물러납니다.

구르지예프 도형

[그림 5-6] 성격유형별 갈등 해결 행동 지침

후퇴 그룹 9유형은 공격 그룹 3유형처럼 자신이 원하는 것을 적극적으로 표현합니다.

이처럼 공격 그룹은 친절해지고(순응), 순응 그룹은 물러나고(후퇴), 후퇴 그룹은 적극적으로(공격) 행동할 때 사람들과의 갈등도 잘 해결되고 그 과정에서 성장할 수 있습니다. 반대로 공격 그룹이 계속 공격적으로 자신을 내세우다 보면 결국 꺾여서 후퇴하게 되고, 후퇴 그룹이 계속 물러나다 보면 결국 외로움에 사랑을 구걸하게 되고(순응), 순응 그룹이 상황에 계속 순응하다 보면 결국 분노로 공격성을 표출하게 됩니다.

이와 같은 성장과 퇴보는 6부 '성격 변형'에서 자세히 살펴보겠습니다.

6장

유형별 성격 역동

개인적 자아와 사회적 자아의 형성 과정

혼자 있을 때의 성격과 사람들과 함께 있을 때의 성격이 많이 다른 사람이 있습니다. 한 사람의 성격은 개인적 자아와 사회적 자아로 이루어져 있으니까요.

개인적 자아와 사회적 자아가 일치하는 사람도 있지만, 그렇지 않은 사람도 있습니다. 일치한다면 자신의 성격대로 세상을 살아가는 것입니다. 반면 자신의 자아가 사회에서 있는 그대로 받아들여지지 않는 경우 또는 특정한 상황에 필요한 능력이 요구될 경우에 사람들은 개인적 자아와는 다른 사회적 자아를 계발하여 사용하게 됩니다.

우리는 4부 '성격 심층 탐색'에서 빙산 모델을 통해 두려워하는 것(두려움)과 원하는 것(욕망)에서 형성된 개인적 자아(힘의 중심)를 탐색했습니다. 그리고 5부 '성격 역동'에서는 이런 개인적 자아를 가지고 사회에서 원하는 것을 이루고(프로이디안 그룹), 좌절했을 때 대처하고(하모닉 그룹), 사람과의 갈등에서 자신을 보호하면서(호니비언 그룹) 사회적 자아가 형성되는 과정을 살펴보았습니다.

6장에서는 이 과정을 통합해서 종합적으로 정리해보겠습니다. 아래 [그림 5-7] 성격 역동 과정을 참고하면서 각 유형별 설명을 읽어보세요.

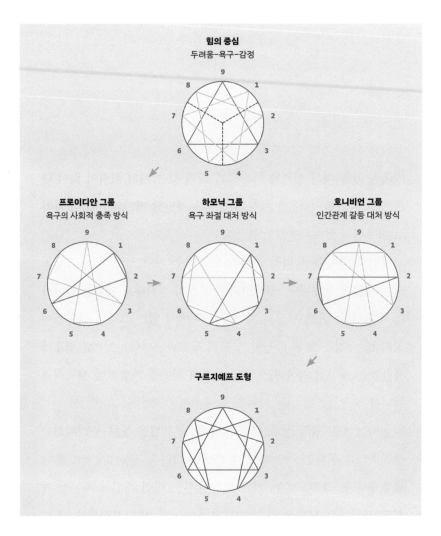

[그림 5-7] 성격 역동 과정

8유형은 외부 힘에 대한 두려움으로(힘의 중심-장) 사회적으로 욕구를 적극적으로 충족하려 하며(프로이디안 그룹-이드), 좌절했을 때는 분노로 반응하고(하모닉 그룹-반응), 갈등이 생겼을 때는 화를 내거나 통제하려 하는 공격적 성향(호니비언 그룹-공격)을 보여줍니다.

8유형은 사회에서는 적극적인 3유형이나 7유형처럼 보일 수 있으며(프로이드 그룹-공격), 감정으로 반응하는 4유형 및 6유형처럼 보일 수 있습니다(하모닉 그룹-반응). 그리고 갈등 상황에 공격적으로 해결하려는 1유형 및 3유형처럼 보일 수 있습니다(호니비언 그룹-공격). 그래서 8유형은 갈등 상황에서 순응 그룹의 2유형처럼 친절한 태도로 따뜻하게 사람들을 대할 때 성장하게 됩니다(구르지예프 도형).

9유형은 힘의 충돌, 갈등에 대한 두려움(힘의 중심-장) 때문에 사회적으로 욕구를 드러내지 않고 신체적 편안함, 즉 아무것도 하지 않으려는 태도로 물러나려고 합니다(프로이디안 그룹-에고). 좌절했을 때는 자신의 분노는 망각하고 타인 및 상황을 이해하며(하모닉 그룹-긍정), 갈등이 생겼을 때는 회피하거나 중재하려는 성향(호니비언 그룹-후퇴)을 보여줍니다.

9유형은 사회에서는 물러나서 자기 세계에 머물려는 4유형 및 5유형처럼 보일 수 있으며(프로이디안 그룹-에고), 좌절했을 때 긍정적인

7유형이나 2유형처럼 보일 수 있으며(하모닉 그룹-긍정), 갈등 상황에서는 후퇴하는 4유형 및 5유형처럼 보일 수 있습니다(호니비언 그룹-후퇴). 그래서 9유형은 공격 그룹의 3유형처럼 목표를 정하고 계획을 세워서 행동할 때 성장하게 됩니다(구르지예프 도형).

1유형(개혁가)의 성격 역동

1유형은 내면의 힘, 즉 충동과 욕망에 대한 두려움으로(힘의 중심-장) 사회적인 욕구가 올바른지 자신의 슈퍼에고에게 물어보고 승인받으려 합니다(프로이디안 그룹-슈퍼에고). 좌절했을 때는 분노를 억압한 채 더욱더 완벽해지려고 능력을 발휘하며(하모닉 그룹-능력), 갈등이 생겼을 때는 자신과 다른 사람을 비판하고 개선하려는 성향을 보입니다(호니비언 그룹-공격).

1유형은 사회적인 욕구를 슈퍼에고에서 승인받으려는 6유형 및 2유형처럼 보일 수 있으며(프로이디안 그룹-슈퍼에고), 좌절했을 때는 능력을 발휘하려는 3유형이나 5유형처럼 보일 수 있고(하모닉 그룹-능력), 갈등 상황에서는 자신의 요구를 적극적으로 드러내는 8유형 및 3유형처럼 보일 수 있습니다(호니비언 그룹-공격). 그래서 1유형은 순응 그룹의 7유형처럼 긍정적으로 생각하고 삶을 즐기려고 할 때 성장하게 됩니다(구르지예프 도형).

2유형은 외부의 사람들에게 사랑받지 못하는 것에 대한 두려움으로(힘의 중심-가슴) 자신의 사회적인 욕구가 다른 이들에게 사랑받을 수 있는 것인지 자신의 슈퍼에고에게 승인받으려 합니다(프로이니안 그룹-슈퍼에고). 욕구가 좌절됐을 때는 긍정적 태도로 도와주려고 하며(하모닉 그룹-긍정), 갈등이 생겼을 때는 사람들에게 더 다가가서 도와주려는 성향을 보입니다(호니비언 그룹-순응).

2유형은 사회적인 욕구를 슈퍼에고에게 승인받으려는 6유형이나 1유형처럼 보일 수 있으며(프로이디안 그룹-슈퍼에고), 좌절했을 때 긍정적인 태도를 취하는 9유형 및 7유형처럼 보일 수 있습니다(하모닉 그룹-긍정). 그리고 갈등 상황에서는 상대에게 다가가는 7유형 및 6유형처럼 보일 수 있습니다(호니비언 그룹-순응). 그래서 2유형은 후퇴 그룹의 4유형처럼 자신의 내면을 깊이 있게 만날 때 성장하게 됩니다(구르지예프 도형).

3유형은 재능이 없으면 사랑받지 못할 거라는 두려움으로(힘의 중심-가슴) 사회적으로 인정받기 위해 적극적으로 노력합니다(프로이디안 그룹-이드). 그리고 좌절했을 때 감정을 차단하고 더욱 효율적으로 능력을 발휘하려고 하며(하모닉 그룹-능력), 갈등이 생겼을 때는 상대에게 적개심을 갖고 공격적인 성향을 보여줍니다(호니비언 그룹-공격).

3유형은 사회에서는 적극적인 7유형 및 8유형처럼 보일 수 있으며(프로이디안 그룹-이드), 좌절했을 때는 자신의 능력을 발휘해 문제를 해결하려는 1유형 및 5유형처럼 보일 수 있습니다(하모닉 그룹-능력). 그리고 갈등 상황에서는 자신의 의견을 강력하게 표현하는 8유형 및 1유형처럼 보일 수 있습니다(호니비언 그룹-공격). 그래서 3유형은 순응 그룹의 6유형처럼 상대방을 배려하고 공동체를 위해 노력할 때 성장하게 됩니다(구르지예프 도형).

4유형(예술가)의 성격 역동

4유형은 독특한 정체성과 의미가 없으면 사랑받지 못할 거라는 두려움으로(힘의 중심-가슴) 사회적으로 자기 욕구를 드러내지 않고 감정 세계로 물러나려고 합니다(프로이디안 그룹-에고). 욕구가 좌절됐을 때는 수치심과 우울이라는 감정으로 반응하며(하모닉 그룹-반응), 갈등이 생겼을 때 사람들에게서 멀어지려는 성향을 보여줍니다(호니비언 그룹-후퇴).

4유형은 사회에서는 물러나 자신의 세계에 머물려는 5유형 및 9유형처럼 보일 수 있으며(프로이디안 그룹-에고), 좌절했을 때는 감정으로 반응하는 8유형 및 6유형처럼 보일 수 있습니다(하모닉 그룹-반응). 그리고 갈등 상황에서는 후퇴하는 5유형 및 9유형처럼 보일 수 있습니다(호니비언 그룹-후퇴). 그래서 4유형은 공격 그룹의 1유형처럼 자신이 원하는 바를 명확하게 표현하고 해야 할 일을 책임 있게 해낼 때 성장하게 됩니다(구르지예프 도형).

5유형은 외부 세계를 알지 못하면 위험하다는 두려움으로(힘의 중심-머리), 사회적으로 욕구를 드러내지 않고 자신의 사고 세계로 물러나려고 합니다(프로이디안 그룹-에고). 그리고 좌절했을 때는 감정에서 멀어지고 더욱 깊게 생각하여 능력을 발휘하려고 하며(하모닉 그룹-능력), 갈등이 생겼을 때는 사람들에게서 멀어지려는 성향을 보여줍니다(호니비언 그룹-후퇴).

5유형은 사회에서는 물러나서 자신의 세계에 머물려는 9유형 및 4유형처럼 보일 수 있으며(프로이디안 그룹-에고), 좌절했을 때 능력을 발휘하려는 1유형 및 3유형처럼 보일 수 있으며(하모닉 그룹-능력), 갈등 상황에서는 문제를 해결하려는 것보다 그 상황에서 물러나려고 하는 4유형 및 9유형처럼 보일 수 있습니다(호니비언 그룹-후퇴). 그래서 5유형은 공격 그룹의 8유형처럼 알고 있는 것을 표현하고 실천할 때 성장하게 됩니다(구르지예프 도형).

6유형은 자신과 세상을 믿을 수 없어서 위험하다는 두려움으로(힘의 중심-머리), 자신의 욕구를 충족시키는 게 안전한지 슈퍼에고에게 승인받으려 합니다(프로이디안 그룹-슈퍼에고). 그리고 좌절했을 때는 불안이라는 감정으로 반응하며(하모닉 그룹-반응), 갈등이 생겼을 때는 사람들에게 더 다가가서 배려하고 문제를 해결하려는 성향을 보여줍니다(호니비언 그룹-순응).

6유형은 사회적인 욕구를 슈퍼에고에게 승인받으려는 1유형 및 2유형처럼 보일 수 있으며(프로이디안 그룹-슈퍼에고), 좌절했을 때 감정으로 반응하는 8유형 및 4유형처럼 보일 수 있습니다(하모닉 그룹-반응). 그리고 갈등 상황에서는 상대에게 다가가는 7유형 및 2유형처럼 보일 수 있습니다(호니비언 그룹-순응). 그래서 6유형은 후퇴 그룹의 9유형처럼 이해하고 평화로워지려고 할 때 성장하게 됩니다(구르지예프 도형).

7유형 낙천가의 성격 역동

7유형 낙천가는 내면의 불안과 고통에 대한 두려움으로(힘의 중심-머리), 사회적으로 즐거우려는 욕구를 적극적으로 충족하려 합니다(프로이디안 그룹-이드). 그리고 좌절했을 때는 긍정적 태도로 합리화하고 새로운 즐거움을 찾으려 하며(하모닉 그룹-긍정), 갈등이 생겼을 때는 사람들에게 더 다가가서 즐겁게 해주려는 성향을 보여줍니다(호니비언 그룹-순응).

7유형은 사회에서는 적극적인 8유형 및 3유형처럼 보일 수 있으며(프로이디안 그룹-슈퍼에고), 좌절했을 때는 긍정적인 태도를 취하는 9유형 또는 2유형처럼 보일 수 있습니다(하모닉 그룹-긍정). 그리고 갈등 상황에서는 상대에게 다가가는 2유형 또는 6유형처럼 보일 수 있습니다. 그래서 7유형은 후퇴 그룹의 5유형처럼 깊이 생각하고 행동을 적절하게 조절할 때 성장하게 됩니다(구르지예프 도형).

같은 유형이라도 사람들마다 다르게 보일 수 있고 다른 유형이라도 비슷하게 보일 수 있습니다. 성격은 살아가면서 세상에 적응하기 위해 선택하는 전략입니다. 성격 역동을 이해한다면 자신과 다른 사람들의 성격을 더욱 잘 이해할 수 있을 것입니다. 자신과 다른 사람의 성격에 다양한 면이 있어서 혼란스러울 수 있습니다만 잊지 말아야 할 것이 있습니다. 가장 두려워하는 것이 성격의 뿌리라는 것을요.

6부

성격 변형:
통합과 성장의 길로

1장

성격 변형이란 무엇인가?

성격 변형이란?

에니어그램의 목적은 두려움에 사로잡힌 삶에서 두려움을 알아차리고 받아들임으로써 자유롭고 행복한 삶을 살아가도록 돕는 것입니다. 삶이란, 두려움에 사로잡혀 분열된 기본성격에 집착하는 상태에서, 두려움을 알아차리고 받아들이면서 아홉 가지 모든 성격을 통합하는 과정이라 할 수 있습니다.

우리는 지금까지 두려움에서 비롯된 성격으로 세상을 살면서, 욕구를 충족하는 방식과 욕구가 좌절되었을 때 대처하는 방식, 그리고 사람들과 갈등이 있을 때 어떻게 대응하는가에 따라 다양한 성격을 쓰며 살아가고 있다는 것을 살펴봤습니다. 우리가 기본성격과 성격 역동 과정을 파악해야 하는 이유는 두려움을 느끼지 않으려는 자동반응패턴에 집착하는 것을 알아차리고, 그것에 휘둘리지 않기 위함입니다.

하지만 살아가면서 우리는 자연스럽게 예기치 않는 상황에 맞닥뜨릴 때가 많습니다. 그때 신체적·정신적 건강이 무너지면 자연스럽게 성격의 단점을 더 많이 쓰면서 살아가게 됩니다(분열). 자신의 본질과 멀어지기 쉬운 환경에 처했기 때문이지요. 반면, 자신의 몸과 마음을 잘 돌보고 상태를 알아차리며 살아가면 성격의 장점을 더 많이 쓰면서 성장하게 됩니다(통합). 이 과정을 '성격 변형'이라고 합니다.

성격 변형을 이해하고 활용하면 좋은 점

찰스 디킨스의 소설 〈크리스마스 캐럴〉의 주인공인 스크루지 영감은 인정머리라고는 하나도 없는 지독한 구두쇠입니다. 어느 크리스마스이브 날, 그를 찾아온 세 유령과 함께 스크루지 영감은 자신의 과거, 현재, 미래를 만나게 됩니다.

스크루지는 어린 시절 아버지에게 사랑받지 못하고, 친구들에게 따돌림을 당하던 외톨이였습니다. 그리고 사랑하는 여동생이 안타깝게 먼저 세상을 떠나면서 마음에 큰 상처를 받게 됩니다. 청년 시절 스크루지는 능력을 발휘하며 사회적으로 인정을 받고 사랑하는 여인과 함께하는 삶을 살았지만, 어느덧 탐욕스럽게 변하기 시작했고 결국 연인은 그 모습을 견디지 못하고 떠나버렸습니다. 상실의 두려움과 외로움은 스크루지를 더욱 탐욕스럽고 차갑게 만들었습니다. 현재 스크루지의 모습은 이러한 과거의 경험을 통해 형성된 것이었죠. 스크루지는 과거의 유령과 함께 상처받은 내면아이를 만났고, 현재의 유령과 함께 사랑하며 살아가는 행복한 사람들의 모습을 보게 되고, 미래의 유령과 함께 쓸쓸히 죽어가는 자신의 모습을 보게 됩니다. 그때 스크루지는 눈물 흘리며 애원합니다.

"전 이제 과거의 제가 아닙니다! 제가 새사람이 된다면 보여주신 환영들이 바뀔 거라고 약속해주세요."

잠에서 깨어난 스크루지는 자신이 죽지 않고 살아 있다는 것에 환희를 느끼게 되고, 사람들과 사랑을 나누며 행복하게 살아갑니다.

〈크리스마스 캐럴〉은 에니어그램 성격 역동과 변형을 명확하게 보여줍니다. 현재 자신의 성격은 타고난 기본성격과 더불어 그동안 살아온 과거의 결과입니다. 살면서 행복했던 일들, 고통스러웠던 일들을 겪으면서 지금의 자신으로 살아가고 있습니다. 현재의 성격은 앞으로 살아갈 미래의 밑바탕이자 방향이 됩니다. 인간은 살아온 대로 살게 될 가능성이 크니까요.

지금 자신의 성격이 만들어지는 데 영향을 주었던 사람이나 사건들을 떠올려보기 바랍니다. 그때 누구와 무슨 일이 있었나요? 어떤 두려움을 느꼈고, 무엇을 강렬하게 원했나요? 이처럼 자신의 삶을 돌아볼 때 성격 역동과 성격 변형에 대한 앎이 큰 도움을 줍니다. 마치 크리스마스의 세 유령처럼요.

6부에서는 삶을 살아가게 해주는 힘, 원동력을 알아보고 격정과 미덕을 살펴볼 것입니다. 이어서 날개를 펼치고 날아가거나 날개가 꺾여서 추락하는 모습을 살펴본 다음, 발달 수준까지 살펴보겠습니다.

2장

격정과 미덕

원동력은 선물이다

에니어그램은 아홉 가지 두려움이 아홉 가지의 성격을 만들어낸다고 이야기합니다. 두려움으로 인해 만들어진 성격이니 이것은 우리가 해결해야 할 문제인 걸까요? 그렇지 않습니다. 두려움에 사로잡히는 것이 문제지, 두려움으로 인해 생겨난 욕망은 세상을 살아가게 하는 큰 힘, 원동력이 되어줍니다. 그래서 각 성격유형이 가지고 있는 원동력은 고유하게 세상을 살아갈 수 있게 해주는 선물이라고 할 수 있습니다.

8유형은 강한 힘으로 세상을 살아갑니다.
9유형은 조화로운 힘으로 세상을 살아갑니다.
1유형은 올바른 힘으로 세상을 살아갑니다.

2유형은 도와주며 세상을 살아갑니다.

3유형은 효율적으로 세상을 살아갑니다.

4유형은 특별하게 세상을 살아갑니다.

5유형은 사색하며 세상을 살아갑니다.

6유형은 성실하게 세상을 살아갑니다.

7유형은 기쁨으로 세상을 살아갑니다.

우리는 이런 원동력을 가지고 세상을 살아가면서 자신에 대한 생각과 느낌을 체계화하게 되는데, 이것이 바로 '자아상'입니다. 자아상은 세상을 살아가는 방향과 방식을 결정하죠.

그런데 이런 원동력을 지나치게 사용하면 도리어 문제가 더 많아지는 격성의 상태가 되며, 원동력을 잘 사용하게 되면 미덕의 상태가 됩니다. 자신의 삶을 돌아보면서 어떤 힘을 주로 사용하면서 살아왔는지 살펴보세요. 그 힘을 잘 사용해서 행복했던 때도 있겠지만, 그 힘을 지나치게 사용하거나 제대로 사용하지 못해서 문제가 되었던 때도 있었을 것입니다.

[그림 6-1]은 유형별 원동력과 격정, 미덕을 보여주고 있습니다. 그 원동력이 어떻게 격정 또는 미덕으로 변형되는지 자세하게 살펴보겠습니다.

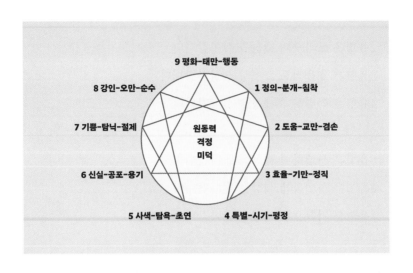

[그림 6-1] 에니어그램 도형으로 본 성격유형별 원동력, 격정, 미덕

격정(악덕, passion)

우리는 타고난 기질의 원동력을 중심으로 다른 유형의 특징들을 골고루 쓰면서 살아갑니다. 이런 원동력은 두려움이 커지면 강렬하고 집착적으로 반복하는 정서 행동 패턴으로 변하게 됩니다. 이를 '격정'이라고 부르며, 격정적인 상태가 지속되면 자신과 타인에게 해를 끼칠 수 있는 감정적·행동적 패턴으로 굳어버리기 때문에 '악덕'이라 부르기도 합니다. 열정을 가지는 것은 좋지만 그 열정이 지나치게 강렬해지면 방향성을 잃기 쉽습니다. 마치 잘 달리던 말이 두려움에 사로잡혀 이리저리 날뛰는 상태와 같아지는 거죠. 거기에 기수까지 두려움에 사로잡히면 말은 더욱더 심하게 날뛸 것입니다.

날뛰는 말을 잘 다룰 수 있는 기수가 되기 위해, 우리는 자신의 유형이 격정의 상태에서 어떤 모습을 보이는지 알 필요가 있습니다. 지금부터 각 유형의 격정에 대해 알아보겠습니다.

장형

강인했던 8유형이 두려움에 사로잡히면 너무 강해지면서 오만해
집니다.

- 나는 강하다(원동력). 그래서 내가 다 통제하겠다(오만).

평화로웠던 9유형이 두려움에 사로잡히면 더욱 하지 않으려 해
서 태만해집니다.

- 나는 평화롭다(원동력). 그러므로 아무것도 하지 않겠다(태만).

올바르던 1유형이 두려움에 사로잡히면 지나친 판단과 분노로
자신과 상대를 비난하게 됩니다.

- 나는 올바르다(원동력). 그런데 나는 여전히 부족하고 세상은 잘
  못되었다(분개).

가슴형

도움을 주던 2유형이 두려움에 사로잡히면 사람들을 돕기만 하
고 도움을 받지 않으려고 합니다.

- 나는 도와준다(원동력). 그래서 나는 도움이 필요 없는 좋은 사람
  이다(교만).

성취를 지향하던 3유형이 두려움에 사로잡히면 더욱 성공적으로
살려고 합니다.

- 나는 효율적이다(원동력). 그래서 더욱 성공한 것으로 보여야 한
  다(기만).

특별한 4유형이 두려움에 사로잡히면 자신을 더욱 부족한 존재
로 느껴 시기심이 일어납니다.
- 나는 특별하다(원동력). 그런데 뭔가 부족하고 다른 사람이 부럽
  다(시기).

머리형

지혜로운 5유형이 두려움에 사로잡히면 더 많은 지식과 자원을
소유하려고 합니다.
- 나는 많이 알고 있다(원동력). 그런데 아직도 부족하다. 더 많이
  모으자(탐욕).

신실한 6유형이 두려움에 사로잡히면 더욱더 불안해집니다.
- 나는 성실하다(원동력). 그런데 알지 못하는 잘못된 일들이 일어
  날 것 같아 불안하다(공포).

즐거운 7유형이 두려움에 사로잡히면 더욱더 쾌락을 추구하고
몰입하게 됩니다.
- 나는 즐겁다(원동력). 하지만 더 많은 쾌락이 필요하다(탐닉).

격정은 앞서 이야기한 자동반응패턴의 수준이 아니라 매우 격렬
하게 삶을 한 방향으로 몰고 갑니다. 더 큰 문제는 이를 알아차리기

가 어렵다는 것입니다. 마치 함정에 점점 더 깊이 빠져드는 것처럼 더욱더 격정의 상태로 치닫는 것입니다. 원동력을 강렬하게 쓰기 때문에 자신의 존재감은 강렬해지겠지만, 자유롭고 행복한 느낌, 그리고 사람들과 나누는 따뜻하고 사랑스러운 연대에서는 멀어질 것입니다. 작은 일에 더 분노하고, 수치심을 느끼고, 불안해질 것입니다. 그렇습니다. 이런 부정적이고 격렬한 감정이 바로 격정에 빠진 신호입니다.

이전에는 몰랐으니까 격정에 사로잡힌 채로 살았겠지만, 이제 우리는 격정에 사로잡힌 상태가 어떤지 알게 되었습니다. 앞으로는 격정에 사로잡혔을 때 이를 알아차리고, 말고삐를 꽉 잡은 채 상황을 받아들이면 됩니다. 그리고 내가 정말로 원하는 방향으로 나아가기를 선택하면 됩니다. 그래서 알아차림은 통합과 성장으로 가는 모든 변화의 시작입니다.

"내가 지금 격정에 사로잡혀 있구나." — **격정을 알아차림**

"내가 지금 두려워하고 있는 것이 무엇인가?" — **두려움을 바라봄**

"나의 이 두려움과 격정을 있는 그대로 받아들인다. 그럴 수 있다." — **받아들임**

"그럴 수 있지만 지금 더 나은 선택을 하겠다." — **선택**

미덕(virtue)

두려움에 날뛰는 말이 주인이었던 상황이 격정이라면, 말을 안정시키고 가야 할 길로 달려가는 기수가 주인인 상태가 미덕의 상태입니다. 두려움에 사로잡혀 날뛰는 말을 알아차리고, 무엇이 두려워서 그런 행동을 하는지 살피고 달래면서 고삐를 쥐고 다시 나아가야 할 방향으로 달려가는 것이죠.

미덕은 원동력을 두려움 없이 사용할 때 나타나는 긍정적인 정서 행동 패턴이자 통합과 성장으로 나아가게 하는 가치를 말합니다. 미덕이 발현되는 사람들은 두려움에 사로잡히지 않고 알아차리기 때문에 격정에 빠지지 않고 원동력을 잘 사용하면서 원하는 것을 이루고 사람들과 연결되고 협력합니다. 미덕의 방향성이 있지만 유연하기 때문에 다른 미덕들도 발현될 가능성을 갖게 됩니다.

8유형의 미덕은 순수입니다.

원동력인 강인함에 사로잡히지 않을 때 8유형은 오만에서 벗어나 순수한 마음으로 다른 사람을 이해하고 도울 수 있게 됩니다. 진정한 강인함은 자신이 옳다는 신념으로 타인을 통제하려는 것이 아니라, 용서하고 사랑하면서 사는 것입니다.

9유형의 미덕은 행동입니다.

원동력인 조화에 사로잡히지 않을 때 9유형은 태만에서 벗어나 진정한 자신이 누구인지를 기억하고 행동하게 됩니다. 진정한 조화는 갈등을 피하고 편안해지기 위해 아무것도 하지 않는 것이 아니

422

라, 올바른 것을 사랑으로 실천하는 것입니다.

1유형의 미덕은 침착입니다.

원동력인 정의에 사로잡히지 않을 때 1유형은 분개에서 벗어나 침착해질 수 있습니다. 진정한 정의는 모든 것을 옳고 그름으로 판단하면서 분노하고 비난하는 것이 아니라, 침착한 상태에서 있는 그대로를 바라보고 사랑으로 돕는 것입니다.

2유형의 미덕은 겸손입니다.

원동력인 도움에 사로잡히지 않을 때 2유형은 자만에서 벗어나 겸손해질 수 있습니다. 진정한 도움은 자기는 돕기만 하고 다른 사람의 도움을 거부하는 것이 아니라, 돕고 도움받는 것에 감사하며 다른 사람을 사랑하는 것처럼 자신을 사랑하는 것입니다.

3유형의 미덕은 정직입니다.

원동력인 효율에 사로잡히지 않을 때 3유형은 기만에서 벗어나 정직해질 수 있습니다. 진정한 효율은 실패하지 않는 것이 아니라, 성공과 실패에 상관없이 스스로 가치 있는 사람임을 알아차리고 느끼며 실천하는 것입니다.

4유형의 미덕은 평정입니다.

원동력인 특별함에 사로잡히지 않을 때 4유형은 시기심에서 벗어나 감정을 흘려보내고 평정심을 유지할 수 있습니다. 진정한 특별함은 다른 사람들보다 비교해서 특별한 것이 아니라, 모든 존재가 특별함을 알아차리고 느끼며 사랑하면서 사는 것입니다.

5유형의 미덕은 초연입니다.

원동력인 사색에 사로잡히지 않을 때 5유형은 탐욕에서 벗어나 초연해질 수 있습니다. 진정한 사색은 모든 것을 알기 위해서 생각하는 것에 집착하는 것이 아니라, 지식에 대한 욕심 없이 있는 그대로 바라보고 느끼며 직접 실천하는 것입니다.

6유형의 미덕은 용기입니다.

원동력인 성실에 사로잡히지 않을 때 6유형은 공포에서 벗어나 용기를 낼 수 있습니다. 진정한 성실은 겁을 내며 주어진 것만 열심히 해내는 것이 아니라, 걱정되더라도 용기를 내어 한 걸음 더 나아가는 것입니다.

7유형의 미덕은 절제입니다.

원동력인 기쁨에 사로잡히지 않을 때 7유형은 탐닉에서 벗어나 절제할 수 있게 됩니다. 진정한 기쁨은 욕망에 사로잡혀 새롭고 강렬한 것을 원하는 것이 아니라, 지금 경험하는 모든 것을 받아들이고 감사하며 살아가는 것입니다.

보석 같은 마음 있으니

지금까지 아홉 유형의 원동력과 격정(악덕) 그리고 미덕을 살펴보았습니다. 이 셋은 분리되어 있지 않고 하나의 흐름으로 나타납니다. 말은 잘 달리다가 두려움에 폭주하기도 하고 안정되어 바른 방향으로 달리기도 합니다. 우리의 성격도 그렇습니다.

강산에의 노래 〈넌 할 수 있어〉에는 이런 가사가 나옵니다. "너라면 할 수 있을 거야. 할 수가 있어. 그게 바로 너야. 굴하지 않는 보석 같은 마음 있으니."

나는 격정에 빠져 질주할 수 있다는 것과 격정에 굴하지 않는 보석 같은 마음, 미덕을 모두 품고 있다는 것을 기억하세요. 그리고 알아차리고 받아들이고 선택하면 됩니다. 다음의 확언이 미덕으로 나아가는 데 도움을 줄 것입니다.

각 유형별 미덕으로 나아가는 확언

8유형의 확언

나는 강인하지만 오만해질 수 있다.

오만해지는 나를 알아차리고 받아들이며 순수한 마음으로 용서하고 사랑하는 것을 선택한다.

9유형의 확언

나는 조화롭지만 태만해질 수 있다.

태만해지는 나를 알아차리고 받아들이며 사랑으로 행동하는 것을 선택한다.

나는 정의롭지만 분개할 수 있다.

분개하는 나를 알아차리고 받아들이며 침착해지는 것을 선택한다.

나는 사람들을 돕지만 교만해질 수 있다.

교만해지는 나를 알아차리고 받아들이며 겸손해지는 것을 선택한다.

나는 효율적이지만 기만할 수 있다.

기만하려는 나를 알아차리고 받아들이며 정직해지는 것을 선택한다.

나는 특별하지만 시기할 수 있다.

시기하고 우울해지는 나를 알아차리고 받아들이며 마음의 평정을 선택한다.

나는 사색하지만 탐욕스러워질 수 있다.

탐욕스러워지는 나를 알아차리고 받아들이며 초연해지는 것을 선택한다.

6유형의 확언

나는 성실하지만 공포에 사로잡힐 수 있다.

겁내는 나를 알아차리고 받아들이며 용기를 내는 것을 선택한다.

7유형의 확언

나는 기쁨을 추구하지만 탐닉할 수 있다.

탐닉하는 나를 알아차리고 받아들이며 절제를 선택한다.

격정은 우리의 삶을 파괴하기도 하지만 내 삶이 본질에서 벗어나고 있다는 걸 알려주는 중요한 신호가 되기도 합니다. 그 신호를 알아차리고 숨을 깊게 마시고 길게 내쉬면서 위의 확언을 소리 내어 말해보세요. 몸이 안정되고 마음이 고요해지고 머리가 맑아질 것입니다.

삶에서 만나는 격정의 파도를 넘어 내 안의 마음인 미덕을 하나하나 찾아가다 보면 '고통의 바다인 삶'에서 빛나고 행복한 순간들을 만날 것입니다.

3장

날개

날개란 무엇인가?

기본성격의 좌우에 있는 성격유형을 '날개'라고 부릅니다. 기본
성격을 이해하고 알아차릴 수 있으면 날개를 좀더 자유롭게 사용할
수 있게 됩니다.

예를 들어, 내가 3유형이라면 2유형과 4유형이 날개가 됩니다.
대부분의 사람은 두 날개 중 하나를 더 많이 쓰는 경향이 있습니다.
이를 '우세 날개'라고 부르며, 기본유형에 붙여서 표현합니다. 만약
3유형인데 2번 날개를 더 쓰는 사람은 '3w2'라고 표현하는 거죠. 이
사람은 성취 지향적인 3유형의 기본성격에, 2유형의 특징인 사람들
을 좋아하고 많이 도와주며 살아가는 사람으로 볼 수 있습니다.

날개는 성격을 더욱 풍성하게 만듭니다. 생각해보세요. 능력만
뛰어난 3유형과 뛰어난 능력에 따뜻하고 사람들을 도와주는 사람
(3w2유형) 또는 능력이 뛰어난데 감수성도 높고 매력적인 사람(3w4유

형) 중 누가 더 행복하고 유능한 삶을 살겠습니까? 만약 3유형이 2유형의 따뜻함과 4유형의 감수성과 매력을 가지고 있다면 얼마나 유능하고(3) 사랑스럽고(2) 매력적(4)이겠습니까? 실제로 행복하고 성공적으로 사는 사람들은 기본유형과 함께 날개를 잘 쓰면서 다른 성격 특징들도 상황에 맞게 적절하게 사용하면서 살아갑니다.

많은 사람이 우세 날개를 쓰면서 살아가지만, 사실 한쪽 날개만 쓴다는 건 열심히 날아도 가고자 하는 방향으로 끝까지 가는 데 한계가 있다는 뜻이기도 합니다. 양쪽 날개를 함께 쓴다면 자신이 원하는 방향으로 날아갈 수 있을 것입니다.

반면 양 날개를 다 제대로 쓰지 못한다면 날지 못하고 땅을 달리고 있는 새와 같다고 할 수 있습니다. 물론 타조처럼 날지 않아도 빠르게 달리거나 펭귄처럼 헤엄을 치면서 멋지게 살아가는 새들도 있습니다. 타조와 펭귄 같은 사람들은 날개는 약하지만 기본성격과 나머지 성격 중 몇 가지를 잘 사용하며 멋지게 살아가는 사람들입니다. 하지만 날개로 날아오를 때 더 멀리 날아갈 수 있는 것처럼 성격의 날개를 키우면 삶에 더 많은 가능성이 열립니다.

[그림 6-2] 날개는 유형 양쪽에 있는 유형을 가리킨다

날개의 형성에는 삶의 모든 경험이 영향을 미칩니다. 친구나 선생님을 비롯해서 삶에서 만나는 다양한 사람들과 나눈 풍부한 경험들은 날개를 형성하는 데 나름의 역할을 합니다. 하지만 가장 큰 영향을 주는 것은 부모님의 양육방식입니다.

자신이 5유형(사색가)이라 생각하는 것을 좋아하고 감정과 행동을 최소화하는 성격이라도, 부모님이 이런 자신을 있는 그대로 인정하고 사랑하면서 다양한 활동을 함께하고 정서적으로 깊게 교감한다면 양옆에 있는 가슴형인 4유형이나 공동체성을 가진 머리형인 6유형의 성격이 계발될 수 있습니다.

물론 사람들과의 관계가 긍정적인 역할만 하는 것은 아닙니다. 날개를 꺾어버리는 사람을 만나는 경험을 하게 되면, 두려움이 더욱 강화되어 성격이 고착되고 격정의 상태로 살아가게 되기도 합니다.

자신의 기본성격이 무엇이고 우세 날개가 무엇이든 이제 우리는 우리 안의 아홉 가지 성격들이 어떻게 만들어졌고 내 삶에서 어떤 성격들이 주로 발휘되고 있는지 파악했습니다. 이 장에서는 날개의 특성을 살펴보고, 움츠렸던 날개를 펴고 삶으로 날아올라 봅시다.

8유형의 날개

8w7

8유형의 성격에 긍정적인 7유형의 특징이 더해집니다. 강하지만 더 밝고 여유가 있으며, 사람들과 쉽게 가까워집니다. 상상력이 풍부하고 창조성을 발휘하며 살아가며, 자신의 힘으로 통제하는 대신 상황을 즐기려고 합니다.

8w9

8유형의 성격에 중재하려는 9유형의 특징이 더해집니다. 강하지만 더 평화롭고 안정적이며 자신의 강한 힘을 조절할 수 있습니다. 타인과 갈등이 생겼을 때도 관대하게 기다리며 흐름을 따라갈 수 있습니다.

9유형의 날개

9w8

9유형의 성격에 자신을 주장하는 8유형의 특징이 더해집니다. 평화롭지만 자신의 의견이나 감정을 더 강하게 주장할 수 있습니다. 분노를 평화적으로 표현할 수 있게 되며, 중요한 일에 집중해 열정적으로 해낼 수 있습니다.

9w1

9유형의 성격에 책임감 있는 1유형의 특징이 더해집니다. 평화롭지만 해야 할 일에 더 집중하는 성향을 보입니다. 평화가 깨질지라도 중요한 문제를 외면하지 않고 직면하여 판단합니다. 그리고 책임감을 가지고 맡은 일을 제대로 해내기 위해 노력합니다.

1유형의 날개

1w9

1유형의 성격에 이해심 많은 9유형의 특징이 더해집니다. 올바르지만 사람들을 더 잘 이해하여 관대해집니다. 단점보다 좋은 점을 보고, 올바름과 책임감에 기반하고 있지만 좀더 여유 있게 상황을 기다릴 수 있습니다.

1w2

1유형의 성격에 사람들을 살피는 2유형의 특징이 더해집니다. 올바르지만 더 따뜻해지고 감정적으로 사람들을 돕습니다. 말과 행동이 부드러워지고 감정을 표현할 수 있으며, 사람들과 가깝게 지내면서 인간관계와 일의 조화를 이룰 수 있습니다.

2유형의 날개

2w1

2유형의 성격에 기준이 뚜렷한 1유형의 특징이 더해집니다. 친절하지만 무엇이 더 올바른지 명확하게 판단할 수 있습니다. 관계도 중요하지만, 자신의 양심과 판단을 부드럽고 확실하게 표현할 수 있게 되며 우선순위에 따라 행동하게 됩니다.

2w3

2유형의 성격에 효율적인 3유형의 특징이 더해집니다. 친절하지만 자신의 욕구와 감정을 더 자신감 있게 표현하게 됩니다. 관계만이 아니라 자신이 해야 할 일도 효율적으로 해내게 됩니다.

3유형의 날개

3w2

3유형의 성격에 따뜻한 성향인 2유형의 특징이 더해집니다. 효율적이고 자신감이 있지만 더 따뜻한 태도로 사람들을 돕게 됩니다. 다른 사람들의 감정을 알아차릴 수 있게 되며, 친밀한 관계를 갖게 됩니다.

3w4

3유형의 성격에 자신을 성찰하는 4유형의 특징이 더해집니다. 효율적이고 자신감에 차 있지만 자신의 내면에 더 깊이 있게 다가갑니다. 내면의 깊은 감정, 심지어 어두운 부분까지도 만나고 받아들이게 되며 강한 욕망을 조절할 수 있게 됩니다.

4유형의 날개

4w3

4유형의 성격에 원하는 바를 이루는 3유형의 활동적인 특징이 더해집니다. 내면의 깊은 감성을 바깥으로 더 잘 표현하게 됩니다. 현실에서 원하는 것을 효과적으로 이룰 수 있게 되며 삶을 더욱 활기차게 살 수 있게 됩니다.

4w5

4유형의 성격에 사고하는 5유형의 특징이 더해집니다. 내면의 감성을 깊은 사고로 이해할 수 있습니다. 자신과 세상을 관찰하고 분석하면서 더 침착하고 깊이 있게 자신을 만날 수 있게 됩니다.

5유형의 날개

5w4

5유형의 성격에 독특한 감성을 지닌 4유형의 특징이 더해집니다. 깊이 사고하는 성향에 감성적이고 창의적인 성향이 나타납니다. 자신의 감정을 느끼고 표현하게 되며, 다른 사람의 감정도 공감할 수 있게 됩니다.

5w6

5유형의 성격에 협동심이 있는 6유형의 특징이 더해집니다. 깊고 침착하게 사고하지만 더 현실적이고 사람들과도 가까워지게 됩니다. 혼자 있는 것을 좋아하지만 사람들과 함께 있을 때는 책임감 있게 협력할 수 있게 됩니다.

6유형의 날개

6w5

6유형의 성격에 객관적으로 세상을 관찰하는 5유형의 특징이 더해집니다. 공동체에 헌신하면서 느끼는 불안을 자신과 세상을 더 객관적으로 관찰하면서 명확히 이해하고, 자신의 불안을 객관적으로 다룹니다.

6w7

6유형의 성격에 즐거움을 추구하는 7유형의 특징이 더해집니다. 공동체에 헌신하면서 불안을 느끼기는 하지만, 자신의 즐거움을 잘 누리며 긍정적으로 생각하게 됩니다. 이로 인해 자신의 불안을 더 가볍게 다룰 수 있습니다.

7유형의 날개

7w6

7유형의 성격에 책임감 있는 6유형의 특징이 더해집니다. 즐거움을 추구하지만 안정성과 현실적으로 이해하는 능력이 더해져 공동체의 관점에서 생각할 수 있게 됩니다. 그래서 능력 있고 안정적이며 믿을 만한 사람이 됩니다.

7w8

7유형의 성격에 리더십 있는 8유형의 특징이 더해집니다. 즐거움을 추구하며 계획하지만 제대로 수행하지 않고 만족했던 것에서 즐거움을 조절하고 현실적으로 계획해서 주도적으로 해낼 수 있게 됩니다. 그리고 고통에 대한 인내력을 갖게 됩니다.

4장

분열과 통합의 길

분열과 통합이란 무엇인가?

삶에는 좋은 일도 있고 힘든 일도 있습니다. 우리는 이전에 받았던 상처로 오랜 시간 아프기도 하지만 결국 극복해서 성장하기도 합니다. 이런 삶의 경험을 통해 우리는 더욱 불건강해지기도 하고 더 성숙해지기도 하지요.

에니어그램은 우리 안의 아홉 가지 성격을 골고루 사용하는 것이 자신의 본질을 펼치며 살아가는 데 가장 유용한 방법이라고 말합니다. 두려움으로 인해 하나의 성격을 기본성격으로 사용하고는 있지만, 결국 우리가 나아가야 하는 상태는 어느 곳에 붙잡히지 않고 자유롭게 자신의 능력을 쓸 수 있는 상태입니다.

이처럼 아홉 가지 성격을 모두 사용하는 것을 **통합**이라 부르고, 어느 하나의 성격유형에 집착하여 사용하는 것을 **분열**이라 부릅니다. 인간은 기본적으로 분열된 상태로 살아가면서 다른 성격 특징들을 두루두루 사용하는 통합의 방향으로 나아갑니다.

우리가 삶에서 다양한 경험을 할 때 기본성격을 불건강한 방향으로 사용하면 기본성격의 단점뿐 아니라 다른 성격의 단점도 많이 사용하게 됩니다. 당연히 날개도 잘 사용할 수 없게 되고요. 뒤에 더 자세히 설명하겠지만, 에니어그램 도형에서 분열 방향인 성격의 단점들을 더 강하게 사용하게 됩니다.

반면 타고난 기본성격을 잘 사용하면서 날개 성격도 잘 활용하면 기본성격의 장점과 함께 다른 성격들의 장점들이 나타나게 되고, 특히 통합 방향 성격의 장점들을 더욱 잘 사용할 수 있게 됩니다.

분열 방향

두려움에 사로잡혀 원동력을 더욱 집착적으로 사용하는 격정의 상태에서 성격의 단점들을 많이 사용할 때, 분열 방향의 단점도 강하게 사용하게 됩니다. 이러한 분열은 아무렇게나 일어나는 것이 아니라 방향과 순서가 있습니다. 에니어그램 상징은 두려움에 사로잡힌 성격이라는 감옥에서 더 깊은 미궁으로 빠져드는 길(분열)과 감옥을 나와 자유로워지는 길(통합)을 명확하게 보여줍니다.

에니어그램은 수비학에 영향을 받았습니다. 1을 7로 나누면 몫은 0.1428571428571.....로 반복됩니다. 에니어그램의 분열 방향은 소수점의 순서와 같습니다.

만약 당신이 지금 분열 방향으로 가고 있다면 두려움에 사로잡혀 있는 상태거나 주변 상황이 너무 힘들 수 있습니다. 이 상황을 원망하거나 좌절하지 마세요. 이것을 알아차리는 것이 중요합니다. 살다 보면 힘든 날도 있고, 신체적 건강이 나빠질 때도 있는 것처럼 성격적으로 불건강해지고 힘들어질 때도 있습니다. 중요한 것은 이를 알아차리고 받아들인 다음, 지금 자신에게 필요한 것을 선택하는 것입니다.

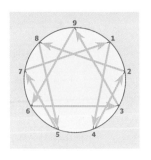

[그림 6-3]
에니어그램 도형으로 본
분열 방향

통합 방향

통합의 방향과 순서는 분열 방향의 반대 방향입니다. 분열은 가만히 두면 저절로 그 방향으로 가지만 통합은 알아차리고 선택할 때만 그 방향으로 갈 수 있습니다. 자신이 지금 두려움에 사로잡혀 있음을 알아차리고, 기본성격의 장점과 미덕을 잘 사용하고 날개를 활용하기 시작하면 통합 방향의 장점도 잘 사용할 수 있습니다.

성격유형의 통합 방향은 아래와 같습니다.

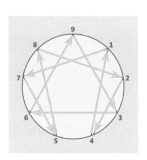

[그림 6-4]
에니어그램 도형으로 본
통합 방향

438

각 유형의 분열과 통합 과정을 간단하게 정리해보겠습니다.

9유형

분열: 9유형의 부정적 특징에 6유형의 부정적 특징이 더해집니다.

평화를 추구하는 9유형이 갈등을 피하기 위해 자기주장을 하지 않고 '태만'(격정) 상태에 빠지면 해결되지 않은 문제들이 쌓이게 됩니다. 그러면 분열 방향 6유형의 부정적 특징이 더해져서 주변 모든 것이 걱정스럽게 보이고, 결정을 끝없이 연기하며, 자신과의 연결, 세상과의 연결을 잃는 '무감각'한 상태로 빠지게 됩니다.

통합: 9유형의 긍정적 특징에 3유형의 긍정적 특징이 더해집니다.

9유형이 주변 환경과 다른 사람들의 요구에 무조건 맞추고자 하던 자신의 '태만'을 알아차리면, 날개인 8유형의 강인함과 1유형의 올바름을 사용할 수 있게 됩니다. 그러면 9유형의 미덕인 '행동'이 발현되어 적극적으로 삶에 참여하려는 태도를 회복할 수 있습니다. 그리고 이는 3유형의 긍정적 특징인 목표를 정하고 효율적으로 성취하는 능력으로 발전되어 더욱 성장하게 됩니다.

갈등 회피와 태만(9) — ★알아차리고 받아들이며 선택(행동) → 능력 발휘(3)

3유형

재능을 인정받길 원하는 3유형이 과도하게 효율을 추구하고 외적 성취에 매달리게 되면 '기만'(격정)하는 모습을 보이게 됩니다. 자신의 참된 모습보다 겉으로 보이는 이미지를 더 중요시하고 경쟁적이고 무정한 모습을 보이면서 사람들의 인정도 받을 수 없게 되는 거죠. 그러면 분열 방향 9유형의 단점인 '태만'의 상태처럼 소극적이고 체념하여 무기력하고 무감각한 모습을 보이게 됩니다.

3유형이 자신과 타인을 기만하고 있다는 것을 알아차리면 날개인 2유형의 타인을 돕는 마음과 4유형의 내면의 깊은 감성을 느끼는 특징을 사용할 수 있게 됩니다. 그러면 3유형의 미덕인 '정직'이 발현되어 내면의 진실한 소리에 귀 기울이고, 가슴과의 진정한 연결을 조금씩 회복하게 됩니다. 여기에 통합 방향 6유형의 긍정적 특징인 공동체에 헌신하는 모습이 더해져 자신의 진실한 가치를 발견하고 더욱 성장하게 됩니다.

효율, 무정함(3) — ★알아차리고 받아들이며 선택(정직) → 공동체에 헌신(6)

6유형

안내받기를 원하고 안정을 추구하는 6유형이 의심과 불안감에 지속적으로 노출되면 극도로 불안한 '공포'(격정) 상태에 빠져들게 됩니다. 그러면 분열 방향 3유형의 단점인 '무정'한 모습처럼 감정이 메마르고 신경질적이며 차가운 모습을 보이게 됩니다.

6유형이 자신이 공포에 사로잡혀 자신을 의심하고 믿을 만한 대상을 찾기 위해 애쓰고 있다는 걸 알아차리면, 날개인 5유형의 객관적 사고와 7유형의 긍정적 사고를 사용할 수 있게 됩니다. 그러면 6유형의 미덕인 '용기'가 발현되어 자신의 두려움을 인정하고, 그럼에도 행동하겠다는 의지를 품게 됩니다. 이때 9유형의 긍정적 특징인 수용성과 평화로움이 더해지며 평화로운 사람으로 성장하게 됩니다.

지나친 걱정(6) — ★알아차리고 받아들이며 선택(용기) → 이해와 평화(9)

1유형

올바름을 추구하는 1유형이 자신과 타인에게 너무 높은 기준을 적용하고 그에 따라 판단하면서 '분개'(격정)하다 보면, 관계가 무너지고 자기비판이 심해집니다. 그러면 분열 방향 4유형의 단점! 우울과 심한 감정 기복을 겪게 됩니다.

1유형이 자신의 원칙대로 주변을 바꾸고 싶어하고 분개하는 마음이 들 때 이를 알아차리면, 날개인 9유형의 이해와 조화로운 마음, 2유형의 따뜻한 마음과 태도를 사용할 수 있게 됩니다. 그러면 1유형의 미덕인 '침착'이 발현되어 마음에 여유가 생기고, 통합 방향인 7유형의 긍정적 특징, 즉 긍정적인 사고와 기쁨을 누리며 살아가는 사람으로 성장하게 됩니다.

자기 기준에 따른 판단과 분개(1) — ★알아차리고 받아들이며 선택(침착) →

기쁨과 유연성(7)

7유형

분열: 7유형의 부정적 특징에 1유형의 부정적 특징이 더해집니다.

내면의 안정을 위해 외부의 즐거움을 추구하는 7유형이 즐거움을 좇아 깊게 들여다보고 책임을 다하지 못하면, 더욱 '쾌락'(격정)을 추구하게 됩니다. 그러면 1유형의 단점인 자기비판이 강해집니다.

통합: 7유형의 긍정적 특징에 5유형의 긍정적 특징이 더해집니다.

7유형이 새롭고 강렬한 즐거움을 탐닉하는 것을 알아차리면 날개인 6유형의 부정적인 면도 직시하는 현실적 사고와 공동체에 대한 헌신, 그리고 8유형의 강인한 실천력을 사용할 수 있게 됩니다. 그러면 7유형의 미덕인 '절제'를 하게 되면서 통합 방향인 5유형의 긍정적 특징인 차분하게 관찰하고 객관적이며 깊은 사고를 할 수 있는 사람으로 성장하게 됩니다.

쾌락에 탐닉(7) — ★알아차리고 받아들이며 선택(절제) →

고요하고 깊은 사색(5)

5유형

분열: 5유형의 부정적 특징에 7유형의 부정적 특징이 더해집니다.

세상이 돌아가는 원리를 알길 원하는 5유형이 끊임없이 더 많은 것을 알아야 한다는 불안에 휩싸이게 되면 '탐욕'(격정)의 모습을 보이게 됩니다. 지식을 모으고 생각하는 것에만 매달리면서 점점 신체적 감각 및 감정적 느낌과는 멀어지고, 아는 것을 행동으로 옮기지 않습니다. 당연히 불안은 해소되지 않는 상태로 머뭅니다. 그러면서 분열 방향 7유형의 단점인 머릿속이 산만하며 충동적인 모습이 나타나게 됩니다.

통합: 5유형의 긍정적 특징에 8유형의 긍정적 특징이 더해집니다.

5유형이 행동하지 않고 사람들과 거리를 두며 관찰하고 사색만 하려는 것을 알아차리면 날개인 4유형의 깊은 감성과 6유형의 현실적이고 협력적인 사고를 사용할 수 있게 됩니다. 그러면 5유형의 미덕인 '초연'이 발현되어 알아야 할 것은 자연스럽게 알게 될 것이라 여기며 주변과의 연결을 느끼고 사람들과 함께할 수 있게 됩니다. 여기에 통합 방향인 8유형의 긍정적 특징인 적극적으로 행동하는 모습이 더해져 실천적 지성을 갖춘 모습으로 더욱 성장하게 됩니다.

지적 탐욕과 무행동(5) ― ★알아차리고 받아들이며 선택(초연) →

적극적으로 행동(8)

분열: 8유형의 부정적 특징에 5유형의 부정적 특징이 더해집니다.

강인한 사람이 되고 싶은 8유형은 거의 모든 활동에 필요 이상의 에너지를 쓰고 주변 사람들도 통제하려고 하면서 '오만'(격정)해지게 됩니다. 결국 주변 사람들과 갈등 및 다툼이 많아져 늘 냉혹한 긴장 상태로 싸울 준비를 하며, 이 과정에서 외부와 고립되고 무력감을 느끼기도 합니다. 이는 분열 방향인 5유형의 부정적인 특징에 해당합니다.

통합: 8유형의 긍정적 특징에 2유형의 긍정적 특징이 더해집니다.

8유형이 자신이 필요 이상의 힘을 써서 자신과 주변을 긴장 상태로 빠뜨리고 있다는 걸 알아차리면, 날개인 7유형의 즐거움과 유연함, 그리고 9유형의 느긋함과 평화로움을 사용할 수 있게 됩니다. 그러면 8유형의 미덕인 '순수'가 발현되며 꽉 쥐고 있던 힘을 조금 내려놓을 수 있게 됩니다. 그리고 통합 방향인 2유형의 따뜻한 마음과 친절한 태도로 사람들을 돕고 지키면서 자신이 원하는 것을 이루는 사람으로 성장하게 됩니다.

분노와 통제(8) — ★알아차리고 받아들이며 선택(순수) →

친절한 태도와 도움(2)

2유형

분열: 2유형의 부정적 특징에 8유형의 부정적 특징이 더해집니다.

필요한 사람이 되길 원하는 2유형이 타인에게 지나친 도움과 친절을 베풀려고 하면서 '교만'(격정)한 모습을 보이게 됩니다. 자신에게 필요한 것은 없다고 여기며 타인을 돕는 데 열중하는 거죠. 하지만 사람들이 고마워하지 않으면 서운함과 적개심을 품게 됩니다. 그러면 분열 방향 8유형의 단점인 사람들을 통제하고 분노하는 모습을 보이게 됩니다.

통합: 2유형의 긍정적 특징에 4유형의 긍정적 특징이 더해집니다.

2유형이 자신의 필요는 무시하면서, 다른 사람들의 필요는 채워 줄 수 있다고 여기는 교만을 알아차리면 날개인 1유형의 올바름과 기준에 따른 행동 그리고 3유형의 자신감과 욕구 표현을 사용할 수 있게 됩니다. 그러면 2유형의 미덕인 '겸손'이 발현되어 자신도 도움이 필요한 존재라는 것을 받아들이고, 자신의 감정과 욕구에 주의를 기울이며 표현할 수 있게 됩니다. 여기에 통합 방향 4유형의 긍정적 특징인 깊은 감성으로 자신의 내면을 만나는 과정을 통해 다른 사람들에게 의존하지 않고 스스로를 사랑하는 사람으로 성장하게 됩니다.

지나친 친절과 교만(2) — ★알아차리고 받아들이며 선택(겸손) → 깊은 감성과 자기사랑(4)

4유형

분열: 4유형의 부정적 특징에 2유형의 부정적 특징이 더해집니다.

특별함을 추구하는 4유형이 다른 사람과 비교하며 남들과 달라지려고만 하다 보면 '시기'(격정)하는 모습이 나타나게 됩니다. 나에겐 중요한 것이 상실되었고, 다른 사람들은 더 좋은 것을 가지고 있다고 여기며 더 우울해하고 감정 기복이 심해집니다. 그러면 분열 방향 2유형의 단점인 다른 사람에게 다가가 애정을 받기를 바라며, 자신이 베푼 것을 상대가 몰라준다고 여기며 서운해하고 미워하는 모습이 나타나게 됩니다.

통합: 4유형의 긍정적 특징에 1유형의 긍정적 특징이 더해집니다.

4유형이 다른 사람과 비교하며 자신에게 결핍되었다고 느끼는 것에만 초점을 두고 있음을 알아차리면, 날개인 3유형의 자신감과 외적 표현 능력 그리고 5유형의 깊은 사고력과 감정을 관찰하는 능력을 사용할 수 있게 됩니다. 그러면 4유형의 미덕인 '평정'이 발현되어 자신의 감정에 지나치게 몰입하지 않고 균형 잡힌 상태를 경험하게 됩니다. 여기에 통합 방향 1유형의 긍정적 특징인 원칙에 따라 해야 할 일을 최선을 다해 실천하는 힘이 더해지면서 현재에 머무르며 창조성을 발휘하는 모습으로 성장하게 됩니다.

시기와 우울(4) — ★알아차리고 받아들이며 선택(평정) → 원칙과 최선(1)

이런 통합의 과정은 기본유형에서 통합 방향 유형까지 나아가는 것에서 멈추지 않고 다음 통합 방향으로 넘어가기도 합니다. 효율적이지만 경쟁적인 3유형은 6유형처럼 공동체에 헌신하게 되고 9유형처럼 자신과 공동체를 평화롭게 만들면서 더 높은 수준의 3유형으로 성장하게 됩니다. 올바르지만 분개하는 1유형은 7유형의 즐거움과 유연함, 5유형의 관찰하고 사색하는 능력, 8유형의 실천력, 2유형의 이타심, 4유형의 깊은 감성을 두루 거치며 더 높은 수준의 1유형으로 성장하는 것이죠.

이 과정에서 가장 중요한 것은 기본성격의 단점 또는 격정에 빠질 때 이를 알아차리고 자신을 있는 그대로 받아들이며 날개와 통합 방향 성격의 특징을 선택해서 실천하는 것입니다.

지금까지 살펴본 내용을 한 장의 그림으로 정리하면 [그림 6-5]와 같습니다.

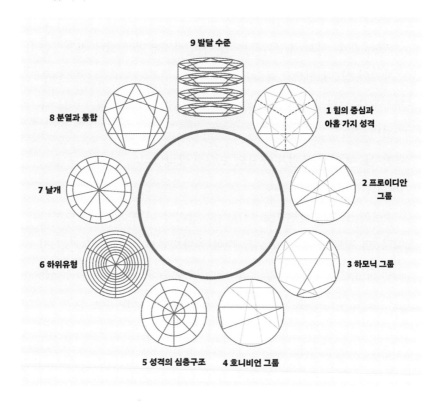

[그림 6-5] 에니어그램으로 본 성격 형성과 역동, 변형의 과정

1. 두려움에 의한 세 가지 힘의 중심에서 아홉 가지의 성격으로 분화되고

2. 사회적으로 욕구를 충족하는 방식에 따라 프로이디안 그룹으로 나뉘고

3. 욕구가 좌절되었을 때 대처하는 방식에 따라 하모닉 그룹으로 나뉘며

4. 사람들과 갈등이 생겼을 때 대처하는 방식에 따라 호니비언 그룹으로 나뉘며

5. 성격의 심층구조에 대한 성찰과

6. 본능, 관계, 사회 유형이라는 세 가지 하위유형에 의한 스물일곱 가지의 성격유형으로 분화되고

7. 좌우측 날개의 사용에 따라 열여덟 가지의 성격유형으로도 나뉘며

8. 화살표에 따라 분열과 통합의 모습이 나타납니다.

　1~8의 도형은 평면으로 이루어져 있지만 마지막은 입체도형입니다. 9. 발달 수준은 이 모든 것이 종합되면서 한 사람이 가진 성격의 다양한 특징들과 함께 성격을 얼마나 건강하게 쓰고 있는지를 나타냅니다. 다음 장에서 간단하게 살펴보겠습니다.

5장

발달 수준

발달 수준은 무엇인가?

우리는 앞서 더 좋거나 더 나쁜 성격은 없으며, 아홉 가지 성격이 모두 내 안에 있다는 것을 배웠습니다. 기본성격이 같더라도 날개와 통합과 분열 방향, 나머지 부속 성격들, 하위유형에 따라서 다른 성격으로 보일 수 있다는 것도 잘 알고 있을 것입니다.

성격을 파악하는 데 또 한 가지 중요한 요소가 있습니다. 바로 성격의 발달 수준입니다. 우리 몸도 건강할 때와 평균일 때, 불건강할 때가 있는 것처럼 성격도 마찬가지입니다. 같은 성격유형이라도 건강 수준에 있는 사람과 평균 수준에 있는 사람, 불건강한 수준에 있는 사람은 자신의 성격유형 특징이 다르게 표현될 수밖에 없습니다.

발달 수준은 《에니어그램의 지혜》 저자인 돈 리처드 리소와 러스 허드슨이 발견한 것으로, 하나의 성격유형 안에도 계속 오르내리는 변화가 있다는 것을 이해하는 데 도움이 됩니다. 자신이 지금 어느 범위에 있는지를 알고, 건강한 방향으로 나아갈 수 있는 방법을 모색해볼 수 있는 지표가 되는 것이지요.

지금까지 성격의 다양한 역동과 변형을 보여준 도형이 수평적 차원의 평면도형이었다면, 발달 수준은 수직적인 차원의 입체도형으로 나타납니다. 마치 고층 주차장을 회전하면서 오르내리는 것처럼 성격유형의 특징도 분열과 통합의 과정을 거치면서 보통 수준에서 건강 수준으로 오르기도 하고, 불건강한 수준으로 내려가기도 합니다.

[그림 6-6]을 보면 상단의 에니어그램 도형이 원통형 도형으로 건강한 범위(1~3 수준), 평균 범위(4~6 수준), 불건강한 범위(7~9 수준)로 나뉘어 있는 것을 볼 수 있습니다.

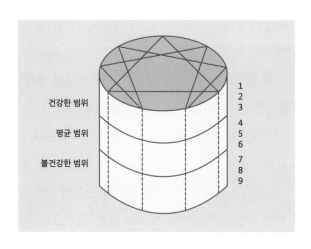

[그림 6-6] 발달 수준에 따른 범위

450

평균 수준(4, 5, 6)일 때는 자신의 성격유형 특징 중 장점과 단점을 골고루 쓰면서 날개나 통합이나 분열 방향의 성격을 일부 쓰고 있을 것입니다. 불건강한 수준(7, 8, 9)일 때는 성격유형 특징 중 단점을 더 많이 사용하고 있으며, 날개를 거의 쓰지 않거나 분열 방향의 성격을 포함해서 여러 성격유형의 단점들도 사용할 것입니다. 건강한 수준(1, 2, 3)일 때는 성격유형 특징 중 장점을 더 많이 사용하고 있으며 날개와 통합 방향의 성격을 포함한 여러 성격유형의 장점들도 두루두루 사용할 것입니다.

우리의 성격은 두려움에서 시작됩니다. 어린 시절 부모님과의 애착과 훈육, 살면서 경험하는 여러 사건, 지금 펼쳐지고 있는 상황 그리고 앞으로 예상되는 미래 등에 엄청난 영향을 받게 됩니다. 이 과정에서 두려움이 더욱더 커져서 성격의 부정적 측면이 더 커졌을 수도 있고, 반대로 두려움을 받아들이며 성격의 긍정적 측면이 더 커졌을 수도 있습니다.

부정적 감정을 강렬하게 느끼는 상황이 빈번하거나 지속된다면 이처럼 불건강한 상태에 잠시 머물다 평균으로 돌아오는 것이 아니라 불건강한 상태에 고착되어 불건강한 수준이 됩니다.

반대로 자신이 두려워하고 있는 것을 알아차리고 받아들이게 된다면 부정적 감정에 사로잡히지 않고 받아들이며 안정시킬 수 있게 됩니다. 아울러 어떤 신념에 고착되지 않고 유연한 마음으로 있는 그대로 바라보고 이해할 수 있게 됩니다. 이와 같은 알아차림과 성찰이 지속된다면 외부 상황에 덜 영향을 받으며 건강한 상태에 오래 머물게 되면서 건강한 수준이 됩니다.

먼저 평균 수준에서 시작해서 불건강한 수준을 살피고, 마지막으로 건강한 수준을 살펴보겠습니다. 사람들은 다양한 경험을 하면서 보통 수준(4, 5, 6)을 오가다가 상황이 어려워지고 상처가 많아지면서 불건강한 수준(7, 8, 9)로 떨어지기도 하고, 상처를 딛고 성장하면서 건강한 수준(1, 2, 3)으로 나아가기도 합니다. 자신의 삶을 돌아보면서 아래 설명을 읽어보시면 더욱 도움이 될 것입니다.

평균 수준

수준 4: 불균형

근본적인 두려움으로 인한 기본 욕구의 충족과 좌절을 번갈아 경험하며 살고 있는 상태입니다. 긍정적 감정과 부정적 감정의 불균형 속에서 나름대로 균형을 잡으면서, 사회적으로 자신의 역할을 잘 수행하기 위해 갈등과 책임 사이에서 노력하며 살고 있습니다. 희로애락을 경험하면서 힘들어하기도 하고 기뻐하기도 하면서 살아가는 보통 사람들의 수준입니다.

수준 5: 대인 관계 조종

외부의 스트레스가 심해지거나 내면의 불균형이 더 커지면서 부정적 감정이 더욱 강렬해지고 많아집니다. 그래서 기본성격에 더욱 집착하고 회피와 격정(악덕), 방어기제가 더욱 강하게 나타나 대인 관계에서 갈등이 많아지고 그들의 삶을 조종하려고 합니다. 보통 사람들이 관계에서 스트레스를 받으면서 타인에게 부정적 감정을 직접적·간접적으로 표현하며 부정적인 영향을 미치는 수준입니다.

수준 6: 과잉 보상

내면의 격한 부정적 감정과 대인 관계에서 일어난 갈등으로 욕구 좌절이 심해지면서 부정적 감정을 보상받으려는 과잉행동과 신경 증적인 행동을 하게 됩니다. 사람들은 관계에서 주고받으면서 균형을 유지하면서 살아가는데, 4수준의 불균형 속의 균형이 무너지고, 5수준의 대인 관계 조종을 더욱 심하게 하면서 타인을 공격하거나 상처를 주지만 이를 당연하게 여기는 수준입니다.

일반적으로 인간관계는 4수준을 기본으로 5수준으로 떨어졌다가, 다시 4수준으로 회복되어야 이어질 수 있습니다. 5수준에 있다가 6수준으로 떨어지게 되면 관계를 유지하는 게 어려워집니다. 두려움이 더욱 커지거나 외부 상황이 더욱 안 좋아지면 보통 이하의 불건강한 수준으로 떨어지게 됩니다. 불건강한 수준부터는 심각한 문제들이 발생하게 됩니다.

불건강한 수준

수준 7: 위반

분노, 수치심, 불안과 같은 부정적 감정을 더욱 강렬하게 자주 느끼며 사람들과의 갈등도 심해집니다. 자신을 지키기 위한 방어기제도 무너지면서 자신과 타인에게 위협적인 행동을 하기 시작합니다.

수준 8: 강박 행동

부정적 감정이 극대화되어 생각, 감정, 행동이 심각하게 왜곡되는 병적인 상태가 됩니다. 이제는 현실을 왜곡하여 재구성하면서 망상에 빠지고 강박적인 행동을 하게 됩니다.

수준 9: 병적 파괴

정신 이상적 상태와 격렬한 부정적 감정 그리고 파괴적 행동이 자주 보이는 병적 상태입니다. 현실에서 벗어난 착각 상태에서 기인한 극심한 고통과 두려움에서 자신을 보호하기 위해 자신과 타인을 파괴하려고 합니다. 정신분열, 폭력, 자살 등 심각한 상황이 발생할 수 있습니다.

건강한 수준

수준 3: 사회적 가치

여전히 두려움에서 비롯되는 욕구를 충족하기 위해 노력하고 있지만, 내면의 균형을 잡고 사람들과의 관계에서 의미 있는 삶을 살아가는 상태입니다. 사회적으로 가치 있는 일을 잘 해내면서 사람들의 인정을 받습니다.

수준 2: 심리적 수용

근본적인 두려움과 욕구를 알아차리고 받아들이면서 심리적으로 안정되어 있습니다. 사회적 갈등이 일어나고 내면에서 부정적 감정이 올라오더라도 균형을 잃지 않고 심리적으로 안정된 상태에서 문제를 이해하고 해결해나갑니다.

근본적인 두려움을 알아차리고 받아들이면서 고착된 성격을 넘어서 자아 초월로 나아갑니다. 자동반응하는 패턴으로서의 성격이 아니라 알아차리고 받아들이고 선택하면서 살아갈 수 있습니다.

발달 수준을 높이려면

앞 내용을 읽으면서 자신이 살아왔던 삶의 모습이 어떠했는지 살펴보셨나요? 기본적으로는 평균 수준으로 살면서 힘들 때는 6수준인 과잉 보상이나 8수준인 강박 행동을 경험하기도 했을 것입니다. 삶의 굴곡이 심했다면 9수준의 상태도 경험했을 수 있습니다.

이런 고통스러운 삶을 살았다 해도, 괜찮습니다. 우리가 발달 수준을 점검하는 이유는 결국 회복과 성장을 위해서니까요. 모든 것은 변한다는 진리를 늘 기억하면서, 자신이 어떤 수준에 있든지 이를 알아차리고 더 나은 방향으로 나아가겠다는 의도를 세우는 것이 중요합니다.

발달 수준은 지금까지 살아오면서 해온 다양한 경험의 결과로 만들어집니다. 지금 자신이 두려움에 의한 격정 상태임을 알아차리고, 미덕을 사용하며 양 날개를 펴서 통합 방향으로 날아가다 보면 발달 수준이 높아질 수 있습니다.

에니어그램의 목적은 두려움으로 인해 만들어진 성격을 사용해서 잃어버렸던 아홉 가지 본질을 회복하여 통합적인 인간으로 살아가는 것입니다. 이 과정을 통해 발달 수준이 높아지면 사회적으로 가치 있는 삶(3수준)과 심리적으로 안정된 삶(2수준)을 넘어 자아 초월(1수준)로 나아갈 수 있습니다. 에니어그램은 그 길을 명확하게 보여줍니다.

여행의 마지막, 가장 중요한 이야기

에니어그램의 지혜

에니어그램과 함께 나를 찾아 떠난 여행의 마지막까지 오신 것을 축하합니다. 여행을 하며 당신은 무엇을 알게 되었나요? 어떤 것을 느꼈으며 무엇을 해보고 싶은가요? 이 여행을 통해 얻게 된 에니어그램의 지혜와 함께 당신은 다시 새로운 여행을 떠나게 될 것입니다.

이어지는 당신의 삶의 여행을 위해 중요한 이야기를 하려고 합니다. 에니어그램은 '나는 누구인가?', '어떻게 살아갈 것인가?'를 매우 깊고 정교하게 다루는 지혜입니다. 삶이라는 여행을 떠날 때 이 지도를 갖기 전과 갖게 된 후는 큰 차이가 있음을 계속 경험하게 될 것입니다.

우리도 지난 20년 동안 에니어그램을 공부하고 가르치고 상담하고 심리 치료를 하면서 많은 것을 배웠습니다. 진정한 자신을 만나기를 바라는 사람들을 위해 그동안 배웠던 것들을 담아 이 책을 썼습니다. 마지막으로 가장 중요한 에니어그램의 지혜를 세 가지로 정리해보고자 합니다.

첫 번째 지혜: 가장 두려워하는 것이 나의 기본성격임을 알라

앞서 우리는 성격이 두려움에서 시작하여 심충적으로 만들어지는 과정을 빙산 모델을 활용해 자세하게 밝혔습니다. 성격 역동과 성격 변형을 통해 개인적 성격이 사회적 특성을 갖게 되는 과정과 격정과 미덕, 날개, 통합과 분열, 발달 수준으로 어떻게 나의 내면 상태를 알아차리고 이를 성장하는 방향으로 이끌 수 있는지도 안내했습니다. 에니어그램으로 자신을 깊이 이해하는 것은 쉬운 일이 아니지만 이러한 체계를 바탕으로 여러 차례 다시 읽어본다면, 뼈대에 살을 채워가는 것처럼 에니어그램을 더욱 잘 이해할 수 있게 될 것입니다. 이것이 이 책을 통해 당신이 갖게 된 첫 번째 지혜입니다.

두 번째 지혜: 두려움을 알아차리고 받아들이고 선택하라

첫 번째 지혜는 책을 읽으면서 느끼고 성찰하는 과정을 통해 익히는 것이라면, 두 번째 지혜는 살아가면서 첫 번째 지혜를 계속 알아차려야 하는 수련 과정입니다. 만약 두 번째 지혜로 나아가지 못한다면 첫 번째 지혜는 그저 에니어그램에 대한 지식에 머물고 말 것입니다. 두 번째 지혜는 앞에서 자주 강조했던 '알아차리고 받아들이고 선택하는' 것입니다.

알아차리기

살아가면서 무의식적으로 판단하고 느끼고 행동할 때 이를 알아차려야 합니다.

"아! 내가 지금 저 사람이 나쁘다고 판단하고 있구나."

"아! 내가 지금 화가 났구나."

"아! 내가 지금 무의식적으로 불평을 하고 있구나."

일상에서 매 순간 내가 어떤 자동반응패턴에 빠져 있음을 인식하는 것만으로도 감정이 조금은 가라앉고 머리가 맑아질 것입니다.

받아들이기

어떤 생각, 감정, 행동을 하고 있는 자신을 알아차렸다면 그 상태를 있는 그대로 받아들입니다. 이때 중요한 것은 내가 하고 있는 것을 억압하려 하지 않는 것입니다. 하지 않으려고 하면 그 생각과 감정, 행동을 더욱 강렬하게 하고 싶어지니까요.

화를 내지 않으려고 하지 마십시오.

수치심을 느끼지 않으려고 하지 마십시오.

불안하지 않으려고 하지 마십시오.

이런 감정이 느껴지는 것을 알아차리면 됩니다. 알아차렸으면 이런 자신을 있는 그대로 받아들입니다.

인간은 생명을 가지고 태어났기 때문에 생명을 잃는 것에 대한 두려움이 있을 수밖에 없습니다. 두려움에 사로잡히지 않아야 하지만 두려움을 거부하지도 않아야 합니다. 그저 두려워하고 있는 자신을 알아차리고 받아들이면 됩니다. 이 여정을 거치며 우리는 자신을 있는 그대로 사랑하게 됩니다.

이 방법을 일상에서 늘 실천해보세요. 먼저, 알아차렸을 때 그 감정이 자신의 몸 어디에서 어떻게 느껴지는지를 느껴보세요. 그리고 숨을 깊고 길게 내쉬면서 이 말을 여러 번 반복합니다.

"나는 비록 분노하고 있지만, 이런 나를 있는 그대로 받아들입니다."
"나는 비록 수치심을 느끼고 있지만, 이런 나를 있는 그대로 받아들입니다."
"나는 비록 불안해하고 있지만, 이런 나를 있는 그대로 받아들입니다."

선택하기

알아차리고 받아들였으면 이제는 선택할 수 있습니다. 이때 첫 번째 지혜, 에니어그램을 통해 알게 된 자신의 성격유형의 특징을 바탕으로 긍정적인 방향을 선택하면 됩니다.

자신의 기본성격의 긍정적 특성을, 격정 대신 미덕을, 양 날개의 긍정적 특성, 통합 방향의 긍정적 특성을 선택해서 사용하는 거지요. 통합 방향의 화살표로 이어진 선을 따라가다 보면 다시 자신의 기본성격으로 돌아오게 됩니다. 하지만 통합을 거쳐 돌아온 기본성격은 예전과 같지 않습니다. 우리는 앞으로 두려움을 느꼈을 때 무의식적으로 자동반응하며 아홉 가지 패턴 중 하나에 집착하던 이전의 삶과 두려움을 느끼더라도 사로잡히지 않고 알아차리고 받아들이며 선택할 수 있게 된 삶의 차이를 계속 경험하게 될 것입니다. 그러면서 더욱 지혜롭고 사랑하고 사랑받는 삶을 살며, 자신의 재능을 세상에 드러내는 유능한 모습으로 더욱 큰 자유와 행복을 누리게 될 것입니다.

우리는 이 책을 읽으며 나와 다른 사람들을 깊이 이해할 수 있는 지혜를 얻었습니다. 자기 자신과 사람들에게서 드러나는 특징만이 아니라 마음속의 생각과 감정, 욕망 그리고 깊은 곳의 두려움과 무의식적 자동반응패턴까지 볼 수 있게 되었습니다. 지금의 자신과 사람들의 모습을 보면서 어떤 두려움에서 성격이 형성되었고, 어떤 성격 역동의 과정과 성격 변형의 과정을 거치면서 살아왔는지 알 수 있습니다.

그리고 삶의 순간순간마다 두려움을 알아차리게 되면 자신과 사람들을 받아들이고 사랑할 수 있습니다. 지혜와 사랑으로 선택하면서 살아가는 삶은, 이전의 삶과는 전혀 다르게 펼쳐질 것입니다. 두려움에 잠들어 있던 삶에서 깨어나 존재의 기쁨으로 살아가는 것입니다.

세 번째 지혜: 우리는 신성으로 빛나는 존재임을 기억하라

우리는 신성으로 빛나는 존재입니다. 사실 에니어그램에서 가장 중요한 지혜는 바로 이것입니다. 신성, 불성, 본성, 참나. 뭐라 표현해도 좋습니다. 우리가 첫 번째 지혜를 익히고 두 번째 지혜를 삶에서 실천하고자 하는 이유는, 이 지혜를 위한 것입니다.

지금까지 성격의 뿌리는 두려움이라고 무수히 반복해서 이야기한 이유가 있습니다. 인간은 그 두려움을 경험하지 않기 위해서 정교하게 성격이라는 심리적 체계를 만들었습니다. 즉 성격이 잘 작동할수록 두려움을 알아차리지 못하게 되는 것입니다. 그래서 반복적으로 두려움을 이야기해서 성격의 견고함을 흔들고 밑바닥에 닿도록 한 것입니다. 이 두려움은 죽음, 즉 생명을 잃는 것에 대한 두려움입니다. 그러면 그 두려움 너머에는 무엇이 있을까요?

〈크리스마스 캐럴〉의 스크루지 영감은 세 유령과 시간을 보낸 뒤 잠에서 깨어나 살아 있다는 것에 환희를 느꼈습니다. 생명의 환희, 존재의 기쁨. 두려움을 가리고 있던 성격을 하나씩 벗겨나가면 우리는 조금씩 이미 우리 안에 존재하고 있는 태양, 즉 신성을 만날 수 있을 것입니다.

지금까지 태양이 사라졌다는 두려움에 구름의 모양이나 그림자가 자신이라 생각하며 살았다면, 이제는 잠에서 깨어나 구름에 가려졌던 빛나는 태양으로, 존재의 기쁨을 누리며 살아갑시다.

기억하세요. 아홉 가지 빛으로 빛나는 자신의 존재를.

감사의 글

에니어그램은 신과 인간에 대한 고대 지혜에서 현대 심리학까지 이어지는 통합적인 지혜입니다. 이 과정에서 많은 사람들이 에니어그램을 연구하고 가르쳐왔습니다. 이러한 에니어그램의 역사적 흐름에서 우리는 여러 에니어그램 스승과 그들의 책에서 많은 것을 배웠습니다. 이들의 헌신과 나눔에 깊이 감사드립니다. 특히 돈 리처드 리소와 러스 허드슨의《에니어그램의 지혜》에서 많은 것을 배웠습니다. 이 책을 사랑합니다.

우리는 윤운성 소장님이 운영하시는 한국에니어그램교육연구소에서 에니어그램 전문강사로 훈련을 받았습니다. 여기서 나를 이해하는 에니어그램의 지혜에 머물지 않고, 다른 사람들도 진정한 나를 만나 더욱 자신을 사랑할 수 있도록 도울 수 있는 능력을 키웠습니다. 덕분에 에니어그램을 세상의 많은 사람에게 나누고 감동하며 살고 있습니다. 마음 깊이 감사드립니다.

에니어그램은 하나의 체계지만, 여러 사람에 의해 조금 다른 관점과 다양한 방식으로 연구 및 활용되고 있어서 매우 풍성하기도 합니다. 여러 스승과 책들을 통해 에니어그램에 대한 통찰을 넓힐 수 있었습니다. 이 책의 내용은 모두 여기서 이어진 것입니다.

우리는 지난 20여 년 동안 에니어그램을 공부하고 가르치고 상담하면서 많은 사람들을 만났습니다. 그들은 에니어그램의 지혜로 비춰본 자신의 이야기를 들려주었습니다. 자신을 만나는 기쁨만이 아니라 고통과 두려움까지 함께 나눠주었습니다. 에니어그램을 더욱 깊이 이해하고 우리만의 독특한 관점과 방식들로 에니어그램을 체계화할 수 있었던 건 우리가 만난 모든 분들의 삶의 이야기 덕분입니다. 우리에게 이야기를 들려주신 모든 분들께 다시 한번 깊이 감사드립니다.

우리는 정신세계사에서 펴낸 여러 책들에 많은 가르침과 감동을 받았는데, 이렇게 정신세계사에서 에니어그램 책을 내게 되어 매우 기쁘고 감사합니다. 인간에 대해 깊이 탐구해온 정신세계사의 손길을 거치며 원고가 더욱 밝아지고 섬세해졌습니다. 이 과정을 지켜보면서 많이 놀라고 감동했습니다.

우리가 이 책을 쓰는 동안 세 명의 아이가 태어났고, 한 명의 아이가 곧 세상에 태어날 예정입니다. 그리고 다섯 명의 아이가 무럭무럭 자라 한 층 더 성장했습니다. 글 작업에 집중할 수 있게 시간과 마음을 내어준 아홉 명의 아이들과 세 명의 배우자분들에게 깊은 사랑과 감사의 마음을 전합니다.

여러분 덕분에 이 모든 작업을 해낼 수 있었습니다.

　마지막으로 이 책을 펼친 당신께 감사드립니다. 오랫동안 이어온 에니어그램의 지혜와 사랑이 당신에게 이어져서 참으로 기쁘고 고맙습니다.

2024년 4월

정유진 · 임소연 · 추교진

에니어그램이 준 선물

나를 알아차리는 지혜, 나를 받아들이는 사랑, 실천하고자 하는 용기

2018년에 처음 기획한 이 책을 드디어 세상에 소개합니다. 그동안 책의 구성과 집필 방향이 많이 바뀌긴 했지만 결국 순리대로, 가장 알맞은 방식으로 구현되었다고 믿고 있습니다. 저희의 에니어그램 성격유형은 1유형, 3유형, 7유형입니다. 본능형, 가슴형, 머리형이 함께 각자의 강점은 드러내고 약점은 보완하며 책을 썼습니다.

에니어그램이 더 많은 사람들에게 알려지길 바라는 가장 큰 이유는, 에니어그램이 저희의 삶에 미친 영향이 정말 크기 때문입니다. 에니어그램으로 실제 변화를 체험한 이야기만큼 힘 있는 설득은 없다고 생각합니다. 그래서 에니어그램을 만난 이후 저희의 인생이 어떻게 바뀌었는지 책 끝에라도 전하고 싶었습니다.

여러분에게 이 책이 쉽고 재미있으며(7) 체계적이고 깊이 있고(5), 살아갈 힘을 내게 하며(8) 자신을 사랑하도록 돕고(2), 내면을 깊게 만나서 치유되는(4) 올바른 통찰(1)이기를, 그래서 여러분의 삶에 안정(6)과 평화(9)와 성취(3)가 충만하기를 바랍니다.

에니어그램과 나

고통과 갈등의 시기에 에니어그램을 만나다

정유진 고등학교 3학년 때부터 어머니가 아프셨어요. 그래서 대학 생활 동안 늘 마음이 힘들었어요. 왜 사는가, 삶은 왜 이렇게 고통스러운가 고뇌했죠. 에니어그램을 처음 알게 된 계기는 어머니가 돌아가시고, 군대에 갔을 때였어요.《에니어그램의 지혜》를 읽었는데, 솔직히 그때는 매력을 느끼지 못했어요. 그러다 전역하고 다른 동년배보다 조금 빨리 결혼생활을 시작했어요. 자녀를 키우면서 아내와의 갈등이 점점 깊어졌죠. 그때 에니어그램을 다시 공부하기 시작했어요. 2004년부터요. 출발은 아내와 저에 대해 더 깊이 알아야겠다는 마음이었는데, 어느새 에니어그램 전문 강사 과정까지 밟고 있더라고요. 저는 7유형인데, 이때 7유형이 이것저것에 관심이 많지만 깊이가 없다는 것과 통합 방향인 5유형을 계발할 때 성장하는 삶을 산다는 것을 알았어요. 에니어그램은 이후 최면과 NLP, EFT, 라이프코칭 그리고 임상심리학을 공부하는 토대가 되었습니다.

추교진 제가 에니어그램을 만난 건 2008년이었어요. 대학생 때까지는 제 삶에 대해 깊게 고민해본 적이 없었어요. 학생이니까 성실하게 공부했고, 뭘 해야 할지 몰라서 부모님이 권하는 대학에 입학했지요. 그러다 보니 어느새 임용고시 준비를 해야 하는 시기가 되어 있었죠. 다른 동기들은 학점 관리, 시험 준비 등을 충실히 하고 있었지만, 저는 제 삶에 집중할 수가 없었어요. 내 존재에 대한 알 수 없는 불안과 혐오로 숨쉬기조차 버겁다고 느꼈지요. 그런데 더 절망스러웠던 건, 내가 왜 이렇게 괴로운지 모르겠는 거예요. 남들은 다 잘 살고 있는 것 같은데, 내 인생만 구정물에 빠져 있는 것 같은 느낌이랄까? 그때만큼 명상에 매달렸던 시기도 없었습니다. 그리고 시간만 나면 항상 서점으로 도망갔어요. 그 안에선 '내 삶을 바꾸어줄 어떤 답을 찾을 수 있지 않을까?'라는 막연한 희망을 품을 수 있었거든요.

그렇게 한참을 심리, 철학 분야 책들을 읽으며 보내다가, 어느 날 서점 맨 아래 책장에서 두꺼운 책 하나를 발견했어요. 그 책이 바로 《에니어그램의 지혜》였어요. 책에 실린 간이 검사에서 운 좋게 저의 유형을 바로 찾을 수 있었어요. 그리고 해당 유형의 내용을 찾아 읽기 시작했지요. 물론 이해하기 쉬운 내용은 아니었지만, 그 안엔 나 스스로도 이해할 수 없고, 혐오스럽고, 부끄러워서 입 밖으로 꺼낼 수 없던 내 모습이 적혀 있었어요. 그때 안도감이 들었어요. '내가 이상한 존재가 아니구나. 나를 설명할 수 있는 거구나. 그런 감정과 행동에는 다 이유가 있는 거였구나! 이걸 조금 더 탐색한다면 내가 나 스스로를 받아들이는 데 도움이 될 수 있겠다!'라고 생각했죠. 이 일을 계기로 에니어그램 공부를 시작했어요.

임소연   저는 2010년에 에니어그램을 처음 만났는데, 그땐 그리 깊이 있게 공부하지 못했어요. 강점, 약점 등을 설명하는 건 재밌었지만, 에니어그램에서 말하는 나의 두려움과 약점들을 바라보는 게 너무너무 힘들더라고요. 그리고 당시 전 제 삶에 꽤 만족하고 있었어요. '난 지금 너무 좋은데 왜 굳이 나의 약점과 두려움을 봐야 돼? 이런 거 없어도 잘 살 수 있어'라는 마음이 컸죠. 그러다 1년쯤 뒤에 내적으로도, 관계에서도 힘든 시기가 찾아왔어요. 그때 에니어그램을 다시 한번 공부해볼까 하는 생각이 문득 들었어요. 나에 대한 공부를 하다 보면 이 위기를 헤쳐나갈 실마리가 잡힐 것 같단 기대가 생기더라고요. 그리고 기왕 하는 거 끝까지 해보자 싶어서 전문 교육도 등록하고, 책도 여러 권 사서 읽고, 함께 공부하는 사람들과 이야기도 나누면서 점점 에니어그램에 빠져들었던 것 같아요.

에니어그램을 만난 뒤 찾아온 삶의 변화들

임소연   가장 먼저 경험한 변화는 가족에 대한 저의 시각이었어요. 전문가 과정 중에 가족의 에니어그램 검사를 한 적이 있어요. 그 검사 그래프를 보는 순간, 우리 가족의 모든 역사가 설명되는 거예요. '엄마와 아빠는 이러한 두려움, 강점과 약점이 있어서 서로에게 끌리기도 했고 서로가 힘들기도 했구나. 내 동생은 이러한 성향과 두려움이 있었기 때문에 그동안 이런 행동을 할 수밖에 없었겠구나.' 그리고 나에겐 아프지 않지만 상대가 들었을 때는 너무 아플 수 있는 말을 서로에게 해왔다는 걸 알았어요. 이후로 엄마, 아빠, 동생에게 각각 힘을 줄 수 있는 말을 의식적으로 하기 시작했어요. 그랬더니 가족들이 저를 좀 더 편안하게 느끼고 사이도 조금씩 더 좋아지더라고요. 물론 제가 모든 걸 바꿀 수는 없었지만 어느 정도 중재는 되었던 것 같아요.

두 번째는 연애 패턴의 변화예요. 만나고 헤어지는 과정에서 비슷한 문제가 반복되었는데 이유는 잘 몰랐어요. 그런데 에니어그램을 공부하며 나와 상대방의 성향을 생각해봤더니 내가 끌리는 성향과 약점 등을 알 수 있었고, 이런 지점들을 상대방이 힘들어 했을 수 있겠다는 생각이 들더라고요. 그래서 이후에는 연애를 할 때 좀더 신중해지고 내가 해줄 수 있는 부분과 할 수 없는 부분을 좀더 명확하게 알아차리고 받아들이다 보니 더 괜찮은 연애를 했던 것 같아요.

마지막으로 저 자신의 변화인데요. 저는 '분노'라는 감정에 참 취약한 사람이에요. 평소에는 엄청 절제하고 반듯한 모습을 유지하기 위해 노력하지만 가끔 '화에 잡아먹히는' 저를 발견하곤 해요. 이후에 엄청나게 자책하고요. 에니어그램에서는 화나는 자신을 알아차리고 일단 '괜찮다'는 말을 나에게 해주라고 해요. 그리고 다음부터는 화가 날 때 화가 나는 나 자신을 한번 느껴보라고 하고요. 그걸 알아차리면 뭐가 달라질까 했는데 '아, 내가 지금 화가 났네'라는 걸 인식하는 것만으로도 화를 잠깐 멈출 수 있더군요. 그러니 화를 좀 덜 내게 되기도 하고요. 그리고 아직도 잘 안 되는 부분이지만…, 예전엔 화나는 저 자신을 용납하지 못해서 더 화가 났었다면, 지금은 일단 저 자신을 용서하고 안아줄 수 있게 되었어요. 그러니까 주변을 바라보는 시선도 조금 너그러워졌어요.

추교진　처음에는 에니어그램을 삶을 좀더 편안하게 살아갈 수 있는 도구로 삼고 싶다는 마음이 컸어요. 덕분에 많은 도움을 받았지만, 에니어그램을 통한 진정한 변화는 지식적 이해나 활용보단 제 내면을 깊이 들여다보기 시작했을 때 이루어졌다고 느껴요. 그건 바로 억압된 내면에 대한 봉인 해제예요. 에니어그램을 공부하기 시작한 때는 2008년이지만, 부끄럽게도 제 안의 깊은 두려움을 제대로 직면하기 시작한 건 10년 정도 지난 2019년부터였어요. 너무 부끄럽고, 버리고 싶고, 모른 척하고 싶어서 오랜 시간 숨겨왔던 모습들. 처음에는 이런 모습이 제 안에 있는 줄도 몰랐어요. 에니어그램을 공부할 때, 제 성격유형에 대한 설명에서 나한테는 해당하지 않는다고 생각했던 부분들이 있었어요. 나중에 보니 절대 보지 않으려고 억압해서 몰랐던 거더라고요.

강하게 억압한 감정, 욕구, 두려움을 직면하는 것이 처음에는 익숙하지 않아서 무서웠어요. 이전에는 제가 빛나고 성공적인 삶을 살았다고 생각했는데, 두려움에 직면한 저를 보니 보잘것없이 느껴졌어요. 두렵고 부끄러워서 오랫동안 꽁꽁 싸맸던 것을 힘들게 열었는데 그 안에 쓰레기밖에 없는 것

472

같은 느낌. 그래서 많이 절망스러웠어요. 이 두려움을 직면하는 게 맞나, 이게 도움이 되는 건가, 무서운데 도망갈까…. 제 인생이 뭔가 후퇴하는 것처럼 느껴지기도 했죠. 그래도 내면을 깊이 관찰하는 것을 지속해야겠다고 느꼈던 건, 외부에서 답을 찾으려 했던 시기의 변화는 굉장히 한시적이라는 것을 오랜 시간 경험해왔기 때문이었어요. 그래서 두려움을 직면할 용기를 냈던 것 같아요. 지금은 제 안에서 들끓는 충동, 억압, 강박을 온전히 관찰할 수 있고, 충분히 들끓고 지나갈 수 있도록 머물러줄 수 있게 되었어요. 그런 감정이나 소리가 내면에서 올라왔을 때 **'썩 꺼져줄래?'**와 같은 태도가 아닌, **'괜찮아. 여기 있어도 돼'**라고 곁에 머물러줄 수 있게 된 거죠. 그러니 삶을 바라보는 시야도 넓어지고, 절망적인 순간에도 나를 버리지 않고, 누군가의 도움을 받지 않아도 나를 현명하게 돌볼 수 있는 힘이 생겼어요.

두 번째 변화는, 제 안의 소리를 있는 그대로 바라볼 수 있게 되면서 솔직한 관계를 맺게 된 것이에요. 저의 장점이자 단점은, 눈치가 빠르다는 거예요. **'저 사람이 어떤 말을 들으면 기분이 좋아지겠구나'**가 그냥 느껴져요. 그래서 '눈치 챈 것을 상대에게 말해주면 상대가 기뻐하고, 저 사람이 나를 좋아하겠지!'라고 생각했었어요. 그런데 어느 순간, 사람들에게 따뜻한 말을 기계처럼 반복하는 저를 알아챘어요. '내가 뭘 하고 있는 거지? 도대체 뭘 위해서?'라는 의문이 들더라고요. 그리고 갈등 상황이나 의견 대립의 순간이 오면, 상대에게 맞춰주는 패턴이 저에게 있다는 것을 발견했어요. 그걸 알아챈 순간, **내가 미움을 살까 봐 내 생각과 의견을 포기하고 버리고 있었다**는 것을 깨달았어요. 그때부턴 나의 욕구와 감정을 솔직하게 바라보고 표현하기 시작했지요. 그러다 보니 다른 사람의 마음을 사기 위해 쏟았던 에너지를 점차 내면의 소리를 듣는 데 쓸 수 있었어요. 덕분에 조금 더 진정한 내 삶을 살아가고, 일상에 평온한 지점들이 늘어났다는 것도 큰 변화입니다.

마지막은 저한테는 굉장히 중요한 변화인데요, 바로 일의 가치를 매기는 것으로부터 많이 자유로워진 점이에요. 저는 외부 활동을 통해 명확한 성과를 만들고 성장할 수 있는 일에 높은 가치를 매기는 삶을 살아왔어요. 그렇기에 집안일 같은 건 저에게 쓸모없고 귀찮게 느껴졌지요. 내일 수업을 하고 강의도 해야 하는데, 설거지나 청소를 해야 하는 상황이면 **나는 가치 있고 중요한 일을 해야 하는데, 중요하지도 않은 집안일에 내 시간과 에너지를 써야 해?**라며 짜증이 나곤 했지요. 육아도 마찬가지였어요. 과거의 저라면 육아휴직을 짧게 갖고 바로 복직하는 길을 선택했을 거예요. 다행스럽게도 제가 두 아이의 엄마가 되었을 때는 에니어그램을 통해 저 스스로 내면을 살피며 기존의 삶의 가치에 많은 변화를 거친 뒤였어요. 장기육아휴직을 하고 있는 저를 보며, 예전의 저를 알던 지인들은 놀랍다는 반응을 보이고는 했어요.

그러던 어느 날, 집에서 설거지를 하고 있었어요. 천천히 그릇을 닦고 있는데 갑자기 **'평온하다. 편안하다'**라는 느낌이 명확히 느껴졌어요. '즐겁다!'라고 소리 지를 만한 격한 감정은 아니지만, 자연스레 스며드는 기쁨이 있었어요. 그 순간이 명료하면서도 고요하고 천천히 흘러가는 것이 느껴졌어요. 다음 날 중요한 강의를 앞두고 있는 상황이었거든요. 예전 같았으면 '강의 준비해야 하는데, 이게 뭐야'라며 짜증이 났을 텐데, 그 순간에는 **'나가서 강의하는 거나, 집에서 설거지를 하는 거나 무슨 가치 차이가 있나?'**라는 생각이 머릿속에 딱! 하고 떠올랐어요. 그때 정말 큰 평온함을 느꼈어요. 어떤 일은 가치가 있고, 어떤 것은 가치가 없다는 가치를 매기는 이분법적 구조에서 벗어나, 매 순간 가치 있음을 느꼈던 것. 더 나아가 '가치가 있다, 없다'라는 프레임으로부터 조금씩 자유로워지고 있다는 것이 가장 큰 변화인 것 같아요. 덕분에 일상이 많이 평온해졌어요.

정유진   어머니의 병으로 우울하고 힘들었던 대학 시절의 기억과 아내와의 갈등을 극복할 수 있었던 건 에니어그램 덕분이었어요. 7유형은 고통을 회피하는 경향이 있는데, 어머니의 투병 생활을 곁에서 봐야 하는 고통은 회피하려 해도 회피할 수 없는 것이었어요. 어머니께서 돌아가신 뒤에도 그 고통의 기억은 계속 제 안에 남아 있었어요. 결국 직면할 수밖에 없었죠. 에니어그램은 제가 그 감정을 바라볼 수 있게 도와주었어요. 덕분에 슬프고 어두웠던 과거를 받아들일 수 있었습니다. 아내와의 관계에서 빨간불이 켜졌을 때도 에니어그램을 함께 공부하면서 서로를 이해하니 오해가 풀리며 더욱 사랑할 수 있었어요. 그리고 다섯 아이를 낳아서 키우는데도 에니어그램은 큰 도움이 됩니다. 다섯 아이의 어린 시절의 성격 역동을 관찰하면서 자녀와 에니어그램 둘 다를 더욱 깊게 이해할 수 있었어요.

교사로서 다양한 학생들의 말과 행동만이 아니라 마음 깊은 곳에 있는 두려움과 욕망을 알고 필요한 도움을 줄 수 있다는 것도 놀라웠지요. 저는 에니어그램에 이어서 최면, NLP, EFT와 같은 심리치료기법들을 배워서 학생들을 만날 때 활용했는데, 매우 깊고 정밀한 내면의 지도인 에니어그램 덕분에 다른 기법들을 더욱 효과적이고 통합적으로 사용할 수 있었어요.

저는 즐거움을 좇는 경향이 있고, 어떤 주제에 관심을 두었다가도 금방 흥미를 잃고 다른 관심사로 전환되는 편인데요. 에니어그램과 심리치료를 공부하고 사람들의 내면의 고통을 함께하면서 참고 견디는 힘이 커졌어요. 힘든 감정과 느낌을 회피하려고 찾아 나서는 즐거움이 아니라, 참고 견디며 오롯이 함께하는 과정에서 치유되는 기쁨을 누릴 수 있게 된 점이 가장 큰 변화라고 생각합니다.

이 책이 어떻게 활용되길 바라는가?

정유진　에니어그램 워크숍에 참여한 분들이 늘 에니어그램 책을 추천해달라는 이야기를 하세요. 물론 좋은 책들은 많이 있지만 입문자에게 권하기 적당한 책은 찾기가 어려웠어요.

이 책은 이게 좋은데 저게 아쉽고, 저 책은 저게 좋은데 이게 아쉽고…. 체계적이고 쉽게 읽히지만, 깊이가 있는 에니어그램 책이 있으면 좋겠다고 생각했어요.

부디 이 책이 에니어그램을 처음 접하는 분들에게는 에니어그램 입문의 장벽을 낮춰줄 수 있는 책, 이미 에니어그램을 알고 있는 분들에게는 에니어그램을 더욱 깊고 체계적으로 이해할 수 있는 책이길 바랍니다.

추교진 저희가 오랜 기간 에니어그램 워크숍을 기획하고 강의하면서 경험한 것들이 이 책에 담겨 있어요. 아무리 번역이 잘 된 책이어도 외국 문화에 기반한 사례들은 깊이 공감하기 아쉬운 지점들이 있잖아요. 강의를 할 때 우리나라 실정과 정서에 맞는 사례를 소개하면 처음 에니어그램을 배우는 분들도 쉽게 이해하는 모습을 많이 목격했습니다. 이 책이 이런 아쉬운 부분들을 보완해줄 수 있을 거라 생각해요.

저는 나를 더 이해하고 싶은 분들, 더 깊은 자신을 만나고 싶은 분들, 그리고 다른 사람을 좀더 새로운 시선으로 바라보고 싶은 욕구가 있는 분들이 이 책을 통해 에니어그램을 자신과 타인을 이해하는 지혜로운 도구로 활용할 수 있기를 바라요. 진정한 삶의 주인으로 살아가기 위해서는 이해를 넘어 성찰과 수련의 시기가 필요하다 느껴요. 이 책의 각 유형 설명 마지막 부분에 실려 있는 알아차리기, 받아들이기, 선택하기의 과정이 성찰과 수련의 과정에 도움이 될 거라 생각합니다. 이 책이 표면적인 성격 이면에 가려진 깊은 두려움, 그 너머에 본질이 있음을 알고, 있는 그대로 자신을 관찰하고 품어 줄 수 있는 계기를 마련해줄 수 있다면, 정말 좋겠습니다.

임소연 제가 생각하는 이 책의 가장 큰 특징 중 하나는 빙산 그림을 도입해서 에니어그램의 성격 유형을 설명하고 있다는 점이에요. 빙산 위, 즉 표면적인 모습을 먼저 이야기한 다음에 그 모습들이 사실은 모두 빙산 아래, 무의식에서 비롯되었다는 걸 시각적으로 쉽게 인식할 수 있게 한 거죠. 빙산 가장 아래에 있는 두려움에서 욕망이 나타나고, 그 욕망으로 인해 감정과 집착, 회피하는 것들이 생기는 과정을 보여주고 싶었어요. 이해를 돕기 위해 사례를 많이 넣으려고 노력했고요. 그리고 에니어그램에서는 두려움을 정말 많이 강조할 수밖에 없는데, 그때 부정적인 느낌을 많이 받을 수 있거든요. 왠지 혼나는 느낌을 받는 것 같달까요? 두려움은 정말 중요한 부분이지만, 우리 안에는 정말 빛나는 본질이 있고, 그 본질이 발현되어 우리를 어떻게 정말 멋진 사람으로 만들어주는지에 대한 부분도 많이 강조하고 싶었어요. 그래서 책을 쓸 때 따뜻하고 긍정적인 언어로 표현하려고 많이 노력했어요. 자신을 직면하는 과정이 좀 고통스러울 수 있지만, 그래도 나를 좀더 사랑하고, 좀더 따뜻하게 안아주면서 나를 받아들일 수 있는 도움을 이 책을 통해서 얻으셨으면 하는 바람을 품고 책을 썼어요. 나도 나를 이해하지 못하거나 주변 사람들을 보며 '사람이라면 당연히 이래야 하는 거 아니야'라는 생각이 자주 든다면, 이 책이 많은 도움을 줄 것 같아요.

《에니어그램의 지혜》돈 리처드 리소·러스 허드슨, 주혜명 옮김, 한문화, 2015.

《에니어그램 성격유형》돈 리처드 리소·러스 허드슨, 윤운성 옮김, 학지사, 2010.

《에니어그램 이해와 적용》윤운성, 학지사, 2003.

《에니어그램의 영적인 지혜》산드라 마이트리, 황시연·김세화 옮김, 한문화, 2023.

《한국형 에니어그램 코칭워크북》윤운성·이지영·조주영, 한국에니어그램교육연구소, 2015.

《리더십, 성격이 결정한다》진저 래피드 보그다, 김환영·박혜영 옮김, 비즈니스북스, 2008.

《캐릭터 코칭 리더십》진저 래피드 보그다, 이소희 옮김, 북허브, 2011.

《에니어그램 계발 가이드》진저 래피드 보그다, 송재홍·김경희·김세경 옮김, 한국에니어그램협회, 2019.

《성격의 비밀》이중식, 북랩, 2016.

《내 안에 접힌 날개》리처드 로어, 이화숙 옮김, 바오로딸, 2006.

《에니어그램의 이해》논 리처드 리소·러스 허드슨, 김순미 옮김, 미래를소유한사람들, 2016.

《에니어그램 딥 리빙》록산느 하우-머피, 유경희, 한병복·김은영 옮김, 스토리나인, 2016.

《초판본 크리스마스 캐럴》찰스 디킨스, 황금진 옮김, 더스토리, 2020.

《완전한 에니어그램》비어트리스 체스닛, 한병복 옮김, 연경문화사, 2018.